임동석중국사상100

수신기
搜神記

干寶 撰 / 林東錫 譯註

畵像磚〈伏羲女媧〉四川 郫縣 출토

"상아, 물소 뿔, 진주, 옥, 진괴한 이런 물건들은 사람의 이목은 즐겁게 하지만 쓰임에는 적절하지 않다. 그런가 하면 금석이나 초목, 실, 삼베, 오곡, 육재는 쓰임에는 적절하나 이를 사용하면 닳아지고 취하면 고갈된다. 그렇다면 사람의 이목을 즐겁게 하면서 이를 사용하기에도 적절하며, 써도 닳지 아니하고 취하여도 고갈되지 않고, 똑똑한 자나 불초한 자라도 그를 통해 얻는 바가 각기 그 자신의 재능에 따라주고, 어진 사람이나 지혜로운 사람이나 그를 통해 보는 바가 각기 그 자신의 분수에 따라주되 무엇이든지 구하여 얻지 못할 것이 없는 것은 오직 책뿐이로다!"

《소동파전집》(34) 〈이씨산방장서기〉에서 구당(丘堂) 여원구(呂元九) 선생의 글씨

책머리에

　인간이 이해할 수 없는 세계를 경험하였다는 이야기는 우리 곁에 늘 있어 왔다. 실제 나는 1960년대 고향을 떠나 서울에서 고등학교를 다니면서 방학 때 들러 몇 가지 기괴한 일이 일어나고 있었음을 들었고 지금도 기억하고 있다.
　그중 하나. 소백산 자락을 등지고 있던 그 고향의 맑고 아름답던 산골에 석탄 광산이 들어서면서 외지 막장 인생들의 고달픈 삶이 골짜기를 메우기 시작하였다. 그 이름도 아름답던 팥밭골, 초롱골, 구리재 구석마다 거적으로 대강 꾸린 추운 집들이 들어섰고, 그 맑던 골물도 검은색으로 마당까지 파고들었다. 삼교대 광부들은 퇴근 때면 눈만 반짝일 뿐 온통 까마귀보다 검은 모습으로 한적하던 산골을 채우고 있었다.

　그런데 고향이 어딘지도 모르는 떠돌이 남녀가 서로 사랑을 나누었고 움막만도 못한 초막을 동네와 떨어진 산비탈에 얽어 살림이 시작되었다. 그러나 얼마 지나지 않아 여자는 폐병을 앓기 시작하였고 남자는 겨울 끝 어느 날 그만 그 병든 여자를 두고 돈을 더 벌어 오겠노라 어디론가 사라지고 말았다. 꽤 날짜가 흘러 광산의 화약기사가 읍내를 다녀오다가 술이 취하여 그 당시 그 작은 포니라는 택시를 잡아타고 그 산골 깊은 골짜기 자신의 집으로 가자고 하였다. 물론 석탄 트럭이나 드나드는 험한 길에다가 늦겨울 미끄러운 길, 그것도 밤길을 택시 기사는 거절하였지만 왠지 그 사나이는 웃돈을 주겠다며 기어이 가기를 청하였단다. 그런데 밤이 깊어 그 정적뿐인 그 집 앞을 지나다가 기사는 그만 "귀신, 귀신, 저 흰옷 입은 여자"라고 소리를 치더니 기절하고 말았다. 다행히도 차는 그 집 허물어져 가는 축대를 들이받고 멈추었다. 사나이도 놀라 보았더니 가끔 보았던 새로 살림 차린 젊은 여자로 알았던 그 여인이 그 집으로 들어가더라는 것이었다. 이튿날, 날이 밝아 사람들이 그 집으로 몰려가 보았더니 여인은 죽은 지 꽤 오래된 상태였다는 것이었다.

그 밖에도 정월 대보름 전 동제에 제주로 결정된 남자는 바깥출입을 하지 아니하고 목욕재계하고 기다렸다가 열 나흗날 저녁 서낭당에 보관한 시루를 꺼내어 떡을 찌게 되어 있었는데 그 시루를 가지러 가서 들다가 그만 뒤로 넘어져 시루가 깨졌고 그것이 부정을 탄 것이 되어 보름 동제를 지낸 뒤 그만 아무 병도 없이 죽고 말았다는 것이다. 당연히 얼어붙어 힘주어 떼다가 일어난 일이련만 신성한 제사에 동티가 난 것이라 여긴 것이리라. 그러나 번연히 아는 동네 아저씨의 그 이야기는 당시 어린 나이의 나로서는 그 방고개라는 이름의 고개 언덕이 시작되는 어두운 숲 속 서낭당을 지날 때마다 무서움에 머리카락이 위로 곤두섰던 기억이 새롭다.

이러한 이야기들은 우리나라 방방곡곡 어디에나 있을 수 있는 괴담이요, 슬픈 전설이며 등골 오싹한 귀신 신화가 되어 우리의 삶 속에 늘 한구석 자리하고 있기도 하다. 그러나 현대 과학으로도 설명할 수 없는 또 다른 세계가 존재하고 있는지도 모른다.

그렇다면 과연 영계靈界는 있는 것일까? 불가사의한 괴사怪事・명계冥界・신계神界・사후死後・전생前生・외계外界・환생還生・부활復活・윤회輪回・인과응보

因果應報, 그리고 예지豫知, 이러한 어휘가 내포하고 있는 의미 속에 젖어들다 보면 우리는 문득 엄연히 숨 쉬고 살아 있는 현실 속에서도 뭔가 또 다른 힘에 의해 피동적被動的으로 시간이라는 하나의 밧줄 위를 줄타기하며 살아가고 있는 것이 아닌가 하는 신비감에 사로잡히기도 한다.

이런 문제에 대해 우리 동양인은 어떻게 인식했으며 어떻게 대처했을까? 공자孔子가 괴력난신에 대해서는 말도 하지 않았고(《論語》述而篇: 子不語怪力亂神), 귀신과 죽음에 대하여 묻자, 인사와 현생現生을 먼저 중시해 답한 일(《論語》先進篇: 子路問事鬼神, 子曰: "未能事人, 焉能事鬼?"曰: "敢問死?"曰: "未知生, 焉知死?")이 있은 후, 귀신이나 영계의 문제에 대해서 우리 동양의 지식인이나 학자는 언급을 멀리해 온 풍토를 유지해 왔다.

그러나 아무리 그렇다 할지라도 과학이 발달한 오늘날에도 우리 신변에서 일어나는 숱한 기적奇蹟과 이사異事, 믿을 수 없는 괴기한 사건은 실로 궁금증을 떨쳐 버릴 수 없게 만든다. 이는 또 다른 작위자作爲者나 별개의 규제자規制者·조종자操縱者가 있지 않을까 하는 느낌을 자아내곤 한다.

종교로 승화된 기사이적奇事異蹟은 신앙이라는 큰 그늘 아래 그 지고성至高性을 인정받아 한층 더 높은 경외심을 불러일으키고 있지만, 민간에서 일어나는 많은 괴사나 고대부터 전승되어 온 신화神話·전설傳說은 물론 현실로 나타나고 있는 미스터리 사건은 미신으로 치부되거나 각도를 달리한 분석과 비판의 대상이 되기도 한다. 그렇다면 그 중간 위치의 '상상 혹은 허구', '믿거나 말거나', '사실 그대로'의 세 단계를 구분 없이 진솔하게 밝힌 기록물이 있어야 할 것이다.

이처럼 공자의 귀신 세계에 대한 부정적인 의견이 있은 이후, 비현실적인 문제에 대해 거론을 금기해 왔던 중국인들도 결국 인간들의 주위에서 일어나는 이해할 수 없는 일에 대해 그저 '괴탄하고 쓸데없는 것'이라고 경시하기에는 견딜 수 없는 신비감이나 궁금증을 어쩌지 못했을 것이다.

특히 《수신기搜神記》의 찬자撰者인 간보干寶도 아버지의 시비侍婢가 10년 만에 무덤에서 살아나고, 친형도 죽은 뒤 다시 살아나 저승 이야기를 해 주는 등 직접 경험했는데, 어찌 영계의 존재 여부에 대한 놀라운 현실을 그냥 지나칠 수 있겠는가! 그 때문에 그는 '고금의 귀신鬼神, 영이靈異, 인물변화人物變化'를 있는 대로 모두 모아 이 《수신기》를 수찬修撰하였던 것이다.

서양에서의 신의 세계는 인간세계와 대립된 개념이지만, 동양의 귀신 세계는 인간과 교통交通하는 합일세계合一世界이다. 그 합일의 교차점에서 일어나는 각종 사건은 눈물겹도록 아름답고, 그 가교架橋를 통해 넘나드는 소통의 언어는 보석보다 빛나고 있다. 인간도 귀신이요 귀신도 인간이며, 인간 속에 귀신이 들어 있고 귀신 속에 인간이 자리하고 있는 소우주적小宇宙的 융합체계融合體系는 사실 참으로 인간적이라고 표현해야 할 것이다. 따라서 그 귀신은 늘 인간세계를 드나들며 교류하고, 도리어 인간의 능력을 빌려 자신들의 세계를 정화淨化해 나가는 묘한 일체감 속에 그 사건들을 전개시키고 있다.

서양의 ghost·demon·spirit 또는 poltergeist 등은 심령학자들에 의해 학문적 체계로 설명되고 있지만, 동양의 귀신 이야기를 다룬 이 《수신기》는 오히려 문학사文學史에서 지괴志怪라는 소설분야小說分野로 장르를 잡아 연구하고 있는 이유도, 아마 등장하는 귀신과 그 줄거리 등이 인간미人間味를 가진 까닭이 아닐까 하는 측면도 있다.

이에 《수신기》는 혼히 '육조六朝 지괴소설志怪小說의 백미白眉'로 알려져 있다. 여기에 실린 5백여 가지의 이야기는 아주 짤막한 단문에서부터 현대 단편소설 못지않은 양에 구성과 문체, 그리고 그 수사법이 혀를 내두르게 할 정도로 뛰어난 것들이다. 다루고 있는 내용 또한 신화·전설은 물론 오행설五行說·꿈·마술魔術·환각幻覺·정령精靈·유혼幽婚·환생還生·예조豫兆·외계인外界人·보은報恩·효행孝行·이민족異民族의 개국신화開國神話 등 이루 헤아릴 수 없을 만큼 다양하여, 결국 '세상에 있을 수 있는 신비하고 괴기스러운 온갖 사건'이 총망라되어 있다. 특히 고구려高句麗의 동명왕東明王 건국신화(342)가 여기에 실려 있으며, 외계인의 출현(235)은 그 설명이 아주 사실적이다. 그리고 두란향杜蘭香(030)·현초弦超(301)·한빙韓憑(294) 등의 애정고사愛情故事는 가슴이 저릴 정도로 아름답다. 그 밖에도 심지어 동식물의 신비한 생태를 묘사한 것은, 오늘날의 과학적 입장에서 보아도 그 관찰력에 놀라움을 금치 못하게 한다.

한편으로는 《수신기》의 내용은 많은 양이 이미 정사正史에 실려 있는 것들이다. 신비괴사神秘怪事인 만큼 부조설符兆說·오행설五行說·예조설豫兆說과 관련 있는 것은 대개 《사기史記》 봉선서封禪書, 《한서漢書》 오행지五行志, 《후한서後漢書續漢書》 오행지, 《진서晉書》 오행지, 그리고 《송서宋書》 오행지·부서지符瑞志 등에 실려 있다. 그리고 개인의 인물고사는, 그 해당되는 전전傳에 같은 내용이 실려 있다. 그 밖에도 유서류類書類인 《태평어람太平御覽》·《태평광기太平廣記》·《예문유취藝文類聚》는 물론 《북당서초北堂書鈔》·《초학기初學記》, 그리고 불서佛書인 《법원주림法苑株林》과 술수서術數書인 《개원점경開元占經》, 《운급칠첨雲笈七籤》, 도교서道敎書인 《도장道藏》 등에 널리 전재轉載되어 있다. 한편 그 밖의 일서逸書·전기傳記·전기傳奇 등의 많은 기록과, 민간의 노래와 그에 관련된 것은 《악부시집樂府詩集》에도 광범위하게 전사轉寫·인용引用되어 그 파급의 정도를 능히 짐작할 수 있다.

따라서 《수신기》를 단순히 소설집小說集으로 보기에는 사실 상당한 무리가 있다. 오히려 '신비한 일, 귀신 세계의 모든 일을 찾아내어 기록했다'는 뜻의 제목인 《수신기》가 그대로 하나의 편목이었으면 하는 느낌이다. 물론 학문이야 분명 소속과 체계를 통한 분류가 필요한 것이겠지만, 《수신기》의 내용과 성서과정成書過程 및 기록 근거는 소설적인 것이라기보다는 취재 근거가 있으며 혹은 전해들은 것 또는 실제경험한 일에 대한 기록일 뿐임은 명백한 사실이다.

끝으로 《수신기》를 역주譯註하고 나서의 느낌은, 바로 '아무리 요괴한 귀신일지라도 덕행 앞에서는 악을 부리지 못한다(妖不勝德)'는 대원칙을 발견한 점이다. 세상의 이러한 대원칙은 귀신뿐 아니라 하늘에도 통한다는 믿음이 있는 한, 현실의 이 삶을 허투로 살 수 없다는 확신을 얻기에 충분한 책이라고 여겨진다. 이 책은 1997년에 이미 동문선에서 출간되었다. 이에 다시 교정을 새롭게 거치고 일부는 수정과 보완을 더한 뒤 본 총서 전체에 포함하여 다시 출간하였음을 밝힌다. 아울러 도연명의 찬이라고 잠정 알려진 《수신후기搜神後記後搜神記》도 부록으로 전문을 실어 이 방면의 연구자에게 도움되도록 하였다.

줄포茁浦 임동석林東錫이 수정판을 내면서 취벽헌醉碧軒에서 적다

일러두기

1. 이 책은 문연각본文淵閣本 사고전서四庫全書 《수신기》(子部 十二, 小說家類 二, 異聞之屬)를 저본으로 하여 완역상주完譯詳注한 것이다.
2. 현대 교주본校注本은 왕소영汪紹楹의 《수신기교주搜神記校注》(中國古典文學基本叢書, 中華書局, 1985, 北京)가 있으며, 아주 훌륭한 자료로 참고하였다.
3. 그 외에 백화본白話本으로는 《신역수신기新譯搜神記》(黃鈞, 三民書局, 1996, 臺北)와 《수신기전역搜神記全譯》(黃滌明, 貴州人民出版社, 1992, 貴陽)이 있으며, 평역본으로는 《전본수신기평역全本搜神記平譯》(張甦 등, 學林出版社, 1994, 上海)이 있고, 표본점으로는 《수신기》(胡懷琛, 鼎文書局, 1980, 臺北) 등이 있다.
4. 분장分章은 본문 464장, 일문佚文 52장 등 모두 516장이며, 이에 일련번호를 부여하고, 다시 괄호 안에 권·장의 번호를 넣어 찾기 쉽도록 하였다.
5. 주注는 인명, 지명, 사건명, 연대 등과 역문의 부가설명·추가내용 등을 위주로 하였으며, 장이 바뀌는 곳에 반복하여 실은 것도 있다.
6. 매장 끝의 참고 부분에는 가능한 한 모든 관련기록을 실었다. 실제 이 작업은 엄청난 노력과 시간이 소요되었다. 게다가 고판본古板本 원문에 일일이 표점標點과 문장부호를 통일되게 부여하는 일은 본문 역주보다 훨씬 많은 작업량이었으나, 학문적인 중요한 가치를 감안하여 심혈을 기울여 찾아 전재한 것이다. 단일본을 대상으로 역주하였을 경우의 오류를 최소화할 수 있고, 동일한 내용에 대해 문장의 차이·고석考釋·비교比較·정위正僞를 밝히는 일은 물론, 문법文法·수사修辭·어휘語彙·어법語法 등 무수한 분석 자료를 한곳에 모아둠으로써 일목요연하게 해결하는 데 용이한 체제이기 때문이다. 물론 자료 수집의 한계 때문에 모든 기록을 빠짐없이 다 실을 수도 없고, 경우에 따라서는 완전히

일치하는 기록이라기보다 전체 내용 중 일부에 관련된 것도 있다. 이에 대하여는 따로 관련기록의 소재와 책이름의 편명만을 밝힌 것도 있다.
7. 일문佚文은 이미 알려진 34조條에 대해서는 번역하여 실었다. 나머지 본인이 역주 중에 발견한 18조(499-516)는 연구를 기다리는 의미에서 임시로 연결하여 실어 두었다.
8. 해제解題와 참고參考 및 기왕의 《수신기》 관련 연구기록의 원문은 뒤로 실어 학술적인 연구에 도움이 되도록 하였다.
9. 《수신후기搜神後記(後搜神記)》는 도연명의 작으로 되어 있으나 사실이 아닌 것으로 판명되었다. 이에 〈사고전서〉본을 위주로 하되 백자전서百子全書 활자본을 근거로 권과 장을 나누어 일련번호를 부여하여 입력, 이를 부록으로 실어 연구자의 학문 자료로 삼을 수 있도록 하였다.
10. 원의原義의 충실을 기하기 위해 직역으로 하였다. 문장이 순통하지 못하거나 오류가 발견되면 질정叱正과 편달鞭撻을 내려 주기 바란다.
11. 본 《수신기》에 대한 완역의 작업에 참고로 쓰인 문헌은 대략 다음과 같다.

※ 참고문헌
1. 《搜神記》 晉 干寶 撰, 四庫全書 文淵閣本 子部(12) 小說家類(2) 異聞之屬. 商務印書館 印本
2. 《搜神記校注》 汪紹楹, 中華書局, 1985. 北京
3. 《新譯搜神記》 黃鈞, 三民書局, 1996. 臺北
4. 《搜神記全譯》 黃滌明, 貴州人民出版社, 1992. 貴陽

5. 《搜神記》胡懷琛 標點, 鼎文書局, 1980. 臺北
6. 《全本搜神記評譯》張甦·陳體津·張覺, 學林出版社, 1994. 上海
7. 《白話搜神記》張覺(譯) 岳麓書社 1996. 湖南 長沙
8. 《搜神後記》晉 陶潛, 四庫全書 小說家類
9. 《法苑珠林》唐 釋 道世, 四庫全書 子部 釋家類
10. 《太平廣記》北宋 李昉 等, 中華書局 活字本, 1994. 北京
11. 《太平御覽》北宋 李昉 等, 中華書局 印本, 1995. 北京
12. 《藝文類聚》唐 歐陽詢 等, 文光出版社 活字本, 1977. 臺北
13. 《淵鑑類函》清 張英, 新興書局 印本, 1978. 臺北
14. 《太平寰宇記》北宋 樂史 等, 文海出版社, 1980. 臺北
15. 《北堂書鈔》唐 虞世南, 中國書店 印本, 1989. 北京
16. 《初學記》唐 徐堅 等, 鼎文書局 活字本, 1976. 臺北
17. 《水經注》後魏 酈道元, 世界書局 活字本, 1983. 臺北
18. 《史記》漢 司馬遷, 鼎文書局 活字本, 1979. 臺北
19. 《漢書》後漢 班固, 鼎文書局 活字本, 1979. 臺北
20. 《後漢書》南朝(宋) 范曄, 鼎文書局 活字本, 1979. 臺北
21. 《三國志》晉 陳壽, 鼎文書局 活字本, 1979. 臺北
22. 《晉書》唐 房玄齡 等, 鼎文書局 活字本, 1979. 臺北
23. 《宋書》梁 沈約, 鼎文書局 活字本, 1979. 臺北
24. 《南齊書》梁 蕭子顯, 鼎文書局 活字本, 1979. 臺北
25. 《梁書》唐 姚思廉, 鼎文書局 活字本, 1979. 臺北
26. 《北齊書》唐 李百藥, 鼎文書局 活字本, 1979. 臺北

27. 《北史》唐 李延壽, 鼎文書局 活字本, 1979. 臺北
28. 《南史》唐 李延壽, 鼎文書局 活字本, 1979. 臺北
29. 《隋書》唐 魏徵, 鼎文書局 活字本, 1979. 臺北
30. 《續漢書(志)》司馬彪,《後漢書》(附), 鼎文書局 活字本, 1979. 臺北
31. 《東觀漢記》姚之駰(輯),《後漢書》(附), 鼎文書局 活字本, 1979. 臺北
32. 《東觀漢記》陳棟(輯)《後漢書》(附), 鼎文書局 活字本, 1979. 臺北
33. 《後漢書》(謝承)《後漢書》(附), 鼎文書局 活字本, 1979. 臺北
34. 《後漢書》(薛瑩)《後漢書》(附), 鼎文書局 活字本, 1979. 臺北
35. 《後漢書》(和嶠)《後漢書》(附), 鼎文書局 活字本, 1979. 臺北
36. 《後漢書》(謝沈)《後漢書》(附), 鼎文書局 活字本, 1979. 臺北
37. 《後漢書》(袁山松)《後漢書》(附), 鼎文書局 活字本, 1979. 臺北
38. 《漢紀》(張璠)《後漢書》(附), 鼎文書局 活字本, 1979. 臺北
39. 《晉書》(臧榮緒)《晉書》(附), 鼎文書局 活字本, 1979. 臺北
40. 《晉書》(王隱)《晉書》(附), 鼎文書局 活字本, 1979. 臺北
41. 《晉書》(虞預)《晉書》(附), 鼎文書局 活字本, 1979. 臺北
42. 《晉書》(朱鳳)《晉書》(附), 鼎文書局 活字本, 1979. 臺北
43. 《晉書》(謝靈運)《晉書》(附), 鼎文書局 活字本, 1979. 臺北
44. 《晉書》(蕭子雲)《晉書》(附), 鼎文書局 活字本, 1979. 臺北
45. 《晉史草》(蕭子顯)《晉書》(附), 鼎文書局 活字本, 1979. 臺北
46. 《晉書》(沈約)《晉書》(附), 鼎文書局 活字本, 1979. 臺北
47. 《晉中興書》何法盛,《晉書》(附), 鼎文書局 活字本, 1979. 臺北
48. 《晉諸公別傳》《晉書》(附), 鼎文書局 活字本, 1979. 臺北

49. 《十六國春秋》後魏 崔鴻, 四部備要本, 臺灣中華書局 印本, 1974. 臺北
50. 《十六國春秋輯補》《晉書》(附), 鼎文書局 活字本, 1979. 臺北
51. 《後漢紀》袁宏, 臺灣商務印書館 活字本, 1971. 臺北
52. 《吳越春秋》漢 趙曄 四部備要本 臺灣商務印書館 印本, 1974. 臺北
53. 《越絕書》漢 袁康, 四部備要本 臺灣商務印書館 印本, 1974. 臺北
54. 《十八史略》元 曾先之, 韓國 古版本
55. 《古今注》晉 崔豹, 四部備要本 臺灣商務印書館 印本, 1974. 臺北
56. 《中華古今注》後唐 馬縞(附撰), 四部備要本 臺灣商務印書館 印本, 1974. 臺北
57. 《荊楚歲時記》北周 宗懍, 四部備要本 臺灣商務印書館 印本, 1974. 臺北
58. 《博物志》晉 張華, 四部備要本 臺灣商務印書館 印本, 1974. 臺北
59. 《列女傳》漢 劉向, 四部備要本 臺灣商務印書館 印本, 1974. 臺北
60. 《揚子法言》漢 揚雄, 諸子集成本, 世界書局, 1978. 臺北
61. 《抱朴子》晉 葛洪, 諸子集成本, 世界書局, 1978. 臺北
62. 《晏子春秋》張純一 校注, 諸子集成本, 世界書局, 1978. 臺北
63. 《呂氏春秋》秦 呂不韋, 諸子集成本, 世界書局, 1978. 臺北
64. 《淮南子》漢 劉安, 諸子集成本, 世界書局, 1978. 臺北
65. 《論衡》漢 王充, 諸子集成本, 世界書局, 1978. 臺北
66. 《太玄經》漢 揚雄 撰, 晉 范望 注, 四庫全書(文淵閣) 子部 術數類
67. 《洪範皇極內篇》宋 蔡沈, 四庫全書(文淵閣) 子部 術數類
68. 《靈臺秘苑》北周 庾季才, 四庫全書(文淵閣) 子部 術數類
69. 《開元占經》唐 瞿曇悉達, 四庫全書(文淵閣) 子部 術數類

70.《京氏易傳》漢 京房, 四庫全書(文淵閣) 子部 術數類
71.《歷代名畫記》唐 張彥遠, 四庫全書(文淵閣) 子部 藝術類
72.《金樓子》梁 孝元皇帝, 四庫全書(文淵閣) 子部 雜家類
73.《蒙求集註》唐 李漢 撰, 宋 徐子光 注, 四庫全書(文淵閣) 類書類
74.《西京雜記》漢 劉歆, 晉 葛洪, 四庫全書(文淵閣) 子部 小說家類
75.《關尹子》周 關尹喜, 四庫全書(文淵閣) 子部 道家類
76.《拾遺記》晉 王嘉, 四庫全書(文淵閣) 子部 小說家類
77.《續博物志》宋 李石, 四庫全書(文淵閣) 子部 小說家類
78.《酉陽雜俎》唐 段成式, 四庫全書(文淵閣) 子部 小說家類
79.《述異記》梁 任昉, 四庫全書(文淵閣) 子部 小說家類
80.《高士傳》晉 皇甫謐, 四庫全書(文淵閣) 子部 小說家類
81.《唐摭言》五代 王定保, 四庫全書(文淵閣) 子部 小說家類
82.《神仙傳》晉 葛洪, 四庫全書(文淵閣) 子部 小說家類
83.《春秋繁露》漢 董仲舒, 四庫全書(文淵閣) 經部 春秋類
84.《大戴禮記》漢 戴德, 四庫全書(文淵閣) 經部 禮類
85.《文子》周 辛銒, 四庫全書(文淵閣) 子部 道家類
86.《眞誥》梁 陶弘景, 四庫全書(文淵閣) 子部 道家類
87.《玄眞子》唐 張志和, 四庫全書(文淵閣) 子部 道家類
88.《續仙傳》南唐 沈汾, 四庫全書(文淵閣) 子部 道家類
89.《雲笈七籤》宋 張君房, 四庫全書(文淵閣) 子部 道家類
90.《穆天子傳》晉 郭璞, 四庫全書(文淵閣) 子部 小說家類
91.《神異經》漢 東方朔, 四庫全書(文淵閣) 子部 小說家類

92.《海內十洲記》漢 東方朔, 四庫全書(文淵閣) 子部 小說家類
93.《漢武故事》漢 班固, 四庫全書(文淵閣) 子部 小說家類
94.《漢武帝內傳》漢 班固, 四庫全書(文淵閣) 子部 小說家類
95.《洞冥記》漢 郭憲, 四庫全書(文淵閣) 子部 小說家類
96.《道藏目錄詳註》冥 白雲霽, 四庫全書(文淵閣) 子部 小說家類
97.《山海經》晉 郭璞(注), 藝文印書館 印本, 1977. 臺北
98.《本草綱目》中國書店 活字本, 1994. 北京
99.《事類賦注》五柳居藏板, 古籍刻印社 1989. 江蘇 廣陵
100.《齊民要術》後魏 賈思勰,〈百子全書〉活字本, 岳麓書社, 1994. 湖南 長沙
101.《焦氏易林》漢 焦贛,〈百子全書〉活字本, 岳麓書社, 1994. 湖南 長沙
102.《風俗通義》漢 應劭,〈百子全書〉活字本, 岳麓書社, 1994. 湖南 長沙
103.《陰符經》漢 張良(注),〈百子全書〉活字本, 岳麓書社, 1994. 湖南 長沙
104.《道德真經注》元 吳澄,〈百子全書〉活字本, 岳麓書社, 1994. 湖南 長沙
105.《世說新語》南朝 宋 劉義慶, 正文書局 1992. 臺北
106.《樂府詩集》宋 郭茂倩, 中華書局 活字本 1979. 北京
107.《玉臺新詠》梁 徐陵, 文光書局 印本, 1972. 臺北
108.《說苑》漢 劉向, 四庫全書(文淵閣) 子部 儒家類
109.《新序》漢 劉向, 四庫全書(文淵閣) 子部 儒家類
110.《韓詩外傳》漢 韓嬰, 四庫全書(文淵閣) 經部 詩類
111.《左傳》周 左丘明, 十三經注疏本
112.《詩經全譯》貴州人民出版社 全譯本
113.《史通全譯》貴州人民出版社 全譯本

114.《莊子全譯》貴州人民出版社 全譯本
115.《列子全譯》貴州人民出版社 全譯本
116.《楚辭全譯》貴州人民出版社 全譯本
117.《抱朴子內篇全譯》貴州人民出版社 全譯本
118.《抱朴子內篇校釋》中華書局, 1988.
119.《吳越春秋全譯》貴州人民出版社 全譯本
120.《孔子家語》魏 王肅, 中州古籍出版社 1991.
121.《孔子集語》清 孫盛衍, 上海古籍出版社 1993.
122.《鹽鐵論譯註》王貞珉, 吉林人民出版社 1995.
123.《水經注疏》楊守敬 等, 上海古籍出版社 1989.
124.《太玄經校注》劉韶軍, 華中師範大學出版社 1996.
125.《列仙傳今譯·神仙傳今譯》邱鶴亭, 中國社會科學研究所, 1996.
126.《中國神話研究》玄珠
127.《周易筮述》清 王宏, 四庫全書(文淵閣) 經部 易類
128.《三洞群仙錄》〈道藏〉113函 993-996
129.《仙苑編珠》〈道藏〉第3冊 洞玄部 傳記類 129-230
130.《方言》漢 揚雄, 國民出版社 印本, 1960. 臺北
131.《歲華紀麗》秘冊彙函 影印本《藝文類聚》(附)
132.《琱玉集》古逸叢書 影印本,《藝文類聚》(附)
133.《燕京歲時記》清 富察敦崇, 廣文書局 影印本, 1981. 臺北
134.《新語》漢 陸賈, 百家叢書本 印本 上海古籍出版社, 1990. 上海
135.《潛夫論》東漢 王符, 百家叢書本 印本 上海古籍出版社, 1990. 上海

136.《國語》周 左丘明, 百家叢書本 印本 上海古籍出版社, 1990. 上海
137.《文選(六臣注)》梁 蕭統, 華正書局 影印本, 1983. 臺北
138.《說文解字注》漢 許慎, 淸 段玉裁, 漢京文化出版社 影印本, 1980. 臺北
139.《廣開土大王碑硏究》王健群, 林東錫 譯, 역민사, 1987. 서울
140.《三國史記》高麗 金富軾
141.《帝王韻記》高麗 李承休
142.《東明王篇》高麗 李奎報
143.《三國遺事》高麗 僧 一然
144.《朝鮮巫俗考》李能和
145.《茶經》陸羽
146.《滿洲源流考》阿桂·于敏仲 等, 文海出版社 影印本, 1967. 臺北
147.《中國上古神話》劉城淮, 上海文藝出版社 1988. 上海
148.《中國神話傳說》袁珂, 전인초·김선자 역, 民音社, 1992. 서울
149.《中國方術大辭典》陳永正, 中山大學出版社, 1991. 廣州
150.《經學辭典》黃開國, 四川人民出版社, 1993.
151.《中國大百科全書》(民族·文學·哲學·歷史)
152.《三才圖會》明, 王圻·王思義(編集) 上海古籍出版社(印本) 1988. 上海
153. 기타 자료는 생략함.

해제

1. 《수신기搜神記》

책 이름은 한자 뜻 그대로 신괴神怪한 사물·사건을 간보干寶가 수색搜索하고 수집蒐集하여 모은 기록이다. 흔히 소설가小說家로 분류되며 〈사고전서〉에서는 자부子部·소설가류小說家類·이문지속異聞之屬에 소속시키고 있다.

지괴소설의 백미白眉로 중국문학사는 물론 신화·전설·구비문학 연구에 있어 최고의 텍스트로 널리 알려져 왔다. 그 내용은 정령精靈, 신화神話, 귀신鬼神, 변화變化, 술수術數, 예조豫兆, 오행五行, 민속民俗, 선계仙界, 불가佛家, 명계冥界, 토템圖騰, 금기禁忌, 이조異兆, 부조符兆, 괴행怪行, 기행奇行, 괴기怪奇, 영혼靈魂, 환혼還魂, 혼백魂魄, 환생還生, 부활復活, 선단禪端, 무격巫覡, 유혼幽魂, 유혼幽昏, 애정愛情, 외계인外界人, 동식물설화動植物說話, 만물유령론萬物有靈論, 민족의 개국신화開國神話, 길흉화복吉凶禍福의 예견豫見, 인과응보因果應報의 응험應驗, 시덕施德, 신인교합神人交合과 교통交通, 저승세계의 조직과 모습 등 헤아릴 수 없을 정도로 다양하여, 가히 상식으로 이해되지 않는 사건이나 현상을 총망라하였다고 볼 수 있다.

이는 한대漢代부터 유행하던 음양오행설陰陽五行說·황로술黃老術·참위설讖緯說 등과 깊은 관련이 있으며,《수신기》속의 많은 이야기는《한서漢書》오행지五行志·《후한서後漢書》오행지·《진서晉書》오행지·《송서宋書》오행지 및 부단지符端志 등에도 실려 있다.

이로 보면 이는 단순한 "소설小說"이 아니다. 인간이 이해할 수 없는 신비한 영계靈界의 사건이 현실적으로 나타나고 있는 데 대한 당시 사람들의 사고를 그대로 반영한 것일 뿐이다. 다시 말해 소설이라는 허구적인 구성과 짜임의 창작물이 아니라 실제로 있었던 일, 전해 오는 사건의 절박한 사실성과 중험성을 있는 그대로 모은 것이지, 오늘날과 같은 소설의 개념으로 간보가 수집하거나 스스로 지어낸 것이 아니라는 것이다.

모든 기록에 《수신기》를 소설가小說家로 분류하고 있으나, 여기서의 소설의 의미는 오늘날 우리가 쓰고 있는 의미와는 아주 판이한 거리가 있다. 즉 〈사고전서〉 등에 소설小說이라 한 것은, 학문學問과 도서분류圖書分類 상의 소속일 뿐 문학분류文學分類 상의 소설小說과는 사뭇 다르다. 그래서 〈사고전서〉에서는 "이문지속異文之屬"이라는 하위분류를 다시 밝힌 것이다. 전통적인 자학子學[諸子學]으로서의 소설가류小說家類의 분류 방법이 〈사고전서〉에서 그대로 인습因襲되어 온 것이다.

《한서漢書》 예문지藝文志에 실린 대로 "비록 하찮은 도이지만 볼 만한 것이 있다. 그러나 너무 깊이 빠져들면 헤어나지 못한다. 그 때문에 군자는 그런 소설에 매달리지 않는다.(雖小道, 必有可觀者焉. 致遠恐泥, 是以君子弗爲也)"하여, 공자孔子의 말을 빌려 부정적인 견해를 밝힌 이래 인의도덕仁義道德을 목표로 한 군자지향君子志向의 고대 지식인 사회에서는 이러한 가담항어街談巷語·도청도설道聽塗說을 중시하지 않았다.

아무리 그렇다 해도 어딘가 분류되어야 할 이 이문異聞의 기록을 소설이라는 제자학의 학술개념으로 소속시켰고, 그 형식과 내용이 인물·스토리·배경 등을 갖춤으로써 오늘의 소설과 혼효混淆되었을 뿐이다.

좌우간 《수신기》에 올라 있는 기록은, 그 태반이 이미 정사正史는 물론 제자서諸子書 등의 기록에 사실적으로 밝혀졌던 것들이다. 그리고 많은 부분이 역사 기록과 부합되어, 그 영계靈界의 사건을 그냥 미신이나 거짓된

허구 내지는 허황된 것으로 치부하기에는 무리가 있다. 간보 자신도 "도대체 이해할 수 없는 사건이 눈앞에 펼쳐지고 있는 현실을 어떻게 볼 것인가"라는 의문에, 결국 "귀신 세계의 도가 무망한 거짓이 아님을 밝혀 보겠다(明神道之不誣)"고 나선 것이다.

한편 이 《수신기》는 간보 자신이 이미 서명書名을 정한 것으로 책이름에 대한 논란論難은 없었다. 그러나 그 원서原書는 일찍이 실전되고 말았다. 원래 30권이었으나 송대宋代에 이미 본모습은 사라졌고, 지금 전하는 것은 명대明代 호원단胡元端 등이 중집重輯한 것으로 최초에는 《비책회함祕冊匯函》에 들어갔다가 다시 《진체비서津逮祕書》와 《학진토원學津討原》에 수입되었다. 이는 송대宋代 이후 《법원주림法苑株林》(唐, 擇道世 撰)과 《태평어람太平御覽》 등에서 집록輯錄하여 20권으로 정리된 것이며 애초의 송본宋本 《수신기》는 민국民國 24년(1935)에 상무인서관商務印書館에서 영인되었고 그 외 숭문서국崇文書局의 〈백자전서百子全書〉본은 1979년 중화서국中華書局에서 출판된 것이다.

그 밖에 또 다른 《수신기》가 두 종류가 있다.

그 하나는 상준商浚의 패해본稗海本 8권 《수신기》이며, 다른 하나는 구도흥勾道興의 《잔본수신기殘本搜神記》이다. 이 구도흥본勾道興本에 대해서는 송대宋代 이후 사람이 북위北魏 담영曇永의 《수신기》 잔권殘卷을 보충한 것이라 여기고 있다. (구본은 敦煌石室에서 발견되었으며, 殘卷 1권으로 勾道興 撰이라고 되어 있다. 勾道興이 어느 시대 누구인지는 아직 밝혀지지 않고 있다.)

그리고 이상의 《수신기》를 총체적으로 교주한 것이 왕소영汪紹楹의 《수신기교주搜神記校注》본이다. 이는 〈고소설총간본古小說叢刊本〉의 일부로 출간되었으나 지금은 중국고전문학총서中國古典文學叢書의 일부로 1979년 중화서국中華書局北京에서 간행되었다가 다시 1985년 호북湖北에서 삼쇄三刷로 출판되어 널리 이용되고 있다. 총 464장으로 분류하였으며, 34조條의 일문佚文을 싣고 있다.

2. 간보干寶

1) 간보干寶(?~336)

간보의 자는 영승令升이며, 동진東晉 초기의 사학자史學者·문학가文學家이다. 신채新蔡(지금의 河南省 新蔡縣) 출신으로 어려서부터 경사經史에 밝았고, 학문에 뛰어난 재질을 보였다. 벼슬은 저작랑著作郞을 거쳐 관내후關內侯에 봉해지기도 하였다. 원제元帝(司馬睿, 東晉 첫 임금, 재위 317~323년) 때에는 영수국사領修國史에 임명되어 《진기晉紀》 20권을 편찬하였다. 아깝게도 이 책은 이미 실전되었지만, 그 문자의 간결함과 직이능완直而能婉한 서술은 당시에 이미 양사良史로 칭송을 받았다고 한다(지금은 淸代의 輯佚本이 있다). 그 외에 《춘추재씨의외전春秋在氏義外傳》·《주역주周易注》·《주관주周官注》 등과 잡문雜文이 있었다고 하나 역시 전하지 않는다.

그보다 간보는 음양陰陽·술수術數에 관심이 깊어 고금古今의 신괴神怪·영이靈異·변화變化에 대한 일들을 모아 찬집한 《수신기》로 더욱 널리 알려져 있다. 이는 중국문학사와 학술사 등에 찬연히 빛나는 저작물로서 후대의 학술과 문학에 영향이 지대했음은 물론 아주 귀중한 자료로 인정받고 있다.

《진서晉書》 권82의 간보전干寶傳(부록을 참조할 것)에는 《수신기》의 저작동기와 그 서문序文이 실려 있다. 그에 의하면, 그의 아버지 간영干瑩에게 총애하는 시비侍婢가 하나 있었다. 이리하여 간보의 어머니가 그 비녀에게 심한 질투심을 가지고 있던 터에, 남편 간영이 죽자 그 비녀도 함께 무덤에 가두어 생매장해 버리고 말았다. 그리고 10년 후, 그 어머니가 죽었다. 간보 형제가 아버지와 함께 부장하고자 무덤을 열었더니, 그 시비가 그때까지 무덤 속에 살아 있었던 것이다. 집으로 데려와 며칠을 간호하자, 다시 깨어난 그녀가 저승세계의 이야기를 이렇게 들려주었다. 즉 저승의 아버지(干瑩)는 평상시와 같이 음식을 먹고 기거하며 자신에 대한 사랑도 여전했다는 것이다. 게다가 간보의 집안에 길흉사가 생기면 이를 알고 자신에게 말해 주었다는 것이다. 놀란 간보가 이를 하나씩 맞추어 보았더니 모두가 사실이었다. 그녀는 또 지하에서 전혀 불편을 느끼지 않았고 그곳에서 다시 시집을 갔으며 아들까지 낳았다고 하였다. 이러한 사건은 간보에게 엄청난 충격이었을 것이다. 그뿐이 아니었다. 간보의 형 또한 병으로 죽어 이미 숨이 끊어졌는데도 며칠을 두고 그 시신이 차가워지지 않았다. 뒤에 다시 깨어난 형 역시 귀신 이야기를 털어놓았는데 마치 꿈속과 같았으며, 자신이 죽었다고는 느끼지 못했다는 것이다. 이 이야기는 도연명陶淵明의 찬으로 잘못 전해진 《수신후기搜神後記》(卷4)에도 그대로 실려 있다.

신변에 일어난 이 괴이한 사건은 간보로 하여금 결국 "귀신 세계는 거짓이 아니다(神道之不誣)"라는 확신을 갖게 하였고 이로 인해 고금의 "신기·영이·인간과 사물의 변화(古今神祇靈異人物變化)"를 모아 《수신기》 30권을 찬집하도록 하였던 것이다.

간보는 이를 완성하자 당시 유명한 학자인 유담劉惔(劉眞長)에게 보여 주며 서문을 청했다. 그러자 유담은 "그대는 가히 귀신 세계의 동호董狐라 할만 하군!" 하고 놀라워했다. 《晉書》 本傳 및 《世說新語》 排調篇 참조)

중국의 위진남북조魏晉南北朝 시대는 역대 이래 현담玄談과 명리名理, 그리고 형이상학적인 현학玄學이 꽃을 피운 시기이다. 특히 동진東晉과 남조南朝 시대에는 기록의 가치가 있는 것이면 그 무엇이라도 마음 놓고 정리했으며, 이로 인해 신화·전설·문학·일사逸事·역사·민속·전기傳奇·비평 등 헤아릴 수 없이 많은 풍성한 이론과 저작물을 남기게 되었다. 이는 남방사상南方思想과 결합하여 그 심원深遠한 상상력想像力과 도가적道家的 환상幻想에 한 가지만 깊이 파고드는 전문적專門的이고 치밀緻密한 구성, 적확的確한 비평 등으로 중국문학사는 물론 학술사에 아주 비중 높은 위치를 차지하고 있다. 선진 제자학先秦諸子學이 정치 주장에 치중하면서 발전한 학술이라면, 이 위진 남북조의 저작은 인간의 사유思惟와 애지愛知에 대한 욕구를 놓치지 않고 천착穿鑿한 학술이라 할 수 있다. 그중 대표적으로 살아 있는 표본이 바로 이 《수신기》일 것이다. 이처럼 간보는 자신이 직접 겪은 신비하고 비현실적인 사건, 그러면서도 그것이 구체적으로 신변에 그대로 벌어진 것에 대한 경이로움에 《수신기》를 찬집한 것이며, 그 기록의 사실성을 위해 인명·지명·시대·배경 등을 창작이 아닌 사실 기록에 의해 정리하였던 것이다.

欽定四庫全書

搜神記卷一

晉　干寶　撰

神農以赭鞭鞭百草盡知其平毒寒溫之性臭味所主以播百穀故天下號神農也

赤松子者神農時雨師也服冰玉散以教神農能入火不燒至崐崘山常入西王母石室中隨風雨上下炎帝少女追之亦得僊俱去至高辛時復為雨師遊人間今之雨師本是焉

赤將子轝者黃帝時人也不食五穀而噉百草華至堯時為木工能隨風雨上下時於市門中賣繳故亦謂之繳父

寧封子黃帝時人也世傳為黃帝陶正有異人過之爲其掌火能出五色煙久則以教封子封子積火自燒而隨煙氣上下視其灰燼猶有其骨時人共葬之寧北山中故謂之寧封子

偓佺者槐山採藥父也好食松實形體生毛長七寸兩目更方能飛行逐走馬以松子遺堯堯不暇服服松者簡松也時受服者皆三百歲

彭祖者殷時大夫也姓籛名鏗帝顓頊之孫陸終氏之中子歷夏而至商末號七百歲常食桂芝歷陽有彭祖僊室前世云禱請風雨莫不輒應常有兩虎在祠左右今日祠之訖地則有兩虎跡

師門者嘯父弟子也能使火食桃葩為孔甲龍師孔甲不能修其心意殺而埋之外野一旦風雨迎之山木皆燔孔甲祠而禱之未還而死

前周葛由蜀羌人也周成王時好刻木作羊賣之一旦乘木羊入蜀中蜀中王侯貴人追之上綏山綏山多桃在峨眉山西南高無極也隨之者不復還皆得仙道故里諺曰得綏山一桃雖不能仙亦足以豪山下立祠數十處

崔文子者泰山人也學仙于王子喬子喬化爲白蜺而持藥與文子文子驚怪引戈擊蜺中之因墮其藥俯

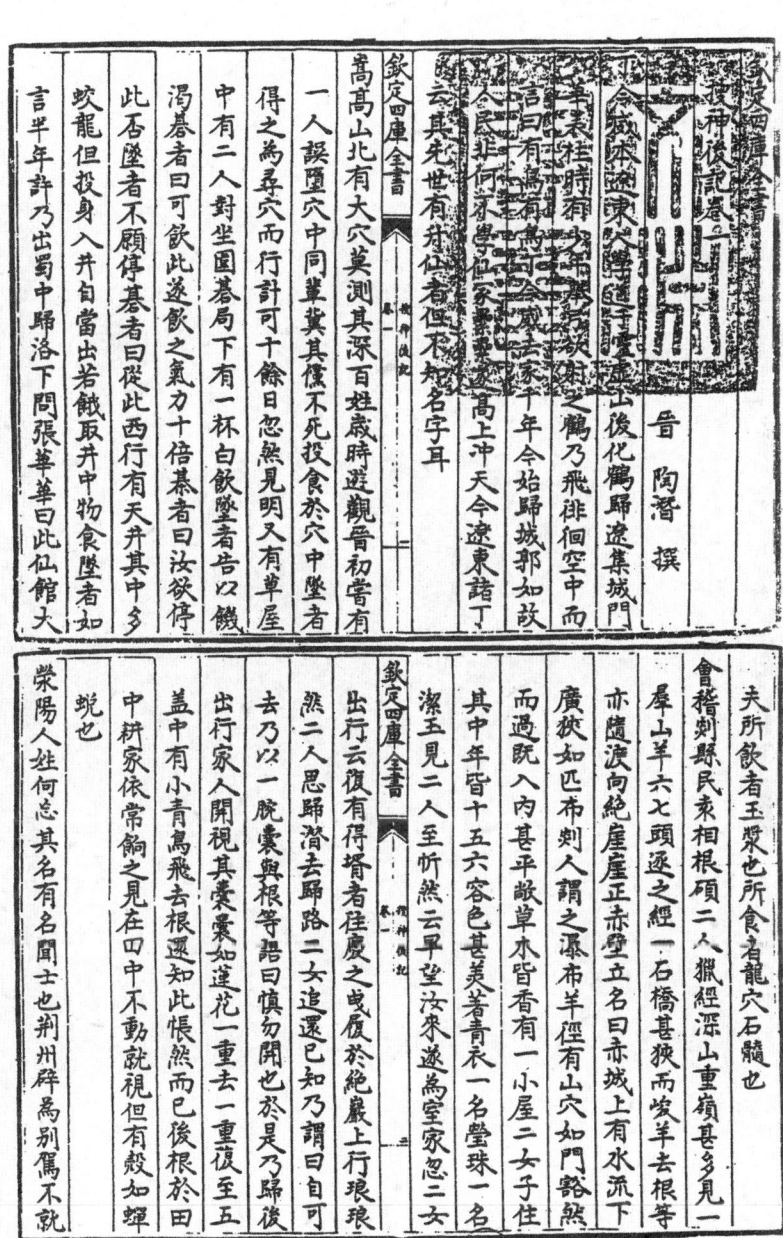

《搜神後記》 사고전서(문연각) 子部 12 小說家類(2) 異聞之屬
晉 陶潛(撰)으로 되어 있으나 이는 오류이다.

畵像磚〈伏羲女媧〉四川 출토

〈伏羲와 女媧〉(畵像石) 東漢 山東 嘉祥縣 武梁祠

차례

◈ 책머리에
◈ 일러두기
◈ 해제
　1.《수신기搜神記》
　2. 간보干寶

搜神記 卷

《搜神記》卷一

001(1-1)	神農以鞭百草 신농이 온갖 풀을 채찍질하다	58
002(1-2)	雨師赤松子 우사 적송자	60
003(1-3)	赤將子轝 적장자여	63
004(1-4)	甯封子自焚 영봉자가 자신의 몸을 태우다	65
005(1-5)	偓佺採藥 악전이 약을 캐다	67
006(1-6)	彭祖七百歲 팽조가 칠백 세를 살다	69
007(1-7)	師門使火 사문이 불을 부리다	73
008(1-8)	葛由乘木羊 갈유가 목양을 타다	75
009(1-9)	崔文子學仙 최문자가 선도를 배우다	78
010(1-10)	冠先被殺 관선의 피살	81
011(1-11)	琴高取龍子 금고가 용자를 얻다	83
012(1-12)	陶安公騎赤龍 도안공이 적룡을 타다	86
013(1-13)	焦山老君 초산노군	88

014(1-14) 魯少千應門 노소천이 문밖에 나와 응대하다 ··················· 90
015(1-15) 淮南八公歌 회남 팔공가 ·· 92
016(1-16) 劉根召鬼 유근이 귀신을 불러오다 ································ 95
017(1-17) 王喬飛舄 왕교의 날아다니는 신발 ································ 99
018(1-18) 薊子訓飮啖公卿 계자훈이 공경들을 대접하다 ·········· 102
019(1-19) 漢陰生行乞 한나라 음생의 걸인 행세 ························ 106
020(1-20) 平常生復生 평상생이 다시 태어나다 ·························· 108
021(1-21) 左慈神通 좌자의 신통력 ·· 110
022(1-22) 于吉求雨 우길이 비를 갈구하다 ···································· 119
023(1-23) 介琰隱形 개염이 모습을 감추다 ···································· 124
024(1-24) 徐光種瓜 서광이 참외를 심다 ·· 127
025(1-25) 葛玄法術 갈현의 법술 ·· 130
026(1-26) 吳猛止風 오맹이 바람을 그치게 하다 ·························· 135
027(1-27) 園客養蠶 원객의 양잠 ·· 139
028(1-28) 董永和織女 동영과 직녀 ·· 141
029(1-29) 鉤弋夫人之死 구익부인의 죽음 ······································ 145
030(1-30) 杜蘭香與張傳 두란향과 장전 ·· 148
031(1-31) 弦超與智瓊 현초와 지경 ·· 153

《搜神記》卷二

032(2-1) 壽光侯劾鬼 수광후가 귀신을 탄핵하다 ························ 162
033(2-2) 樊英滅火 번영이 불을 끄다 ··· 167

034(2-3) 徐登與趙昞 서등과 조병 ·· 169
035(2-4) 趙昞渡河 조병의 물 건너기 ·· 172
036(2-5) 徐趙淸儉 서등과 조병의 검소함 ······································ 174
037(2-6) 陳節訪神 진절이 신을 방문하다 ····································· 175
038(2-7) 韓友預知 한우의 예견 ·· 176
039(2-8) 鞠道龍說黃公事 국도룡이 황공의 일을 말하다 ················ 179
040(2-9) 謝糺作膾 사규가 회를 뜨다 ··· 181
041(2-10) 天竺胡人魔術 천축 호인의 마술 ································· 182
042(2-11) 扶南王判罪 부남왕의 재판 ·· 186
043(2-12) 賈佩蘭說宮內事 가패란이 들려 준 궁중 비사 ··············· 188
044(2-13) 李少翁致神 이소옹이 귀신을 불러오다 ························ 192
045(2-14) 營陵道人 영릉 도인 ·· 195
046(2-15) 孫休試覡 손휴가 박수무당을 시험하다 ························ 198
047(2-16) 石子岡朱主墓 석자강 주주의 무덤 ····························· 200
048(2-17) 夏侯弘見鬼 하후홍이 만난 귀신 ································ 203

《搜神記》卷三

049(3-1) 鍾離意發丹書 종리의가 단서를 펴보다 ·························· 210
050(3-2) 段翳封簡書 단예가 편지를 봉하여 주다 ·························· 213
051(3-3) 臧仲英家怪物 장중영 집안의 괴물 ································ 215
052(3-4) 喬玄見白光 교현이 백광을 보다 ·································· 218
053(3-5) 管輅筮王基 관로가 왕기를 점치다 ································ 222

054(3-6) 顔超增壽 안초의 수명 연장 ·· 228
055(3-7) 管輅筮信都令 관로가 신도령을 점치다 ································ 231
056(3-8) 管輅筮郭恩 관로가 곽은을 점치다 ·· 234
057(3-9) 淳于智殺鼠 순우지가 쥐를 죽이다 ·· 236
058(3-10) 淳于智卜宅居 순우지가 집터를 점치다 ································ 238
059(3-11) 淳于智卜免禍 순우지가 화를 면할 점을 치다 ···················· 240
060(3-12) 淳于智筮病 순우지가 병을 점치다 ·· 242
061(3-13) 郭璞撒豆成兵 곽박이 팥을 뿌려 병사를 만들다 ················ 244
062(3-14) 郭璞救死馬 곽박이 죽은 말을 살려 내다 ································ 246
063(3-15) 郭璞筮病 곽박이 병을 점치다 ·· 249
064(3-16) 郭璞以白牛治病 곽박이 흰 소로 병을 치료하다 ················ 251
065(3-17) 費孝先之卦 비효선의 점괘 ·· 253
066(3-18) 隗炤藏金 외소가 숨겨둔 황금 ·· 257
067(3-19) 韓友驅魅 한우가 귀매를 몰아내다 ·· 261
068(3-20) 嚴卿禳災 엄경이 재앙을 제거하다 ·· 264
069(3-21) 華佗治瘡 화타의 창병 치료 ·· 266
070(3-22) 華佗治喉疾 화타의 후질 치료 ·· 269

《搜神記》卷四

071(4-1) 風伯雨師 풍백과 우사 ·· 272
072(4-2) 張寬說女人星 장관이 여인성을 설명하다 ································ 274
073(4-3) 太公望爲灌壇令 태공망이 관단령이 되다 ································ 276

074(4-4) 胡母班傳書 호모반이 전한 편지 ················· 278
075(4-5) 馮夷爲河伯 풍이가 하백이 되다 ················· 285
076(4-6) 河伯招壻 하백이 사위를 맞다 ··················· 287
077(4-7) 華山使者 화산의 사자 ··························· 292
078(4-8) 張璞二女 장박의 두 딸 ··························· 296
079(4-9) 曹著退婚 조저의 퇴혼 ··························· 300
080(4-10) 魚腹書刀 고기 배 속의 서도 ··················· 302
081(4-11) 鯉魚還簪 잉어가 비녀를 되돌려 주다 ········· 304
082(4-12) 驢鼠過宣城 여서가 선성을 지나가다 ·········· 306
083(4-13) 歐明求如願 구명이 여원을 요구하다 ········· 309
084(4-14) 黃石公神祠 황석공 신사 ·························· 311
085(4-15) 樊道基顯神 번도기가 신이 되어 나타나다 ···· 314
086(4-16) 戴文謀疑神 대문모가 신을 의심하다 ·········· 316
087(4-17) 麋竺遇天使 미축이 천사를 만나다 ············· 319
088(4-18) 陰子方祀竈 음자방이 부엌 신에게 제사 지내다 ··· 322
089(4-19) 蠶神 누에 신 ·································· 325
090(4-20) 戴侯祠 대후사 ······························· 327
091(4-21) 劉玘死爲神 유기가 죽어 신이 되다 ··········· 329

《搜神記》卷五

092(5-1) 蔣子文成神 장자문이 신이 되다 ··············· 332
093(5-2) 蔣侯召劉赤父 장후가 유적보를 부르다 ········ 338

094(5-3) 蔣山廟戲配 장산묘에서 희롱으로 정한 배필 ········· 340
095(5-4) 吳望子與蔣山神 오망자와 장산 신 ············· 343
096(5-5) 蔣侯助殺虎 장후가 호랑이 죽이는 일을 도와주다 ····· 346
097(5-6) 丁姑渡江 정고가 강을 건너다 ················ 349
098(5-7) 趙公明府參佐 조공 명부의 참좌 ·············· 353
099(5-8) 周式之死 주식의 죽음 ···················· 359
100(5-9) 張助斫李樹 장조가 오얏나무를 베다 ··········· 362
101(5-10) 臨淄出新井 임치에 새로운 우물이 생겨나다 ······ 364

《搜神記》卷六

102(6-1) 論妖怪 요괴에 대한 논의 ·················· 368
103(6-2) 論山徙 산이 옮겨 감에 대한 논의 ············· 370
104(6-3) 龜毛兎角 거북에 털나고 토끼에 뿔나다 ········· 375
105(6-4) 馬化爲狐 말이 여우로 변하다 ··············· 376
106(6-5) 玉化爲蜮 옥이 물여우로 변하다 ············· 377
107(6-6) 地長地陷 땅이 자라고 꺼지다 ··············· 379
108(6-7) 一婦四十子 한 부인 40명의 아이를 낳다 ········ 381
109(6-8) 御人産龍 시녀가 용을 낳다 ················ 382
110(6-9) 彭生爲豕禍 팽생이 돼지의 화가 되다 ·········· 383
111(6-10) 蛇鬪國門 뱀이 국문에서 싸우다 ············ 385
112(6-11) 龍鬪邑中 용이 읍에서 싸우다 ·············· 387
113(6-12) 九蛇繞柱 아홉 마리 뱀이 기둥을 휘감다 ······· 389

114(6-13) 馬生人 말이 사람을 낳다 390
115(6-14) 女化男 여자가 남자로 변하다 392
116(6-15) 五足牛 발이 다섯인 소 394
117(6-16) 臨洮巨人 임조의 거인 396
118(6-17) 兩龍現井中 두 마리 용이 우물에 나타나다 398
119(6-18) 馬生角 말에 뿔이 나다 400
120(6-19) 狗生角 개에 뿔이 나다 402
121(6-20) 人生角 사람에게 뿔이 나다 404
122(6-21) 狗豕相交 개와 돼지가 교미하다 407
123(6-22) 白黑烏鬪 흑백의 까마귀가 싸우다 409
124(6-23) 牛足出背 소의 발이 등에서 나다 413
125(6-24) 蛇鬪廟下 뱀이 사당 아래에서 싸우다 415
126(6-25) 鼠舞端門 쥐가 단문에서 춤을 추다 417
127(6-26) 泰山石立 태산에 돌이 일어서다 419
128(6-27) 蟲葉成文 벌레가 잎을 갉아 글을 쓰다 421
129(6-28) 狗冠出朝門 개가 관을 쓰고 조정 문으로 뛰어들다 423
130(6-29) 雌雞化雄 암탉이 수탉으로 변하다 425
131(6-30) 范延壽斷訟 범연수가 송사를 판결하다 428
132(6-31) 天雨草 풀이 비가 되어 내리다 430
133(6-32) 斷槐復立 자른 홰나무가 다시 일어서다 432
134(6-33) 鼠巢樹上 쥐가 나무에 둥지를 틀다 434
135(6-34) 犬禍室中 개의 화가 방 안에 들어오다 437
136(6-35) 鳶焚巢殺子 매가 둥지를 태우고 새끼를 죽이다 439
137(6-36) 信都雨魚 신도 땅에 물고기 비가 내리다 441

138(6-37) 木生人狀 나무에 사람 모습이 생겨나다 ··· 443
139(6-38) 大廐馬生角 황궁의 마구간 말에 뿔이 나다 ······································· 445
140(6-39) 燕生雀 제비가 참새를 낳다 ··· 446
141(6-40) 牡馬生駒 수말이 망아지를 낳다 ··· 448
142(6-41) 僵樹自立 죽은 나무가 저절로 일어서다 ···································· 449
143(6-42) 兒啼腹中 아이가 배 속에서 울다 ··· 451
144(6-43) 西王母傳書 서왕모가 편지를 전해 오다 ······································· 453
145(6-44) 男化爲女 남자가 여자로 변하다 ··· 456
146(6-45) 女死復生 죽은 여인이 다시 살아나다 ·· 458
147(6-46) 兒生兩頭 머리 둘 달린 아이를 낳다 ··· 460
148(6-47) 三足烏 삼족오 ·· 462
149(6-48) 德陽殿蛇 덕양전의 뱀 ·· 464
150(6-49) 北地雨肉 북지에 고기 비가 내리다 ·· 466
151(6-50) 梁冀妻怪妝 양기 아내의 괴이한 화장 ·· 468
152(6-51) 牛生雞 소가 닭을 낳다 ·· 471
153(6-52) 赤厄三七 적액삼칠 ·· 472
154(6-53) 長短衣裙 옷차림의 길이 ··· 477
155(6-54) 夫婦相食 부부가 서로 잡아먹다 ··· 478
156(6-55) 寺壁黃人 호분사 벽의 황인 ·· 480
157(6-56) 木不曲直 나무가 곡직의 본성을 잃다 ······································· 482
158(6-57) 雌雞欲化雄 암탉이 수탉으로 변하려 하다 ······························· 484
159(6-58) 兒生兩頭共胸 머리 둘에 가슴이 붙은 아이가 태어나다 ············ 486
160(6-59) 梁伯夏之後 양백하의 후손 ··· 488
161(6-60) 草作人狀 풀이 사람 모습을 하다 ·· 490

162(6-61) 兩頭共身嬰兒 머리 둘에 몸이 하나인 아이 ························ 492
163(6-62) 懷陵萬雀鬪殺 회릉의 참새 떼가 싸워 서로를 죽이다 ········ 493
164(6-63) 嘉會挽歌 좋은 잔치에서의 만가 ······································ 495
165(6-64) 京師謠言 경사의 요언 ·· 497
166(6-65) 桓氏復生 환씨가 다시 태어나다 ·· 499
167(6-66) 建安人妖 건안의 요괴 ·· 501
168(6-67) 荊州童謠 형주의 동요 ·· 503
169(6-68) 伐樹出血 나무를 베자 피가 나오다 ·································· 506
170(6-69) 鷹生燕巢 매가 제비집에 새끼를 낳다 ································ 508
171(6-70) 河出妖馬 하수에 요상한 말이 나타나다 ···························· 510
172(6-71) 燕生巨鷇 제비가 큰 새끼를 낳다 ······································ 512
173(6-72) 譙周書柱 초주가 기둥에 글씨를 쓰다 ································ 514
174(6-73) 孫權死徵 손권의 죽음에 대한 징조 ···································· 516
175(6-74) 孫亮草妖 손량과 풀의 요괴 ·· 518
176(6-75) 大石自立 큰 돌이 저절로 서다 ·· 520
177(6-76) 陳焦復生 진초가 다시 살아나다 ·· 521
178(6-77) 孫休服制 손휴의 복식제도 ·· 523

搜神記 三

《搜神記》卷七

- 179(7-1) 開石文字 개석문자 ……………………………… 586
- 180(7-2) 西晉服妖 서진의 복장에 대한 요괴 ………………… 590
- 181(7-3) 翟器翟食 이민족의 가구와 음식 …………………… 592
- 182(7-4) 蟛蚑化鼠 팽기가 쥐가 되다 ………………………… 594
- 183(7-5) 太康二龍 태강의 두 마리 용 ………………………… 596
- 184(7-6) 兩足虎 두 발 달린 호랑이 …………………………… 599
- 185(7-7) 死牛頭語 죽은 소의 머리가 말하다 ………………… 601
- 186(7-8) 武庫飛魚 무기고에 날아다니는 물고기 ……………… 603
- 187(7-9) 男女之屐 남녀의 신발 ………………………………… 606
- 188(7-10) 擷子髻 힐자계라는 두발 모습 ……………………… 608
- 189(7-11) 晉世寧舞 진세녕이라는 춤 ………………………… 610
- 190(7-12) 太康中好胡服 태강시대에 호족 복장을 좋아하다 …… 613
- 191(7-13) 折楊柳歌 절양류라는 노래 ………………………… 615
- 192(7-14) 遼東馬生角 요동의 말에 뿔이 나다 ………………… 617
- 193(7-15) 婦人兵飾 부인들이 병기로써 장식을 꾸미다 ……… 619
- 194(7-16) 六鐘出涕 여섯 개의 종이 눈물을 흘리다 …………… 621
- 195(7-17) 一身二體 한 몸에 두 가지 성징 …………………… 622
- 196(7-18) 安豐女子化男 안풍의 여자가 남자로 변하다 ………… 624
- 197(7-19) 臨淄大蛇入洞 임치에 큰 뱀이 굴로 들어가다 ……… 626
- 198(7-20) 呂縣流血 여현 땅에 피가 흐르다 …………………… 628
- 199(7-21) 霹靂破高禖石 벼락이 고매석을 깨뜨리다 …………… 630
- 200(7-22) 烏杖柱掖 오장이라는 지팡이를 끼고 다니다 ………… 632
- 201(7-23) 貴游倮身 귀족 자제들이 알몸으로 놀다 …………… 634
- 202(7-24) 浮石登岸 돌이 떠서 언덕으로 올라오다 …………… 636
- 203(7-25) 賤人入禁庭 천인이 궁중으로 들어오다 …………… 638
- 204(7-26) 牛能言 소가 말하다 ………………………………… 640
- 205(7-27) 敗屨聚道 낡은 신발이 길로 모여들다 ……………… 644
- 206(7-28) 戟鋒有火光 창끝에서 빛이 나다 …………………… 646

207(7-29) 婢生怪子 비녀가 괴상한 아이를 낳다 ················· 648
208(7-30) 婢産異物 비녀가 이상한 물건을 낳다 ················· 649
209(7-31) 狗作人言 개가 사람처럼 서서 말하다 ················· 651
210(7-32) 鼴鼠出延陵 언서가 연릉에 나타나다 ················· 652
211(7-33) 茱萸相樛而生 수유나무가 서로 얽혀 자라다 ········· 654
212(7-34) 豕生人兩頭 돼지가 머리 둘 달린 사람을 낳다 ······· 656
213(7-35) 生箋單衣 생전으로 홑옷을 해 입다 ··················· 658
214(7-36) 無顔帢 무안갑이라는 모자 ···························· 660
215(7-37) 任喬妻生連體女嬰 임교의 처가 연체 여아를 낳다 ··· 663
216(7-38) 淳于伯冤死 순우백의 억울한 죽음 ··················· 667
217(7-39) 牛生犢兩頭 소가 낳은 송아지가 머리가 둘 ········· 670
218(7-40) 地震涌水 지진이 일어나 물이 솟다 ··················· 672
219(7-41) 牛生怪胎 소가 괴상한 태를 낳다 ···················· 674
220(7-42) 馬生駒兩頭 말이 낳은 망아지가 머리가 둘 ········· 675
221(7-43) 太興初女子 태흥 초의 여자 ························· 678
222(7-44) 武昌火災 무창의 화재 ································ 680
223(7-45) 絳囊縛紒 붉은 주머니로 머리를 묶다 ··············· 682
224(7-46) 儀仗生花 의장에 꽃이 피다 ························· 684
225(7-47) 長柄羽扇 긴 자루의 깃으로 만든 부채 ·············· 686
226(7-48) 武昌大蛇入神祠 무창의 큰 뱀이 신사로 들어가다 ···· 688

《搜神記》卷八

227(8-1) 舜耕歷山 순임금이 역산에서 농사짓다 ··············· 692
228(8-2) 商湯禱雨 상탕이 비를 빌다 ··························· 694
229(8-3) 呂望釣渭陽 여망이 위수 북쪽에서 낚시하다 ········· 696

230(8-4) 武王伐紂 무왕이 주를 치다 ··· 698
231(8-5) 孔子夜夢 공자가 밤에 꿈을 꾸다 ·· 700
232(8-6) 赤虹化黃玉 붉은 무지개가 황옥으로 변하다 ······························· 704
233(8-7) 陳寶祠 진보사 ··· 706
234(8-8) 邢史子臣說天道 형사자신이 천도를 설명하다 ··························· 710
235(8-9) 星外來客 외계의 별에서 온 아이 ··· 712
236(8-10) 戴洋夢神人 대양이 꿈에 신인을 만나다 ··································· 716

《搜神記》卷九

237(9-1) 應嫗見神光 응씨 할머니가 신광을 보다 ···································· 720
238(9-2) 馮緄綬笥之蛇 풍곤의 인수 상자 속의 뱀 ·································· 722
239(9-3) 張顥得金印 장호가 금 도장을 얻다 ··· 724
240(9-4) 張氏傳鉤 장씨 집에 전해 오는 금구 ·· 727
241(9-5) 何比干得符策 하비간이 부책을 얻다 ·· 730
242(9-6) 魏舒詣野王 위서가 야왕이라는 곳을 찾아가다 ························· 732
243(9-7) 賈誼鵩鳥賦 가의의 복조부 ··· 735
244(9-8) 狗嚙鵝群 개가 거위들을 물어 죽이다 ······································· 737
245(9-9) 公孫淵數怪 공손연이 괴이한 일을 자주 당하다 ························ 739
246(9-10) 諸葛恪被殺 제갈격이 피살되다 ·· 741
247(9-11) 鄧喜射人頭 등희가 밤에 사람 머리를 쏘다 ···························· 744
248(9-12) 府公斥賈充 부공이 가충을 질책하다 ······································ 746
249(9-13) 庾亮厠中見怪 유량이 변소에서 괴물을 만나다 ······················· 750
250(9-14) 劉寵軍敗 유총의 군대가 패하다 ··· 752

《搜神記》卷十

251(10-1) 鄧皇后夢登天 등황후가 꿈에 하늘에 오르다 ·············· 756

252(10-2) 孕而夢日月入懷 태몽 꿈에 해와 달이 품으로 들어오다 ·············· 758

253(10-3) 夢取梁上穗 꿈에 대들보 위의 이삭을 취하다 ·············· 760

254(10-4) 張車子 장거자 ·············· 762

255(10-5) 夢入蟻穴 꿈에 개미굴에 들어가다 ·············· 765

256(10-6) 火浣單衫 불로 세탁하는 단삼 ·············· 767

257(10-7) 劉雅腹痛 유아의 복통 ·············· 769

258(10-8) 張奐妻之夢 장환 처의 꿈 ·············· 770

259(10-9) 靈帝夢桓帝怒 영제의 꿈에 환제가 노하다 ·············· 772

260(10-10) 道士夢死期 도사가 죽을 시기를 꿈으로 알다 ·············· 774

261(10-11) 謝郭二人同夢 사봉과 곽백유가 똑같은 꿈을 꾸다 ·············· 776

262(10-12) 徐泰夢中祈請 서태가 꿈에 숙부를 살려달라고 애원하다 ·············· 778

《搜神記》卷十一

263(11-1) 熊渠子射石 웅거자가 돌을 호랑이로 알고 쏘다 ·············· 782

264(11-2) 由基更嬴善射 양유기와 경리의 활솜씨 ·············· 785

265(11-3) 古冶子殺黿 고야자가 큰 자라를 죽이다 ·············· 788

266(11-4) 三王墓 삼왕묘 ·············· 790

267(11-5) 賈雍無頭 가옹의 머리가 없어지다 ·············· 795

268(11-6) 斷頭而語 머리를 잘라도 말을 하다 ·············· 797

269(11-7) 血化爲碧 피가 파랗게 변하다 ·············· 799

270(11-8) 東方朔灌酒消患 동방삭이 술을 부어 원혼을 달래다 ·············· 800

271(11-9) 諒輔自焚祈雨 양보가 자신을 태워 비를 빌다 ·············· 802

272(11-10) 何敞消災 하창이 재앙을 없애다 ·············· 805

273(11-11) 蝗蟲避徐栩 황충이 서허 땅을 피하여 가다 ·············· 807

274(11-12) 湘江白虎墓 상강의 백호묘 ··· 809
275(11-13) 葛祚去民累 갈조가 백성의 고통을 없애 주다 ······················· 811
276(11-14) 曾子孝感萬里 증자의 효성이 만리에 감응하다 ······················· 813
277(11-15) 周暢行仁孝 주창이 인효를 실행하다 ··································· 815
278(11-16) 王祥剖冰 왕상의 효성에 얼음이 갈라지다 ··························· 817
279(11-17) 王延叩凌 왕연이 얼음을 두드리다 ······································ 819
280(11-18) 樊儵臥冰 번숙이 얼음 위에 눕다 ·· 821
281(11-19) 盛母眼復明 성언의 어머니가 눈을 다시 뜨다 ······················· 823
282(11-20) 顔含尋蛇膽 안함이 뱀 쓸개를 찾으러 다니다 ······················· 825
283(11-21) 郭巨埋兒得金 곽거가 아이를 묻다가 금을 얻다 ····················· 827
284(11-22) 劉殷得粟滅火 유은이 식량도 얻고 불도 꺼주다 ····················· 830
285(11-23) 楊伯雍種玉 양백옹이 옥을 심다 ··· 832
286(11-24) 衡農夢虎嚙足 형농의 꿈에 호랑이가 발을 물다 ····················· 836
287(11-25) 羅威爲母溫席 나위가 어머니의 잠자리를 따뜻하게 하다 ········· 837
288(11-26) 王裒泣墓 왕부가 어머니 무덤에서 울다 ······························ 838
289(11-27) 白鳩郞 백구랑 ·· 840
290(11-28) 東海孝婦 동해의 효부 ··· 841
291(11-29) 叔先雄投水尋父尸 물에 뛰어들어 아버지 시신을 찾아낸 숙선웅 ········ 845
292(11-30) 樂羊子妻 악양자의 처 ··· 848
293(11-31) 庾袞不畏疫 유곤이 역질을 두려워하지 않다 ························ 850
294(11-32) 相思樹 상사수 ·· 852
295(11-33) 飮水有姙 물을 마시고 임신하다 ··· 856
296(11-34) 望夫岡 망부강 ··· 858
297(11-35) 鄧元義妻改嫁 등원의의 처가 개가하다 ································ 860
298(11-36) 嚴遵破案 엄준이 살인 사건을 해결하다 ································· 863
299(11-37) 山陽死友傳 산양 땅의 죽은 친구 이야기 ······························· 865

《搜神記》卷十二

- 300(12-1) 五氣變化論 오기변화에 대한 논의 ········· 872
- 301(12-2) 穿井獲羊 우물을 파다가 양을 얻다 ········· 880
- 302(12-3) 掘地得犬 땅을 파다가 개를 얻다 ········· 883
- 303(12-4) 山精倏囊 산의 정령 혜낭 ········· 887
- 304(12-5) 池陽小人 지양 땅의 소인 ········· 889
- 305(12-6) 霹靂落地 벼락이 땅에 떨어지다 ········· 892
- 306(12-7) 落頭民 낙두민 ········· 894
- 307(12-8) 貙人化虎 추인이 호랑이로 변하다 ········· 897
- 308(12-9) 猳國馬化 가국마화 ········· 900
- 309(12-10) 刀勞鬼 도로귀 ········· 903
- 310(12-11) 越地冶鳥 월 땅의 야조 ········· 906
- 311(12-12) 南海鮫人 남해의 교인 ········· 909
- 312(12-13) 大靑小靑 대청과 소청 ········· 910
- 313(12-14) 裸身山都 벌거벗고 사는 산도 ········· 912
- 314(12-15) 蜮含沙射人 모래를 머금었다가 사람을 쏘는 역 ········· 914
- 315(12-16) 禁水鬼彈 금수의 귀탄 ········· 916
- 316(12-17) 張小小 장소소 ········· 918
- 317(12-18) 趙壽犬蠱 조수 집안의 견고 ········· 920
- 318(12-19) 廖姓蛇蠱 요씨 집안의 사고 ········· 922

《搜神記》卷十三

- 319(13-1) 泰山澧泉 태산의 예천 ········· 926
- 320(13-2) 河神劈山 하신이 산을 잘라 버리다 ········· 928
- 321(13-3) 霍山四鑊 곽산에 있는 네 개의 솥 ········· 930
- 322(13-4) 樊山致雨 번산의 기우제 ········· 930

323(13-5) 孔竇清泉 공두의 맑은 샘 ································· 933
324(13-6) 湘穴壅水 상혈이 물을 막다 ····························· 935
325(13-7) 龜化城 구화성 ·· 937
326(13-8) 城淪爲湖 성이 물에 잠겨 호수가 되다 ················ 939
327(13-9) 馬邑城 마읍성 ··· 942
328(13-10) 天地劫灰 천지 겁년의 재 ···························· 944
329(13-11) 丹砂井 단사의 우물 ·································· 946
330(13-12) 江東餘腹 강동여복 ·································· 948
331(13-13) 蟛蟣 팽월 ··· 950
332(13-14) 青蚨 청부 ··· 952
333(13-15) 蠃蠃 과라 ··· 954
334(13-16) 木蠹 나무좀 ·· 956
335(13-17) 刺蝟 고슴도치 ·· 957
336(13-18) 火浣布 화완포 ······································· 958
337(13-19) 金燧 금수 ··· 961
338(13-20) 焦尾琴 초미금 ······································· 963
339(13-21) 柯亭竹笛 가정의 대나무 피리 ······················ 965

《搜神記》卷十四

340(14-1) 蒙雙氏 몽쌍씨 ·· 968
341(14-2) 盤瓠子孫 반호의 자손 ······························· 970
342(14-3) 夫餘王 부여왕 ······································· 977
343(14-4) 鵠蒼銜卵 곡창이 알을 물고 오다 ···················· 984
344(14-5) 穀烏菟子文 누오도 자문 ··························· 986
345(14-6) 齊頃公無野 제나라 경공 무야 ······················ 988

346(14-7) 羌豪袁釰 강족의 호걸 원일 ··· 990
347(14-8) 竇氏蛇 두씨 집안의 뱀 ·· 992
348(14-9) 金龍池 금룡지 ·· 994
349(14-10) 羽衣人 우의인 ·· 996
350(14-11) 馬皮蠶女 말가죽과 잠녀 ·· 998
351(14-12) 嫦娥奔月 항아가 달로 달아나다 ···································· 1005
352(14-13) 舌埵山怪草 설타산의 괴이한 풀 ···································· 1007
353(14-14) 蘭巖雙鶴 난암의 두 마리 학 ·· 1009
354(14-15) 毛衣女 모의녀 ·· 1011
355(14-16) 黃母化黿 황씨 집 어머니가 큰 자라로 변하다 ············ 1013
356(14-17) 宋母化鼈 송씨 집 어머니가 자라로 변하다 ················· 1015
357(14-18) 宣母化黿 선건의 어머니가 큰 자라로 변하다 ············· 1018
358(14-19) 老翁作怪 늙은이가 괴이한 일을 저지르다 ··················· 1020

搜神記 三

《搜神記》卷十五

- 359(15-1) 王道平妻 왕도평의 아내 …………………………… 1082
- 360(15-2) 河間郡男女 하간군의 남녀 ……………………… 1086
- 361(15-3) 賈文合娶妻 가문합이 아내를 얻다 ……………… 1090
- 362(15-4) 李娥復生 이아가 다시 살아나다 ………………… 1094
- 363(15-5) 史姁神行 사후의 신기한 행동 …………………… 1101
- 364(15-6) 社公賀瑀 토지신 하우 …………………………… 1104
- 365(15-7) 戴洋復活 대양이 다시 살아나다 ………………… 1106
- 366(15-8) 柳榮張悌 유영과 장제 …………………………… 1109
- 367(15-9) 馬勢婦蔣氏 마세의 아내 장씨 …………………… 1111
- 368(15-10) 顏畿托夢 안기가 꿈에 의탁하다 ………………… 1113
- 369(15-11) 羊祜取金鐶 양호가 금반지를 찾아내다 ………… 1117
- 370(15-12) 漢冢宮人 한나라 무덤에서 나온 궁녀 ………… 1119
- 371(15-13) 棺中活婦 관 속의 살아 있는 부인 ……………… 1121
- 372(15-14) 婢埋尙生 묻혔던 비녀가 살아 있었다 ………… 1123
- 373(15-15) 馮貴人 풍귀인 ……………………………………… 1125
- 374(15-16) 廣陵大冢 광릉의 큰 무덤 ………………………… 1127
- 375(15-17) 發欒書冢 난서의 무덤을 파헤치다 ……………… 1130

《搜神記》卷十六

- 376(16-1) 三疫鬼 삼역귀 ……………………………………… 1134
- 377(16-2) 挽歌辭 만가사 ……………………………………… 1136
- 378(16-3) 阮瞻與鬼相辯 완첨이 귀신과 변론을 벌이다 … 1139
- 379(16-4) 黑衣白袷鬼 검은 옷에 백겹 차림의 귀신 ……… 1141
- 380(16-5) 蔣濟亡兒 장제의 죽은 아들 ……………………… 1144
- 381(16-6) 遼水浮棺 요수에 떠오른 관 ……………………… 1149

382(16-7) 溫序死節 온서가 죽음으로 절의를 지키다 ·· 1151
383(16-8) 文穎移棺 문영이 관을 옮겨 묻어 주다 ·· 1154
384(16-9) 鵠奔亭女屍 곡분정의 여인 시체 ·· 1159
385(16-10) 曹公載妓船 조공이 기녀를 싣고 놀았던 배 ·· 1164
386(16-11) 苟奴見鬼 구노가 귀신을 만나다 ·· 1166
387(16-12) 産亡點面 출산 중 죽은 아내 얼굴에 찍어둔 점 ································ 1168
388(16-13) 弓弩射鬼 큰 활로 귀신을 쏘다 ·· 1169
389(16-14) 鬼鼓琵琶 귀신이 비파를 타다 ·· 1171
390(16-15) 秦巨伯鬪鬼 진거백이 귀신과 싸우다 ·· 1173
391(16-16) 三鬼醉酒 세 귀신이 술에 취하다 ·· 1176
392(16-17) 錢小小 전소소 ·· 1177
393(16-18) 宋定伯賣鬼 송정백이 귀신을 팔아먹다 ·· 1178
394(16-19) 紫玉韓重 자옥과 한중의 사랑 ·· 1183
395(16-20) 駙馬都尉 부마도위 ·· 1189
396(16-21) 談生妻鬼 담생이 귀신을 아내로 맞이하다 ·· 1193
397(16-22) 盧充幽婚 노충의 유혼 ·· 1197
398(16-23) 西門亭鬼魅 서문정의 귀매 ·· 1208
399(16-24) 鍾繇殺女鬼 종요가 여귀를 죽이다 ·· 1211

《搜神記》卷十七

400(17-1) 鬼騙張漢直家 귀신이 장한직 집안을 속이다 ······································ 1216
401(17-2) 范丹貞節 범단의 정절 ·· 1219
402(17-3) 費季客楚 비계가 초 땅을 여행하다 ·· 1221
403(17-4) 虞定國怪事 우정국이 겪은 괴이한 사건 ·· 1223
404(17-5) 鬼盜梁上膏 귀신이 대들보 위의 고약을 훔치다 ································ 1225

405(17-6) 倪彦思家魅 예언사 집안의 귀매 ·· 1229
406(17-7) 鬼魅嚇人 귀매가 사람을 놀라게 하다 ·· 1233
407(17-8) 廟神度朔君 사당 신 탁삭군 ··· 1236
408(17-9) 竹中長人 대나무 숲 속의 거인 ··· 1242
409(17-10) 釜中白頭公 솥 속의 백두공 ·· 1244
410(17-11) 服留鳥 복류조 ··· 1248
411(17-12) 南康甘子 남강의 귤 ··· 1250
412(17-13) 蛇入人腦 뱀이 사람 뇌 속으로 들어가다 ···································· 1252

《搜神記》卷十八

413(18-1) 飯臿怪 주걱 귀신 ··· 1256
414(18-2) 細腰 절굿공이 귀신 ··· 1258
415(18-3) 怒特祠梓樹 노특사의 가래나무 ·· 1261
416(18-4) 樹神黃祖 나무 신 황조 ··· 1264
417(18-5) 張遼殺怪 장료가 괴물을 죽이다 ·· 1267
418(18-6) 陸敬叔烹怪 육경숙이 괴물을 삶아 먹다 ······································ 1270
419(18-7) 船自飛下水 배가 저절로 날아 물로 가다 ····································· 1272
420(18-8) 老狸詣董仲舒 늙은 살쾡이가 동중서를 찾아오다 ···························· 1274
421(18-9) 張華擒狐魅 장화가 여우 귀매를 잡다 ·· 1276
422(18-10) 吳興老狸 오흥의 늙은 살쾡이 ··· 1284
423(18-11) 句容狸婢 구용의 살쾡이 비녀 ··· 1287
424(18-12) 劉伯祖狸神 유백조의 살쾡이 귀신 ·· 1289
425(18-13) 山魅阿紫 산의 귀매 아자 ·· 1293
426(18-14) 宋大賢殺鬼 송대현이 귀신을 죽이다 ··· 1296
427(18-15) 郅伯夷擊魅 질백이가 귀신을 쳐 없애다 ···································· 1299

428(18-16) 胡博士 호박사 ··· 1303
429(18-17) 謝鯤獲鹿怪 사곤이 사슴 귀신을 잡다 ··· 1305
430(18-18) 豬臂金鈴 돼지 팔뚝에 매여 있는 금방울 ·· 1307
431(18-19) 高山君 고산군 ··· 1309
432(18-20) 田琰殺狗魅 전염이 개 귀신을 죽이다 ··· 1311
433(18-21) 酒家老狗妖 술집의 늙은 개 요매 ··· 1313
434(18-22) 白衣吏 백의리 ··· 1315
435(18-23) 李叔堅見怪不怪 이숙견이 괴물을 보고도 괴이히 여기지 않다 ······ 1317
436(18-24) 蒼獺鬼 푸른 수달 귀신 ·· 1319
437(18-25) 王周南 왕주남 ··· 1321
438(18-26) 安陽亭三怪 안양정의 세 요괴 ··· 1324
439(18-27) 湯應斫二怪 탕응이 두 괴물을 쳐 없애다 ·· 1329

《搜神記》卷十九

440(19-1) 李寄斬蛇 이기가 뱀을 잘라 죽이다 ··· 1334
441(19-2) 司徒府大蛇 사도부의 큰 뱀 ·· 1339
442(19-3) 揚州蛇翁 양주의 뱀이 늙은이 모습을 하다 ······································ 1341
443(19-4) 野水鼉婦 들의 물가에 있는 악어 부인 ··· 1343
444(19-5) 丹陽道士 단양의 도사 ·· 1345
445(19-6) 孔子談五酉 공자가 오유에 대해 말하다 ·· 1348
446(19-7) 鼠婦迎喪 쥐며느리의 장례 모습 ··· 1352
447(19-8) 千日酒 천일주 ··· 1354
448(19-9) 陳仲擧相命 진중거가 운명을 점치다 ··· 1358

《搜神記》卷二十

449(20-1) 孫登治病龍 손등이 병든 용을 치료하다 ········· 1362
450(20-2) 蘇易助虎産 소이가 호랑이 출산을 돕다 ········· 1364
451(20-3) 鶴銜珠報恩 학이 구슬로 은혜에 보답하다 ········· 1366
452(20-4) 黃衣童子 황의동자 ········· 1368
453(20-5) 隋侯珠 수후주 ········· 1370
454(20-6) 孔愉放龜 공유가 거북을 놓아주다 ········· 1372
455(20-7) 古巢老姥 고대 소국의 늙은 노파 ········· 1374
456(20-8) 蟻王報董昭之 개미 왕이 동소지에게 보답하다 ········· 1376
457(20-9) 義犬冢 의견총 ········· 1379
458(20-10) 華隆家犬 화륭 집안의 개 ········· 1382
459(20-11) 螻蛄神 땅강아지 신 ········· 1384
460(20-12) 猿母猿子 원숭이 어미와 새끼 ········· 1387
461(20-13) 虞蕩獵麈 우탕이 큰 사슴을 사냥하다 ········· 1389
462(20-14) 華亭大蛇 화정의 큰 뱀 ········· 1390
463(20-15) 邛都陷湖 공도가 잠겨 호수가 되다 ········· 1392
464(20-16) 建業婦人 건업의 부인 ········· 1395

《搜神記》佚文(一)

465(佚-1) 延壽城 연수성 ········· 1398
466(佚-2) 神龍 신룡 ········· 1398
467(佚-3) 代縣板干 대현의 판간 ········· 1399
468(佚-4) 醴陵山鳴 예릉의 산이 울다 ········· 1399
469(佚-5) 祝鷄翁 축계옹 ········· 1401
470(佚-6) 老子將西入關 노자가 장차 서쪽 함곡관으로 들어가다 ········· 1402
471(佚-7) 楊震講學 양진의 강학 ········· 1402

472(佚-8) 鬚長七尺 수염이 일곱 자 ·· 1403
473(佚-9) 五行之官 오행의 관직 ·· 1404
474(佚-10) 澹臺子羽齎璧渡河 담대자우가 구슬을 가지고 강을 건너다 ············ 1404
475(佚-11) 魏承漢 위나라가 한나라를 계승하다 ···································· 1405
476(佚-12) 金與晉之行 금과 진나라의 오행 ··· 1406
477(佚-13) 蘇韶死後現形 소소가 죽은 뒤 그 형상을 드러내다 ····················· 1406
478(佚-14) 高祖之奇節 고조의 기이한 절도 ·· 1408
479(佚-15) 宣帝遷太子中庶子 선제가 태자중서자의 직위에 오르다 ················ 1409
480(佚-16) 門神 문의 신 ·· 1409
481(佚-17) 馮稜妻死 풍릉 아내가 죽다 ·· 1411
482(佚-18) 孟宗至孝 맹종의 지극한 효성 ··· 1411
483(佚-19) 李王靈母死 이왕령의 어머니가 죽다 ···································· 1412
484(佚-20) 黃帝之生 황제의 출생 ·· 1413
485(佚-21) 女樞生顓頊 여추가 전욱을 낳다 ··· 1414
486(佚-22) 慶都生堯 경도가 요를 낳다 ·· 1414
487(佚-23) 吳猛之孝 오맹의 효성 ·· 1415
488(佚-24) 管甯作商賈 관필이 장사를 하다 ··· 1416
489(佚-25) 丁蘭事木母 정란이 나무에 어머니 얼굴을 새겨 모시다 ················ 1417
490(佚-26) 吳先主病 오나라 선주의 병 ·· 1418
491(佚-27) 劉晨阮肇入天台 유신과 완조가 천태산에 들어가다 ····················· 1419
492(佚-28) 焦湖廟玉枕 초호묘의 옥 베개 ··· 1421
493(佚-29) 許懋遇道人 허무가 도인을 만나다 ······································· 1422
494(佚-30) 仲子隱於鵲山 중자가 작산에 은거하다 ·································· 1424
495(佚-31) 顧愷之悅隣女 고개지가 이웃집 여인을 사모하다 ······················· 1424
496(佚-32) 龍精 용정 ·· 1425
497(佚-33) 笑電 소전 ·· 1426
498(佚-34) 鵠籥 곡약 ·· 1426

《搜神記》佚文(二)

- 499(佚-35) 白鶴集柱頭 백학이 기둥에 모이다 ·········· 1428
- 500(佚-36) 廣州人 광주인 ·········· 1429
- 501(佚-37) 蔣子文 장자문 ·········· 1429
- 502(佚-38) 無名夫婦 이름 없는 부부 ·········· 1430
- 503(佚-39) 王獻 왕헌 ·········· 1431
- 504(佚-40) 富陽王氏 부양의 왕씨 ·········· 1431
- 505(佚-41) 王伯陽 왕백양 ·········· 1432
- 506(佚-42) 聶友 섭우 ·········· 1433
- 507(佚-43) 王仲文 왕중문 ·········· 1434
- 508(佚-44) 陳斐 진비 ·········· 1435
- 509(佚-45) 章苟 장구 ·········· 1436
- 510(佚-46) 葛輝夫 갈휘부 ·········· 1437
- 511(佚-47) 秦精入武昌山 진정이 무창산에 들어가다 ·········· 1437
- 512(佚-48) 曹娥 조아 ·········· 1438
- 513(佚-49) 孫鍾 손종 ·········· 1438
- 514(佚-50) 蔡詠家狗 채영 집의 개 ·········· 1439
- 515(佚-51) 楊生家狗 양생 집의 개 ·········· 1439
- 516(佚-52) 安謝端 안사단 ·········· 1440

◉ 부록

I. 序跋 등 記錄資料

1. 《搜神記》序 ·················· 干寶:《晉書》권88 干寶傳 ········· 1444
2. 干寶傳《晉書》················ 권82 干寶傳 ············ 1445
3. 《搜神記》表 ·············· 干寶《初學記》권 22 ············ 1447
4. 《搜神記》引 沈士龍 ·············· 〈津逮秘書本〉卷首 ······ 1448
5. 《搜神記》引 胡震亨 ·············· 〈津逮秘書本〉卷首 ······ 1449
6. 《搜神記》跋 毛晉 ················ 〈津逮秘書本〉卷後 ······ 1450
7. 〈四庫全書提要辨證〉················ 余嘉錫 ············ 1451
8. 標點《搜神記》序 ················ 胡懷琛 ············ 1457
9. 《世說新語》권25 排調篇《搜神記》序 ······ 劉義慶 ········ 1459
10. 《搜神後記後搜神記》·············· 陶潛陶淵明 ········ 1460

II. 《搜神後記後搜神記》················ 陶淵明 ············ 1462

卷一

총 31장(001-031)

李家山〈雙牛銅枕〉1972 雲南 李家山 古墓群 17호 출토

001(1-1) 神農以鞭百草
신농이 온갖 풀을 채찍질하다

신농씨神農氏는 붉은 채찍으로 온갖 풀을 채찍질해 보고, 그 풀들의 평平, 독毒, 한寒, 온溫의 약성藥性과 그 냄새와 맛이 주관主管하는 작용의 위주를 알아내었다. 그리고 온갖 곡식 파종하는 법을 발명하였다. 그 때문에 천하 사람들은 그를 '신농神農'이라 불렀다.

神農以赭鞭鞭百草, 盡知其平·毒·寒·溫之性, 臭味所主. 以播百穀. 故天下號神農也.

【神農】上古時代의 帝王. 炎帝. '人身牛首'의 형상이었으며, 農業과 醫藥을 발명하였다 한다.
【赭鞭】붉은 가죽의 채찍. 神農은 炎帝로 火德(赤色, 南方)을 상징하므로, 붉은 색을 연관시킨 것이다.
【藥性】풀과 식물의 성분에 따른 약효. 五味가 治病에 관련이 있다고 보았다. 즉 酸은 肝, 鹹은 腎, 甘은 脾, 苦는 心, 辛은 肺를 다스림.《本草經》序錄에 "藥有酸, 鹹, 甘, 苦, 辛五味, 又有寒, 熱, 溫, 凉四氣及有毒·無毒"이라 하였다.

> 참고 및 관련 자료

1. 神農氏의 의약과 농사법 창시에 대한 신화를 기록한 것이다.

2. 《太平御覽》609에 《搜神記》에서 인용한 기록이 동일하게 실려 있다.

3. 《太平御覽》984에 《本草經》에서 인용한 기록이 실려 있으며, 司馬貞이 補한 《三皇本紀》에도 실려 있다. 한편 《太平御覽》984에는 《神農經》에서 인용한 《養生要略》에 역시 관련 내용이 실려 있다.

〈神農採藥圖〉

002(1-2) 雨師赤松子
우사 적송자

   적송자赤松子는 신농神農시대의 우사雨師였다. 그는 수옥산水玉散이라는 약을 복용하여 신농에게도 그 약을 먹도록 가르쳤다. 그는 능히 불에 뛰어들어가도 타지 않았다. 그가 곤륜산崑崙山에 이르러 늘 서왕모西王母의 석실石室 속에 들어가 살면서 풍우風雨에 따라 오르내리곤 하였다. 염제炎帝 신농씨의 막내딸이 그를 따라가서 역시 선술仙術을 배워 함께 승천하였다. 고신씨高辛氏 시대에 이르러 그는 다시 우사가 되어 인간세계에 나타났다. 지금의 우사들은 그를 본종本宗으로 받들어 모시고 있다.

   赤松子者, 神農時雨師也. 服水玉散, 以敎神農. 能入火不燒. 至崑崙山, 常入西王母石室中, 隨風雨上下. 炎帝少女追之, 亦得仙, 俱去. 至高辛時, 復爲雨師, 遊人間. 今之雨師本是焉.

【赤松子】전설상의 神仙. 赤誦子로도 쓴다.
【雨師】비를 담당한 神. 司雨之神, 혹은 祈雨를 담당한 巫師.
【水玉散】원서에는 '氷玉散'으로 되어 있다. 散은 분말 형태의 약을 말한다.
【入火不燒】다른 본에는 '入火自燒'로 되어 있다. 火解術로 神仙이 됨을 뜻한다.
【崑崙山】서쪽의 名山. 西王母가 사는 곳으로 전해진다.
【西王母】전설 속의 神女. 漢 武帝와 『雲雨之情』의 故事를 남겼다. 《山海經》

西次三經에 "西王母其狀如人, 豹尾虎齒而善嘯, 蓬髮戴勝, 是司天之厲及五殘"이라 하였다.

【石室】《漢書》地理志에 "金城郡臨羌, 西北至塞外, 有西王母石室·仙海·鹽池"라 하였다.

【炎帝少女】炎帝 神農氏의 막내딸을 뜻한다.

【高辛】帝嚳 高辛氏. 古代의 帝王. 黃帝 軒轅氏의 曾孫이라 한다.

> 참고 및 관련 자료

1. 雨師 赤松子의 靈異한 事件을 서술한 것이다.

2. 《抱朴子》(晉, 葛洪 撰) 內篇 仙藥
赤松子以玄蟲血漬玉爲水而服之, 故能乘煙而上下也. 玉, 屑服之, 與水餌之, 俱能令人不死, 所以爲不及金者, 令人數數發熱, 似寒食散狀也.

3. 《列仙傳》(漢, 劉向 撰) 卷上
赤松子者, 神農時雨師也. 服水玉以教神農. 能入火自燒. 往往至崑崙山上. 常止西王母石室中, 隨風雨上下. 炎帝少女追之, 亦得仙俱去. 至高辛時, 復爲雨師, 今之雨師本是焉. 眇眇赤松, 飄飄少女. 接手翻飛. 冷然雙擧. 縱身長風, 俄翼玄圃. 妙達異坎, 作範司雨.

4. 《文選》卷21 〈遊仙詩〉(郭景純) 注
赤松子, 神農時雨師也. 服水玉. 教神農. 能入火不燒, 至崑崙山上, 常止西王母石室, 隨風雨上下.

5. 《藝文類聚》(唐, 歐陽詢 等撰) 78 靈異(下) 仙道
赤松子, 神農時雨師. 服水玉, 教神農. 能入火自燒, 至崑崙山西王母石室, 隨風上下. 炎帝少女追之, 亦得仙俱去, 高辛時爲雨師.

6. 《初學記》(唐, 徐堅 等撰) 卷23 倦(2) 赤松
赤松子, 神農時雨師. 服水玉散, 教神農服, 入火自燒. 至崑崙山上, 常止西王母石室, 隨風上下. 炎帝少女追之, 亦得仙俱去.

7. 《法苑珠林》(唐, 釋道世 撰, 四庫全書 釋家類) 79 祈雨篇
赤松子者, 神農時雨師也. 服水玉以教神農. 能入火不燒, 至崑崙山, 常入西王母室, 隨風上下. 炎帝少女追之, 亦得仙去. 至高辛時, 復爲雨師. 今之雨師本之焉.

8. 《雲笈七籤》(宋, 張君房 撰, 〈四庫全書〉道家類, 〈道藏〉677-701冊) 卷108 列仙傳

赤松子者, 神農時雨師, 服水玉以敎神農. 能入火自燒. 至崑崙山上, 常止西王母石室中, 隨風雨上下. 炎帝少女追之, 亦得仙俱去. 至高辛時, 復爲雨師, 今之雨師本是焉.

9. 기타 참고자료

《太平御覽》(宋, 李昉 等 敕撰, 〈四庫全書〉小說家類 異聞之屬. 38. 663. 805. 808).《仙苑編珠》(五代, 王松年 撰, 全三卷. 卷上).《三洞群仙錄》(宋, 陳葆光 撰, 〈道藏〉第113函, 993-996冊. 卷1).《歷世眞仙體道通鑑》(元, 趙道一 撰, 總53卷, 續編 5卷, 〈道藏〉139-148, 149, 150冊. 卷3).《列仙全傳》(卷1).

적송자《삼재도회》

003(1-3) 赤將子轝
적장자여

적장자여赤將子轝는 황제黃帝 때의 인물이다. 오곡五穀은 입에도 대지 않고, 온갖 꽃을 먹고 살았다. 요堯임금 때는 목공木工이 되었으며 풍우風雨에 의지하여 하늘에서 땅으로 오르내리곤 하였다. 그는 때때로 시장에 나타나 '격繳'이라는 화살의 실인 주살을 팔기도 하였다. 그 때문에 그를 달리 '격보繳父'라고도 부른다.

赤將子轝者, 黃帝時人也. 不食五穀, 而啖百草華. 至堯時, 爲木工. 能隨風雨上下. 時於市門中賣繳, 故亦謂之'繳父'.

【赤將子轝】神仙의 이름. 하루에 5백 리를 달리며, 1년에 열 번씩 피부를 바꾼다는 神仙이다.
【黃帝】中原 各族의 공동 시조. 軒轅氏, 혹은 有熊氏. 炎帝 神農氏를 쳐 없애고, 蚩尤를 몰아냈다고 한다. 土德으로 임금이 되어 黃色을 상징한다.
【五穀】다섯 가지 곡식. 곡식을 총칭한다. 구체적으로는 稻·黍·稷·麥·菽을 말한다.
【堯】陶唐氏. 흔히 唐堯로 불린다. 이름은 放勛. 고대의 聖王.
【木工】고대의 官名. 造營. 즉 土木工事를 담당하였다.
【繳】고대 사냥법의 일종. 화살 끝에 실을 매어 새를 잡는 방법. 그 매인 실을 뜻한다. 주살.
【繳父】父는 甫와 같다. 고대 남자의 이름이나 指稱에 쓰이는 말. '격보'로 읽는다.

> 참고 및 관련 자료

1. 赤將子轝의 靈異한 事跡을 서술한 것이다.

2. 《列仙傳》卷上

赤將子轝者, 黃帝時人. 不食五穀, 而噉百草花. 至堯帝時, 爲木工. 能隨風雨上下. 時時於市中賣繳, 亦爲之繳父云. 蒸民粒食, 孰享遐祚? 子轝拔俗, 餐葩飮露. 託身風雨, 遙然矯步. 雲中可游, 性命可度.

3. 《法苑珠林》79 祈雨篇

赤將子轝者, 黃帝時人也. 不食五穀, 而啗百草華. 至堯時, 爲木工. 能隨風雨上下. 時於市門中賣繳, 亦爲之繳父.

4. 《雲笈七籤》卷108《列仙傳》

赤將子轝者, 黃帝時人. 不食五穀. 而噉百草花. 至堯時, 爲木工. 能隨風雨上下. 時於市貨繳, 亦爲之繳父.

5. 기타 참고자료

《太平御覽》(671·832).《歷世眞仙體道通鑑》(卷3).《三洞珠囊》(卷3).《仙苑編珠》(卷下).《列仙全傳》(卷1).

〈黃帝〉명《歷代帝王名臣像冊》

004(1-4) 甯封子自焚
영봉자가 자신의 몸을 태우다

영봉자甯封子는 황제 때의 인물이다. 전하는 말로는 그는 황제의 도정陶正이었다고 한다. 일찍이 어떤 이인異人이 그를 찾아와, 그를 위해 불을 관장하는 법을 일러 주었다. 그 이인은 오색五色의 연막煙幕 속을 마음대로 드나들 수 있는 인물이었다. 오랫동안 봉자에게 이러한 것을 가르쳤다. 영봉자는 불더미에 스스로를 태워, 그 연기에 따라 상하를 오르내리곤 하였다. 그 타고 남은 재를 보았더니, 오히려 그 뼈는 남아 있었다. 당시 사람들은 그 뼈를 모아 그를 영북甯北의 산속에 장사지내 주었다. 그래서 그를 '영봉자'라고 부른다.

甯封子, 黃帝時人也. 世傳爲黃帝陶正. 有異人過之, 爲其掌火, 能出入五色煙. 久則以敎封子. 封子積火自燒, 而隨煙氣上下. 視其灰燼, 猶有其骨. 時人葬之甯北山中. 故謂之'甯封子'.

【甯封子】전설상의 神仙 이름.
【陶正】고대에 陶器 제작을 관장하던 직책 이름.
【甯北】古邑名. 지금의 河南省 修武縣 일대.

참고 및 관련 자료

1. 甯封子의 신비한 사적을 서술하였다.

2. 《列仙傳》卷上
甯封子者, 黃帝時人也. 世傳爲黃帝陶正. 有人過之, 爲其掌火, 能出五色煙. 久則以教封子. 封子積火自燒, 而隨煙氣上下. 視其灰燼, 猶有其骨. 時人共葬於甯北山中. 故謂之甯封子焉.
奇矣封子. 妙稟自然, 鑠質洪鑪, 暢氣五煙. 遺骨灰燼, 寄墳甯山. 人覩其跡, 惡識其玄.

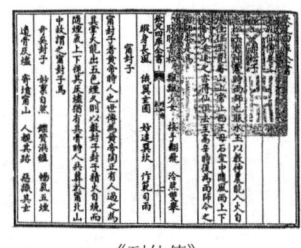
《列仙傳》

3. 《初學記》卷25 煙
昔神人過甯封人. 爲其掌火, 能出五色煙, 教其積薪自燒, 隨煙上下.(封人, 黃帝時陶正.)

4. 《藝文類聚》80 火部 煙
甯封子, 黃帝時人, 爲陶正. 有神人過之, 爲其掌火, 能令火出五色煙. 又曰: 教封子積薪自燒, 而隨煙氣上. 猶有骨, 時人葬之.

5. 《雲笈七籤》卷108 《列仙傳》
甯封子者, 黃帝時人也. 世傳爲黃帝陶正. 有人過之, 爲其掌火, 能出五色煙. 久則以教封子. 封子積火自燒, 而隨煙炁上下. 視其灰燼, 猶有其骨. 時人共葬於甯北山中. 故謂之甯封子焉.

6. 《法苑珠林》115
甯封子, 黃帝時人也. 世傳爲黃帝陶正. 有人過之, 爲其掌火, 能出入五色煙. 久則以教封子. 封子積火自燒, 而隨煙上下. 視其灰燼, 猶有其骨. 時人共葬之甯北山中. 故爲之甯封子焉.

7. 기타 참고자료
《文選》(卷3 注). 《太平御覽》(375. 664. 833. 871). 《歷世眞仙體道通鑑》(卷3). 《仙苑編珠》(卷上). 《列仙全傳》(卷1).

005(1-5) 偓佺採藥
악전이 약을 캐다

악전偓佺은 괴산槐山에서 약초 캐는 노인이다. 그는 송실松實을 즐겨 먹었다. 몸에는 털이 났으며, 그 털이 7촌寸이나 자랐다. 두 눈동자는 서로 다른 방향을 볼 수 있었고, 비행 능력이 있어 달리는 말을 따라잡을 수 있었다. 그는 송실을 요堯에게 주었지만, 요는 이를 먹을 겨를이 없었다. 소나무는 간송簡松이라는 종류로, 당시 이를 얻어 복용한 자는 모두가 3백 세를 살았다.

偓佺者, 槐山採藥父也. 好食松實. 形體生毛, 長七寸. 兩目更方. 能飛行, 逐走馬. 以松子遺堯, 堯不暇服. 松者, 簡松也. 時受服者, 皆三百歲.

【偓佺】고대의 神仙 이름. 唐堯 때의 人物.
【槐山】고대의 地名. 朝歌山의 동쪽에 있다. 稷山의 잘못으로 여겨진다. 《山海經》中山經에 "(朝歌之山), 又東五百里, 曰槐山, 谷多金錫"이라 하였고 淸代 畢沅의 《山海經新校正》에서 槐山은 稷山으로 해독하였다. 稷山은 지금의 山西省 稷山縣으로 后稷이 백성들에게 농사짓는 법을 가르치던 곳이라 한다.
【松實】잣.
【更方】두 눈동자를 서로 달리 볼 수 있음을 말한다.
【簡松】문장의 착오이거나 注가 잘못 移入된 것으로 여겨진다. 《初學記》 卷28의 《列仙傳》을 인용한 곳에는 "松者, 橫也"라 하였다.

> 참고 및 관련 자료

1. 偓佺이 松實을 먹어 신비한 효험이 있었음을 서술한 것이다.

2. 《列仙傳》卷上

偓佺者, 槐山採藥父也. 好食松實. 形體生毛, 長數寸. 兩目更方. 能飛行. 逐走馬. 以松子遺堯, 堯不暇服也. 松者, 簡松也. 時人受服者, 皆至二三百歲焉. 偓佺餌松, 體逸眸方. 足躡鷟鳳, 走超騰驥. 遺贈堯門, 貽此神方. 盡性可辭, 中智宜將.

3. 《史記》司馬相如列傳 集解 (《漢書》도 같음)

偓佺, 《漢書音義》曰: 偓佺, 仙人名也.

4. 《藝文類聚》 78 靈異部 仙道

偓佺, 采藥父也. 好食松實, 體毛數寸, 能飛行, 逐走馬. 以松子遺堯, 堯不服. 時受服者, 皆三百歲.

5. 《藝文類聚》 88 木部 松

偓佺好食松實, 能飛行, 逮走馬, 以松子遺堯, 堯不能服. 松者, 橢松也.

6. 《文選》卷7 甘泉賦(揚雄) 注

偓佺, 槐里采藥父也. 食松實. 形體生毛數寸, 能飛行, 逮走馬.

7. 《初學記》卷28 果木部 松

《神仙傳》曰: 偓佺好食松實, 能飛行, 速如走馬. 以松子遺堯, 堯不能服. 松者, 橫也. 時受服者, 皆至三百歲.

8. 《雲笈七籤》卷108 《列仙傳》

偓佺者, 槐山採藥父也. 好食松實. 形體生毛, 長數寸, 兩目更方. 能飛行, 逐走馬. 以松子遺堯, 堯不暇服也. 松者, 簡松也. 時人受服者, 皆至二三百歲焉.

9. 《法苑珠林》 78 祭祠篇

偓佺者, 槐山採藥父也. 好食松實. 形體毛, 長七寸, 兩目更方. 能飛行, 逮走馬. 以松子遺堯, 堯不服. 時受服者, 皆三百歲也.

10. 기타 참고자료

《太平御覽》(366·663·953). 《仙苑編珠》(卷上). 《三洞群仙錄》(卷14). 《列仙全傳》(卷1).

006(1-6) 彭祖七百歲
팽조가 칠백 세를 살다

팽조彭祖는 은殷나라 때의 대부大夫이다. 성은 전錢, 이름은 갱鏗이다. 전욱顓頊의 후손이며 육종씨陸終氏의 둘째 아들이다. 하夏나라를 거쳐 상商나라 말기에 이르도록 7백 세를 살았다고 한다. 그는 항상 계피桂皮와 영지靈芝를 먹었다. 역양歷陽에 팽조의 선실仙室이 있었다. 전배前輩들은 이렇게 말하였다.
"그곳에 가서 풍우風雨를 기원하면, 즉시 응험이 없는 때가 없었다. 항상 호랑이 두 마리가 그 사당祠堂의 양쪽에 버티고 있었다."
지금 그 사당은 이미 없어졌고, 그 땅에는 두 호랑이의 족적足跡만 남아 있다.

彭祖者, 殷時大夫也. 姓錢, 名鏗. 帝顓頊之孫. 陸終氏之中子. 歷夏而至商末, 號七百歲. 常食桂芝. 歷陽有彭祖仙室. 前世云: 「禱請風雨, 莫不輒應. 常有兩虎在祠左右.」
今日祠之訖, 地則有兩虎跡.

【彭祖】고대 長壽로 이름난 人物. 堯임금 때 彭城(지금의 江蘇城 徐州市)에 봉을 받았다. 본 이름은 錢鏗(籛鏗).《世本》에는 殷商時代의 守藏史라 하였다.
【顓頊】上古時代의 帝王이며 高陽氏. 北方(水)의 天帝. 黃帝의 손자이며 昌意의 아들.
【陸終氏】顓頊의 후예. 應劭의《風俗通》에 "楚之先, 出自帝顓頊, 其裔孫曰陸終"이라 하였으며《史記》正義에는 "陸終第三子, 名錢鏗"이라 하였다. 한편《世本》帝系篇에는 陸終이 顓頊의 손자 吳回의 셋째아들이라 하였다.

【夏】中國의 고대 나라 이름. B.C.21세기부터 B.C.16세기 사이. 禹를 始祖로 하며, 桀이 商湯에게 멸망당하였다.
【桂芝】靈芝. 버섯의 일종. 仙藥으로 알려짐. 혹은 桂皮와 靈芝를 함께 일컫는 말이라고도 한다.
【歷陽】지금의 安徽省 和縣 일대. 그곳에 歷陽山이 있으며 秦나라 때는 歷陽縣, 晉나라 때는 歷陽郡을 설치하였다.

참고 및 관련 자료

1. 彭祖의 장수 전설을 기록하였다.
2. 《列仙傳》卷上
彭祖者, 殷大夫也. 姓籛名鏗, 帝顓頊之孫, 陸終氏中子. 歷夏至殷末, 八百餘歲. 常食桂芝, 善導引行氣. 歷陽有彭祖仙室. 前世禱請風雨, 莫不輒應. 常有兩虎, 在祠左右. 祠訖, 地卽有虎迹. 云後昇仙而去. 遐哉碩仙, 時惟彭祖. 道與化新, 綿綿歷古. 隱倫玄室, 靈著風雨. 二虎嘯時, 莫我猜侮.

팽조《삼재도회》

3. 《史記》秦始皇本紀 正義
陸終第三子曰籛鏗, 封於彭, 爲商伯. 外傳云, 殷末, 滅彭祖氏.
4. 《神仙傳》葛洪
彭祖者, 姓籛, 名鏗, 帝顓頊之玄孫, 至殷末世, 年七百六十歲而不衰老. 少好恬靜, 不恤世務, 不營名譽, 不飾車服, 唯以養生治身爲事. 殷王聞之, 拜爲大夫, 常稱疾閒居, 不與政事. 善於補養導引之術, 幷服水桂·雲母粉·麋鹿角, 常有少容. 然其性沈重, 終日不自言有道, 亦不作詭惑變化鬼怪之事, 窈然無爲. 時乃遊行, 人莫知其所詣, 伺候之, 竟不見也. 有車馬以不常乘. 或數百日或數十日不持資糧, 還家則衣食與人無異. 常閉氣內息, 從平旦至日中, 乃危坐拭目, 摩搦身體, 舐唇咽唾, 服氣數十, 乃起行, 言笑如故. 其體中或有疲倦不安, 便導引閉氣, 以攻其患. 心存其身, 頭面九竅, 五藏四肢, 至于毛髮, 皆令其存, 覺其氣行體中, 起於鼻口中, 達十指末, 尋卽平和也. 王自詣問訊, 不告之. 致遺珍玩, 前後數萬, 彭祖皆受之以恤貧賤, 略無所留. 又有采女者, 亦少得道, 知養形之方, 年二百七十歲,

視之年如十五六. 王奉事之, 於掖庭爲立華屋紫閣, 飾以金玉, 乃令采女乘輕輧而往, 問道於彭祖. 采女再拜, 請問延年益壽之法. 彭祖曰:「欲舉形登天, 上補仙官者, 當用金丹, 此元君太一所服, 白日昇天也. 然此道至大, 非君王所爲. 其次當愛精養神, 服餌至藥, 可以長生, 但不能役使鬼神, 乘虛飛行耳. 不知交接之道, 雖服藥無益也. 采女能養陰陽者也, 陰陽之意可推而得, 但不思之耳, 何足枉問耶? 僕遺腹而生, 三歲失母, 遇犬戎之亂, 流離西域, 百有餘年. 加以少怙, 喪四十九妻, 失五十四子, 數遭憂患, 和氣折傷, 令肌膚不澤, 榮衛焦枯, 恐不得度世, 所聞素又淺薄, 不足宣傳. 今大宛山中, 有青精先生者, 傳言千歲, 色如童子, 行步一日三百里, 能終歲不食, 亦能一日九餐, 眞可問也.」采女曰:「敢問青精先生所謂何仙人也?」彭祖曰:「得道者耳, 非仙人也. 仙人者, 或竦身入雲, 無翅而飛; 或駕龍乘雲, 上造太堦; 或化爲鳥獸, 浮遊青雲; 或潛行江海, 翱翔名山; 或食元氣, 或茹芝草; 或出入人間, 則不可識; 或隱其身草野之間, 面生異骨, 體有奇毛, 戀好深僻, 不交流俗. 然有此等, 雖有不亡之壽, 皆去人情, 離榮樂, 有若雀之化蛤, 雉之爲蜃, 失其本眞, 更守異器, 今之愚心未之願也. 人道當食甘旨, 服輕麗, 通陰陽, 處官秩, 耳目聰明, 骨節堅强, 顏色和澤, 老而不衰, 延年久視, 長在世間. 寒溫風濕不能傷, 鬼神衆精莫敢犯, 五兵百蟲不能近, 憂喜毀譽不爲累, 乃可貴耳. 人之受氣, 雖不知方術, 但養之得宜, 當至百二十歲, 不及此者, 皆傷之也. 小復曉道, 可得二百四十歲; 能加之, 可至四百八十歲; 盡其理者, 可以不死, 但不成仙人耳. 養壽之道, 但莫傷之而已. 夫冬溫夏涼, 不失四時之和, 所以適身也; 美色淑姿, 幽閒娛樂, 不致思欲之惑, 所以通神也; 車服威儀, 知足無求, 所以一其志也; 八音五色, 以玩視聽, 所以導心也. 凡此皆以養壽, 而不能斟酌之者, 反以速患. 古之至人, 恐下才之子, 未識事宜, 流遁不還, 故絕其源也. 故有:『上士別床, 中士異被』;『服藥千裹, 不如獨臥』;『五色令人目盲, 五味令人口爽.』苟能節宣其宜適, 抑揚其通塞者, 不減年筭而得其益. 凡此之類, 譬猶水火, 用之過當, 反爲害耳. 人不之其經脈損傷, 血氣不足, 內理空疏, 髓腦不實, 體已先病, 故爲外物所犯, 因風寒酒色以發之耳. 若本充實, 豈當病耶? 凡遠思强記傷人, 憂恚悲哀傷人, 情樂過差傷人, 忿怒不解傷人, 汲汲所願傷人, 戚戚所患傷人, 寒暖失節傷人, 陰陽不交傷人, 所傷人者甚衆, 而獨責於房室, 不亦惑哉? 男女相成, 猶天地相生也, 所以導養神氣, 使人不失其和. 天地得交接之道, 故無終竟之限; 人失交接之道, 故有殘折之期. 能避衆傷之事, 得陰陽之術, 則不死之道也. 天地晝離而夜合, 一歲三百六十交, 而精氣和合者有四, 故能生育萬物, 不知窮極, 人能則之, 可以長存. 次有服氣得其道, 則邪氣不得入, 治身

之本要也. 其餘吐納導引之術, 及念體中萬神, 有含影守形之事, 一千七百餘條. 及四時首向, 責己謝過, 臥起早晏之法, 皆非眞道, 可以敎初學者, 以正其心耳. 愛精養體, 服氣鍊形, 萬神自守. 其不然者, 則榮衛枯瘁, 萬神自逝, 非思念所留者也. 愚人爲道, 不務其本, 而逐其末, 告以至言, 又不能信. 見約要之書, 謂之輕淺, 而晝夕伏誦, 觀夫太淸北神中經之屬, 以此疲勞, 至死無益也, 不亦悲哉! 又人苦多事, 又少能棄世獨住山居穴處者, 以順道敎之, 終不能行, 是非仁人之意也. 但知房中之道, 閉氣之術, 節思慮, 適飮食, 則得道矣. 吾先師初著九都節解韜形隱遁無爲開明四極九室諸經, 萬三千首, 爲以示始涉門庭者耳.」

采女具受諸要以敎王, 王試爲之, 有驗. 欲秘之, 乃令國中有傳彭祖道者, 誅之. 又欲害彭祖以絶之, 彭祖知之, 乃去, 不知所在. 其後七十年, 聞人於流沙之西見之. 王能常行彭祖之道, 得壽三百歲, 力轉丁壯, 如五十時. 鄭女妖淫, 王失其道而殂. 俗間相傳, 言彭祖之道殺人者, 由於王禁之故也. 彭祖去殷時, 年七百七十歲, 非壽終也.

5. 《太平廣記》 2
彭祖者, 姓籛諱鏗. 帝顓頊之玄孫也. 殷末已七百六十七歲, 而不衰老. 少好恬靜, 不卹世務, 不營名譽, 不飾車服, 唯以養生治身爲事. 王聞之, 以爲大夫. 常稱疾閑居, 不與政事, 善於補導之術. 服水桂雲母粉麋角散. 常有少容, 然性沈重. 終不自言有道, 亦不作詭惑變化鬼怪之事. 窈然無爲, 少周遊, 時還獨行, 人莫知其所詣, 伺候, 竟不見也.(下略 《神仙傳》과 같음)

6. 《法苑珠林》 78 祭祠篇
彭祖者, 殷時大夫也. 歷夏而至商末, 號七百歲, 常食桂芝. 歷陽有彭祖仙室. 前世云: 禱請風雲, 莫不輒應. 常有兩虎, 在祠左右, 今日祠之訖, 地則有兩虎跡也.

7. 《北堂書鈔》 157 窟篇 彭祖窟
歷陽有彭祖仙窟, 請雨輒得.

8. 《藝文類聚》 64 居處部 室
彭祖, 殷大夫也. 歷夏至商末, 號七百歲. 歷陽有彭祖仙室.

9. 기타 참고자료
《文選》(卷14 注). 《太平御覽》(174·529). 《太平寰宇記》(124). 《歷世眞仙體道通鑑》(卷3). 《仙苑編珠》(卷上). 《三洞群仙錄》(卷2). 《列仙全傳》(卷1). 《法苑珠林》(41, 《神仙傳》을 移記한 것)

007(1-7) 師門使火
사문이 불을 부리다

　사문師門은 소보嘯父의 제자이다. 능히 불을 마음대로 부려 승천한 자였다. 도파桃葩를 주식으로 하였으며, 공갑孔甲의 용사龍師였다. 공갑이 자기 뜻대로 움직여 주지 않는 사문을 미워하여, 그를 죽여 들에 묻어 버리고 말았다. 그러던 어느 날, 풍우가 그 무덤에 다가와 그를 영접하여 떠나자, 산의 나무들이 모두 불타고 말았다. 공갑이 놀라 그를 위해 사당을 짓고 기도하였지만, 공갑은 집에 돌아오는 길에 집에 닿기도 전에 도중에서 죽고 말았다.

　師門者, 嘯父弟子也. 能使火. 食桃葩. 爲孔甲龍師. 孔甲不能修其心意, 殺而埋之外野. 一旦, 風雨迎之, 山木皆燔. 孔甲祠而禱之, 未還而死.

【師門】고대의 仙人.
【嘯父】전설상의 仙人. 夏나라 때의 人物. 《列仙傳》卷上(013) 참조.
【使火】스스로를 불에 태워 '成仙升天'함을 뜻한다.
【桃葩】복숭아꽃. 葩는 花와 같은 뜻.
【孔甲】夏나라 때의 임금 이름. 少康의 九世 후손이며 不降의 아들. 《左傳》 昭公 29年에 "有夏孔甲, 擾于有帝, 帝賜之乘龍, 河·漢各二, 各有雌雄"이라 하였다.
【龍師】龍을 관장하는 임무의 직책. 《史記》 夏本紀 참조.

참고 및 관련 자료

1. 師門의 억울한 죽음과 孔甲의 應報에 관한 기록이다.

2. 《列仙傳》卷上

師門者, 嘯父弟子也. 亦能使火. 食桃李葩. 爲夏孔甲龍師, 孔甲不能順其意, 殺而埋之外野. 一旦風雨迎之, 訖則山木皆焚. 孔甲祠而禱之, 還而道死. 師門使火, 赫炎其勢. 乃豢虯龍, 潛靈隱惠. 夏王虐之. 神存質斃. 風雨旣降, 肅爾高逝.

3. 《列仙傳》卷上

嘯父者, 冀州人也. 少在西周市士補履, 數十年, 人不知也. 後奇其不老. 好事者造求其術, 不能得也. 唯梁母得其作火法. 臨上三亮上, 與梁母別, 列數十火而昇, 西邑多奉祀之. 嘯父駐形, 年哀不邁. 梁母遇之, 歷虛啓會. 丹火翼煇, 紫煙成蓋. 眇企昇雲. 抑絶華泰.

4. 《文選》卷6 魏都賦(左思) 注

師門者, 嘯父弟子. 亦能使火, 爲孔甲龍師, 孔甲不能修其心意, 殺而埋之外野. 一旦風雨迎之, 訖則山木皆燔. 孔甲祠而禱之. 末還而道死, 嘯父, 冀州人也. ……師門者, 本嘯父弟子. 故附冀州.

5. 《雲笈七籤》卷108《列仙傳》

師門者, 嘯父弟子也. 亦能使火, 食桃李葩. 爲夏孔甲龍師. 孔甲不能順其心意. 殺而埋之野外. 一旦風雨迎之. 訖則山木皆焚. 孔甲祀而禱之. 還而道死.

6. 《雲笈七籤》卷108《列仙傳》

嘯父, 冀州人. 少在西周市上補履. 數十年, 人不知也. 後奇其不老. 好事者造求其術, 不能得. 惟梁母得其作火法. 臨上三亮山, 與梁母別, 列數十火而昇天. 西邑多奉祀之焉.

7. 《初學記》卷23

師門能使火, 食桃李葩. 爲夏孔甲龍師. 孔甲殺而埋之外也. 一旦風雨迎之.

8. 기타 참고자료

《太平御覽》(82·967).《歷世眞仙體通鑑》(卷3).《仙苑篇珠》(卷中).

008(1-8) 葛由乘木羊
갈유가 목양을 타다

갈유葛由는 촉蜀 땅의 강족羌族 인물이다. 주周 성왕成王 때, 그는 나무로 양羊을 조각하여 이를 시장에 내다 팔기를 즐겨하였다. 어느 날, 그가 목양木羊을 타고 촉 땅으로 들어서자 촉 땅의 왕후王侯와 귀인貴人들이 그를 추종하여 수산綏山에 오르게 되었다. 그 수산은 복숭아나무가 많았고, 아미산峨嵋山의 서남쪽에 있었으며, 그 높이는 끝이 없었다. 그를 따라 나섰던 자들은 누구하나 되돌아오지 않고, 모두가 선도仙道를 얻었다. 그래서 민간에서는 이런 말이 퍼졌다.

"수산의 복숭아 하나 얻으면 비록 신선은 되지 못한다 해도 호걸쯤은 된다."

그 산 아래에 갈유의 사당을 세웠는데 수십 곳이나 된다.

葛由, 蜀羌人也. 周成王時, 好刻木作羊賣之. 一旦, 乘木羊入蜀中. 蜀中王侯貴人追之, 上綏山. 綏山多桃, 在峨眉山西南, 高無極也. 隨之者不復還, 皆得仙道.

故里諺曰:「得綏山一桃, 雖不能仙, 亦足以豪.」山下立祠數十處.

【葛由】 고대의 仙人. 본문의 맨 앞에 '前周' 두 글자가 있으나 잘못된 것으로 여겨진다. 《搜神記校注》 汪紹楹의 주장.

【蜀】 고대의 나라 이름. 지금의 四川省 成都를 중심으로 있던 나라.
【羌】 고대부터 甘肅·靑海·四川 일대에 살던 민족 이름.
【周 成王】 西周 초기의 임금. 武王의 아들이며 康王의 아버지. 이름은 姬誦.
【綏山】 지금의 四川省 峨眉縣에 있는 山.
【峨嵋山】 '峨眉山'으로도 쓰며 역시 四川省 峨眉縣에 있다. 두 산의 모습이 蛾眉와 같아 붙여진 이름.
【豪】 豪人, 神仙 다음쯤의 貴人을 뜻한다.

참고 및 관련 자료

1. 葛由와 그 추종자들의 成仙 故事를 기록하였다.
2. 《列仙傳》卷上
葛由者, 羌人也. 周成王時, 好刻木羊. 賣之. 一旦騎羊而入西蜀, 蜀中王侯貴人追之, 上綏山. 綏山在峨嵋山西南, 高無極也. 隨之者不得還, 皆得仙道. 故里諺曰:「得綏山一桃, 雖不能仙, 亦足以豪」山下立祠數十處云. 木可爲羊, 羊亦可靈. 靈在葛由, 一致無經. 爰陟崇綏, 舒翼揚聲. 知術者仙, 得桃者榮.

3. 《藝文類聚》94 羊
葛由者, 羌人. 周成王時, 好刻木作羊賣之. 一旦, 騎羊而入蜀, 蜀中王侯貴人追之, 上綏山. 山在峨眉山西南, 無極. 隨之者不復還, 皆得仙道. 山上有桃. 故里諺曰:「得綏山一桃, 雖不得仙, 亦足以豪.」山下立祠.

4. 《雲笈七籤》卷108 列仙傳
葛由者, 羌人也. 周成王時, 好刻木羊. 賣之. 一旦騎羊而入蜀, 蜀中王侯貴人追之, 上綏山. 綏山在峨嵋山西南, 高無極也. 隨之者不復還, 皆得仙道. 故里諺曰:「若得綏山一桃, 雖不得仙, 亦足以豪.」山下立祠數十處也.

5. 《法苑珠林》67 咒術篇
前周葛由. 蜀羌人也. 周成王時, 好刻木作羊, 賣之. 一旦乘木羊入蜀中, 蜀中王侯貴人追之, 上綏山, 綏山在峨眉西南, 高無極也. 隨之者不復還, 皆得仙道. 故里論曰:「得綏山一桃, 雖不能僊, 亦足以豪.」山下立祠數十處.

6. 《太平廣記》225
葛由, 蜀羌人. 能刻木爲羊, 賣之. 一旦乘羊入蜀城, 蜀之豪貴. 或隨之上綏山,

綏山高峻. 在峨眉之西, 隨者皆得道. 不復還. 故里語曰:「得綏山一桃, 雖不能仙, 亦足以豪.」山下多立祠焉.(《法苑珠林》)

7. 기타 참고자료

《太平御覽》(44·902·967).《太平寰宇記》(74·139).《歷世眞仙體道通鑑》(卷3).《三洞群仙錄》(卷7).《列仙全傳》(卷1).

009(1-9) 崔文子學仙
최문자가 선도를 배우다

최문자崔文子는 태산泰山 사람이다. 그는 왕자교王子喬에게 선도仙道를 배웠다. 왕자교가 백예白蜺로 변하면서, 가지고 있던 선약仙藥을 최문자에게 주었다. 최문자는 놀랍고 괴이하게 여겨 창을 들어 그 백예를 쳐서 죽여 버렸다. 그 때문에 들고 있던 그 선약을 땅에 떨어뜨리고 말았다. 몸을 굽혀 그 죽은 백예를 보았더니, 바로 왕자교의 시신이었다. 최문자가 이를 자기의 거실로 옮겨 안치하고, 낡은 광주리로 덮어 두었다. 잠시 뒤, 그는 큰 새로 변하였다. 그 광주리를 열어 보았더니 갑자기 퍼덕거리며 멀리 날아가 버리고 말았다.

崔文子者, 泰山人也. 學仙于王子喬. 子喬化爲白蜺, 而持藥與文子. 文子驚怪. 引戈擊蜺, 中之, 因墮其藥. 俯而視之, 王子喬之尸也. 置之室中, 覆以敝筐. 須臾, 化爲大鳥. 開而視之, 翻然飛去.

【崔文子】 고대의 仙人.
【泰山】 중국의 五嶽 가운데 東岳. 岱宗으로도 불리며, 지금의 山東省 泰安市에 있다.
【王子喬】 이름은 晉. 周나라 靈王의 太子로 神仙術을 좋아하였다. 嵩山에 올라 神仙이 되었다. 《列仙傳》 卷上(028)에 다음과 같이 기록되어 있다. "王子喬者, 周靈王太子晉也. 好吹笙, 作鳳凰鳴, 遊伊洛之間. 道士浮丘公,

接以上嵩山. 三十餘年後, 求之於山上, 見桓良
曰:「告我家:『七月七日, 待我於緱氏山巓.』」
至時, 果乘白鶴, 駐山頭. 望之不得到, 舉手辭
時人, 數日而去. 亦立祠於緱氏山下及嵩高首焉.
妙哉王子, 神遊氣爽. 笙歌伊洛, 擬音鳳響. 浮丘
感應, 接手俱上. 揮策靑崖, 假翰獨往."

王子喬 모습. 洛陽 漢墓 벽화

【白蜺】白霓. 흰 무지개. 霓는 副虹이라고도
하며《爾雅》釋天 邢昺의 疏에 "虹雙出, 色鮮
盛者爲雄, 雄曰虹; 暗者爲雌, 雌曰霓"라 하였다.

【尸】王子喬의 시신. 그러나 聞一多는《楚辭補注》에서 '履', 즉 신발이어야
한다고 하였다.

> 참고 및 관련 자료

1. 崔文子가 王子喬에게 仙術을 배운 내용과, 王子喬의 神異한 故事를 서술
하였다.

2.《列仙傳》卷上
崔文子者, 太山人也. 文子世好黃老事, 居潛山下. 後作黃散亦丸. 成石父祠, 賣藥
都市, 自言三百歲. 後有疫氣. 民死者萬計. 長吏之文所請救, 文擁朱旛, 繫黃散,
以徇人門, 飮散者卽愈. 所活者萬計. 後去, 在蜀賣黃散. 故世寶崔文赤黃散,
實近於神焉. 崔子得道, 術兼秘奧. 氣癘降喪, 仁心攸悼, 朱旛電麾, 神藥捷到.
時獲全, 永世作效.

3.《楚辭》天問 王逸 注
崔文子, 學仙於王子喬. 子喬化爲白蜺, 而嬰茀持藥於崔文子. 崔文子驚怪. 引戈
擊蜺, 中之, 人墮其藥. 俯而視之, 王子喬之尸也. 崔文子取王子喬之尸, 置之
室中, 覆之以弊筐. 須臾, 則化爲大鳥而鳴, 開而視之, 翻飛而去.

4.《藝文類聚》80 藥香草部 藥
崔文子, 賣黃散, 發疫死者萬計, 服皆愈, 愈者亦萬計.

5.《初學記》卷5
崔文子, 泰山山人, 好黃老術. 潛居山下, 作黃丸賣藥, 有疫氣者, 飮藥卽愈.

6. 《雲笈七籤》卷108《列仙傳》

崔文子, 太山人. 世好黃老事, 居潛山下. 後作黃散丸. 成石父祠, 賣藥都市, 自言三百歲. 後有疫氣, 民死者萬計. 長吏告之求救. 文擁朱旛, 繫黃散, 以徇民間, 飲散者卽愈. 所愈計萬. 後去, 蜀賣黃藥. 故世實崔文赤丸散, 實近於神焉.

7. 기타 참고자료

《太平御覽》(351·984).《仙苑編珠》(卷下).《三洞群仙錄》(卷20).

010(1-10) 冠先被殺
관선의 피살

관선冠先은 송宋나라 사람으로, 낚시로 생업을 삼고 있었다. 그는 수수睢水가에서 백여 년을 살았다. 고기를 잡으면 놓아주기도 하고, 팔기도 하였으며, 혹은 스스로의 식량으로 삼아 먹기도 하였다. 항상 관대冠帶를 바르게 하고, 여荔나무 심기를 좋아하였으며, 그 꽃과 열매를 먹었다. 송宋 경공景公이 그의 도술을 물었으나 일러 주지 않자, 경공은 그를 죽여 버리고 말았다. 그 뒤 수십 년이 흐른 뒤, 그 관선은 송나라 성문에 걸터앉아 거문고 타는 모습으로 나타났다가, 다시 수십 일이 지난 뒤 떠나 버렸다. 송나라 사람들은 집집마다 그를 모셔 제사 지내고 있다.

冠先, 宋人也. 釣魚爲業. 居睢水旁百餘年. 得魚, 或放, 或賣, 或自食之. 常冠帶. 好種荔, 食其葩實焉. 宋景公問其道, 不告, 卽殺之. 後數十年, 踞宋城門上, 鼓琴, 數十日乃去. 宋人家家奉祠之.

【冠先】고대의 仙人 이름. 《列仙傳》에서는 '寇先'으로 되어 있으며, 《雲笈七籤》에는 '寇先生'으로 되어 있다.
【宋】殷의 後裔. 子姓. 도읍은 商丘. B.C.286년 齊나라에게 망하였다. 그 지역은 지금의 河南 동부와 山東·江蘇·安徽 사이였다. 《史記》宋微子世家 참조.
【睢水】고대 運河인 鴻溝의 지맥, 지금은 거의 묻혔으며 河南省 開封縣에서 泗水로 흘러들었다.

【荔】여기서는 薜荔를 가리킨다. 木蓮. 혹은 '鬼饅頭'라고도 하며, 莖葉과 열매를 약으로 쓴다.
【宋 景公】春秋戰國 교체기의 宋나라 임금. 이름은 頭曼. 재위 64년(B.C.516~453).

참고 및 관련 자료

1. 冠先의 특이한 행동을 서술하였다.

2. 《列仙傳》卷上
寇先者, 宋人也. 以釣魚爲業, 居睢水旁百餘年, 得魚, 或放或賣, 或自食之. 常著冠帶, 好種荔枝, 食其葩實焉. 宋景公問其道, 不告, 卽殺之. 數十年, 踞宋城門, 鼓琴數十日乃去. 宋人家家奉祀焉. 寇先惜道, 術不虛傳. 景公戮之, 尸解神遷, 歷載五十, 撫琴來旋. 夷俟宋門, 暢意五絃.

3. 《水經注》卷24 睢水
城西門, 卽寇先鼓琴處也. 先好釣, 居睢水旁, 宋景公問道, 不告, 殺之, 後十年, 止此門, 鼓琴而去, 宋人家家奉事之.

4. 《雲笈七籤》卷108 《列仙傳》
寇先生者, 宋人也. 釣魚爲業, 居睢水旁, 百餘年. 得魚, 或放或賣, 或食. 常著冠帶, 好種荔, 食其葩實焉. 宋景公問其道, 不告, 卽殺之. 數十年, 踞宋城門, 鼓琴數十日而去. 宋人家家奉祀焉.

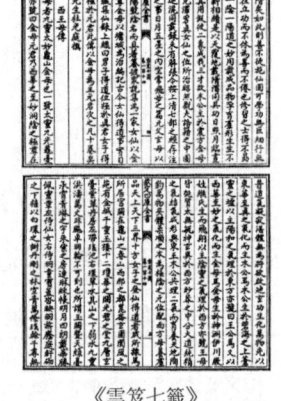

《雲笈七籤》

5. 《法苑珠林》108
冠先, 宋人也. 以釣爲業, 居睢水旁, 百餘年. 得魚, 或放或賣, 或自食之. 常冠帶, 好種荔, 食其葩實焉. 宋景公問其道, 不告, 卽殺之. 後數十年, 踞宋城門上鼓琴, 數十日乃去. 宋人家家奉祀焉.

6. 기타 참고자료
《太平御覽》(1000). 《仙苑編珠》(卷上). 《列仙全傳》(卷1).

011(1-11) 琴高取龍子
금고가 용자를 얻다

금고琴高는 조趙나라 사람으로, 거문고 연주에 뛰어났다. 그는 송宋 강왕康王의 사인舍人이 되어 연자涓子와 팽조彭祖의 신선술을 수행하면서 기주冀州·탁군涿郡 일대를 이백여 년이나 돌아다녔다. 그 뒤 그는 세상을 사직하고 탁수涿水에 뛰어들어, 용자龍子를 얻게 되었다. 그리고는 제자들과 기일을 약속하면서 이렇게 말하였다.

"내일 모두 목욕재계하고 물가에서 나를 기다려라. 그리고 사당을 짓도록 하라."

이튿날 과연 그는 붉은 잉어를 타고 나타나, 사당 한가운데 앉았다. 그리고 수만 명이 와서 자신을 보게 하면서 한 달을 머물고는 다시 물속으로 사라지고 말았다.

琴高, 趙人也. 能鼓琴. 爲宋康王舍人. 行涓·彭之術, 浮游冀州·涿郡間, 二百餘年. 後辭入涿水中, 取龍子.

與諸弟子期之, 曰:「明日皆潔齋, 候于水旁, 設祠屋.」

果乘赤鯉魚出, 來坐祠中. 且有萬人觀之. 留一月, 乃復入水去.

【琴高】고대 仙人. 戰國時代 趙나라 사람.
【趙】戰國時代의 나라 이름. 戰國七雄의 하나. 都邑은 邯鄲. 강역은 지금의

山西 중부. 河北의 서남부. 陝西의 동북부 일대였다.
【宋 康王】戰國時代의 宋나라 君主로 포악하였다. 이름은 偃.
【舍人】관직 이름. 宮中에서 숙직하며 보살피는 벼슬.
【涓子】仙人 이름.《列仙傳》卷上(011)에 다음과 같이 기록되어 있다. "涓子者, 齊人也. 好餌朮, 接食其精. 至三百年, 乃見於齊, 著《天人經》四十八篇. 後釣於荷澤, 得鯉魚, 腹中有符. 隱於宕山, 能致風雨, 受伯陽九仙法. 淮南山安, 少得其文, 不能解其旨也. 其《琴心》三篇, 有條理焉. 涓老餌朮, 享玆遐紀. 九仙旣傳, 三才乃理. 赤鯉投符, 風雲是使, 拊琴幽巖, 高棲遐峙."
【彭祖】《搜神記》006(1-6) 참조.
【冀州】고대 九州의 하나.《爾雅》釋地에 "兩河間曰冀州"라 하였으며《周禮》職方에는 "河內曰冀州"라 하였다. 지금의 河北·山西의 두 省 및 河南·黃河 以北, 遼寧省 遼河 以西의 땅.
【涿郡】郡 이름. 지금의 河北省 涿縣.
【涿水】지금의 拒馬河·河北省 涿縣의 물 이름.《水經注》에는 '磹水'로 되어 있다.
【龍子】일종의 神物. 도마뱀(壁虎)처럼 생겼다. 崔豹의《古今注》참조.

참고 및 관련 자료

1. 琴高의 靈異한 事件을 서술하였다.

2.《列仙傳》卷上
琴高者, 趙人也. 以鼓琴爲宋康王舍人. 行涓彭之術, 浮遊冀州涿(一作碭)郡之間, 二百餘年. 後辭, 入涿水中. 取龍子, 與諸弟子期曰:「皆潔齋待於水傍, 設祠.」果乘赤鯉來出, 來祠中. 旦(且)有萬人觀之. 留一月餘, 復入水去. 琴高晏晏, 司樂宋宮. 離世孤逸, 浮沈涿中. 出躍赬鱗, 入藻淸沖. 是任水解, 其樂無窮.

3.《文選》卷6〈魏都賦〉(左思) 注
琴高者, 趙人也. 浮遊冀州二百餘年. 後辭入磹水中, 取龍子. 與諸弟子期, 曰:「皆潔齋待於傍, 設屋祠.」果乘赤鯉來. 出坐祠中留一月, 復入水去.

4.《水經注》卷23 獲水
趙人有琴高者, 以善鼓琴爲康王舍人. 行彭·涓之術, 浮遊碭郡間, 二百餘年. 後入碭水中取龍子. 與弟子期曰:「皆潔齋待於水傍, 設屋祠.」果乘赤鯉魚來. 入坐

祠中, 碭中有可萬人觀之. 留月餘, 復入水也.

5.《初學記》卷11 中書舍人
琴高, 趙人. 善鼓琴, 爲宋康王舍人也.

6.《北堂書鈔》109 琴
琴高善鼓琴,《列仙傳》云: 琴鼓以善鼓琴爲康王舍人.

7.《太平廣記》4 琴高
琴高者, 趙人也. 以鼓琴爲宋康王舍人. 行涓・彭之術, 浮遊冀州涿郡間, 二百餘年. 後辭入涿水中, 取龍子. 與諸子期之曰:「皆潔齋, 候於水傍, 設祠屋.」果乘赤鯉來, 坐祠中. 且有萬人觀之. 留一月餘, 復入水去.(《列仙傳》)

8.《雲笈七籤》卷108《列仙傳》
琴高, 趙人. 能鼓琴爲宋康王舍人. 行涓彭之術, 浮遊冀州涿郡間, 二百餘年. 後辭, 入涿水, 取龍子. 與諸弟子期, 期曰:「皆齋潔, 待於水傍, 設祀.」果乘赤鯉來, 坐祠中. 且有萬人觀之. 留一月, 復入水去.

9.《法苑珠林》41
琴高, 趙人也. 以鼓琴爲康王舍人. 行涓彭之術, 浮遊冀州涿郡間, 二百餘年. 後復時, 入涿水中, 取龍子. 與諸弟子期曰:「期日皆潔齋, 待於水傍, 設祠屋.」果乘赤鯉魚出. 入坐祠中, 涿中且有萬人觀之. 留一月, 復入水去.

10.《雲笈七籤》卷108《列仙傳》
涓子, 齊人. 好餌朮, 接食其精. 至三百年, 乃見於齊, 著《天地人經》四十八篇. 後釣於荷澤, 得鯉, 腹中有符, 隱於宕山, 能制風雨, 受伯陽九僊法. 淮南王安, 少得其文, 不能解其旨也. 其《琴心》三篇, 有條理焉.

11. 기타 참고자료
《太平御覽》(936).《歷世眞仙體道通鑑》(卷3).《仙苑編珠》(卷上).《墉城集仙錄》(卷6).《列仙全傳》(卷1).

012(1-12) 陶安公騎赤龍
도안공이 적룡을 타다

　도안공陶安公은 육안국六安國의 풀무장이鑄冶師였다. 그가 화덕에서 풀무질하고 있던 어느 날이었다. 그 불꽃이 하루아침에 공중으로 흩어 퍼지면서, 보랏빛이 하늘을 찌르는 것이었다. 도안공은 풀무 앞에 엎드려 애원하였다. 그러자 잠시 뒤, 주작朱雀이 그 풀무 위에 나타나 이렇게 일러 주는 것이었다.
　"안공! 안공! 그 풀무는 하늘과 통하고 있네. 7월 7일에 적룡赤龍이 그대를 맞이하러 올 걸세."
　과연 그때가 이르자, 도안공은 그 적룡을 타고 동남쪽으로 사라졌다. 그 성읍城邑의 수만 명이 미리 와서 도안공을 보낼 조전祖餞을 차려 놓고 있었다. 도안공은 그들과 모두 사별의 인사를 나누고 사라졌다.

　陶安公者, 六安鑄冶師也. 數行火. 火一朝散上, 紫色衝天. 公伏冶下求哀.
　須臾, 朱雀止冶上, 曰:「安公! 安公! 冶與天通. 七月七日, 迎汝以赤龍.」
　至時, 安公騎之, 從東南去. 城邑數萬人, 豫祖安送之, 皆辭訣.

【陶安公】고대의 仙人.
【六安】漢나라 때의 郡國 이름. 四漢 元狩 2年(B.C.121) 衡山郡을 고쳐 六安王國을 설치하였다. 지금의 安徽省 六安縣.
【鑄冶師】冶金, 鑄物, 熔鐵의 專門技師.

【朱雀】 神鳥 이름. 南方을 관장하며 火氣를 상징한다.《夢溪筆談》에 "四方 取象, 蒼龍·白虎·朱雀·龜蛇. 唯朱雀莫知何物. 但謂鳥而朱者. 羽族赤而翔上, 集必附木, 此火之象也"라 하였다.

【赤龍】 역시 南方, 火를 상징한다.

【祖餞】 고대 出行 때 路神에게 제사 지내는 의례. 고대 黃帝의 아들 유조(纍祖)가 먼 길을 떠나 도중에 죽자, 사람들이 그를 '路神'으로 여겨 길 떠나는 자를 보호해 달라는 뜻으로 제를 올리기 시작한 것에서 유래되었다 함.(《四民月令》)

참고 및 관련 자료

1. 陶安公의 乘龍成仙 故事를 서술하였다.

2.《列仙傳》卷上

陶安公者, 六安鑄冶師也. 數行火. 火一旦散上行, 紫色衝天. 安公伏冶下求哀. 須臾, 朱雀止冶上. 曰:「安公! 安公! 冶與天通. 七月七日, 迎汝以赤龍.」至期, 赤龍到, 大雨, 而安公騎之東南上. 一城邑數萬人, 衆共送視之, 皆與辭決云. 安公縱火, 紫炎洞熙. 翩翩朱雀, 銜信告時. 奕奕朱虯, 蜿然赴期. 傾城仰覩, 廻首顧辭.

3.《藝文類聚》4 七月七日

陶安公者, 六安鑄冶師行火者. 朱雀止冶上, 曰:「安公! 冶與天通. 七月七日, 迎汝以赤龍.」

4.《藝文類聚》78 靈異部 仙道

陶公, 六安冶師. 數行火. 火一旦散上. 紫色衝天. 公伏冶下求哀. 須臾, 朱雀止冶, 曰:「安公! 安公! 冶與天通. 七月七日, 迎汝以赤龍.」至時, 安公騎之東南上. 城邑數萬人, 豫祖安送之. 皆辭訣.

5.《雲笈七籤》卷108《列仙傳》

陶安公, 六安鑄冶師. 數行火. 火一旦散上行, 紫色衝天. 安公伏冶下求哀. 須臾, 朱雀止冶上. 曰:「安公! 安公! 冶與天通. 七月七日, 迎汝赤龍.」至期, 赤龍到, 大雨, 而公騎之東南上. 一城邑數萬人, 衆共送視之, 皆與辭決也.

6. 기타 참고자료

《太平御覽》(833·868·929).《歷世眞仙體道通鑑》(卷3).《仙苑編珠》(卷上).《三洞群仙錄》(卷2).

013(1-13) 焦山老君
초산노군

어떤 사람이 초산焦山에 들어가 7년이나 도를 닦았다. 그러자 태상노군太上老君이 그에게 목찬木鑽을 주면서, 반석을 뚫어 보라는 것이었다. 그런데 그 바위는 두께가 다섯 척尺이나 되었다.

"이 돌을 뚫으면 마땅히 득도得道하리라!"

40년이 걸려서 드디어 돌을 뚫게 되었으며, 그리하여 그는 마침내 '신선단결神仙丹訣'을 얻게 되었다.

有人入焦山七年, 老君與之木鑽, 使穿一盤石, 石厚五尺.
曰:「此石穿, 當得道.」
積四十年, 石穿, 遂得神仙丹訣.

【焦山】지금의 江蘇省 丹徒縣 동쪽 강물 속에 있는 山. 金山과 마주하고 있다.
【太上老君】道敎에서 老子를 높여 '太上老君'이라 부르며 至尊之神으로 여기고 있다. 《老子內傳》에 『太上老君, 姓李名耳, 字伯陽, 一名重耳. 生而白髮, 故號老子. 耳有三漏. 又號老聃』이라 하였다.
【木鑽】나무 송곳.
【神仙丹訣】道家에서 煉丹修道하여 成仙하는 秘訣.

> 참고 및 관련 자료

1. 堅忍不拔하여 工夫를 닦는 道敎式의 得道方法을 서술하였다.

2. 본 장의 기록은 다른 책에 轉載나 引用된 것이 없으며 다만 唐 段成式의 《酉陽雜俎》卷2에 실린 "有傅先生入焦山"과 비슷하다. 한편 이는 《眞誥》5에 "昔有傅先生者, 少好道"라 하여, 뒷사람이 《搜神記》에 끼워 넣은 것이 아닌가 여기고 있다.(《搜神記校注》)

3. 《酉陽雜俎》卷2

有傅先生入焦山七年, 老君與之木鑽, 使穿一盤石, 石厚五尺. 曰:「此石穴, 當得道.」積四十七年, 石穿, 得神丹.

4. 《眞誥》5 (梁, 陶弘景 撰. 〈四庫全書〉子部 14, 道家類)

君曰: 昔有傅先生者, 其少好道. 入焦山石室中, 積七年, 而太極老君詣之, 與之木鑽, 使穿一石, 盤厚五尺許, 云:「穿此盤, 便當得道.」其人乃晝夜穿之, 積四十七年, 鑽盡石穿, 遂得神丹, 乃升太淸爲南嶽眞人. 此有志之士也. 子其識之, 若有此試, 愼勿言不能也.

5. 《雲笈七籤》卷110《列仙傳》

傅先生者, 學道於焦山中, 積思七年. 遇太極眞人, 與之木鑽, 使以穿一石盤, 厚五尺許, 戒云:「石盤穿, 仙可得也.」於是晝夜鑽之, 積四十七年, 鑽盡石穿. 仙人來曰:「立志若斯, 寧有不得道者?」卽授以金液還丹, 服之度世.

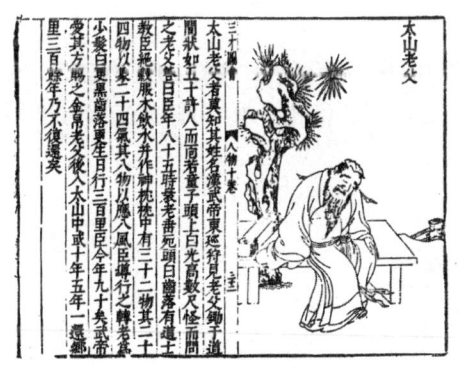

太山老父《三才圖會》

014(1-14) 魯少千應門
노소천이 문밖에 나와 응대하다

노소천魯少千은 산양山陽 사람이다. 한漢 문제文帝가 일찍이 미복微服으로 황금을 품고 그를 방문하여, 그에게 도술을 물어 보고자 하였다. 그때 소천은 황금 지팡이에, 상아 부채를 들고, 문밖에 나와 문제를 맞이하였다.

魯少千者, 山陽人也. 漢文帝嘗微服懷金過之, 欲問其道. 少千拄金杖, 執象牙扇, 出應門.

【魯少千】仙人 이름. 《北堂書鈔》에는 魯少年으로 되어 있다.
【山陽】戰國時代의 魏나라 邑 이름. 漢나라 때 縣이 되었다. 太行山 남쪽에 있었다.
【漢 文帝】西漢의 제3대 皇帝. 劉恒. 재위 23년. B.C.179~157.
【微服】임금이 자신의 신분을 감추기 위해 평민 복장을 한 것.

참고 및 관련 자료

1. 漢나라의 文帝가 魯少千에게 求敎한 사실과, 이를 미리 알고 있었던 魯少千의 응대 모습을 서술하였다.

2. 다른 기록에는 보이지 않으며, 노소천은 《列異傳》(〈古小說鉤沉〉輯本)에 人名이 보이나, 그 내용은 다르다.

3. 《北堂書鈔》133 金杖應門

《搜神記》云: 漢文帝, 微服懷金過魯少年, 少年拄金杖, 出應門.

4. 《北堂書鈔》134 象牙

《搜神記》云: 魯少年, 執象牙扇, 出應門.

5. 기타 참고자료

《太平御覽》(702·710·811).《事類賦注》(40).《列異傳》에도 실려 있으나, 그 내용이 다르다.

漢文帝《三才圖會》

015(1-15) 淮南八公歌
회남 팔공가

회남왕淮南王 유안劉安은 도술道術을 좋아하였으며, 주방장을 임명해 놓고 빈객들을 모셨다. 그런데 정월 상신上辛날, 어떤 여덟 노공老公이 찾아와 뵙자고 하였다. 문지기가 이를 회남왕에게 알리자, 왕은 관리를 시켜 마음대로 그들을 난처하게 해보라고 하였다. 이에 문지기가 이렇게 말하였다.

"우리 왕은 장생술長生術을 좋아하오. 그런데 선생들은 노쇠老衰를 멈추게 하는 도술이 없는 것 같군요. 그래서 감히 그대들을 안내할 수가 없습니다."

노인들은 자신들을 만나 볼 의사가 없다는 것을 알고, 이에 여덟 명의 동자童子로 자신들의 모습을 바꾸니, 그들의 얼굴색은 마치 복숭아꽃 같이 고왔다. 이에 회남왕이 만나보고는, 성대한 예를 갖추고 음악까지 준비하여, 그 여덟 명을 모셨다. 그리고 회남왕은 거문고를 타며 이렇게 노래를 불렀다.

"밝고 밝은 하늘이여 온 세상을 비추도다.	明明上天 照四海兮
내 도 좋아함을 알고 그대들이 내려와 주셨네.	知我好道 公來下兮
그대들 장차 나와 함께하여 깃과 털이 돋아나	公將與余 生羽毛兮
저 청운 하늘로 높이 날아 양보를 밟아 보세.	升騰靑雲 蹈梁甫兮
삼광을 둘러보고 북두를 만나 보세.	觀見三光 遇北斗兮
풍운을 타고 몰아 옥녀를 부려 보세."	驅乘風雲 使玉女兮

지금 이른바 〈회남조淮南操〉라는 노래가 바로 이것이다.

淮南王安好道術, 設廚宰以候賓客. 正月上辛, 有八老公詣門求見. 門吏白王, 王使吏自以意難之.

曰:「吾王好長生, 先生無駐衰之術, 未敢以聞.」

公知不見, 乃更形爲八童子, 色如桃花. 王便見之. 盛禮設樂, 以享八公.

援琴而弦歌曰:「明明上天, 照四海兮. 知我好道, 公來下兮. 公將與余, 生羽毛兮. 升騰青雲, 蹈梁甫兮. 觀見三光, 遇北斗兮. 驅乘風雲, 使玉女兮.」

今所謂「淮南操」是也.

【淮南王 劉安】B.C.179~122. 淮南子로 널리 알려진 人物. 漢 高祖 劉邦의 孫子.《淮南子》를 남겼으며,《漢書》에 그 傳이 실려 있다.
【正月上辛】원문은 '正月上午'로 되어 있다. 그러나《漢書》樂書에 '漢家常以正月上辛, 祀太乙甘泉'이라 하였다.
【八老公】여덟 명의 老人, 神仙.
【駐衰之術】老衰를 멈추게 하는 道術.
【梁甫】梁父山. 지금의 山東省 泰安縣에 있는 山. 徂徠山 서쪽. 泰始皇과 漢나라 光武帝가 이곳에서 封禪의식을 치렀다.
【三光】日·月·星의 빛.《古今樂錄》에는 '瑤光'으로 되어 있으나.《春秋運斗樞》에 '北斗七星, 第七曰瑤光'이라 하였다.
【玉女】仙人이 부리는 侍女.
【淮南操】《八公歌》라고도 하며《古今樂錄》에는 뒤의 구절이 더 실려 있다.

참고 및 관련 자료

1. 淮南王 劉安이 만난 八公과〈淮南操〉라는 노래에 대한 기록이다.

2.《神仙傳》
劉安, 漢高帝孫, 襲父封爲淮南王. 讀書鼓琴, 好神仙術. 折節下士, 嘗招致賓客方士. 作《內書》二十篇又八章, 言神仙黃白之事, 與變化之道. 一日有八公詣門, 王迎之, 待之以禮, 八公授王丹經, 教以修煉. 後白日升天, 鷄犬隨之.

3.《樂府詩集》58 八老歌 (《古今樂錄》을 인용한 것이다.)
一曰:《淮南操》.《古今樂錄》曰:「淮南王好道, 正月上辛, 八公來降, 王作此歌.」
謝希逸《琴論》曰:「〈八公操〉, 淮南王作也.」
"煌煌上天, 照下土兮. 知我好道, 公來下兮.
公將與余, 生毛羽兮. 超騰靑雲, 蹈梁甫兮.
觀見瑤光, 過北斗兮. 馳乘風雲, 使玉女兮.
含精吐氣, 嚼芝草兮. 悠悠將將, 天相保兮."

4.《西京雜記》卷3
又說: 淮南王好方士, 方士皆以術見, 遂有畫地成江河, 撮土爲山巖, 噓吸爲寒暑, 噴嗽爲雨霧. 王亦卒與諸方士俱去.

5.《漢書》卷44 淮南衡山濟北王傳
淮南王安爲人好書, 鼓琴, 不喜弋獵狗馬馳騁, 亦欲以行陰德拊循百姓. 流名譽. 招致賓客方術之士數千人, 作爲《內書》二十一篇,《外書》甚衆, 又有《中篇》八卷, 言神仙黃白之術, 亦二十餘萬言.

6.《論衡》道虛篇
淮南王學道, 招會天下有道之人, 傾一國之尊, 下道術之士, 是以道術之士, 並會淮南, 奇方異術, 莫不爭出. 王遂得道, 擧家升天, 畜産皆仙, 犬吠於天上, 雞鳴於雲中.

7. 기타 참고자료
《太平御覽》(573).《史記》(淮南衡山列傳).

016(1-16) 劉根召鬼
유근이 귀신을 불러오다

유근劉根은 자가 군안君安이며, 경조京兆 장안長安 사람이다. 한漢 성제成帝 때, 숭산嵩山에 들어가 도를 익혔다. 그곳에서 이인異人을 만났는데 이인이 그에게 비결秘訣을 주어 드디어 신선이 되었으며 능히 혼백을 부를 수 있게 되었다. 그때 영천潁川 태수 사기史祈는 이를 요괴妖怪라 여겨 사람을 파견, 그를 잡아들여 죽여 없애려 하였다. 유근이 영천의 태수부太守府에 이르자, 태수 사기가 대뜸 이렇게 말하였다.

"그대는 능히 사람 눈앞에 귀신을 불러올 수 있다 하는데, 지금 그 형상을 보이게 하라. 그렇지 않으면 죽여 버리리라."

이에 유근은 이렇게 자신하였다.

"아주 쉬운 일이지요. 부군府君 앞에 있는 필연筆硯과 서부書符를 좀 빌립시다."

그리고는 궤안几案을 두드렸다. 잠시 뒤, 갑자기 대여섯의 귀신이 나타났다. 그들은 두 사람의 죄수를 묶어 사기 앞에 대령시켰다. 사기가 자세히 보니, 잡혀 온 두 사람은 바로 자신의 부모였다. 그러자 그 부모는 유근을 향해 머리를 조아리며 이렇게 사과하였다.

"아들 녀석이 아무것도 모르고 있으니, 그 죗값은 만 번 죽어 마땅합니다."

이어서 자신의 아들인 사기를 이렇게 질책하였다.

"너는 자손으로서 선조를 영광스럽게 하지 못하면서, 어찌 신선에게 죄지어 부모를 이렇게 힘들여 이곳까지 오도록 하는가!"

사기는 슬프고 놀라와 눈물을 흘리며 머리를 조아려 죄를 빌었다. 유근은 아무 말 없이 홀연히 사라져, 어디로 갔는지 알 수가 없었다.

劉根字君安, 京兆長安人也. 漢成帝時, 入嵩山學道. 遇異人, 授以秘訣, 遂得仙. 能召鬼. 潁川太守史祈以爲妖, 遣人召根, 欲戮之.

至府, 語曰:「君能使人見鬼, 可使形見, 不者加戮」

根曰:「甚易. 借府君前筆硯書符」

因以叩几. 須臾, 忽見五六鬼, 縛二囚於祈前. 祈熟視, 乃父母也.

向根叩頭曰:「小兒無狀, 分當萬死」

叱祈曰:「汝子孫不能光榮先祖, 何得罪神仙, 乃累親如此!」

祈哀驚悲泣, 頓首請罪. 根黙然忽去, 不知所之.

【劉根】後漢 때의 人物.《後漢書》에 그 傳이 실려 있다.
【京兆】漢나라 때의 行政區. 首都 長安을 중심으로 한 관할 지역.
【長安】西漢 때의 首都. 지금의 陝西省 西安市.
【漢 成帝】西漢 때의 皇帝. 劉驁. 재위 27년(B.C.33~7).
【嵩山】中國 五嶽 중의 中嶽. 河南省 登封縣에 있다. 道家의 名山.
【潁川】郡 이름. 治所는 陽翟(지금의 河南省 禹縣). 嵩山을 중심으로 한 지역.
【史祈】당시의 潁川太守.《神仙傳》에는 潁川太守를 張府君이라 하였다.
【府君】漢나라 때의 太守에 대한 칭호.
【符】道家에서 사용하는 귀신 쫓는 文書, 符籍.
【無狀】'예절이 없다, 죄를 짓다'의 뜻.

참고 및 관련 자료

1. 東漢 때 潁川太守가 仙人 劉根을 죽이려다 모욕을 당한 사건이다.

2.《後漢書》卷82(下) 方術列傳 劉根傳.

劉根者,潁川人也.隱居嵩山中.諸好事者,自遠而至,就根學道,太守史祈以根爲妖妄,乃收執詣郡,數之曰:「汝有何術,而誣惑百姓?若果有神,可顯一驗事.不爾,立死矣.」根曰:「實無它異,頗能令人見鬼耳.」祈曰:「促召之,使太守目覩,爾乃爲明.」根於是左顧而嘯,有頃,祈之亡父祖近親數十人,皆反縛在前,向根叩頭曰:「小兒無狀,分當萬坐.」顧而叱祈曰:「汝爲子孫,不能有益先人,而反累辱亡靈!可叩頭爲吾陳謝.」祈驚懼悲哀,頓首流血,請自甘罪坐.根嘿而不應,忽然俱去,不知在所.

3.《神仙傳》卷8

劉根字君安,長安人也.少時明五經,以漢孝成皇帝綏和二年,舉孝廉,除郎中.後棄世,道通入嵩高山石室中.崢嶸峻絕,高五千丈,自崖北而入.冬夏無衣,毛長一二尺,其顏如十四五許人.深目多鬚鬢,皆黃,長三十寸.每與坐,或時忽然變.著高冠玄衣,人不覺換之.時衡府君在潁川,自說其先祖有與根同歲者.王莽數使使請根,根不肯,往衡府君道廟掾王珍,問起居,根不答.再令功曹趙公,往山達敬,根惟言謝府君.更無他言.後潁川太守高府君,到官,民人大疫.郡中死者過半,太守

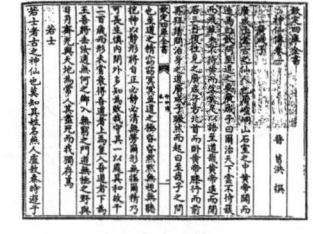

《神仙傳》

家大小悉病.府君使珍從根,求消災除疫氣之術.珍叩頭述府君意,根教於太歲宮氣上,穿地作孔深三尺,以沙着中以酒沃之,君依言.病者卽愈.疫氣登絕,後常用之,有効.後太守史祈以根爲妖妄,欲殺之.遣使呼根,舉郡,皆諫以爲不可.祈殊不肯止,諸吏先使人以此意,報根.使者至根,曰:「太守欲吾來,何也?吾當往耳.不往者,恐汝諸人,必得罪.謂卿等不來呼我也?」根卽詣郡,時賓客盈坐,祈令根前,使庭下五十餘人,將繩索,鞭杖,立于根後.祈厲聲問曰:「君有道耶?」根曰:「有道.」祈曰:「有道能召鬼,使我見乎?若不見,卽當戮汝.」根曰:「甚易耳!」遂借祈前筆硯,書作符扣堵鋒.錚然作銅聲,因長嘯,嘯音非常,清亮聞于城外.聞者莫不肅然,衆賓客悉恐,須臾,廳前南壁,忽開數丈,見四赤衣吏,傳呼避道,赤衣兵數十人,操持刀劒.將一科車,直從壞壁中,入到廳前.根勅下車.上鬼赤衣兵,發車上烏被,上有一老公一老姥,反縛囚繋,大繩的頭,熟視之,乃祈亡父母也.祈驚愕,愴然流涕,父母亦泣.責罵祈:「我生時,汝仕宦未達,不得汝祿養我.死後汝何爲犯忤神仙,尊官使我被收束,囚辱如此?汝亦何面

目立於人間?」祈不堵, 叩頭向根, 乞放赦先人. 根乃勅赤衣兵, 將囚出去. 廳前南壁, 得開車過, 尋失車所在. 根亦隱去. 祈恍惚若狂, 其妻暴卒, 良久乃蘇云.(下略)

4.《歷世眞仙體道通鑑》
劉根, 潁川人. 能令人見鬼, 隱於嵩山.(下略)

017(1-17) 王喬飛舃
왕교의 날아다니는 신발

한漢 명제明帝 때, 상서랑尚書郎인 하동河東의 왕교王喬가 업령鄴令이 되었다. 왕교는 신술神術을 부릴 줄 알았다. 매월 삭일朔日에 자신의 업현으로부터 조정으로 보고를 다녔다. 그런데 황제는 그가 자주 오면서도 타고 온 수레나 말이 보이지 않는 것을 이상히 여겨, 태사太史에게 몰래 살펴보라고 명하였다. 그런데 태사의 대답이, 그가 궁중에 올 때면 문득 오리 두 마리가 동남쪽으로부터 날아온다는 것이었다. 그래서 몰래 엎드려 이를 지켜보다가 오리가 보이자, 그물을 쳐서 잡았다. 그러나 신발 한 쌍뿐이었다. 이에 상서尚書로 하여금 신발을 판별해 보도록 하였더니, 이는 명제의 영평永平 4년에 상서의 관속官屬들에게 하사하였던 신발이라는 것이었다.

漢明帝時, 尚書郎河東王喬爲鄴令. 喬有神術, 每月朔, 嘗自縣詣臺. 帝怪其來數而不見車騎, 密令太史候望之. 言其臨至時, 輒有雙鳧從東南飛來. 因伏伺, 見鳧, 舉羅張之. 但得一雙舃. 使尚書識視, 四年中所賜尚書官屬履也.

【漢 明帝】東漢 때의 皇帝. 劉莊. 재위 18년(58~75).
【尚書郎】東漢時代의 관직 이름.
【河東】漢나라의 郡 이름. 지금의 山西·河北 일대.
【王喬】仙人 이름. 《後漢書》에 그 傳이 실려 있다.

【鄴】 縣 이름. 지금의 河北省 臨漳縣. 그러나 다른 기록에는 모두 葉(지금의 河南省 葉縣)으로 되어 있다.
【朔日】 夏曆으로 매월 초하루.
【詣臺】 '入朝하다'의 뜻. 魏晉時代에는 朝廷의 禁省을 臺라 하였다.
【太史】 관직 이름. 역사기록・천문역법・제사・점복 등을 관장하였다.
【舃】 신발. '석'으로 읽는다.
【尙書】《風俗通》에는 尙方으로 되어 있다. 司馬彪의《續漢書》百官志 注에 "尙方令一人, 六百石, 掌上手工, 作御刀劍諸好器物"이라 하여 '尙方'이 맞을 듯하다.
【四年】 永平 4년, A.D. 61년.

참고 및 관련 자료

1. 東漢時代 王喬의 神秘 故事를 기술한 것이다.
2. 《後漢書》卷82(上) 方術列傳 王喬
王喬者, 河東人也. 顯宗世, 爲葉令. 喬有神術, 每月朔望, 常自縣詣臺朝. 帝怪其來數, 而不見車騎, 密令太史伺望之. 言其臨至, 輒有雙鳧從東南飛來. 於是候鳧至, 擧羅張之, 但得一隻舃焉. 乃詔尙方診視, 則四年中所賜尙書官屬履也. 每當朝時, 葉門下鼓不擊自鳴, 聞於京師. 後天下玉棺於堂前, 吏人推排, 終不搖動. 喬曰:「天帝獨召我邪?」乃沐浴服飾寢其中, 蓋便立覆. 宿昔葬於城東, 土自成墳. 其夕, 縣中牛皆流汗喘乏, 而人無知者. 百姓乃爲立廟, 號葉君祠. 牧守每班錄, 皆先謁拜之. 吏人祈禱, 無不如應. 若有違犯, 亦立能爲祟. 帝乃迎取其鼓, 置都亭下, 略無復聲焉. 或云此卽古仙人王子喬也.
3. 《水經注》(酈道元) 卷21 汝水
王喬之爲葉令也, 每月望, 常自詣臺朝. 帝怪其來數, 而不見車騎. 顯宗密令太史伺望之, 言其臨至, 輒有雙鳧. 從東南飛來. 於是候鳧至, 擧羅張之, 但得一隻舃. 乃詔尙方診視, 則四年中所賜尙書官屬履也. 每當朝時, 葉門下鼓. 不擊自鳴, 聞於京師. 後天下玉棺於堂前, 吏民推排, 終不搖動. 喬曰:「天帝獨欲召我耶?」乃沐浴服飾, 寢其中, 蓋便立覆. 宿昔葬於城東, 土自成墳. 其夕, 縣中牛, 皆流汗喘乏, 而人無知者. 百姓爲立廟, 號葉君祠. 牧守每班錄, 皆先謁拜之.

吏民祈禱, 無不如應. 若有違犯, 亦立能爲祟. 帝乃迎取其鼓, 置都亭下, 略無復聲焉. 或云卽古仙人王子喬也. 是以干氏書之於神化.

4. 기타 참고자료

《史通》(唐, 劉知幾. 雜說).《風俗通》(正失篇).

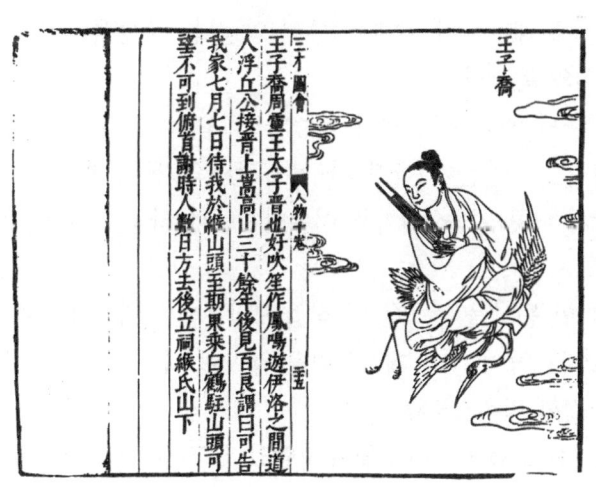

왕자교《삼재도회》

018(1-18) 薊子訓飮啖公卿
계자훈이 공경들을 대접하다

계자훈薊子訓은 어디서 온 사람인지 알 수 없다. 동한東漢 때에 그는 낙양洛陽에 와서 수십 곳을 다니며 공경公卿들을 대접하였는데, 모두가 술 한 말과 포脯 몇 조각뿐이었다. 그러면서 그는 이렇게 말하였다.

"먼 곳으로부터 오느라 가진 것이 없소이다. 그저 미미한 뜻을 보여 드릴 뿐입니다."

그때 잔치에 수백 명이 있었지만, 종일 마시고 먹고 해도 이상하게도 줄어들지 않았다. 그가 떠난 다음엔 백운이 피어오르되 아침부터 저녁때까지 계속되는 것을 누구나 볼 수 있었다. 그때 백 세를 먹은 노인이 이렇게 말하였다.

"내 어릴 때 계자훈이 회계會稽에서 약 파는 모습을 보았는데, 그때의 얼굴색이 이와 똑같다."

계자훈은 낙양에 사는 것이 싫증나서 그만 어디론가 은둔해 버렸다. 그런데 정시正始 연간에 어떤 사람이 장안의 동쪽 패성霸城에서 어떤 노인과 함께 그곳의 동인銅人을 어루만지면서 이렇게 말을 주고받는 것이었다.

"내 옛날 이 동상을 주조할 때 직접 보았는데 이미 5백 년이 흘렀군!"

이를 본 사람들이 그가 계자훈임을 알아내고는 소리쳤다.

"계선생, 잠깐 멈추시오!"

그리고는 함께 걸으면서 말을 주고받았다. 그런데 보기에는 그가 천천히 걷는 것 같으나 말을 몰아 달려가도 따를 수 없는 것이었다.

薊子訓, 不知所從來. 東漢時, 到洛陽, 見公卿數十處.
皆持斗酒片脯候之. 曰:「遠來無所有, 示致微意.」
坐上數百人, 飲啖終日不盡. 去後皆見白雲起, 從旦至暮.
時有百歲公說:「小兒時, 見訓賣藥會稽市, 顏色如此.」
訓不樂住洛, 遂遁去.
正始中, 有人於長安東霸城, 見與一老公共摩挲銅人, 相謂
曰:「適見鑄此, 已近五百歲矣!」
見者呼之曰:「薊先生小住!」
並行應之. 視若遲徐, 而走馬不及.

【薊子訓】東漢 때의 人物.《神仙傳》에는 "薊達, 字子訓"이라 하였다.《歷世眞仙通鑑》에 "二百餘歲, 顔色不老"라 하였으며 曹操가 선비들을 모은 명단에도 薊子訓이 들어 있다.《博物志》및《後漢書》列傳 참조.
【洛陽】東漢 때의 首都.
【會稽】郡 이름. 治所는 吳縣(지금의 江蘇省 蘇州市).
【正始】魏나라 때의 齊王 曹芳의 年號. 240~249년.
【霸城】漢 文帝 九年(B.C. 171)에 縣이 되어 霸陵이라 하였으며, 魏나라 때 霸城으로 고쳤다. 지금의 陝西省 西安市 동북쪽.
【摩挲】摩挈. 疊韻連綿語의 동사. '어루만지다'의 뜻.

참고 및 관련 자료

1. 東漢 때의 方士 薊子訓의 神異한 故事를 기록하였다.
2.《太平廣記》12
薊子訓者, 齊人也. 少嘗仕州郡, 舉孝廉, 除郎中, 又從軍, 除駙馬都尉. 人莫知

其有道. 在鄉里時, 唯行信讓, 與人從事. 如此三百餘年. 顏色不老, 人怪之. 好事者追隨之, 不見其所常服藥物也. 性好清澹, 常閒居讀《易》. 小小作文. 皆有意義. 見比屋抱嬰兒, 訓求抱之, 失手墮地. 兒即死. 隣家素尊敬子訓, 不敢有悲哀之色, 乃埋瘞之. 後二十餘日, 子訓往問之曰:「復思兒否?」隣曰:「小兒相命, 應不合成人, 死已積日, 不能復思也.」子訓因出外. 抱兒還其家, 其家謂是死, 不敢受. 子訓曰:「但敢之無苦, 故是汝本兒也.」兒識其母. 見而欣笑. 欲母取之, 抱, 猶疑不信. 子訓既去. 夫婦共往視所埋兒. 棺中唯有一泥兒, 長六七寸. 此兒遂得長成. 諸老人鬚髮畢白者, 子訓但與之對坐共語, 宿昔之間, 明旦皆黑矣. 京師貴人聞之, 莫不虛心謁見. 無緣致之, 有年少與子訓隣居, 爲太學生. 諸貴人作計, 共呼太學生謂之曰:「子勤若讀書, 欲規富貴. 但召得子訓來, 使汝可不勞而得矣.」生許諾, 便歸事子訓. 灑掃供侍左右數百日. 子訓知意, 謂生曰:「卿非學道, 焉能如此?」生尚諱之, 子訓曰:「汝何不以實對? 妄爲虛飾, 吾已具知卿意. 諸貴人欲見我. 我豈以一行之勞, 而使卿不獲榮位乎? 汝可還京. 吾某日當往.」生甚喜. 辭至京. 與貴人具說, 某日子訓當到, 至期未發. 生父母來詣子訓. 子訓曰:「汝恐吾忘, 使汝兒失信不仕邪? 吾今食後即發, 半日乃行二千里.」既至, 生急往拜迎. 子訓問曰:「誰欲見我?」生曰:「欲見先生者甚多, 不敢枉屈. 但知先生所至, 當自來也.」子訓曰:「吾千里不倦, 豈惜寸步乎? 欲見者, 語之令各絶賓客. 吾明日當各詣它.」生如言告諸貴人. 各自絶客灑掃, 至時子訓果來, 凡二十三家. 各有一子訓, 諸朝士各謂子訓先到其家. 明日至朝. 各問子訓何時到宅, 二十三人所見皆同時, 所服飾顏貌無異. 唯所言話, 隨主人意答, 乃不同也. 京師大驚異, 其神變如此. 諸貴人並欲詣子訓. 子訓謂生曰:「諸貴人謂我重瞳八采, 故欲見我, 今見我矣. 我亦無所能論道, 吾去矣.」適出門, 諸貴人冠蓋塞路而來, 生具言適去矣. 東陌上乘騾者是也. 各走馬逐之不及, 如此半日, 相去常一里許. 終不能及, 遂各罷還. 子訓至陳公家. 言曰:「吾明日中時當去, 陳公問遠近行乎?」曰:「不服更還也. 陳公以葛布單衣一送之」至時, 子訓乃死, 屍僵. 手足交胸上, 不可得伸, 狀如屈鐵. 屍作五香之芳氣. 達於巷陌, 其氣甚異. 乃殯之棺中, 未得出. 棺中噏然作雷霆之音, 光照宅宇. 坐人頓伏良久, 視其棺蓋, 乃分裂飛於空中. 棺中無人, 但遺一隻履而已. 須臾, 聞陌上有人馬簫鼓之聲, 徑東而去, 乃不復見. 子訓去後, 陌上數十里, 芳香百餘日不歇也. 《神仙傳》

3. 《後漢書》卷82(下) 方術列傳・薊子訓傳

薊子訓者, 不知所由來也. 建安中, 客在濟陰宛句. 有神異之道. 嘗抱鄰家嬰兒,

故失手墮地而死, 其父母驚號怨痛, 不可忍聞, 而子訓唯謝以過誤, 終無它說. 遂埋藏之. 後月餘, 子訓乃拘兒歸焉. 父母大恐, 曰:「死生異路, 雖思我兒, 乞不用復見也.」兒識父母, 軒渠笑悅, 欲往就之, 母不覺攬取, 乃實兒也. 雖大喜慶, 心猶有疑, 乃竊發視死兒, 但見衣被, 方乃信焉. 於是子訓流名京師, 士大夫皆承風向慕之. 後乃駕驢車, 與諸生俱詣許下. 道過滎陽, 止主人舍, 而所駕之驢忽然卒僵, 蛆蟲流出, 主邊白之. 子訓曰:「乃爾乎?」方安坐飯, 食畢, 徐出以杖扣之, 驢應聲奮起, 行步如初, 即復進道. 其追逐觀者常有千數. 既到京師, 公卿以下候之者, 坐上恆數百人, 皆爲設酒脯, 終日不匱. 後因遁去, 遂不知所止. 初去之日, 唯見白雲騰起, 從旦至暮, 如是數十處. 時有百歲翁, 自說童兒時見子訓賣藥於會稽市, 顏色不異於今. 後人復於長安東霸城見之, 與一老公共摩挲銅人, 相謂曰:「適見鑄此, 已近五百歲矣!」顧視見人而去, 猶駕昔所乘驢車也. 見者呼之曰:「薊先生小住.」並行應之, 視若遲徐, 而走馬不及, 於是而絕.

4.《神仙傳》卷7 薊子訓

薊達, 字子訓. 齊國臨淄人, 李少君之邑人也. 少仕州郡舉孝廉除郎中. 又從軍拜駙馬都尉, 晚悟治世俗綜理官, 無益於年命也. 乃從少君, 學治病, 作醫法. 漸失見. 少君有不死之道, 遂以弟子之禮, 事少君而師焉. 少君亦以子訓用心專知可成就, 漸漸告之以道, 家事因教令胎息. 胎息住年止白之法, 行之, 二百餘年, 顏色不老.(下略)

5.《藝文類聚》78

薊子訓, 不知所來, 到洛, 見公卿數十處. 皆持斗酒片脯候之, 曰:「遠來無所有, 示致微意.」坐上數百人, 飲啖終日不盡. 去後, 數十處皆白雲起, 從旦至暮. 時有百歲公說:「小兒時, 見訓賣藥會稽市, 顏色如此.」訓不樂住洛, 遂遁去. 正始中, 長安東霸城中, 有見之者與一老公摩挲銅人曰:「適見鑄此, 已近五百歲.」

6.《藝文類聚》1 天部 雲

薊子訓到洛, 見公卿數十處, 後數十處皆有雲起.

7. 기타 참고자료

《太平御覽》(8).《太平寰宇記》(25).《歷世眞仙體道通鑑》(卷1).《事類賦注》(2).

019(1-19) 漢陰生行乞
한나라 음생의 걸인 행세

한漢나라 음생陰生이란 자는, 장안長安의 위교渭橋 아래에 사는 거지 아이였다. 항상 장안 시내에 나와 구걸을 하였다. 시내 사람 중에 하나가 그를 싫어하여 그만 분뇨를 뿌려 버렸다. 그런데 잠시 뒤 그가 다시 시내에 나와 구걸할 때 보니, 옷이 전혀 더럽혀지지 않고 옛날이나 똑같은 것이었다. 장리長吏가 이를 알고 그를 붙잡아 끈으로 묶고 질곡桎梏을 채워 버렸다.

그런데도 어찌된 일인지 그는 다시 시중에 나타나 구걸하는 것이었다. 이에 다시 그를 잡아다가 이번에는 아예 죽여 없애려 하자 그제야 그는 어디로 사라지고 말았다. 그런데 그에게 분뇨를 뿌렸던 자의 집 건물이 스스로 무너져, 수십 명이 죽었다. 이에 장안에는 이런 요언謠言이 퍼졌다.

"거지 아이를 보거든 좋은 술을 주어라.   見乞兒 與美酒
그래야 집이 무너지는 재앙을 면할 수 있다."   以免破屋之咎

漢陰生者, 長安渭橋下乞小兒也. 常于市中丐. 市中厭苦, 以糞灑之. 旋復在市中乞, 衣不見污如故. 長吏知之, 械收繫, 著桎梏, 而續在市乞. 又械欲殺之, 乃去. 灑之者家, 屋室自壞, 殺數十人.

長安中謠言曰:『見乞兒, 與美酒, 以免破屋之咎.』

【陰生】漢나라 때의 人物. 걸인.
【渭橋】長安 부근 渭水에 있는 다리. 中·東·西 세 개가 있었다고 한다.
【長吏】지위가 비교적 높은 고급 관리.《漢書》百官公卿表에 "縣令·長, 皆秦官. ……皆有丞·尉, 秩四百石至二百石, 是爲長吏; 百石以下有斗食佐史之秩, 是爲小吏"라 하였다.
【械】형틀, 즉 구속됨을 말한다. 長吏가 陰生을 妖怪한 자라 여겨 잡아들인 것이다.
【桎梏】고대의 형틀.《周禮》秋官 掌因의 鄭玄 注에 "在手曰梏, 在足曰桎"이라 하였다.

참고 및 관련 자료

1. 漢나라 때의 걸인 陰生의 神異한 행적과, 그 보복 및 謠言에 대한 기록이다.

2.《列仙傳》卷下
陰生者, 長安中渭橋下乞兒也. 常止於市中乞, 市人厭苦, 以糞灑之. 旋復在里中, 衣不見汚如故. 長吏知之, 械收, 繫著桎梏, 而續在市中乞. 又械欲殺之, 乃去. 灑者之家, 室自壞, 殺十餘人. 故長安中謠曰:「見乞兒與美酒, 以免破屋之咎.」陰生乞兒, 人厭其黷, 識眞者稀, 累見囚辱. 淮陰忘吝, 況我仙屬. 惡肆殃及, 自災其屋.

3.《雲笈七籤》卷108《列仙傳》
陰生, 長安渭橋下乞兒. 常止於市中乞, 市人厭苦, 以糞洒之. 旋復見身中, 衣不汚如故. 長吏知之, 試收, 繫著桎梏, 而續在市中乞. 又試欲殺之, 乃去. 洒者之家, 室自壞, 殺十餘人. 故長安謠曰:「見乞兒與美酒, 以免破屋之咎.」

4.《法苑珠林》71 貪賤部
漢陰生者, 長安渭橋下乞小兒也. 常於市匂, 市中厭苦, 以糞灑之. 旋復在市中, 衣不汙如故. 長吏知, 試繫, 著桎梏, 而續在市匂. 試欲殺之, 乃去. 灑之者家, 室屋自壞, 殺十餘人. 長安中謠言曰:「見乞兒與美酒, 以免壞屋之咎.」

5. 기타 참고자료
《太平御覽》(827).《仙苑編珠》(卷中).《三洞群仙錄》(卷2).

020(1-20) 平常生復生
평상생이 다시 태어나다

곡성향穀城鄕에 평상생平上生은, 어디 출신인지 알 수 없는 자이다. 그는 여러 번 죽었다가 다시 태어났다. 당시 사람들은 그럴 리 없다고 여겼다. 뒤에 큰 홍수가 나서 피해가 이만저만이 아니었다. 이에 평상생은 문득 결문산缺門山에 올라, 이렇게 소리치는 것이었다.

"나 평상생이 여기에 있다."

그리고 다시 이렇게 말하였다.

"비는 그칠 것이다. 홍수도 닷새 후면 반드시 숙여들 것이다."

과연 비가 그치자, 사람들은 그 산에 올라 그를 위해 사당을 짓고 제사를 지내려 하였다. 그랬더니 끝내 평상생의 옷과 지팡이, 혁대만 남아 있을 뿐이었다. 그 뒤 수십 년이 흐른 뒤, 그는 다시 화음현華陰縣의 문졸門卒이 되었다.

穀城鄕平常生, 不知何所人也. 數死而復生. 時人爲不然. 後大水出, 所害非一.

而平輒在缺門山上大呼, 言:「平常生在此」

云:「復雨, 水五日必止」

止, 則上山求祠之, 但見平衣杖革帶.

後數十年, 復爲華陰市門卒.

【穀城】 春秋時代 周나라의 邑.《左傳》定公 8年에 "單子代穀城"이 보이며 漢나라 때는 穀城縣이 되었다. 穀水가에 있다. 지금의 河南省 洛陽市 서북쪽.
【平常生】《法苑珠林》·《北堂書鈔》·《列仙傳》에는 모두 '卒常生'으로 되어 있다. '이름이 常生인 門卒'의 뜻으로 보는 것이 타당할 듯하다.
【缺門山】 속칭 鐵門山이라고도 하며, 지금의 河南省 新安縣 서쪽 30리에 있는 山.《水經注》에 "穀水東經缺門山, 山阜之不接者里餘, 故得是名"이라 하였다.
【復雨】 비가 그침을 뜻함. 復은 止와 같다.
【華陰】 縣이름. 지금의 陝西省 華陰縣. 華山의 북쪽에 있다.
【門卒】 문지기 士卒.

참고 및 관련 자료

1. 常生의 부활과 비를 예측한 일. 그리고 常生이 다시 살아나 門卒이 되었다는 내용이다.

2.《列仙傳》卷上
穀城鄕平常生者, 不知何所人也. 數死復生, 時人以爲不然. 後大水出, 所害非一, 而平輒在缺門山頭, 大呼言:「平常生在此!」復云:「水雨五日必止.」止則上山求祠之, 但見平衣帔革帶. 後數十年, 復爲華陰門卒. 穀城妙匹, 譎達奇逸. 出生入死, 不恒其質. 玄化忘形, 貴賤冥恤. 暫降塵汙, 終騰雲室.

3.《北堂書鈔》77 設官部 卒
穀城鄕卒常生者, 不知何許人, 死而復生. 後會稽變姓爲吳市門卒.

4.《法苑珠林》41
穀城鄕平常生, 不知何所人也. 數死而復生, 時人爲不然. 後大水出, 所害非一. 而生輒在缺門山上大呼, 言:「平常生在此!」云:「復雨, 水五日必止.」止, 則上山求祠之, 但見生衣杖革帶. 後數十年, 復爲華陰市卒.

5. 기타 참고자료
《歷世眞仙體道通鑑》(卷3).《仙苑編珠》(卷上).

021(1-21) 左慈神通
　　　　좌자의 신통력

좌자左慈는 자는 원방元放이며 여강廬江 사람이다. 어려서부터 신통하여, 일찍이 조조曹操의 잔치에 자리를 같이 하였을 때, 조조가 웃으면서 여러 사람에게 말하였다.

"오늘의 잔치에 진수珍羞가 대략 갖추어졌소. 모자란 것이 있다면, 오吳 땅의 송강松江 농어鱸魚 회膾라고나 할까요!"

그러자 원방이 이렇게 제의하였다.

"그 정도라면 쉽게 마련할 수 있지요."

그리고는 동반銅盤을 가져오라 하고, 그 쟁반에 물을 담아 대나무 낚싯대에 미끼를 달아 낚시를 하는 것이었다. 그리고는 잠시 뒤, 농어 한 마리를 낚아 올렸다.

조조는 손뼉을 치며 신기하게 여겼고, 모였던 자들도 모두 놀랄 수밖에 없었다. 이에 조조가 다시 이렇게 요구하였다.

"고기 한 마리로는 모든 손님에게 충분치 못할 것 같소. 두 마리 정도면 좋겠는데."

그러자 원방이 다시 미끼를 달았다. 잠시 뒤 고기를 낚았는데, 모두가 세 척尺이 넘는 것들이었으며 싱싱하고 늘씬한 것들이었다. 조조는 스스로 앞으로 나가 이를 회를 떠서 참석자들에게 두루 나누어 주었다. 그리고 조조가 다시 또 이렇게 요구하였다.

"지금 이미 농어는 생겼으나, 촉蜀에 나는 생강生薑이 없는 것이 한스럽군요."

원방이 다시 자신하였다.

"그것 역시 구할 수 있습니다."

조조는 그런 것은 가까운 시장에서 너무 쉽게 살 수 있는 것이라 여겨 다른 제의를 하였다.

"내 일찍이 사람을 시켜 촉 땅까지 가서 비단을 사 오라고 시켰소. 그대는 가히 사람을 시켜 내가 보낸 그 사신에게, 비단 2단端을 더 사 오라고 시켜 주시오."

그리하여 사람을 보냈더니 즉시 되돌아 왔으며 그 촉 땅의 생강까지 사 가지고 왔던 것이다. 그리고는 이렇게 보고하였다.

"그 비단 가게에서 공公께서 보낸 그 사신을 만났습니다. 이미 비단 2단을 더 사오도록 말을 전하기도 하였습니다."

그로부터 한 해가 지난 뒤, 조조가 보낸 사신이 돌아왔다. 과연 비단을 2단 더 사 온 것이었다. 조조가 묻자 그는 이렇게 대답하였다.

"지난 모월모일 가게에서 어떤 사람을 만났는데 공의 명령이라고 제게 전해 주더이다."

뒤에 조조가 근교에 나갈 일이 있었다. 조조를 따르는 사인士人과 종자從者들이 수백 명이나 되었다. 원방은 이에 가져간 술이 한 동이, 그리고 포脯가 한 조각뿐이었는데도, 자신의 손으로 그 동이의 술을 따라 모든 사람에게 다 나누어 주는 것이었다. 사람들 누구하나 실컷 마시고 배부르지 않은 자가 없었다. 조조는 이를 괴이히 여겨, 어찌된 일인지 살펴 보도록 하였다. 그리고 그 주변의 술집들을 둘러보니 어제 그 술집들의 술과 포가 어디론가 다 사라졌다는 것이었다.

조조는 노하여 몰래 원방을 죽여 버리려 하였다. 원방이 조조와 같이 앉으려 할 때 이를 잡으려 하였더니 그는 벽 속으로 숨어 갑자기 보이지 않는 것이었다. 이에 그를 잡아오도록 널리 알렸다. 혹 어떤 이가 시장에서 그를 발견하고 잡으려 하자, 시장사람들이 모두가 원방과 똑같이 변해 누가 누군지 알 수 없었다는 것이다.

뒤에 또 어떤 사람이 양성산陽城山 꼭대기에서 그를 만나 뒤쫓았더니 원방이 쫓겨 양 떼 속으로 도망가 버렸다. 조조가 어쩔 수 없다고 여겨 이에 명령을 내려 양에게 이렇게 물어 보라고 하였다.

"조조가 다시는 그대를 죽이려 들지 않을 거요. 본래는 그대의 신술神術을 시험해 보려고 하였던 것뿐이오. 지금 이미 시험이 끝났소. 다만 이제 서로 만나보고 싶어할 따름이오."

그랬더니 갑자기 한 늙은 양이, 앞으로 다가와 무릎을 꿇고 사람처럼 바로 서서 이렇게 말하였다.

"너무 급한 나머지 이런 형상으로 나타났소이다."

그러자 잡으러 갔던 사람들이

"이 양이 바로 좌자로다."

라 하고는 다투어 그를 잡으려 달려들었다.

그랬더니 이번에는 수백 마리나 되는 그 양 떼가, 모두 그 양처럼 변하여 무릎 꿇고 사람처럼 서서 이렇게 말하였다.

"급한 나머지 이런 형상을 하고 있소."

이에 어느 양을 잡아야 할지 알 수 없게 되었다.

노자老子는 이렇게 말하였다.

"내가 가장 근심스럽게 여기는 것은 바로 형체를 가진 내 몸이로다. 내가 몸이 없다면 그 무엇이 걱정이겠는가!"

만약 노자 같은 무리라면 능히 그 몸이 없게 할 수 있을 것이다. 우리로서는 이것이 어찌 먼 이야기가 아니겠는가?

左慈字元放, 廬江人也.

少有神通, 嘗在曹公座, 公笑顧衆賓曰:「今日高會, 珍羞略備, 所少者, 吳松江鱸魚爲膾.」

放云:「此易得耳.」

因求銅盤, 貯水, 以竹竿餌釣于盤中. 須臾, 引一鱸魚出. 公大拊掌, 會者皆驚.

公曰:「一魚不周坐客, 得兩爲佳.」

放乃復餌釣之.

須臾,引出,皆三尺餘,生鮮可愛,公便自前膾之,周賜座席.

公曰:「今旣得鱸,恨無蜀中生薑耳.」

放曰:「亦可得也.」

公恐其近道買,因曰:「吾昔使人至蜀買錦,可敕人告吾使,使增市二端.」

人去,須臾還,得生薑.

又云:「於錦肆下見公使,已敕增市二端.」

後經歲餘,公使還,果增二端.

問之,云:「昔某月某日,見人於肆下,以公敕敕之.」

後公出近郊,士人從者百數.放乃齎酒一罌,脯一片,手自傾罌,行酒百官,百官莫不醉飽.公怪,使尋其故.行視沽酒家,昨悉亡其酒脯矣.公怒,陰欲殺放.放在公座,將收之,卻入壁中,霍然不見.乃募取之.或見于市,欲捕之,而市人皆放同形,莫知誰是.後人遇放于陽城山頭,因復逐之,遂走入羊群.

公知不可得,乃令就羊中告之曰:「曹公不復相殺,本試君術耳.今旣驗,但欲與相見.」

忽見一老羝,屈前兩膝,人立而言曰:「遽如許.」

人卽云:「此羊是.」

競往赴之.而群羊數百,皆變爲羝,並屈前膝,人立云:「遽如許.」

於是遂莫知所取焉.

老子曰: 『吾之所以爲大患者, 以吾有身也. 及吾無身, 吾有何患哉!』若老子之儔, 可謂能無身矣. 豈不遠哉也.

【左慈】東漢 末의 人物.《後漢書》에 그 傳이 실려 있다.《神仙傳》에도 그 기사가 실려 있다.
【廬江】고대 郡名. 治所는 지금의 安徽省 廬江縣.
【曹公】曹操(155~220). 字는 孟德. 東漢 獻帝 때의 丞相. 뒤에 魏 武帝로 追尊되었다.
【松江】지금은 淞江으로 쓰며, 蘇州河라고도 한다. 太湖 瓜涇口에서 발원하여 黃浦江의 지류로 흐른다. 鱸魚로 유명하여 張翰의 '松江鱸魚'의 고사를 남기기도 하였다.

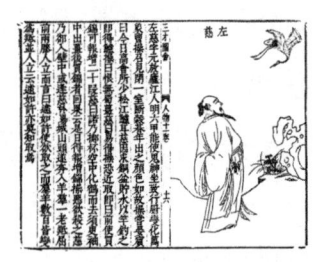

좌자《三才圖會》

【鱸魚膾】농어의 회.
【蜀】古地名. 三國時代의 蜀漢. 지금의 四川, 雲南, 貴州 등을 통괄하였다.
【端】布帛의 길이를 재는 단위.《左傳》杜預 注에 "二丈爲一端, 二端爲一兩, 所謂匹也"라 하였고《集韻》에는 "布帛六丈曰端"이라 하였다.
【霍然】매우 신속한 모습을 뜻함.
【陽城山】東嶺이라고도 하며, 지금의 河南省 登封縣 동쪽에 있는 고개. 漢나라 때는 陽城縣 지역이었다.
【老子】李耳. 春秋時代 道家의 代表 人物.《老子》(道德經)를 남겼다.
【吾之所以爲大患者~吾有何患哉】《老子》13장에 "吾所以有大患者, 爲吾有身, 及吾無身, 吾有何患?"이라 하여 그 문장이 약간 다르다.

참고 및 관련 자료

1. 左慈의 神異한 遁甲術과 曹操를 희롱한 내용을 기술하였다.
2.《後漢書》卷 82(下) 方術列傳
左慈字元放, 廬江人也, 少有神道, 嘗在司空曹操坐, 操從容顧衆賓曰:「今日高會, 珍羞略備, 所少吳松江鱸魚耳.」放於下坐應曰:「此可得也.」因求銅盤貯水, 以竹杆餌釣於盤中. 須臾引一鱸魚出. 操大拊掌笑, 會者皆驚. 操曰:「一魚不

周坐席,可更得乎?」放乃更餌鉤沈之 須臾復引出,皆長三尺餘,生鮮可愛,操使目前鱠之,周浹會者. 操又謂曰:「旣已得魚,恨無蜀中生薑耳.」放曰:「亦可得也.」操恐其近即所取,因曰:「吾前遣人到蜀買錦,可過勅使者,增市耳端.」語頃,即得薑還,并獲操使報命,後操使蜀反,驗問增錦之狀及時日早晚,若符契焉.後操出近郊,士大夫從者百許人,慈乃爲齎酒一升,脯一斤,手自斟酌,百官莫不醉飽,操怪之,使尋其故. 行視諸鑪,悉亡其酒脯矣,操懷不喜,因坐上收欲殺之,慈乃卻入壁中,霍然不知所在,或見於市者,又捕之,而市人變形與慈同,莫知誰是 後人逢慈於陽城山頭,因復逐之,遂入走羊羣,操知不可得,乃令就羊中告之曰:「不復相殺,本試君術耳.」忽有一老羝屈前兩膝,人立而言曰:「遽如許.」即競往赴之,而羣羊數百皆變爲羝,並屈前膝人立,云:「遽如許.」遂莫知所取焉.

3.《北堂書鈔》145

曹操高會,珍羞所少者松江鱸魚耳. 左慈求銅盤貯水釣之,皆浹會者.

4.《法苑珠林》43

左慈字元放,廬江人也. 有神通,嘗在曹公座,公曰:「今日高會,恨不得吳松江鱸魚爲膾.」放云:「可得也.」求銅盤,貯水,放以竹竿餌釣盤中,須臾,引一鱸出,公大撫掌,會者皆驚,公曰:「一魚不周座席,得兩爲佳.」放乃得餌釣之,須臾,引出,皆三尺餘,生鮮可愛,公便目前膾之,周賜座席,公曰:「今旣得鱸,恨不得蜀生薑耳.」放曰:「可得也.」公恐其近道買,因曰:「吾昔使人至蜀買錦,可勅人告吏使,使增市二端.」人去,須臾還,得生薑,又云:「於錦肆下見公使,已勅增市二端.」後經歲餘,公使還,果增二端錦. 問之,云:「昔某月某日,見人於肆下,以公勅勅之,增市二端錦.」後公出近郊,士人從者百數. 放乃齎酒一甖,脯一片,手自傾甖,行酒百官,百官皆醉飽,公還驗之,酤賣家昨悉亡其酒脯矣. 公惡之,陰欲殺元放. 元放在公座,將收之,放卻入壁中,霍然不見,乃募取之. 或見於市,欲捕之,而市人皆放同形,後或見於陽城山頭,行人逐之,放入於羊羣. 行人知放在羊中,告之曰:「曹公不復相殺,本成君術,旣驗,但欲與相見.」羊中忽有一大老羝. 屈前兩膝,人立而言曰:「遽如許.」人即云:「此羊是.」競往欲取,而羣羊數百,皆爲羝羊,並屈前膝,人立云:「遽如許.」於是莫知所取焉. 老子曰:「吾之所以爲大患者,以吾有身也. 及吾無身,吾有何患哉!」若老者之儔,可謂能無身矣. 豈不遠哉也?

5.《神仙傳》卷8

左慈者,字元放,廬江人也. 少明五經,兼通星緯,見漢祚將盡,天下亂起,乃嘆曰:

「值此衰運, 官高者危; 財多者死. 當世榮華不足貪也.」乃學道術, 尤明六甲, 能役使鬼神, 坐致行廚. 精思於天柱山中, 得石室內《九丹金液經》, 能變化萬端, 不可勝紀.

曹公聞而召之, 閉一室中, 使人守視, 斷其穀食, 日與二升水. 朞年乃出之, 顏色如故. 曹公曰:「吾自謂天下無不食之人.」曹公乃欲從學道, 慈曰:「學道當得清淨無爲, 非尊貴所宜.」曹公怒, 乃謀殺之. 慈已知之, 求乞骸骨. 曹公曰:「何忽去耳?」慈曰:「公欲殺慈, 慈故求去耳.」曹公曰:「無有此意. 君欲高尙其志者, 亦不久留也.」乃爲設酒. 慈曰:「今當遠適, 願乞分杯飲酒.」公曰:「善.」是時天寒, 溫酒尙未熱, 慈解劍以攪酒, 須臾劍都盡, 如人磨墨狀. 初, 曹公聞慈求分杯飲酒, 謂慈當使公先飲, 以餘與慈耳. 而慈拔簪以畫杯酒, 酒卽中斷, 分爲兩向. 慈卽飲其半, 送半與公, 公不喜之, 未卽爲飲. 慈乞自飲之, 飲畢, 以杯擲屋棟, 杯懸着棟動搖, 似飛鳥之俯仰, 若欲落而不落. 一座莫不矚目視杯, 旣而已失慈矣, 尋問之, 慈已還所住處.

曹公遂益欲殺慈, 乃勅內外收捕慈. 慈走羣羊中, 追者視慈入羣羊中, 而奄忽失之, 疑其化爲羊. 然不能分別之. 捕吏乃語羊曰:「人主意欲得見先生, 暫還無苦.」於是羣羊中有一大者, 跪而言. 吏乃相謂曰:「此跪羊是慈也.」復欲擒之. 羊無大小悉長跪, 追者亦不知慈所在, 乃止. 後有知慈處者, 以告曹公, 公遣吏收之, 得慈. 慈非不得隱, 故欲令人知其神化耳. 於是受執入獄. 獄吏欲考訊之, 戶中有一慈, 戶外亦有一慈, 不知孰是. 曹公聞而愈惡之, 使引出市殺之. 須臾, 有七慈相似, 官收得六慈, 失一慈. 有頃, 六慈皆失. 尋又見慈走入市, 乃閉市四門而索之. 或不識者問慈形貌何似? 傳言慈眇一目, 靑葛巾單衣, 見有似此人者, 便收之. 及而一市中人, 皆眇一目, 葛巾單衣, 竟不能分. 曹公令所在普逐之, 如見便殺. 後有人見慈, 便斷其頭以獻曹公. 公大喜, 及至視之, 乃一束茅耳. 有從荊州來者, 見慈在荊州.

荊州牧劉表以爲惑衆, 復欲殺慈, 慈意已知. 表出耀兵, 乃欲見其道術. 乃徐去詣表, 說:「有薄禮願以餉軍.」表曰:「道人單僑, 吾軍人衆, 非道人所能餉也.」慈重道之, 表使人取, 有酒一器, 脯一束, 而十餘人共舁之不起. 慈乃自取之, 以一刀削脯投地, 請百人運酒及脯, 以賜兵士. 人各酒三杯, 脯一片, 食之如常酒脯味, 凡萬餘人皆周足, 而器中酒如故, 脯亦不減. 座中又有賓客數十人, 皆得大醉. 表乃大驚, 無復害慈之意. 慈數日委表東去入吳.

吳有徐隨者, 亦有道術, 居丹徒. 慈過隨門, 門下有客車六七乘, 客詐慈云:「徐公不在.」慈便卽去. 宿客見其牛皆在楊柳樹杪行, 適上樹卽不見, 下卽復見

牛行樹上. 又車轂中皆生荊棘, 長一尺, 斫之不斷, 搖之不動. 宿客大懼, 入報徐公, 說有一眇目老公至門, 吾欺之, 言公不在, 此人去後, 須臾使車牛皆如此, 不知何意. 徐公曰:「咄咄! 此是左公遇我, 汝曹那得欺之?」急追之, 諸客分布逐之. 及慈, 羅列叩頭謝之, 慈意解, 即遣還去. 及至, 見車牛如故繫在, 車轂中無復荊木也.

慈見吳先主孫權, 權素知慈有道, 頗禮重之. 權侍臣謝送知曹公‧劉表皆忌慈惑衆, 復譖於權, 欲使殺之. 後出遊, 請慈俱行, 令慈行於馬前, 欲自後刺殺之. 慈著木履, 持青竹杖, 徐徐緩步行, 常在馬前百步. 著鞭策馬, 操兵器逐之, 終不能及. 送知其有道, 乃止. 慈告葛仙公言:「當入霍山中合九轉丹.」丹成, 遂仙去矣.

6.《太平廣記》11

左慈字元放, 廬江人也. 明五經, 兼通星氣. 見漢祚將衰, 天下亂起, 乃嘆曰:「值此衰亂. 官高者危: 財多者死. 當世榮華, 不足貪也」乃學道, 尤明六甲, 能役使鬼神. 坐致行廚, 精思於天柱山中, 得石室中九丹金液經, 能變化萬端, 不可勝記, 魏曹公聞而召之, 閉一石室中, 使人守視, 斷穀期年, 乃出之, 顏色如故, 曹公自謂生民無不食道, 而慈乃如是, 必左道也, 欲殺之, 慈已知, 求乞骸骨. 曹公曰:「何以忽爾?」對曰:「欲見殺, 故求去耳」公曰:「無有此意. 公却高其志, 不苟相留也.」乃爲設酒. 曰:「今當遠曠, 乞分盃飲酒」公曰:「善!」是時天寒, 溫酒尙(未)熱, 慈拔道簪以撓酒. 須臾, 道簪都盡, 如人磨墨. 初, 公聞慈求分杯飲酒, 謂當使公先飲, 以與慈耳, 而拔道簪以畫, 盃酒中斷, 其間相去數寸, 即飲半, 半與公. 公不善之, 未即爲飲. 慈乞盡自飲之, 飲畢. 以杯擲屋棟, 杯懸搖動, 似飛鳥俯仰之狀. 若欲落而不落, 舉坐莫不視杯, 良久乃墮, 既而已失慈矣. 尋問之, 還其所居, 曹公遂益欲殺慈, 試其能免死否. 乃勅收慈, 慈走入群羊中, 而追者不分, 乃數本羊. 果餘一口, 乃知是慈化爲羊也, 追者語:「主人意, 欲得見先生, 暫還無怯也.」俄而有大羊前跪而曰:「爲審爾否?」吏相謂曰:「此跪羊, 慈也. 欲收之.」於是群羊咸尙吏言曰:「爲審爾否?」由是吏亦不復知慈所在, 乃止. 後有知慈處者, 告公. 公又遣吏收之, 得慈. 慈非不能隱, 故示其神化耳. 於是受入獄, 獄吏欲拷掠之, 戶中有一慈, 戶外亦有一慈, 不知孰是? 公聞而愈惡之, 使引出市殺之, 須臾, 忽失慈所左, 乃閉市門而索, 或不識慈者, 問其狀, 言眇一目, 著青葛巾青單衣, 見此人便收之, 及爾. 一市中人皆眇目, 著葛巾青衣. 卒不能分, 公令普逐之, 如見便殺, 後有人見知, 便斬以獻公. 公大善, 及至視之, 乃一束茅, 驗其尸, 亦亡處所. 後有人從荊州來, 見慈, 刺史劉表, 亦以慈爲惑衆, 擬收害之, 表出耀兵, 慈意知欲見其術, 乃徐徐去. 因又詣表云:「有薄禮, 願以

餉軍.」「道人單僑, 吾軍人衆, 安能爲濟乎?」慈重道之, 表使視之, 有酒一斗, 器盛, 脯一束. 而十人共擧不勝, 慈乃自出取之, 以刀削脯役地. 請百人奉酒及脯, 以賜兵士, 酒三盃, 脯一片, 食之知常脯味. 凡萬餘人, 皆周足, 而器中酒如故, 脯亦不盡. 坐上又有賓客千人, 皆得大醉. 表乃大驚, 無復害慈之意. 數日, 乃委表去, 入東吳, 有徐墮者, 有道術, 居丹徒, 慈過之. 墮門下有賓客, 車牛六七乘, 欺慈云:「徐公不在.」慈知客欺之. 便去, 客卽見牛在楊樹杪行, 適上樹卽不見, 下卽復見行樹上. 又車轂皆生荊棘, 長一尺, 斫之不斷, 推之不動. 客大懼, 卽報徐公. 有一老翁眹目, 吾見其不急之人, 因欺之云:"公不在."去後須臾, 牛皆知此, 不知何等意」公曰:「咄咄! 此是左公過我. 汝曹那得欺之? 急追可及.」諸客分布逐之, 及慈. 羅布叩頭謝之, 慈意解, 卽遣還去. 及至, 車牛等各復如故. 慈見吳主孫討逆, 復欲殺之. 後出遊, 請慈俱行. 使慈行於馬前, 欲自後刺殺之. 慈左馬前, 着木履. 掛一竹杖, 徐徐而行. 討逆着鞭策馬, 操兵逐之, 終不能及. 討逆知其有術, 乃止. 後慈以意告葛仙公. 言當入霍山, 合九轉丹. 遂乃仙去.(《神仙傳》)

7. 한편 《三國志》 卷63 吳書 趙達傳 注에 葛洪의 《神仙傳》을 인용한 介象(字, 元則)의 고사가 이와 유사하며 《神仙傳》(卷9) '介象'에도 실려 있다.

8. 기타 참고자료
《太平御覽》(862).

022(1-22) 于吉求雨
우길이 비를 갈구하다

손책孫策이 강江을 건너 허許 땅을 치려고 우길于吉과 함께 출행하였다. 당시 큰 가뭄이 들어 그들이 주둔한 곳은 화기火氣가 대단하였다. 손책은 여러 장사將士들을 재촉하여 속히 배를 끌고 오도록 하였고 이른 아침부터 자기 자신이 직접 나서서 심하게 독촉까지 하였다. 그는 장수와 군리軍吏들이 모두가 우길 가까이 모여 있는 것을 보고 격노하여 이렇게 소리쳤다.

"내가 우길만 못하단 말이냐? 어찌 나보다 먼저 그에게 몰려간단 말이냐!"

그리고는 문득 우길을 불러오도록 하였다. 그가 다가오자, 손책이 소리쳐 물었다.

"날이 가물어 비가 내리지 않고 있소. 도로는 걷기가 어렵고 제때에 강을 건널 수 없소. 그래서 이른 새벽부터 나타나 독려하고 있는 거요. 그런데 그대는 함께 근심하는 눈치가 없이 배 안에 편히 앉아 귀신 이야기가 어떠니 만물의 모습이 어떠니 하고, 한가롭게 굴면서 내 부대를 흩어놓고 있소이다. 지금 당장 그대를 처치하겠소."

그리고는 사람을 시켜 그를 묶어 땅에 앉혀 햇볕에 꼼짝 못하게 하고, 그로 하여금 비가 내리게 기도하라고 하였다. 만약 하늘이 감동하여 해가 떴는데도 비가 내리면 사면해 주려니와, 그렇지 않으면 그를 죽일 참이었다.

그런데 잠시 후, 구름 기운이 위로 올라가더니 아주 빽빽이 모여, 일중日中이 되자, 큰비가 쏟아지는 것이었다. 그리고 계곡에 가득 물이 넘쳐흘렀다.

장수와 병사들은 즐거워하면서, 우길이 반드시 원상태로 사면을 받게 될 것이라 여겨, 모두가 몰려가서 축하와 위로의 말을 전하였다. 그러나 손책은 끝내 그를 죽이고 말았다. 장사들이 모두 애석히 여겨 그 시신을 묻어 주었다. 그런데 밤에 홀연히 구름이 일어 그 무덤을 덮더니, 이튿날 아침에 가서 찾아보았더니 어디로 사라졌는지 알 수가 없었다.

손책이 이미 우길을 죽이고 나서, 혼자 앉아 있을 때면 매번 우길이 마치 직접 자기 곁에 있는 것을 눈에 보듯이 나타났다. 이로 인해 실상失常하는 지경에 이르렀다.

뒤에 치료를 받아 바야흐로 괜찮다 싶었는데, 이번에는 거울을 보다가 그 속에 우길이 보이는 것이었다. 보지 않으려고 고개를 돌려 다시 보기를 세 번, 결국 손책은 거울을 박살내며 크게 절규하였다. 손책은 이에 몸에 창병이 나서 그것이 모두 터져, 얼마 뒤 죽고 말았다. (우길은 낭야 사람으로 도사이다)

孫策欲渡江襲許, 與于吉俱行. 時大旱, 所在焦厲. 策催諸將士, 使速引船. 或身自早出督切, 見將吏多在吉許.

策因此激怒, 言:「我爲不如吉耶, 而先趨附之?」

便使收吉. 至, 呵問之曰:「天旱不雨, 道路艱澁, 不時得過, 故自早出. 而卿不同憂戚, 安坐船中, 作鬼物態, 敗吾部伍. 今當相除.」

令人縛置地上, 暴之, 使請雨. 若能感天, 日中雨者, 當原赦; 不爾, 行誅. 俄而雲氣上蒸, 膚寸而合. 比至日中, 大雨總至, 溪澗盈溢. 將士喜悅, 以爲吉必見原, 並往慶慰. 策遂殺之. 將士哀惜, 藏其尸. 天夜, 忽更興雲覆之. 明旦往視, 不知所在.

策旣殺吉, 每獨坐, 彷彿見吉在左右. 意深惡之, 頗有失常. 後治瘡方差, 而引鏡自照, 見吉在鏡中, 顧而弗見. 如是再三. 撲鏡大叫, 瘡皆崩裂, 須臾而死.(吉, 瑯邪人, 道士)

【孫策】字는 伯符(175~200). 三國時代 吳나라 富春人. 孫權의 형. 東吳를 건국하였으며 뒤에 長沙桓王으로 추존되었다.
【許】許昌. 당시 曹操가 漢 獻諸를 끌고 許昌으로 천도하였다.
【于吉】당시의 道士. 太平道(太平淸領道)를 창건하였다.《神仙傳》참조.
【膚寸而合】아주 빽빽함을 뜻한다. 膚는 고대 길이의 단위. 專와 같다. 1부는 4寸. 膚寸은 아주 좁은 공간, 즉 '긴밀하게 엉김'을 말한다.
【日中】낮 12시. 正午.
【瑯邪】古地名. 지금의 山東省 膠南縣, 瑯邪臺

> 참고 및 관련 자료

1. 孫策과 于吉의 충돌 및 그로 인한 神秘 고사를 기록하였다.
2. 《三國志》卷46 吳書 孫破虜討逆傳 注
《江表傳》曰: 時有道士琅邪于吉, 先寓居東方, 往來吳會, 立精舍, 燒香讀道書, 制作符水以治病, 吳會人多事之. 策嘗於郡城門樓上, 集會諸將賓客, 吉乃盛服杖小函, 漆畫之, 名爲仙人鏵, 趨度門下. 諸將賓客三分之二下樓迎拜之, 掌賓者禁呵不能止. 策卽令收之. 諸事之者, 悉使婦女入見策母, 請救之. 母謂策曰: 「于先生亦助軍作福, 醫護將士. 不可殺之.」策曰: 「此子妖妄, 能幻惑衆心, 遠使諸將不復相顧君臣之禮, 盡委策下樓拜之, 不可不除也.」諸將復連名通白事陳乞之, 策曰: 「昔南陽張津爲交州刺史, 舍前聖典訓. 廢漢家法律, 嘗著絳帕頭, 鼓琴燒香. 讀邪俗道書, 云以助化, 卒爲南夷所殺. 此甚無益, 諸君但未悟耳, 今此子已在鬼錄, 勿復費紙筆也.」卽催斬之, 縣首於市. 諸事之者, 尙不謂其死而云尸解焉, 復祭祀求福.

3. 《三國志》卷46 吳書 孫破虜討逆傳 注
《志林》曰: 初順帝時, 琅邪宮崇詣闕上師于吉所得神書於曲陽泉水上, 白素朱界, 號《太平靑領道》, 凡百餘卷. 順帝至建安中, 五六十歲, 于吉是時近已百年, 年在耄悼, 禮不加刑, 又天者巡狩, 問百年者, 就而見之, 敬齒以親愛, 聖王之至教也, 吉罪不及死, 而暴加酷刑, 是乃謬誅, 非所以爲美也, 喜推考桓王之薨, 建安五年四月四日, 是是曹. 袁相攻, 未有勝負. 案夏侯元讓與石威則書, 袁紹破後也. 書云: 「授孫賁以長沙, 業張津以零·桂.」此爲桓王於前亡, 張津於後死, 不得

相讓, 譬言津之死意矣. 臣松之案: 太康八年, 廣州大中正王範上交廣二州春秋. 建安六年, 張津猶爲交州牧. 江表傳之虛如《志林》所云.
《搜神記》曰: 策欲渡江襲許, 與吉俱行. 時大旱, 所在熇厲, 策催諸將士使速引船, 或身自早出督切, 見將吏多在吉許, 策因此激怒, 言:「我爲不如于吉邪, 而先趨務之?」便使收吉. 至, 呵問之曰:「天旱不雨, 道塗艱澀, 不時得過, 故自早出, 而卿不同憂戚, 安坐船中作鬼物態, 敗吾部伍, 今當相除.」令人縛置地上暴之, 使請雨, 若能感天日中雨者, 當原赦, 不爾行誅. 俄而雲氣上蒸, 膚寸而合, 比至日中, 大雨總至, 溪澗盈溢. 將士喜悅, 以爲吉必見原, 並往慶慰. 策遂殺之. 將士哀惜, 共感其尸. 天夜, 忽更興雲覆之: 明旦往視, 不知所在. 案《江表傳》, 《搜神記》于吉事不同, 未詳孰是.

4.《北堂書鈔》136 鏡
孫策旣殺于吉, 每獨坐, 髣髴見吉在左右, 意殊惡之, 治劍方差引鏡自照, 見吉在鏡中, 顧而弗見, 如此再三, 因掊鏡大叫, 創皆裂, 須臾而死.

5.《法苑珠林》79
漢孫策旣定會稽, 引兵迎漢帝, 時道人于吉, 在策軍中. 遇天大旱, 船路艱澀, 策當自出督切, 軍中人每見將士多在吉所, 因憤怒曰:「吾不如吉乎?」收吉縛置, 日中, 令其降雨, 如不能者, 便當受誅. 俄頃之間, 雲雨滂沛, 未及移時, 川澗通溢. 時並來賀吉免其死, 策轉忿恚意, 使殺之. 因是策頗憋, 常每髣髴見吉, 後出射獵, 爲刺客所傷, 治療將差, 引鏡自窺, 鏡中見吉, 顧則無之, 如是再三. 遂撲鏡大叫, 瘡皆崩裂. 須臾而死.(《冤魂志》)

6.《雲笈七籤》卷111《洞仙傳》
于吉者, 瑯琊人也. 其父祖世有道術, 不殺生命. 吉精苦, 有踰於昔人. 常遊於曲陽流水上, 得神書百餘卷, 皆赤界白素請首朱目. 號曰《太平青籙書》. 孫策平江東, 進襲會稽, 見士民皆呼吉爲于郎, 事之如神. 策招吉爲客, 在軍中, 將士多疫病, 請吉, 水歠漱, 輒差, 策將兵數萬人, 欲迎獻帝, 討曹公. 使吉占, 風色每有神驗. 將士咸崇仰吉, 且先拜吉後朝策. 見將士多在吉所, 因怒曰:「吾不如于君耶?」乃收吉, 責數吉, 曰:「天久旱, 水道不通, 君不同人憂, 安坐船中, 作鬼態. 束吾將士, 敗吾部曲. 今當相除.」卽縛吉暴, 使請雨, 若能感天, 今日中大雨者, 當相原. 不爾, 加誅, 俄而雲興雨霏, 致中漂沒. 將士共賀吉, 策遂殺之, 將士涕泣救葬, 明旦往視, 失尸. 策大憎恨, 從此常見吉在其前後, 策尋爲許貢伏客所傷, 照鏡見吉在鏡中, 因掊鏡大叫, 胸創裂而死, 世中猶有事于君道者.

7. 《神仙傳》(지금의 神仙傳 四庫本에는 실려 있지 않다. 貴州本 《搜神記》 全譯에서 전재한다.)

于吉, 漢琅邪人. 往來吳會, 立精舍燒香讀道書, 漢元帝時, 遊於曲陽泉水上, 遇天仙. 授吉青縑朱字神書十部, 名曰《太平領書》. 吉行之成道, 乃制作符水以治病, 號曰太平青領道, 簡稱太平道, 吳會人多事之.

8. 기타 참고자료

《建康實錄》(卷1).《太平御覽》(717).

023(1-23) 介琰隱形
개염이 모습을 감추다

개염介琰은 어디 사람인지 알 수 없다. 그는 건안建安의 방산方山에 살면서 백양공白羊公을 스승으로 모셨다. 그리고 두계杜契에게 현일무위玄一無爲의 도술을 전수해 주었으며, 능히 그 형체를 감추고 변화를 부리는 능력을 가지고 있었다. 일찍이 그가 동해東海 땅으로 가는 길에 잠시 말릉秣陵을 지나면서 오왕吳王과 사귀게 되었다. 오왕은 개염을 머물게 하면서 그를 위해 궁묘宮廟까지 지어 주었다. 그리고는 하루에도 몇 번씩 사람을 파견하여 개염이 어떻게 지내는지 문안드리게 하였다.

개염은 혹은 동자로 변하였다가, 혹은 늙은이로 변하기도 하였으며, 아무것도 먹지 않고 그 어떤 먹을거리나 선물도 받지 않았다.

오왕은 그의 도술을 배우고자 하였으나, 개염은 오왕이 궁궐 내의 비빈들의 일로 바쁠 것이라는 핑계를 들어 몇 달이 가도록 아무것도 가르쳐 주지 않았다.

오왕은 노하여 개염을 묶어 오도록 하여 갑사甲士들로 하여금 노弩로 그를 쏘아 죽이도록 하였다. 노弩가 발사되자 그 화살 끝에 매어 있던 실만 그대로 남아 있고, 개염은 어디로 사라졌는지 알 수가 없다.

介琰者, 不知何許人也. 住建安方山. 從其師白羊公. 杜受玄一無爲之道, 能變化隱形. 嘗往來東海, 暫過秣陵, 與吳主相聞. 吳主留琰, 乃爲琰架宮廟. 一日之中, 數遣人往問起居. 琰或爲童子, 或爲老翁; 無所食啗, 不受餉遺. 吳主欲學其術,

琰以吳主多內御, 積月不敎. 吳主怒, 敕縛琰, 著甲士引弩射之. 弩發, 而繩縛猶存, 不知琰之所之.

【介琰】三國時代의 人物로 白羊公 杜必에게 道를 배워 杜契에게 전수하였다.
【建安】郡 이름, 治所는 지금의 福建省 建甌縣.
【方山】建安의 山 이름.《太平寰宇記》에 "山頂方平, 故名"이라 하였다.
【白羊公】漢末의 유명한 術士. 杜必.
【杜契】《眞誥》13에 의하면 字는 廣平이며, 京兆 杜陵人으로 介琰에게 道術을 배웠다 한다.
【玄一無爲之道】道의 本源.《老子》에 "玄之又玄, 衆妙之門"이라 하였고 다시 "道生一, 一生二, 二生三, 三生萬物"이라 하였다. 한편《歷世眞仙體道通鑑》에는 介琰에 대해 "師白羊公杜必, 受玄一之道"라 하였으며《抱朴子》地眞에는 "玄一之道, 亦要法也"라 하였다.
【秣陵】古代 地名. 지금의 江蘇省 江寧縣 남쪽 秣陵關. 그러나 내용상으로 보아 지금의 南京을 가리킨다. 東漢 建安 17年(212) 孫權이 京口에서 이곳으로 都邑을 옮겨 建業이라 하였다.
【吳王】孫權(182~252). 孫策의 아우이며, 江東六郡을 할거하고 稱帝하여 國號를 吳라 하였다.
【內御】원래는 女御. 여기서는 궁궐 내의 妃嬪을 뜻한다.
【弩】큰 활. 고정시켜 놓고 쏘는 활.

참고 및 관련 자료

1. 介琰의 變術 및 孫權과의 대립, 神異한 고사 등을 서술하였다.
2.《雲笈七籤》卷110
介琰者, 不知何許人也. 師白羊公. 受玄白之道, 能變化隱形. 常隨師入東海, 暫過吳, 爲先主禮之, 先主爲琰起靜室. 一日之中, 數過遣人問起居. 琰或爲童子, 或爲老翁: 無所食噉, 不受餉遺. 先主欲學其術, 琰以帝多內御, 遂不傳道法. 先主大怒, 敕縛琰, 著車甲轅引弩射之. 弩發, 而繩索獨存, 不如琰所之耳.

3. 《眞誥》 13

介琰者, 卽白羊公弟子也. 今在建安方山中也.

4. 기타 참고자료

《初學記》(卷18).《太平御覽》(663).《歷世眞仙體道通鑑》

024(1-24) 徐光種瓜
서광이 참외를 심다

오吳나라 때에 서광徐光이란 자가 있었다. 그는 거리에 나와 자신의 기예를 보여 주면서 참외 파는 자에게 참외를 얻어먹곤 하였다. 그런데 참외 장수가 참외를 더 줄 수 없다고 하자, 문득 외씨를 찾아 막대기로 땅을 뚫고 씨를 심었다. 잠깐 사이에 그 참외는 싹이 자라 줄기가 뻗더니, 꽃이 피고 열매가 맺는 것이었다. 이에 그는 이를 따서 먹고 구경꾼들에게도 나누어 주었다. 참외 장수가 자신이 팔던 참외를 돌아보았더니 모두가 사라지고 없었다. 한편 서광이 수재나 가뭄에 대해 예언하는 말은 아주 영험이 있었다.

그가 대장군 손침孫綝의 집 앞을 지나면서 옷을 걷어 부치고 빠른 걸음으로 달리며 좌우로는 침을 뱉고 발로 짓이기는 시늉을 하였다. 어떤 이가 그 까닭을 묻자, 그는 이렇게 대답하였다.

"이곳엔 피가 흘러 그 피비린내 때문에 견딜 수가 없소."

이 말을 들은 손침이, 그자를 미워하여 서광을 잡아다가 죽여 버렸다. 그런데 그의 머리를 잘랐지만 피가 나오지 않았다. 손침이 유제幼帝를 폐하고 경제景帝를 세우고 나서 선대의 능을 참배하려고 수레에 오르자, 큰바람이 일어 손침의 수레를 흔들어 대었다. 수레는 기울어져 버렸다. 그때 보았더니 서광이 소나무 꼭대기에서 손뼉 치며 지휘하면서 비웃고 있었다. 손침이 시종에게 물었으나, 누구 하나 보지 못하였다는 것이다. 잠시 뒤 경제는 손침을 처단하고 말았다.

吳時有徐光者, 嘗行術於市里. 從人乞瓜, 其主勿與. 便從索瓣, 杖地種之. 俄而瓜生蔓延, 生花成實. 乃取食之, 因賜

觀者. 鬻者反視所出賣, 皆亡耗矣.

凡言水旱, 甚驗. 過大將軍孫綝門, 褰衣而趨, 左右唾踐.

或問其故, 答曰: 「流血臭腥, 不可耐」

綝聞, 惡而殺之. 斬其首, 無血. 及綝廢幼帝, 更立景帝, 將拜陵, 上車, 有大風盪綝車, 車爲之傾. 見光在松樹上, 拊手指揮, 嗤笑之. 綝問侍從, 皆無見者. 俄而景帝誅綝.

【徐光】東吳 말엽 少帝(孫亮)와 景帝(孫休. 252~263) 시기의 人物.
【孫綝】字는 子通. 東吳의 貴戚. 景帝 때 大將軍을 거쳐 丞相이 되었으나 너무 거만히 굴어 景帝에게 誅殺되었다. 《法苑珠林》에는 孫琳으로 되어 있다. '손침'으로 읽는다.
【幼帝】少帝 孫亮을 가리킨다. 字는 子明. 孫權의 막내아들. 재위 7년 (252~258). 孫綝에 의해 會稽王으로 강등되자 자결하였다.
【景帝】孫休. 字는 子烈. 孫權의 여섯째 아들. 재위 6년(258~263).

참고 및 관련 자료

1. 본 장에는 徐光의 두 가지 異事를 기록하였다. 참외 장수를 곤경에 빠뜨린 일과 孫綝의 末路를 예지한 것이다.

2. 《藝文類聚》87 瓜
《搜神記》曰: 時有徐光, 常行術於市里. 從人乞瓜, 其主勿與. 編從索瓣, 扙地而種之, 俄而瓜生蔓延, 生花成實, 乃取食之, 因賜觀者, 鬻者反視所出賣, 皆亡耗矣.

3. 《法苑珠林》41
徐光在吳世, 常行幻術於市. 纏間種棗橘栗, 立得食之, 而市肆賣者, 皆已耗失. 凡言水旱, 甚驗. 常過大將軍孫琳門, 褰裳而趨. 左右唾踐, 或問其故, 答曰: 「流血覆道, 臭腥不可」 琳聞而怒, 殺之. 斬其首, 無血. 及琳廢幼帝, 更立景帝,

將拜蔣陵, 有大飄風如廩, 從空中墜琳車上, 車爲之傾. 頓顧, 見徐光在松樹上, 拊手指撝, 嗤笑之. 琳問左右, 無見者, 琳惡之. 俄而景帝誅琳兄弟四人, 一旦爲戮.(《冤魂志》)

4.《太平廣記》119
徐光在吳, 常行術市里間. 種梨橘棗栗, 立得食, 而市肆賣者, 皆已耗矣. 凡言水旱甚驗. 常過大將軍孫琳門, 褰衣而趨. 左右唾踐, 或問其故, 答曰:「流血臭腥, 不可耐」琳聞而殺之. 斬其首, 無血. 及琳廢幼帝, 更立景帝, 將拜陵, 上車, 車爲之傾. 因顧見徐光在松栢樹上, 附手指揮, 嗤笑之, 琳問侍從, 無見者, 琳惡之, 俄而景帝誅琳.(《還冤記》)

5. 기타 참고자료
《太平御覽》(978).《事類賦注》

025(1-25) 葛玄法術
갈현의 법술

갈현葛玄은 자가 효선孝先으로, 좌원방左元放으로부터 〈구단금액선경九丹金液仙經〉을 전수받은 자였다. 어느 날 어떤 손님과 식사를 같이 하게 되었을 때, 신선술의 변화에 대한 문제가 언급되자 객이 이런 부탁을 하였다.
"식사를 마치고 선생께서 특이한 법술을 하나 보여 주셨으면 합니다."
그러자 갈현은 이렇게 물었다.
"그대 지금 당장 보고 싶지 않으십니까?"
그리고는 입에 물고 있던 밥을 뱉어 내니, 모두가 큰 벌 수백 마리로 변하여, 모두가 손님의 몸에 달라붙었지만, 역시 사람을 쏘지는 않았다.
한참 후 갈현이 다시 입을 벌리자, 그 벌들은 모두 입 안으로 날아 들어 갔다. 갈현은 그대로 씹어 삼켰으며, 그것은 모두 잠시 전의 밥알 그대로였다.
또 두꺼비와 각종 벌레, 연작燕雀의 무리들을 모아 춤추게 하였는데, 그들의 응절應節이 마치 사람이 하는 것 같았다. 겨울에 손님을 위해 참외와 대추를 마련하는가 하면, 한여름에 얼음과 눈을 만들어 내놓았다. 또 동전 수십 개를 가지고 이를 우물 속에 던져 넣으라 하고는, 자신은 그릇 하나를 가지고 그 우물에 대고 소리치자, 그 동전이 하나씩 우물에서 날아 나오는 것이었다. 그런가 하면 손님을 위해 술자리를 마련하였을 때는, 술잔을 전달하는 자가 없는데도, 그 술잔이 저절로 앞으로 나오되, 만약 누구라도 술을 다 마시지 않으면, 그 술잔은 그 사람 앞에서 떠나지 않았다.
또 일찍이 오吳나라 군주와 함께 누대에 올라 자리를 같이 하였다가, 기우제를 지내는 그곳 사람을 보게 되었다. 이를 보고 임금이 이렇게 물었다.

"백성이 비를 바라고 있는데, 그렇게 해 줄 수 있겠소?"

그러자 갈현은 얼른 이렇게 대답하였다.

"비를 내리게 하는 일이라면 쉽지요."

그리고는 이에 서부書符를 사당社堂에 갖다 붙이자, 경각 사이에 천지가 어두워지더니 큰비가 쏟아져 덮이는 것이었다.

임금이 다시 물었다.

"저 물속에 고기가 있습니까?"

갈현은 다시 서부를 물속에 던졌다.

그러자 잠시 뒤, 수백 마리 큰 물고기를 나타나게 하여 사람들이 잡도록 하였다.

葛玄字孝先, 從左元放受《九丹金液仙經》.

與客對食, 言及變化之事, 客曰:「事畢, 先生作一事特戲者.」

玄曰:「君得無卽欲有所見乎?」

乃噀口中飯, 盡變大蜂數百, 皆集客身, 亦不螫人. 久之, 玄乃張口, 蜂皆飛入. 玄嚼食之, 是故飯也. 又指蝦蟆及諸行蟲燕雀之屬, 使舞, 應節如人.

冬爲客設生瓜棗, 夏致冰雪. 又以數十錢, 使人散投井中, 玄以一器于井上呼之, 錢一一飛從井出. 爲客設酒, 無人傳杯, 杯自至前; 如或不盡, 杯不去也. 嘗與吳主坐樓上, 見作請雨土人.

帝曰:「百姓思雨, 寧可得乎?」

玄曰:「雨易得耳.」

乃書符著社中, 頃刻間, 天地晦冥, 大雨流淹.

帝曰:「水中有魚乎?」
玄復書符擲水中, 須臾, 有大魚數百頭, 使人治之.

【葛玄】三國時代 吳나라 丹陽人으로《抱朴子》의 작자인 葛洪의 從祖. '葛仙翁', 혹은 '太極仙翁'이라 불렸다.
【左元放】左慈. 021(1-21) 참조.
【九丹金液仙經】道家 煉金丹의 秘書. 원문은 〈九丹液仙經〉으로 되어 있다.
【螫】독이 있어 사람을 쏘는 벌 종류. 여기서는 '독침을 쏘다'라는 뜻의 동사로 쓰였다.
【吳主】孫權을 가리킨다. 三國時代 東吳의 임금.
【社堂】社(토지신)를 제사 지내는 祠堂.

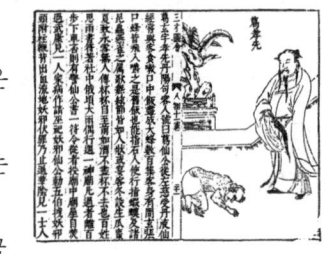

葛玄《三才圖會》

참고 및 관련 자료

1. 葛玄의 뛰어난 술법의 신비함을 묘사하였다.
2.《三洞群仙錄》
葛玄, 字孝先, 三國吳丹陽人. 慕神仙術, 學煉氣保形之道, 人稱葛仙翁. 後於閣皂山靈寶法壇上, 白日飛昇, 證位太極左宮, 天機內相. 宋封常道沖應孚佑眞君, 流傳天台派.
3.《藝文類聚》78 靈異部
葛玄, 字孝先, 從左元放受《九丹液仙經》. 與客對食, 並言及變化之事, 客曰: 「食畢, 先生作一事特戲者.」玄曰:「君得無促促欲有所見乎?」乃嗽口飯, 盡成大蜂數百, 皆集客身, 亦不螫人. 食久, 玄乃張口, 蜂皆飛入口都畢. 玄嚼食之, 是故飯也. 玄指蚚使行. 指蝦蟆及諸行蟲飛鳶雀龜之屬使舞. 絃節如人也. 玄以冬爲客設生瓜棗, 夏致冰雪. 又以數十錢, 使人散投井中, 玄以一器, 於井上呼錢出, 於是錢一一飛從井出. 皆向所投也. 又曰:「爲客設酒.」無人傳之, 杯不去也. 帝問曰:「百姓思雨, 寧可得乎?」玄曰:「雨易得耳.」乃書符著社中, 一時之間, 天地晦冥, 大雨流潦.

4.《太平廣記》71

葛玄.字孝先,從左元放受《九丹金液仙經》.未及合作,常服餌朮.尤長於治病,鬼魅皆見形,或遣或殺.能絕穀,連年不饑,能積新烈火中坐其上,薪盡而衣冠不灼.飲酒一斛,便入深泉澗中臥,酒解乃出.身不濡濕.玄備覽五經,又好談論.好事少年數十人,從玄游學.嘗船行,見器中藏書札符數十枚,因問:「此符之驗,能爲何事,可得見否?」玄曰:「符亦何所爲乎?」即取一符投江中,流而下.玄曰:「何如?」客曰:「吾投之亦能爾?」玄又取一符投江中,逆流而上,曰:「何如?」客曰:「異矣.」又取一符投江中,停立不動,須臾下符上,上符下,三符合一處,玄乃取之.(中略)玄方與客對食,食畢漱口,口中飯盡成大蜂數百頭,飛行作聲.良久張口,群蜂還飛入口中,玄嚼之,故是飯也.玄手拍牀,蝦蟆及著蟲,飛鳥,燕,雀,魚,鼈之屬,使之舞,皆應絃節如人,玄止之即止.玄冬中能爲客設生瓜,夏致冰雪.又能取數十錢,使人散投井中,玄徐徐以器於上呼錢出,於是一一飛從井中出,悉入器中.玄爲客致酒,無人傳杯,杯自至人前,或飲不盡,杯亦不去.(中略)吳大帝請玄相見,欲加榮位,玄不聽,求去不得,以客待之.常共遊宴,坐上見道間人民請雨,帝曰:「百姓請雨,安可得呼?」玄曰:「易得耳.」即便書符著社中,一時之間,天地晦冥,大雨流注.中庭平地水尺餘.帝曰:「水寧可使有魚呼?」玄曰:「可」復書符水中,須臾,有大魚百許頭,亦各長一二尺,走水中.帝曰:「可食乎?」玄曰:「可」遂使取治之,乃眞魚也.(《神仙傳》)

5.《太平廣記》466

葛玄見遣大魚者.玄云:「暫煩此魚到河伯處.」乃以丹書紙內魚口.擲水中.有頃.魚還躍上岸.吐墨書.青黑色.如木葉而飛.又玄與吳主坐樓上.見作請雨土人.玄曰:「雨易得耳.」即書符著社中.一時之間.大雨流淹.帝曰:「水中有魚乎?」玄復書符擲水中.須臾.有大魚數百頭.使人取食之.(《神仙傳》)

6.《神仙傳》卷8

葛玄,字孝先,丹陽人也.生而秀穎,性識英明,經傳子史,無不該覽.年十餘,俱失怙恃,忽歎曰:「天下有常不死之道,何不學焉?」因遁跡名山,參訪異人,服餌芝朮,從仙人左慈,受《九丹金液仙經》.玄勤奉齋科,感老君與太極眞人,降於天台山,授《玄靈寶》等經三十六卷.久之,太上又與三眞人,項負圓光,乘八景玉輿,寶蓋·幡·幢·旌節,煥耀空中,從官千萬.命侍經仙郎王思眞,披九光玉韞,出《洞元大洞》等經三十六卷,及上清齋二法:一,絕羣獨宴,靜烎遺形,冥心之齋也;二,清壇肅侶依太眞之儀,先拔九祖,次及家門,後謝己身也.靈寶齋六法:一金籙,調和陰陽,寶鎮國祚;二玉籙,保祐后妃公侯貴族;三黃籙,

卿相牧伯拔度九祖罪原; 四明鎭, 超度祖先, 解諸寃對; 五三元, 自謝犯戒之罪; 六八節, 謝七祖及己身, 請福謝罪也. 及洞神·太一·塗炭等齋幷戒法等件. 悉遵太上之命, 修煉勤苦不怠. 尤長於治病收劾鬼魅之術, 能分形變化. 吳大帝要與相, 見欲加榮位. 玄不枉, 求去不得, 待以客禮. 一日, 語弟子張恭言:「吾爲世主所逼留, 不遑作大藥. 令當以八月十三日中時, 去矣.」至期, 玄衣冠入室, 臥而氣絶, 顏色不變, 弟子燒香守之. 三日三夜, 夜半忽大風起, 發屋折木, 聲響如雷, 燭滅良久. 風止燃燭, 失玄所在, 但見委衣床上, 帶無解者. 明旦問隣人, 隣人言:「了無大風.」風止在一宅內, 籬落樹木並敗折也.

7. 《抱朴子》內篇 金丹

昔左元放於天柱山中精思積久, 而神人授之《金丹仙經》. 會漢末大亂, 不遑合作, 而避地來渡江東, 志欲投名山以修斯道. 余從祖仙公又從元放受之, 凡受《太淸丹經》三卷及《九鼎丹經》一卷, 《金液丹經》一卷. 余師鄭君者, 則余從祖仙公之弟子也, 又於從祖受之, 而家貧無用買藥. 余親事之, 灑掃積久, 乃於馬迹山中立檀盟受之, 並具諸口訣之不書者. 江東先無此書, 書出於左元放, 元放以授余從祖, 從祖以授鄭君, 鄭君以授余, 故他道士了無知者也.

026(1-26) 吳猛止風
오맹이 바람을 그치게 하다

오맹吳猛은 복양濮陽사람으로, 오吳나라를 섬겨 서안령西安令이 되었다. 그의 집은 분녕分寧이었으며 성품이 효성스러웠다. 그는 신인神人 정의丁義를 만나, 그 신인으로부터 신기한 비방을 전수받았다. 게다가 또 비법인 신부神符까지 얻어, 그의 도술이 크게 행세하게 되었다. 일찍이 그는 큰바람이 불어오자, 신부를 적어 옥상에 던졌다. 그러자 청조靑鳥 한 마리가 날아와 이를 물고 가더니, 바람이 즉시 그치는 것이었다. 어떤 이가 그 이유를 묻자 그는 이렇게 설명하였다.

"지금 남호南湖에 배 한 척이 이 바람을 만났다. 그 배에 도사道士가 구원을 요청하고 있다."

확인해 보았더니 과연 사실이었다. 또 서안령西安令 간경干慶이 죽은 지 이미 사흘이 지났다. 그런데 오맹이 이를 알고 이렇게 말하였다.

"수數로 보아하니 아직 죽을 때가 아니오. 마땅히 하늘에다 내 이를 호소하겠소!"

그리고는 드디어 그 시신 곁에 누웠다.

며칠이 지나서 그는 서안령과 함께 일어났다. 뒤에 그는 제자를 거느리고 예장豫章으로 돌아오게 되었다. 그런데 강물이 급히 흘러 사람이 건널 수가 없었다. 오망은 이에 손에 들고 있던 백우선白羽扇이라는 부채로 강물을 한 번 그었다. 그러자 강물이 옆으로 흐르면서 드디어 그 물속의 육로陸路가 나타나, 이에 서서히 그 물을 건넜다. 다 건너고 나자 물은 다시 흘렀다. 이를 지켜본 사람들은 모두가 놀라고 신기하게 여겼다. 또 심양潯陽을 주수駐守하고 있을 때, 참군參軍인 주周씨 집에 광풍이 불었는데, 오맹이 신부를 써서 그 집 옥상에 던지자, 금방 바람이 고요해졌다.

吳猛, 濮陽人. 仕吳, 爲西安令. 因家分寧. 性至孝. 遇至人丁義, 授以神方. 又得祕法神符, 道術大行. 嘗見大風, 書符擲屋上, 有青鳥銜去, 風卽止.

或問其故, 曰:「南湖有舟, 遇此風, 道士求救.」

驗之果然.

西安令干慶, 死已三日.

猛曰:「數未盡, 當訴之于天.」

遂臥屍旁.

數日, 與令俱起. 後將弟子回豫章, 江水大急, 人不得渡. 猛乃以手中白羽扇畫江水, 橫流, 遂成陸路, 徐行而過. 過訖, 水復. 觀者駭異. 嘗守潯陽, 參軍周家有狂風暴起, 猛卽書符擲屋上, 須臾風靜.

【吳猛】字는 世雲. 당시에는 吳眞人이라 불렀으며《晉書》에 그 傳이 실려 있다. 여름밤 모기로 하여금 자신을 물게 한 孝行으로도 널리 알려진 人物이다.

【濮陽】古地名. 지금의 河南省 滑縣. 吳猛의 관적에 대해《晉書》吳猛傳에는 '豫章人'이라 하였고《十二眞君傳》에는 "家于豫章武甯"이라 하여 이곳 기록과 다르다.

【西安】三國時代 吳나라의 縣 이름. 晉나라 때는 '豫寧'으로 고쳤다. 지금의 江西省 武寧縣 서쪽.

【分寧】지금의 江西省 修武縣.

【至人】聖人. 至德之人.《壯子》天下篇에 "不離於眞, 謂之至人"이라 하였다. 여기서는 神人을 가리킨다.

【丁義】人名. 구체적인 사적은 알 수 없다.

【靑鳥】三足之鳥로 道家에서 使者로 나타내는 새.《漢武故事》에 "七月七日 忽有靑鳥, 飛集殿前. 東方朔曰: '此西王母欲來.'有頃, 王母至, 三靑鳥來侍王母旁"이라 하였다.

【干慶】《搜神記》의 작자 干寶의 형.《文選鈔》·《十二眞君傳》참조. 단 干慶은 建寧令·武寧令을 지냈다.《晉書》干寶傳에 "寶兄嘗病氣絶, 積日不冷. 後遂悟, 云見天地間鬼神事, 如夢覺, 不自知事"라 하였다.

【豫章】治所는 지금의 江西省 南昌市.

【潯陽】지금의 江西省 九江省 九江市.

【須臾風靜】《北堂書鈔》에는 이 끝 부분 다음에 "人問之, 答云: '西湖有遭此風者, 跪道福食, 呼天求救. 故以止風.'"의 구절이 더 실려 있다.

참고 및 관련 자료

1. 吳猛의 神異한 故事를 묘사하였다.

2.《北堂書鈔》103 符
吳猛字世雲, 有道術, 嘗守潯陽參軍, 周家有狂風暴起, 猛卽書符擲著屋上, 須臾風靜. 人問之, 答云:「西湖有遭此風者, 跪道福食, 呼天求救, 故以止風.」

3.《太平廣記》14
吳眞君名猛, 字世雲, 家於豫章武寧縣. 七歲, 事父母以孝聞, 夏寢臥不驅蚊蚋, 蓋恐其去而噬其親也. 及長, 事南海太守鮑靖, 因語至道, 將遊鍾陵, 江波浩淼, 猛不假舟楫, 以白羽扇畫水而渡, 觀者奇之. 猛有道術, 忽一日狂風暴起, 猛乃書符擲于屋上, 有一靑鳥銜符而去. 須臾風定, 人或問之, 答曰:「南湖有遭此風者, 其中二道人呼天求救, 故以此拯焉.」後人訪尋, 果如所述. 時武寧縣令干慶死, 三日未殯, 猛往哭之, 因云:「令長固未合死, 今吾當爲上天訟之.」猛遂臥慶屍旁, 數日俱還. 時方盛暑, 屍柩壞爛, 其魂惡, 不欲復入, 猛强排之, 乃復重蘇. 慶弟晉著作郎寶, 惑其兄及覩亡父殉妾復生, 因撰《搜神記》, 備行于世. 猛後於西平乘白鹿寶車, 冲虛而去.(《十二眞君傳》)

4.《晉書》卷95 藝術傳
吳猛, 豫章人也. 少有孝行, 夏日常手不驅蚊, 懼其去己而噬親也, 年四十, 邑人丁義始授其神方. 因還豫章, 江波甚急, 猛不假舟楫, 以白羽扇畫水而渡, 觀者

異之. 庾亮爲江州刺史, 賞遇病, 乃迎之, 問己病何如. 猛辭以算盡, 請具棺服. 旬日而死, 形狀如生. 未及大斂, 遂失其尸. 識者以爲亮不祥之徵. 亮疾果不起.

5. 기타 참고자료

《太平御覽》(702·736·413),《十二眞君傳》,《許眞君仙傳》,《許眞君八十五化錄》,《幽明錄》,《水經注》(卷39).

027(1-27) 園客養蠶
원객의 양잠

　원객園客은 제음濟陰 사람이다. 생김새가 뛰어나 그 읍의 사람들은 누구나 그를 사위로 삼았으면 할 정도였다. 그러나 원객은 끝내 장가를 가지 않았다. 일찍이 그는 오색五色의 향초香草를 심어 수십 년이 되도록 그 열매를 복용하였다. 그런데 갑자기 오색의 신비로운 나방이 나타나 그 향초에 앉는 것이었다. 원객이 이를 거두어 삼베를 깔아 주자, 그 나방은 상잠桑蠶을 낳았다. 양잠의 계절이 되자, 어떤 신녀神女가 밤에 나타나 원객을 도와 누에치기를 해 주었는데, 역시 향초를 누에에게 먹이는 것이었다. 이리하여 누에고치 120두頭를 얻었다. 그 크기는 항아리만 하였고, 고치 하나하나마다 그 실을 7, 8일이나 뽑아내어야 겨우 다 뽑을 수 있었다. 실뽑기가 끝나자, 그 신녀는 원객과 함께 신선이 되어 사라졌는데, 어디로 갔는지 알 수가 없다.

　園客者, 濟陰人也. 貌美. 邑人多欲妻之. 客終不娶. 嘗種五色香草, 積數十年, 服食其實. 忽有五色神蛾, 止香草之上. 客收而薦之以布, 生桑蠶焉. 至蠶時, 有神女夜至, 助客養蠶. 亦以香草食蠶, 得繭百二十頭, 大如甕. 每一繭, 繰六七日乃盡. 繰訖, 女與客俱仙去, 莫知所如.

【園客】人名. 자세한 사적은 알 수 없다.
【濟陰】郡 이름. 지금의 山東省 定陶縣.
【桑蠶】蠶卵을 가리킨다.
【繅】누에고치를 뜨거운 물에 넣어 삶은 후 실 뽑는 일을 말한다.

참고 및 관련 자료

1. 園客이 神女를 만나 누에치기를 한 故事이다.
2. 《列仙傳》卷下
園客者, 濟陰人也. 姿貌好而性良, 邑人多以女妻之. 客終不取. 常種五色香草, 積數十年, 食其實. 一旦, 有五色蛾, 止其香樹末, 客收而薦之以布, 生桑蠶焉. 至蠶時, 有好女夜至, 自稱客妻, 道蠶狀. 客與俱收蠶, 得百二十頭繭, 皆如甕大. 繅一繭, 六七日始盡. 訖則俱去, 莫如所在. 故濟陽人世祠桑蠶, 設祠室焉. 或云陳留濟陽氏. 美哉園客, 顏瞱朝華. 仰吸玄精, 俯抮五葩. 馥馥芳卉, 采采文蛾, 淑女宵降, 配德升遐.

3. 《太平廣記》59
園客妻, 神女也. 園客者, 濟陰人也. 美姿貌而良, 邑人多欲以女妻之, 客終不娶. 常種五色香草, 積收十年, 服食其實. 忽有五色蛾, 集香草上, 客收而薦之以布, 生華蠶焉. 至蠶出時, 有一女自來助客養蠶, 亦以香草飼之. 蠶壯, 得繭百三十枚, 繭大如甕. 每一繭, 繅六七日乃盡. 繅訖, 此女與園客俱去. 濟陰今有華蠶祠焉.(《女仙傳》)

4. 《述異記》上
園客者, 濟陰人. 貌美, 邑人多欲妻之, 客終不娶. 常種五色香草, 積十餘年, 服食其實. 忽有五色蛾, 集香草常. 客薦之以布, 生華蠶焉. 至蠶時, 有一女, 自來助養蠶, 以香草食之. 得繭一百二十枚, 繭大如甕, 每一繭, 繅六七日, 絲方盡. 繅訖, 此女客, 俱神仙去.

5. 기타 참고자료
《文選》(卷18, 琴賦 注). 《太平御覽》(187). 《神仙傳》(〈四庫本〉에는 『園客』이 실려 있지 않다.)

028(1-28) 董永和織女
동영과 직녀

한漢나라 때의 동영董永은 천승千乘사람이다. 어려서 어머니를 잃고 아버지와 둘이서 살고 있었다. 그는 힘을 다해 농사를 지으면서, 녹거鹿車에 아버지를 태우고 자신은 뒤따르면서 집에 돌아오곤 하였다. 그런데 아버지가 죽자 장례 치를 돈이 없어 할 수 없이 자신이 스스로 팔려 노예가 되고, 그 값으로 장례를 치르게 되었다. 주인은 그의 어짊을 알고, 돈 일만 전을 주어 집으로 되돌려 보냈다. 동영은 아버지의 삼년상이 끝나자, 다시 그 주인에게 돌아가 노비로서의 직무를 다하고자 하였다. 그런데 길에서 어떤 부인을 하나 만나게 되었다.
"원컨대 그대의 아내가 되고 싶소."
부인이 이렇게 말하여 두 사람은 드디어 함께 가게 되었다. 주인집에 이르자, 주인이 동영에게 물었다.
"지난번 내가 준 돈은 그냥 그대에게 준 것이오."
이에 동영은 이렇게 말하였다.
"그대의 은혜에 힘입어, 아버지의 장례를 거두어 잘 묻어드리게 되었습니다. 저 동영이 비록 소인이기는 하나, 반드시 부지런히 일하여 그 후덕에 보답코자 합니다."
그러자 함께 데리고 온 부인에 대해 묻게 되었다.
"이 부인은 무슨 일에 능하오?"
"길쌈에 능합니다."
라 하자, 그제야 주인은 이렇게 말하였다.
"그대 말이 틀림없다면, 다만 그저 부인으로 하여금 나를 위해 겸縑 백 필만 짜 주면 되겠네."

이에 동영의 처는 주인을 위해 길쌈을 시작하여, 열흘 만에 일을 끝내게 되었다. 그리고 그 여인은 그 집을 나서면서, 동영에게 이렇게 말하였다.

"나는 하늘에 사는 직녀織女라오. 그대가 지극히 효성스러운 까닭으로 천제天帝께서 나에게 명하여 그대를 도와 빚을 갚도록 한 것뿐이라오."

말을 마치자, 허공을 가로질러 사라졌는데, 어디로 갔는지 알 수 없었다.

漢董永, 千乘人. 少偏孤, 與父居. 肆力田畝, 鹿車載自隨. 父亡, 無以葬, 乃自賣爲奴, 以供喪事. 主人知其賢, 與錢一萬, 遣之.

永行三年喪畢, 欲還主人, 供其奴職.

道逢一婦人, 曰:「願爲子妻」

遂與之俱. 主人謂永曰:「以錢與君矣」

永曰:「蒙君之惠, 父喪收藏. 永雖小人, 必欲服勤致力, 以報厚德」

主人曰:「婦人何能?」

永曰:「能織」

主曰:「必爾者, 但令君婦爲我織縑百疋」

於是永妻爲主人家織, 十日而畢.

女出門, 謂永曰:「我, 天之織女也. 緣君至孝, 天帝令我助君償債耳」

語畢, 凌空而去, 不知所在.

【董永】正史에는 나타나지 않으나 민간에 널리 알려진 人物.
【千乘】治所는 지금의 山東省 高靑縣 高苑鎭 북쪽.
【鹿車】사람이 끄는 작은 수레. 겨우 사슴 한 마리 수용할 정도라 하여 붙여진 이름. 《後漢書》 趙意傳 注에 《風俗通》을 인용하여 "俗說鹿車窄小, 裁容一鹿"이라 하였다.
【縑】두 겹의 실로 짠 비단.
【匹】옷감을 재는 단위. 《漢書》 食貨志(下)에 "布帛廣二尺二寸爲幅, 長四丈爲匹"이라 하였다.
【織女】牽牛와 대칭되는 神 이름. 明 馮應京의 《月令廣義》 七月令에 梁, 殷芸의 《小說》을 인용하여 "天河之東有織女, 天帝之子也. 年年機杼勞役, 織成雲錦天衣"라 하였다. 七月七夕의 故事를 남겼다.

畫像磚 〈董永侍父圖〉 四川 渠縣 출토

참고 및 관련 자료

1. 董永이 자신을 팔아, 아버지의 장례를 치른 보답으로 織女를 만나 도움을 받은 이야기로서, 中國 민간에 널리 퍼져 있다. 劉向의 《孝子傳》, 曹植의 《靈芝篇》 등에 널리 인용되어 있다.

2. 《太平廣記》 59 董永妻
董永父亡, 無以葬. 乃自賣爲奴, 主知其賢, 與錢千萬, 遣之. 永行三年喪畢, 欲還詣主, 供其奴職. 道逢一婦人曰:「願爲子妻」遂與之俱. 主謂永曰:「以錢丐君矣」永曰:「蒙君之恩, 父喪收藏, 永雖小人, 必欲服勤致力, 以報厚德」主曰:「婦人何能?」永曰:「能織」主曰:「必爾者, 但令君婦爲我織縑百匹」於是永妻爲主人家織. 十日而百匹具焉.(《搜神記》)

3. 《法苑珠林》 62
董永者(鄭緝之孝子感傳曰永是千乘人), 少偏孤. 與父居. 乃肆力田畝, 鹿車載父自隨. 父終, 自賣於富公, 以供喪事. 道逢一女, 呼與語云:「願爲君妻」遂俱至富公, 富公曰:「女爲誰?」答曰:「永妻, 欲助償債」公曰:「汝織三百疋, 遣汝」

一旬乃畢. 女出門, 謂永曰:「我, 天女也. 天令我助子償人債耳.」語畢, 忽然不知所在.(劉向《孝子傳》)

4.《蒙求》卷中 董永自賣

漢董永少失母養父, 家貧傭力. 至農月以小車推父, 置田頭陰樹下, 而營農作. 父死, 就主人貸錢一萬, 約賣身爲奴. 遂得錢葬父. 還於路忽遇婦人, 姿容端美, 求爲永妻. 永與俱詣主人, 令永妻織縑:「三白匹放汝夫妻」乃織一月而畢. 主人怪其速, 遂放之. 相隨至舊相遇處, 辭永曰:「我, 天之織女也. 緣君至孝, 天帝令助君償債」言訖, 凌空而去.

5. 기타 참고자료

《太平御覽》(411·817),《敦煌本孝子傳》

029(1-29) 鉤弋夫人之死
구익부인의 죽음

　당초에 구익부인鉤弋夫人이 죄를 짓고 견책당해 죽고 말았다. 이미 빈소까지 차렸는데도 그의 시신에서는 냄새도 나지 않고 도리어 향기가 십여 리까지나 퍼져 나는 것이었다. 결국 그를 운릉雲陵에 묻었다. 임금은 그를 애도하면서, 또한 그가 보통 사람이 아닐 것이라 여겨 의심을 품고는, 이에 그 무덤을 파고 열어 보았더니, 관 속은 텅 비어 시신도 없고, 오직 한 쌍의 신발만이 들어 있었다.
　일설에는 소제昭帝가 즉위하자 그 무덤을 개장改葬하였는데, 그때 관 속에는 시신이 없었고, 오직 실로 짠 신발만이 있었다는 것이다.

　初, 鉤弋夫人有罪, 以譴死. 旣殯, 屍不臭, 而香聞十餘里. 因葬雲陵. 上哀悼之, 又疑其非常人, 乃發冢開視, 棺空無屍, 惟雙履存. 一云: 昭帝卽位, 改葬之, 棺空無屍, 獨絲履存焉.

【鉤弋夫人】漢 武帝의 婕妤(첩여는 궁중 부인의 칭호). 姓은 趙氏이며 河間 사람. 태어나서 손이 펴지지 않았으나 武帝를 만나자 손이 펴지면서 玉鉤가 나왔다 하며 뒤에 武帝의 婕妤가 되었다. 鉤弋宮에 居하였으며 昭帝를 낳고 太后로 추존되었다. 《漢書》外戚傳 참조. '鉤翼夫人'으로도 표기되며 翼을 諱하여 弋으로 고친 것이다.
【雲陵】지금의 陝西省 淳化縣 서북쪽 甘泉宮이 있던 자리 남쪽에 있으며 昭帝가 즉위하여 陵으로 수축하였다.

【上哀悼之】 여기서 上은 武帝를 가리킨다.
【昭帝】 武帝의 아들 劉弗陵. 西漢의 제6대 皇帝. B.C.86~74년 재위.

참고 및 관련 자료

1. 鉤弋夫人의 死後 異事에 대해 기록하였다.
2. 《列仙傳》卷下
鉤翼夫人者, 齊人也. 姓趙. 少時好清淨, 病臥六年, 右手拳屈, 飲食少. 望氣者云:「東北有貴人氣.」推而得之. 召到, 姿色甚偉, 武帝披其手, 得一玉鉤, 而手尋展. 遂幸而生昭帝. 後武帝害之, 殯尸不冷, 而香一月間. 後昭帝卽位, 更葬之, 棺內但有絲履. 故名其宮曰鉤翼. 後避諱, 改爲弋. 廟闈有神詞閣在焉. 婉婉弱媛, 廟符授鉤. 誕育嘉嗣, 皇祚推休. 武之不達, 背德致仇. 委身受戮, 尸滅芳流.

3. 《博物志》(張華) 卷5 辨方士
鉤弋夫人被殺於雲陽, 而言尸解柩空.

4. 《太平廣記》59
鉤翼夫人, 齊人也. 姓趙. 少好清淨, 病臥六年, 右手捲, 飲食少. 漢武齊時, 望氣者云:「東北有貴人氣.」推而得之. 召到, 姿色甚偉. 武帝發氣手而得玉鉤, 手得展. 幸之. 生召帝. 武帝尋害之, 殯尸不冷而香. 一月後. 昭帝卽位. 更葬之, 棺空. 但有絲履. 故名其宮曰鉤翼, 後避諱改爲弋.(《列仙傳》)

5. 《史記》卷49 外戚世家
鉤弋夫人姓趙氏, 河閒人也. 得幸武帝, 生子一人, 昭帝是也. 武帝年七十, 乃生昭帝. 昭帝立時, 年五世耳.

6. 《漢書》外戚傳
武帝過河閒, 望氣者言此有奇女, 天子乃使使召之. 女兩手皆拳, 上自披之, 手卽時伸. 由時幸, 號曰拳夫人. 後居鉤弋宮, 號曰鉤弋夫人.

7. 《藝文類聚》78
《漢武故事》曰: 上巡狩過河閒, 見青紫氣, 自地屬天. 望氣者以爲其下有奇女, 必天子之祥. 求之, 見一女子在空館中, 姿貌殊絶, 兩手皆拳. 上令皆其手, 數百人擘莫能開, 上自披, 手卽申, 由是得幸. 爲拳夫人, 進爲婕妤. 居求弋宮, 解黃帝

素女之術, 大有寵. 有身, 十四月, 産昭帝. 上曰:「堯十四月而生, 鉤弋亦然.」乃命其門曰堯母門.(《漢武故事》)

8. 《法苑株林》 49

《搜神記》曰: 初, 鉤弋夫人有罪, 以譴死. 殯屍不臭而香.

9. 기타 참고자료

《太平御覽》(136·981).《三輔故事》,《漢武故事》,《三秦記》,《括地志》

030(1-30) 杜蘭香與張傳
두란향과 장전

한漢나라 때 두란향杜蘭香이란 여인이 있었다. 스스로 남강南康 출신이라 하였다. 건업建業 4년 봄, 그는 자주 장전張傳을 찾아갔다. 장전은 당시 열일곱 살이었다. 그가 자신이 수레를 타고 문밖에 다가오는 모습을 바라보고 있자, 두란향은 자신의 시녀를 시켜 장전에게 이렇게 말을 전하였다.
"어머니가 나를 낳으신 뒤, 그대에게 가서 배필이 되라고 하였소. 어찌 가히 그 뜻을 존중하지 않을 수 있겠소!"
장전은 이미 이름을 장석張碩으로 바꾸었다. 장석이 그 여인을 불러 마주하고 보니, 나이는 열대여섯이었으며 그가 말하는 사건은 아주 오래된 옛이야기 같았다. 그리고 두 시녀가 있었는데, 큰 아이는 훤지萱支, 작은 아이는 송지松支였다. 그는 황금 장식의 수레에 푸른 소가 끄는 수레로, 그 안에는 먹고 마실 것이 모두 갖추어져 있었다. 이에 그녀는 이렇게 시를 지어 노래하였다.

"우리 어머니는 영산에 사시면서,	阿母處靈嶽
때때로 운소雲霄간을 유람하시지.	時遊雲霄際
많은 시녀들이 깃 장식의 깃발로 모시고 있고,	衆女侍羽儀
선계의 궁궐은 나서 보지 않으셨네.	不出墉宮外
표묘한 바람이 나를 실어 이곳에 보내었으니,	飄輪送我來
어찌 다시 진예의 인간세계라 부끄러워하리오.	豈復恥塵穢
내 말대로 들으면 복이 함께하려니와,	從我與福俱
나를 의심하면 화가 미치게 될 것이오."	嫌我與禍會

그 해 팔월 이른 아침, 그 여인은 다시 나타나 또 이런 시를 읊었다.

"은하수 사이를 자유자재 소요하다가,　　　　逍遙雲漢間
　호흡 한 번 하는 사이 구억산을 떠났다오.　　呼吸發九嶷
　헛되이 사는 그대 길을 헤아리지 못하고,　　流汝不稽路
　어찌하여 약수를 건너지 못하는고."　　　　弱水何不之

그리고는 서예자薯蕷子세 개를 꺼내 주었는데, 크기가 달걀만 하였다.
여인은 장석에게 이렇게 말하였다.
"이것을 먹으면 풍파를 두려워하지 않게 되고, 한온寒溫의 병에서 벗어나게 됩니다."
장석이 그중 두 개를 먹고 하나를 남겨 두고자 하였으나, 그 여인은 허락지 않고 모두 다 먹도록 하였다. 그러고 나서 이렇게 설명하였다.
"본래는 그대의 아내가 되면, 서로의 정이 헛되거나 소원함이 없으리라 하였다오. 그러나 서로의 수명이 합치되지 못해, 약간의 차이가 생겼소. 태세太歲가 동방東方의 묘방卯方에 이를 때, 마땅히 다시 돌아와 그대를 맞이할 거요!"
두란향이 다시 강림하였을 때 장석이 물었다.
"신에게 제사 지내며 기도할 때 어찌하면 되는 겁니까?"
그러자 두란향은 이렇게 일러 주었다.
"소마消魔를 구하면 스스로 병을 치유할 수 있지만, 잘못된 욕심으로 기도하면 아무런 이익이 없다오."
두란향은 그 약을 '소마消摩'라 하였다.

漢時有杜蘭香者, 自稱南陽人氏. 以建興四年春, 數詣張傳. 傳年十七, 望見其車在門外.
　婢通言:「阿母所生, 遣授配君, 可不敬從!」

傳先改名碩. 碩呼女前視, 可十六七, 說事邈然久遠.
有婢子二人: 大者萱支, 小者松支. 鈿車青牛, 上飲食皆備.
作詩曰:『阿母處靈嶽, 時遊雲霄際. 衆女侍羽儀, 不出墉宮外. 飄輪送我來, 豈復恥塵穢. 從我與福俱, 嫌我與禍會.』
至其年八月旦, 復來.
作詩曰:『逍遙雲漢間, 呼吸發九嶷, 流汝不稽路, 弱水何不之.』
出薯蕷子三枚, 大如雞子, 云:「食此, 令君不畏風波, 辟寒溫.」
碩食二枚, 欲留一. 不肯, 令碩食盡.
言:「本爲君作妻, 情無曠遠. 以年命未合, 其小乖. 太歲東方卯, 當還求君.」蘭香降時, 碩問:「禱祀何如?」
香曰:「消摩自可愈疾, 淫祀無益.」
香以藥爲『消摩』.

【杜蘭香】고대 전설상의 仙女. 문장 처음에 '漢時'라 하였으나 西晉 말기의 내용으로 보고 있다.
【南康】南陽의 誤記로 여겨진다. 《藝文類聚》 참조. 南陽은 지금의 河南省 南陽市. 南康은 지금의 江西省 南康縣.
【建業】建興의 誤記. 晉 愍帝 司馬鄴의 年號(313~316). 西晉의 마지막 시기.
【張傳】張碩을 가리킨다. 杜蘭香이 張碩에게 道術을 일러 주었으며 張碩은 뒤에 昇仙하였다. 《晉書》 曹毗傳에 "市時杜陽張碩, 爲神女杜蘭香所降, 因以二篇詩嘲之"라 하였다.
【萱支・松支】杜蘭香의 두 시녀 이름.
【鈿車】금붙이로 장식한 수레.
【青牛】仙人들이 타는 소.

【靈嶽】靈山. 道家에서 칭하는 靈山은 바다 가운데의 蓬萊山을 말한다.
【埔宮】신선 세계인 埔城의 궁궐.
【九嶷山】일명 蒼梧山. 지금의 湖南省 寧遠縣 남쪽에 있으며 虞舜이 묻힌 곳이라 한다.
【弱水】崑崙山에 있는 물로서 그 물이 너무 약해 鴻毛조차도 뜨지 못한다고 한다. 건널 수 없는 江. 道人만이 건널 수 있다고 한다.
【薯蕷子】薯蕷子로도 쓰며 '山藥'이라는 약초. 식용으로도 쓰인다.
【太歲】歲星. 지금의 木星. 干支로 卯方에 해당한다.
【消摩】消魔로도 쓰며, 道家에서 쓰는 용어로 藥. 《眞誥》에 "仙眞並呼藥爲消摩"라 하였다.
【淫祀】예에 맞지 않는 기도나 懇求. 자기 욕심을 위해 하는 기도.

참고 및 관련 자료

1. 仙女 杜蘭香과 張碩의 戀愛 故事이다.

2. 《藝文類聚》79
《杜蘭香別傳》曰: 杜蘭香, 自稱南陽人. 以建興四年春, 數詣張傳. 傳年十七, 望見其車在門外. 婢通言: 「阿母所生, 遣授配君, 君可不敬從!」傳先改名碩. 碩呼女前, 視可十八九, 說事邈然久遠, 有婦子二人: 大者萱支, 小者松支. 鈿車青牛, 上飲食皆備. 作詩曰: 「阿母處靈岳, 時遊雲霄際. 衆女侍羽儀, 不出埔宮外. 飄輪送我來, 豈復耻塵穢. 從我與福俱, 嫌我與禍會.」 至其年八月旦來, 復作詩曰. 「逍遙雲霧間, 呼嗟發九嶷. 流汝不稽路, 弱水何不之.」 出署豫子三枚, 大如雞子, 云: 「食此, 令君不畏風波, 辟寒溫」 碩食二, 欲留一. 不肯. 令碩盡食. 言: 「本爲君作妻, 情無曠遠. 以年命未合, 其小乖. 太歲東方卯, 當還求君.」

3. 《藝文類聚》81 藥
曹毗《杜蘭香傳》曰: 神女蘭香降張碩. 碩問: 「禱祀何如?」 香曰: 「消摩自可愈疾. 淫祀無益.」 香以藥爲消摩.

4. 《太平廣記》272
杜蘭香降張碩, 碩妻無子, 取妾. 妻妬無已. 碩謂香: 「如此云何?」 香曰: 「此易治耳.」 言卒而碩妻患創委頓. 碩曰: 「妻將死如何?」 香曰: 「此創所以治妬.」 創已

亦當瘥. 數日之間, 創損而妻無妒心, 遂生數男.(《杜蘭香別傳》)

5.《太平廣記》62

杜蘭香者, 有漁父於湘江洞庭之岸, 聞兒啼聲, 四顧無人. 惟三歲女子在岸側, 漁父憐而舉之. 十餘歲, 天姿奇偉, 靈顔姝瑩, 迨天人也. 忽有青童靈人, 自空而下, 來集其家, 攜女而去, 臨昇天, 謂其父曰:「我仙女杜蘭香也. 有過謫于人間, 玄期有限, 今去矣.」自後時亦還家, 其後於洞庭包山降張碩家, 蓋修道者也. 蘭香降之三年, 授以擧形飛化之道, 碩亦得仙. 初降時, 留玉簡・玉唾盂・紅火浣布, 以爲登眞之信焉. 又一夕, 命侍女資黃麟羽帔, 降履玄冠, 鶴氅之服, 丹玉珮揮劒, 以授於碩曰:「此上仙之所服, 非洞天之所有也.」不知張碩仙官定何班品, 漁父亦老, 因益少. 往往不食, 亦學道江湖, 不知所之.(《墉城集仙錄》)

6.《墉城集仙錄》(唐, 杜光庭)

杜蘭香者, 有漁父于湘江之岸, 見而擧之. 十餘歲, 靈顔姝瑩. 忽有靑童下, 攜女去. 其後降于洞庭包山張碩家.

7. 기타 참고자료

《藝文類聚》(82).《太平御覽》(500).

031(1-31) 弦超與智瓊
현초와 지경

위魏의 제북군濟北郡 종사연從事掾인 현초弦超는 자가 의기義起이다. 가평嘉平 연간 어느 날, 그가 밤에 홀로 잠이 들어 있는데, 꿈속에 어떤 신녀神女가 나타나 그를 시중들면서 자칭 천상天上의 옥녀玉女라는 것이었다.

자신은 원래 동군東郡사람으로 성씨는 성공成公, 자는 지경智瓊이라는 것이었다. 어려서 부모를 잃자 천지天地가 그의 고고孤苦함을 애처롭게 여겨 다시 내려가 시집을 가서 남편을 모시라고 하였다는 것이다.

현초가 꿈속에서 본 그 여인은 아주 아리땁고 감오感悟하였으며, 그 아름다움이 특이하여 보통 사람의 용모는 아니었다. 잠에서 깨어나서도 그리움이 지극하여 마치 곁에 있는 듯도 하고 없는 듯도 하여 이렇게 사나흘 밤을 보내게 되었다.

그러던 어느 날 아침, 눈앞에 과연 그 여인이 나타났다. 치병거輜軿車를 타고 여덟 명의 시녀를 거느린 채 능라기수綾羅綺繡의 옷에 자태와 안색, 용모와 체형이 마치 날아다니는 선녀 같았다. 그리고 스스로 나이가 이미 70이라 하였는데, 보기에는 겨우 십오륙 세의 소녀 같았다. 수레에는 주전자, 술그릇, 그리고 청백색의 유리 그릇 다섯 개가 있었다. 먹고 마시는 것도 기이한 것이었다.

찬구饌具와 단술을 현초와 함께 마시고 나서, 그 여인은 현초에게 이렇게 자신을 소개하였다.

"나는 천상의 옥녀로서 인간세상에 시집보내져서 그대를 모시게 된 것입니다. 그대의 덕을 미처 거론하지도 못한 채, 일찍부터 감운感運하여 마땅히 부부가 되고자 하였던 것입니다. 능히 유익함이 될 수는 없겠지만, 그렇다고 손해날 것도 없을 줄 압니다.

왕래에는 항상 경거輕車와 비마肥馬를 타고 다니며, 음식은 항상 먼 하늘나라의 신기한 것들을 맛보게 될 것입니다. 그리고 비단옷도 항상 충분하게 입을 수 있고 부족함은 없을 것입니다. 그렇지만 나는 신인神人으로 그대를 위해 아이를 낳아 줄 수 없고, 역시 질투나 꺼리는 본성도 지니고 있지 않습니다. 그러니 그대가 다른 사람과 혼인한다 해도 방해가 될 것은 없습니다."

이리하여 드디어 두 사람은 부부가 되었다. 지경은 이에 시 한 편을 주었는데 그 글은 다음과 같다.

"발해의 봉래산을 노닐다가,	飄颻浮勃逢
운판雲板과 석경石磬의 노랫소리 시끌시끌.	敖曹雲石滋
그곳의 영지靈芝는 비가 없어도 잘 자라,	芝英不須潤
훌륭한 덕은 시운時運과 맞아 떨어지는 법.	至德與時期
신선이 어찌 허감虛感한 것이리오마는,	神仙豈虛感
운세가 닿으면 서로 만나는 것이지요.	應運來相之
나를 용납하면 오족五族이 영화로울 것이며,	納我榮五族
나를 거역하면 재앙이 미치리라."	逆我致禍菑

이상은 그 시의 대략적인 내용이다. 그 글은 2백여 자나 되어, 모두 다 싣지 못한다. 그 여인은 《주역周易》에 주注를 달아 7권으로 만들었다. 괘卦와 상象에 단사象辭를 그에 소속시켰다. 따라서 그의 〈문언전文言傳〉은 이미 그 의리가 확연하였고, 아울러 길흉吉凶을 점칠 수도 있게 되어 마치 양웅揚雄의 《태현경太玄經》이나 설씨薛氏의 《중경中經》과 같았다. 현초는 능히 그 뜻을 통달하였고, 이를 가지고 점을 쳐 앞일을 예견할 수도 있게 되었다. 이렇게 둘은 부부로서 7, 8년을 지낸 뒤, 부모는 현초에게 아내를 얻어준 뒤, 지경과는 하루건너 함께 음식을 먹고, 잠도 하루건너 한 번씩 같이 자게 되었다. 그리고 지경은 아침에 떠날 때는 마치 날아가듯 신속히 사라져 오직 현초만이 그것을 볼 수 있었고 다른 사람은 지경을 볼 수가 없었다. 그러나 그들이 비록 캄캄한 방에 서로 거하였지만, 문득 사람 소리는

들리게 마련이어서, 그 종적은 알았지만 누구도 그 형체는 본 사람이 없었다. 뒤에 어떤 사람이 이를 괴이히 여겨 물어 보게 되어, 그로 인해 그 비밀이 누설되고 말았다. 옥녀는 드디어 떠날 것을 통고하며 이렇게 말하였다.

"나는 신인이오. 비록 그대와 교왕하고는 있지만 남이 알아차리는 것을 원치 않았소. 그런데 그대는 성품이 소루疏漏하여 지금 나의 본말本末이 결국 탄로가 나고 말았으니, 이제 더 이상 그대와 통접通接할 수가 없게 되었소. 긴 세월 함께 교결交結하였으니, 그 은의恩義가 결코 가볍다고는 할 수 없소. 그러나 하루아침 헤어지고 나면, 어찌 슬픔과 한이 없을 수 있겠소? 그렇다하나 형세로 보아 더 이상 헤어지지 않을 수 없게 되었군요. 각자 서로 노력하여 즐겁게 지냅시다."

그리고 나서 시녀와 마부를 불러 술을 내려놓고 이별의 정을 나누었다. 그리고는 상자를 열어 직성금織成錦으로 짠 군삼裙衫 두 벌을 꺼내어 현초에게 선물로 주고, 이어서 시 한 수를 주었다. 그리고 그의 팔을 잡고 이별을 고하며 눈물을 흘리고 안타까워하면서 숙연히 수레에 올라 나는 듯이 신속히 사라지고 말았다.

현초는 우울한 기분에 며칠을 괴로워하여 거의 스스로를 지탱하지 못할 지경에까지 이르게 되었다. 그로부터 다시 5년이 흘러, 현초는 주군州郡의 사신이 되어 낙양洛陽에 가게 되었다.

그가 제북濟北의 어산魚山 아래 낯선 길을 걷다가, 우연히 서쪽으로 멀리 보니 굽은 길에 마차 하나가 보였다. 그런데 그 모습이 마치 지경과 같았다. 말을 몰아 달려가 보았더니, 과연 지경이었다. 드디어 그 수레의 장막을 걷고 서로 바라보니, 슬픔과 기쁨이 교차하여 말로 할 수 없게 되었다. 이에 좌참左驂의 말을 끌고 고삐를 잡아 함께 타고 낙양에 이르렀다. 그리고는 드디어 다시 가정을 이루어 옛날과 같은 두터운 정을 회복하였다. 이들은 태강太康 연간까지 살았으며, 다만 매일 왕래하는 것이 아니라 뒤에는 3월 3일, 5월 5일, 7월 7일, 9월 9일과 매월 초하루, 보름날에만 문득 내려와 만나서는 밤을 새우고 떠나곤 하였다 한다.

장무선(張茂先, 張華)은 이를 두고 〈신녀부神女賦〉를 지었다.

魏濟北郡從事掾弦超，字義起，以嘉平中夜獨宿，夢有神女來從之，自稱天上玉女，東郡人，姓成公，字智瓊．早失父母，天地哀其孤苦，遣令下嫁從夫．超當其夢也，精爽感悟，嘉其美異，非常人之容．覺寤欽想，若存若亡．如此三四夕．

一旦，顯然來遊，駕輜輧車，從八婢，服綾羅綺繡之衣，姿顏容體，狀若飛仙．自言年七十，視之如十五六女．車上有壺榼・青白瑠璃五具．飲啖奇異，饌具醴酒，與超共飲食．

謂超曰：「我，天上玉女，見遣下嫁，故來從君．不謂君德，宿時感運，宜爲夫婦．不能有益，亦不能爲損．然往來常可得駕輕車，乘肥馬，飲食常可得遠味異膳；繒素常可得充用不乏．然我神人，不爲君生子，亦無妒忌之性，不害君婚姻之義．」

遂爲夫婦．贈詩一篇，其文曰：『飄颻浮勃逢，敖曹雲石滋．芝英不須潤，至德與時期．神仙豈虛感，應運來相之．納我榮五族，逆我致禍菑．』

此其詩之大較．其文二百餘言，不能悉錄．兼注《易》七卷，有卦有象，以象爲屬．故其文言，旣有義理，又可以占吉凶，猶揚子之《太玄》，薛氏之《中經》也．超皆能通其旨意，用之占候．

作夫婦經七八年，父母爲超娶婦之後，分日而燕，分夕而寢．夜來晨去，倏忽若飛，唯超見之，他人不見．雖居闇室，輒聞人聲，常見蹤跡，然不睹其形．後人怪問，漏泄其事．

玉女遂求去, 云:「我, 神人也. 雖與君交, 不願人知. 而君性疏漏, 我今本末已露, 不復與君通接. 積年交結, 恩義不輕; 一旦分別, 豈不愴恨? 勢不得不爾, 各自努力」

又呼侍御, 下酒飲啖. 發簏, 取織成裙衫兩副遺超, 又贈詩一首. 把臂告辭, 涕泣流離, 肅然昇車, 去若飛迅. 超憂感積日, 殆至委頓.

去後五年, 超奉郡使至洛, 到濟北魚山下陌上, 西行遙望, 曲道頭有一馬車, 似智瓊. 驅馳前至, 果是也. 遂披帷相見, 悲喜交切. 控左援綏, 同乘至洛, 遂爲室家, 剋復舊好. 至太康中猶在, 但不日日往來. 每於三月三日·五月五日·七月七日·九月九日·旦·十五日輒下往來, 經宿而去. 張茂先爲之作〈神女賦〉.

【魏】三國時代의 曹魏.
【濟北】郡 이름. 지금의 山東省 長淸縣.
【從事掾】州郡 長官의 속관, 막료.
【嘉平】魏 齊王 曹方의 年號(249~254).
【玉女】仙家에서 말하는 仙女. 天女.《抱朴子》仙藥篇에 "玉女常以黃玉爲誌, 大如黍米, 在鼻上, 是眞玉女也"라 하였다.
【東郡】지금의 河南省 濮陽縣.
【成公智瓊】成公은 姓氏.《太平御覽》에는 '成'으로만 되어 있으며 '智'는 '知'로 되어 있다.
【天地】다른 본에는 '天帝'로 되어 있다. 풀이는 天帝를 따랐다.
【輜輧車】휘장을 두른 작은 수레로 귀부인이 타는 것.
【勃逢】渤逢. 渤海와 蓬萊山.

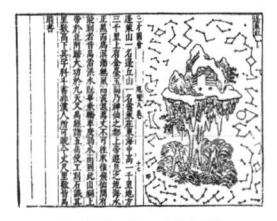

봉래산《三才圖會》

【雲石】雲版과 石磬. 악기류를 뜻한다. 혹은 佛敎의 四物.
【敖曹】疊韻連綿語. 시끄러움. '嗷嘈'로도 표기한다.
【象】象辭《周易》에서 卦, 爻 등 부호를 상징적으로 풀이한 말.
【彖】彖辭. 《周易》에서 각 卦의 전체 뜻을 풀이한 말.
【文言傳】《周易》十翼의 하나. 孔子가 찬술하였다 한다.
【揚雄】漢나라 때의 학자. 《周易》을 모방하여 《太玄經》을 지었다.
【中徑】薛氏가 지었다 하나 알 수 없다.
【倏忽】매우 신속함을 뜻한다. '忽然'과 같다.
【閣室】閨室의 誤記가 아닌가 한다.
【織成錦】비단의 일종. 《西京雜記》참조.

양웅《三才圖會》

【魚山】산 이름. 《太平寰宇記》에 "東阿縣魚山, 一名吾山"이라 하였으며 지금의 山東省 東阿縣 서쪽에 있다.
【太康】晉 武帝 司馬炎의 年號(280~289).
【張茂先】張華(232~300). 字는 茂先. 晉代의 문학가. 《博物志》을 지었으며, 《晉書》卷36에 그 傳이 실려 있다. 여기서는 '張敏'을 잘못하여 '張華'로 기록한 것이다.
【神女賦】《藝文類聚》에는 이의 작자를 張敏이라 하였다. 張敏은 晉나라 太原 中都 사람이며, 太康 때에 益州刺史를 지냈다. 한편《太平廣記》61에는《集仙錄》을 인용한《神女賦》가 실려 있으며, 그 文末에 張華의〈神女賦序〉가 실려 있다.

> 참고 및 관련 자료

1. 弦超와 玉女의 戀愛 故事이다.
2. 《藝文類聚》79
濟北弦超, 嘉平中, 夜夢神女從之, 自稱天上玉女, 東郡人, 姓成公, 字智瓊, 早失母, 天帝哀其孤苦, 令得下嫁從夫, 當其夢也, 嘉喜非常, 覺寤欽想, 如此三夕四旦, 顯然來遊, 駕輜軿車, 從八婢, 服綾羅綺繡, 狀若飛仙, 自言年十七, 遂爲夫婦, 贈詩曰:「飄颻浮勃逝, 敖曹雲石滋, 神仙豈虛降, 應運來相之.」

3.《太平廣記》61 成公智瓊

魏濟北郡從事掾弦超，字義起．以嘉平中，夕獨宿，夢有神女來從之，自稱天上玉女，東郡人，姓成公，字智瓊．早失父母，上帝哀其孤苦，令得下嫁．超當其夢也，精爽感悟，美其非常人之容．覺而欽想，如此三四夕．一旦顯然來，駕輜軿車，從八婢，服羅綺之衣，姿顏容色，狀若飛仙．自言年七十，視之如十五六．車上有壺榼，清白琉璃．飲啗奇異，饌具醴酒，與超共飲食．謂超曰：「我，天上玉女，見遣下嫁，故來從君．蓋宿時感運，宜爲夫婦．不能有益，亦不能爲損．然常可得駕輕車肥馬，飲食常可得遠味異膳；繒素可得充用不乏．然我神人，不能爲君生子，亦無妬忌之性，不害君婚姻之義．」遂爲夫婦．贈詩一篇曰：「飄颻浮勃逢，敖曹雲石滋．芝英不須潤，至德與時期．神仙豈虛降，應運來相之．納我榮五族，逆我致禍災．」此其詩之大較．其文二百餘言，不能悉舉．又著《易》七卷，有卦有象，以象爲屬．故其文言，既有義理，又可以占吉凶，猶揚子之《太玄》，薛氏之《中經》也．超皆能通其旨意，用之占候．經七八年，父母爲超取婦之後，分日而燕，分夕而寢．夜來晨去，倏忽若飛，唯超見之，他人不見也．每當有行來，智瓊已嚴駕於門，百里不移兩時，千里不過半日．超後爲濟北王門下掾，文欽作亂，魏明帝東征，諸王見徙於鄴宮，宮屬亦隨監國西徙．鄴下狹窄，四吏共一小屋．超獨臥，智瓊常得往來．同室之人，頗疑非常．智瓊止能隱其形，不能藏其聲．且芬香之氣，達于室宇，遂爲伴吏所疑．後超嘗使至京師，空手入市．智瓊給其五匹弱緋，五端緺紵．采色光澤，非鄴市所有，同房吏問意狀，超性疎辭拙，遂具言之，吏以白監國，委曲問之．亦恐天下有此妖幻，不答責也．後夕歸，玉女已求去曰：「我，神仙人也．雖與君交，不願人知．而君性疎漏，我今本末已露，不復與君通接．積年交結，恩義不輕；一旦分別，豈不愴恨？勢不得不爾，各自努力矣．」呼侍御下酒啗，發篋，取織成裙衫兩襠遺超，又贈詩一首．把臂告辭，涕零溜漓．肅然升車，去若飛流．超憂感積日，殆至委頓．去後積五年，超奉郡使至洛，到濟北魚山下，陌上西行，遙望曲道頭，有一馬車，似智瓊．驅馳前至，視之果是．遂披帷相見，悲喜交至，授綏同乘至洛，克復舊好，至太康中猶在，但不日月往來．三月三日，五月五日，七月七日，九月九日，月旦十五，每來．來輒經宿而去．張茂先爲之賦〈神女〉．其序曰：「世之言神仙者多矣．然未之或驗，如弦氏之歸，則近信而有徵者．」甘露中，河濟間往來京師者，頗說其事，聞之常以鬼魅之妖耳．及遊東土，論者洋洋，異人同辭，猶以流俗小人．好傳浮偽之事，直謂訛諧，未遑考核，會見濟北劉長史，其人明察清信之士也．親見義起，受其所言，讀其文章，見其衣服贈遺之物，自非義起凡下陋才所能搆合也．又推問左右知識之者，

云:「當神女之來, 咸聞香薰之氣. 言語之聲, 此卽非義起淫惑夢想明矣.」又人見義起强甚, 雨行大澤中而不沾濡, 益怪之. 鬼魅之近人也, 無不羸病損瘦. 今義起平安無恙, 而與神人飮燕寢處, 縱情兼慾, 豈不異哉!(《集仙錄》)

4.《法苑珠林》8
魏濟北郡從事掾弦超, 字義起. 以嘉平中, 夜獨宿. 夢有神女來從之, 自稱天玉女, 東郡人, 姓成公, 字智瓊. 早失父母, 天地哀其孤苦, 遣令下嫁從夫. 當其夢也, 精爽感寤, 嘉其美異, 非常人之容. 覺寤欽想, 若存若亡. 如此三四夕, 顯然來遊, 駕輜軿, 從八婢, 服綾羅綺繡之衣, 姿顏容體, 狀若飛仙. 自言年七十, 視之如十五六女. 車上有壺·榼·淸白瑠璃五具. 飮啖奇異, 饌具遂下酒, 啖與義起共飮食. 謂義起曰:「我, 天上玉女, 見遣下嫁, 故來從君. 不謂君德, 宿時感運, 宜爲夫婦. 不能有益, 亦不爲損. 然行來常可得駕輕車, 乘肥馬, 飮食常得遠味異膳; 繒素可得充用不乏. 然我神人, 不爲君子, 亦無妬忌之性, 不害君婚姻之義.」遂爲夫婦. 贈其詩一篇, 其文曰:「飄颻浮勃逑, 敖曹雲石滋. 芝英不須潤, 至德與時期. 神仙豈虛降, 應運來相之. 納我榮五族, 送我致禍災.」此其詩之大較. 其文二百餘言, 不能悉錄. 兼注《易》七卷, 占卜吉凶等, 義起皆通其旨. 作夫婦經七八年, 父母爲義起娶婦之後, 分日而嬿, 分夕而寢. 夜來晨去, 倐忽若飛, 唯義起見之, 餘人不見. 雖居闇室, 輒聞人聲, 常見蹤跡, 然不覩其形. 後人怪問, 漏泄其事. 玉女遂便求去, 云:「我, 神人也. 雖與君交, 不願人見. 而君性疏漏, 我往與君, 積年交結, 恩義不輕; 一旦分別, 豈不愴恨? 勢不得久, 各努力.」呼侍御人, 下酒啖食, 發篋, 取織成裙衫兩腰賜與義起, 又贈詩一首. 把臂告辭, 泣泠流離, 肅然昇車, 去若飛迅. 義起憂感積日, 殆至委頓. 後到濟北魚山陌上, 西行遙望, 曲道頭有一馬車, 似智瓊. 馳前到, 果是玉女也. 遂披帷相見, 前悲後喜. 控左援接, 同乘至洛. 遂爲室家, 剋復舊好. 生于太康中猶在, 但不日日往來. 每於三月三日·五月五日·七月七日·九月九日·旦·十五日輒下往來, 經宿而去. 張茂先爲作〈神女賦〉.(《搜神記》)

5. 기타 참고자료
《北堂書鈔》(129).《太平御覽》(399·677·728).《太平寰宇記》(35).

卷二

총 17장(032-048)

〈陶鶴〉(東漢) 明器 四川 成都 출토

032(2-1) 壽光侯劾鬼
수광후가 귀신을 탄핵하다

수광후壽光侯는 한漢 장제章帝 때 사람이다. 그는 능히 온갖 귀매鬼魅를 처벌하여, 그 귀신들로 하여금 스스로를 묶어 그 형상을 드러내어 보이게 할 수 있었다. 그 고을에 어떤 부인이 귀매 때문에 병들자, 수광후가 찾아가 그 귀신을 처벌하여 몇 길이나 되는 큰 뱀으로 변하게 함으로써, 이를 잡아 그 문 앞에서 죽여 버렸다. 그제야 그 부인은 안정을 찾았다.

또 큰 나무가 한 그루 있었다. 그 나무에는 정령精靈이 있어, 사람이 그 나무 밑에 가서 머물렀다가 죽는가 하면, 새들이 그 나무 근처를 지나기만 해도 떨어지는 것이었다. 수광후가 그 귀신도 처벌하자, 그 나무는 한여름盛夏인데도 그만 말라 잎이 지더니, 역시 길이가 7, 8장丈이나 되는 뱀으로 형상이 나타나 나뭇가지에 걸려서 죽어 있는 것이다. 장제가 이를 듣고, 과연 그러한가하고 불러 물었다.

수광후가 말하였다.

"예. 사실입니다."

이에 장제가 다시 물었다.

"궁전에 괴물이 있어 한밤중이 되면 항상 여러 명이 붉은 옷을 입고 머리를 풀어헤친 채 횃불을 들고 서로 줄지어 돌아다니니 어떻게 하면 능히 몰아낼 수 있겠소?"

그러자 수광후는 자신 있게 대답하였다.

"이는 하찮은 괴물이라, 쉽게 소멸시킬 수 있습니다."

장제는 이에 거짓으로 세 사람을 시켜 귀신 형상을 하게 하였다. 수광후가 법술法術을 시행하자, 그 세 사람은 나타나자마자 그대로 땅에 고꾸라져서 아무런 기식氣息도 못하는 것이었다. 장제는 놀라 이렇게 말렸다.

"그들은 귀신이 아니오. 짐朕이 시험해 보려하였을 따름이오."

수광후는 즉시 그들을 풀려나도록 하였다.

혹은 이렇게 전하기도 한다.

한 무제武帝 때에, 궁궐에 늘 괴물이 나타났다. 붉은 옷에 머리를 풀어 헤치고 몰려다니면서, 촛불을 잡고 내닫는 것이었다. 이에 무제가 유빙劉憑에게 물었다.

"그대는 가히 이들을 제거할 수 없겠소?"

그러자 유빙이 해낼 수 있다고 하고는, 이에 청부靑符를 던지자, 그 귀신들이 나타나 땅에 엎어지는 것이었다. 무제가 놀라서 말렸다.

"이는 시험해 본 것뿐이오."

그제야 유빙은 이들을 풀어 다시 살아나게 하였다고 한다.

壽光侯者, 漢章帝時人也. 能劾百鬼衆魅, 令自縛見形. 其鄕人有婦爲魅所病, 侯爲劾之, 得大蛇數丈, 死於門外; 婦因以安.

又有大樹, 樹有精, 人止其下者死, 鳥過之亦墜. 侯劾之, 樹盛夏枯落, 有大蛇丈七八丈懸死樹間.

章帝聞之, 徵問, 對曰:「有之.」

帝曰:「殿下有怪; 夜半後, 常有數人, 絳衣披髮, 持火相隨. 能劾之?」

侯曰:「此小怪, 易消耳.」

帝僞使三人爲之. 侯乃設法, 三人登時仆地無氣.

帝驚曰:「非魅也. 朕相試耳.」

卽使解之.

或云: 漢武帝時, 殿下有怪, 常見朱衣披髮相隨, 持燭而走.
帝謂劉憑曰:「卿可除此否?」
憑曰:「可.」
乃以靑符擲地, 見數鬼傾地.
帝驚曰:「以相試耳.」
解之而甦.

【壽光侯】後漢 때의 人物.《兩漢不列傳人名韻編》(卷4)에 "能劾百鬼, 見方術 解奴辜傳"이라 하였다.《後漢書》卷82(下) 方術傳 解奴辜도 연관된 기록이 실려 있다. 여기서는 人名이 아니라 爵號로 여겨진다. 劉憑과 같은 유의 人物인 듯하다.
【章帝】東漢의 皇帝. 劉炟. 明帝의 제5자. 재위 기간은 76~89년.
【鬼魅】鬼神. 精怪. 精靈 Animatism 혹은 animinism에서의 귀신. 物活論에서의 정령. the sole(of deceased), the spirit.
【核】彈劾.《說文解字》力部에 "劾, 法有罪也"라 하였다.
【朕】皇帝가 자기 자신에 대해 쓰는 專稱.
【劉憑】沛 땅 출신으로 壽光金鄕侯에 봉해졌으며, 稷丘子에게 道를 배웠다 한다.《神仙傳》참조.
【靑符】道士가 귀신을 부르거나 쫓을 때 쓰는 符籍.

참고 및 관련 자료

1. 壽光侯의 道術에 대한 章帝의 호기심과 그를 시험한 이야기이다.
2. 후반부 '或云'이하의 武帝와 劉憑의 故事는 원래《搜神記》의 원문이 아니며, 뒷사람이《神仙傳》을 근거로 文章 뒤에 附錄으로 첨가한 것으로 여겨진다.
3.《神仙傳》
劉憑者, 沛人也, 有軍功, 封壽光金鄕侯, 學道於稷丘子, 常服石桂英及石硫黃. (葛洪의《神仙傳》에는 없음)

4.《後漢書》卷82(下) 方術列傳

初, 章帝時有壽光侯者, 能劾百鬼衆魅, 令自縛見形, 其鄉人有婦爲魅所病, 侯爲劾之, 得大蛇數丈, 死於門外; 又有神樹, 人止者輒死, 鳥過者必墜, 侯復劾之, 樹盛夏枯落, 見大蛇長七八丈, 懸死其間, 帝聞而徵之, 乃試問之:「吾殿下夜半後, 常有數人絳衣被髮, 持火相隨, 豈能劾之乎?」侯曰:「此小怪, 易銷耳.」帝僞使三人爲之. 侯劾三人, 登時仆地無氣, 帝大驚曰:「非魅也, 朕相試耳.」解之而蘇.

5.《太平廣記》11

劉憑者, 沛人也, 有軍功, 封壽光金鄉侯, 學道於稷丘子, 常服石桂英及中嶽石硫黃. 年三百餘歲而有少容. 尤長於禁氣. 嘗到長安. 諸賢人聞憑有道, 乃往拜見之. 乞得侍從, 求見祐護, 憑曰:「可耳.」又有百餘人隨憑行 並有雜貨, 約直萬金. 乃於山中逢賊數百人, 拔刃張弓, 四合圍之. 憑語賊曰:「汝輩作人, 當念溫良, 若不能展才布德, 居官食祿, 當勤身苦體, 夫何有腆面目, 豺狼其心? 相教賊道, 危人利己, 此是伏尺都市, 肉饗烏鳶之法. 汝等弓箭, 當何所用?」於是賊射諸客, 箭皆反着其身, 須臾之間, 大風折木, 飛沙揚塵, 憑大呼曰:「小物輩敢爾, 天兵從頭刺殺先造意者.」憑言絶, 而衆兵一時頓地, 反手背上, 不能復動, 張口短氣欲死, 其中首帥三人, 卽鼻中出血, 頭裂而死, 餘者或能語曰:「乞放余生, 改惡爲善.」於是諸客或斫殺者, 憑禁止之. 乃責之曰:「本擬盡殺汝, 猶復不忍, 今赦汝, 猶敢爲賊乎?」皆乞命曰:「便當易行, 不敢復爾.」憑乃勑天兵赦之, 遂各能奔走去. 嘗有居人妻病邪魅, 累年不愈, 憑乃勑之. 其家宅傍有泉水, 水自竭, 中有一蛟枯死, 又有古廟, 廟間有樹, 樹上常有光, 人止其下, 多遇暴死, 禽鳥不敢巢其枝, 憑乃勑之. 盛夏樹便枯死, 有大蛇長七八丈, 懸其間而死, 後不復爲患. 憑有姑子, 與人爭地, 俱在太守坐, 姑子少黨, 而敵家多親助, 爲之言者四五十人, 憑反覆良久, 忽然大怒曰:「汝輩敢爾」應聲有雷電霹靂, 赤光照耀滿屋. 於是敵人之黨, 一時頓地, 無所復知. 太守甚怖, 爲之跪謝曰:「願君侯少寬威靈, 當爲理斷.」終不使差失, 日移數丈, 諸人乃能起. 漢孝武帝聞之, 詔徵而試之. 曰:「殿下有怪, 輒有數十人. 絳衣, 披髮持燭. 相隨走焉. 可勑否?」憑曰:「比小鬼耳.」至夜, 帝僞令人作之, 憑於殿上, 以符擲之. 皆面搶地. 以火焠口無氣. 帝大驚曰:「非此(明鈔本,「非此」作「此非」)鬼也, 朕以相試耳.」乃解之. 後入太白山中, 數十年復歸鄉里, 顔色更少.(《神仙傳》)

6.《法苑珠林》42

壽光侯者, 漢章帝時人也. 能劾百鬼衆魅, 令自縛見其形. 其鄉人有婦爲魅所病, 侯爲劾之, 時大蛇數丈, 死於門外; 有大樹, 樹有精, 人止者死, 鳥過者墜.

侯劾之, 樹盛夏枯落, 有大蛇丈七八丈懸死樹間. 章帝聞之, 徵問, 對曰:「有之.」帝曰:「殿下有怪; 夜半後, 常有數人, 絳衣披髮, 持火相隨. 豈能劾之?」侯曰:「能, 此小怪耳.」帝僞使三人爲之. 侯劾三人, 三人登時, 仆地無氣. 帝驚曰:「非魅也. 朕相試耳.」卽使解之.

7. 기타 참고자료

《北堂書鈔》(103).《列異傳》.《太平御覽》.

033(2-2) 樊英滅火
번영이 불을 끄다

번영樊英이 호산壺山에 은거하고 있을 때 갑자기 서남쪽으로부터 폭풍이 불어오자 번영이 제자에게 이렇게 일렀다.

"성도成都 시市에 화재가 매우 심하게 났군."

이에 물을 머금고 입으로 뿜었다. 그리고는 그날의 날씨를 적어 놓도록 하였다. 뒤에 촉蜀 땅으로부터 온 어떤 자가 이렇게 말하였다.

"그날 큰불이 났었습니다. 그런데 구름이 동쪽으로부터 몰려오더니, 순식간에 큰비가 내려, 그 불은 드디어 꺼지고 말았습니다."

樊英隱于壺山, 嘗有暴風從西南起, 英謂學者曰:「成都市火甚盛.」

因含水噀之. 乃命記其時日.

後有從蜀來者云:「是日大火, 有雲從東起, 須臾大雨, 火遂滅.」

【樊英】字는 季齊. 東漢 때의 魯陽(지금의 河南省 魯山縣) 출신.《後漢書》에 그 傳이 실려 있다.

【壺山】魯山縣 남쪽에 있는 산.

【成都】고대 縣. 지금의 四川省 成都市.

【蜀】고대 郡 이름. 지금은 四川省을 중심으로 한 일대.

참고 및 관련 자료

1. 樊英의 外地 火災에 대한 신기한 救災 내용을 싣고 있다.
2. 《後漢書》 卷8(上) 方術列傳

樊英字季齊, 南陽魯陽人也. 少受業三輔, 習京氏易, 兼明五經, 又善風角, 星筭, 河洛七緯, 推步災異, 隱於壺山之陽, 受業者四方而至, 州郡前後禮請不應; 公卿擧賢良方正, 有道, 皆不行, 嘗有暴風從西方起, 英謂學者曰:「成都市火甚盛.」因含水西向漱之, 乃令記其日時, 客後有從蜀郡來, 云:「是日大火, 有黑雲卒從東起, 須臾大雨, 火遂得滅.」於是天下稱其術藝.

3. 《太平廣記》 161

漢樊英善圖緯, 洞達幽微, 永泰中, 見天子, 因西向南睡, 詔問其故, 對曰:「成都今日火.」後蜀郡上言火災, 如英所道, 云:「時有雨從東北來, 故火不爲大害.」英嘗忽被髮拔刀, 斫擊舍中, 妻怪問其故, 英曰:「郗生遇賊.」郗生者名巡, 是英弟子, 時達行, 後還說:「於道中逢賊, 賴一被髮老人來相救, 故得免.」永建時, 殿上鐘自鳴, 帝憂之, 公卿莫能解, 乃問英, 英曰:「蜀岷山崩, 母崩子故鳴, 非聖朝災也.」尋上蜀山崩事.(《樊英列傳》)

4. 기타 참고자료

謝承《後漢書》(卷6).《樊英別傳》,《初學記》(卷1).

034(2-3) 徐登與趙昞
서등과 조병

　민중閩中에 서등徐登이란 자가 있었으니, 그는 원래 여자였는데 사나이로 바뀐 자였다. 동양東陽의 조병趙昞과 함께, 둘 모두 방술方術에 뛰어난 인물들이었다. 당시 마침 병란兵亂을 만나 서로 헤매다가 어느 골짜기에서 그 둘이 우연히 마주치게 되어 각자 서로의 능력을 자랑하기에 이르렀다. 서등이 먼저 그 냇물을 막아 흐르지 않게 하자, 조병이 그 다음 차례로 버드나무로 이를 막고는 그 버드나무에 새싹이 돋게 하였다. 두 사람은 서로 바라보며 웃었다.

　서등이 나이가 많았으므로 조병이 그를 스승으로 모셨다. 뒤에 서등이 죽자, 조병은 동쪽의 장안章安으로 옮겼지만, 그곳 사람들은 조병을 알지 못하였다. 조병이 이에 초가집 지붕에 올라가, 가마솥을 걸고 밥을 지어 먹자, 주인이 놀랍고 기괴하게 여겼다. 조병은 웃으면서 아무 응답도 하지 않았고, 초가집 역시 아무런 손상이 없었다.

　閩中有徐登者, 女子化爲丈夫. 與東陽趙昞, 並善方術. 時遭兵亂, 相遇於溪, 各矜其所能. 登先禁溪水爲不流, 昞次禁楊柳爲生稊. 二人相視而笑. 登年長, 昞師事之. 後登身故, 昞東入章安, 百姓未知. 昞乃昇茅屋, 據鼎而爨; 主人驚怪, 昞笑而不應, 屋亦不損.

【閩中】 고대의 郡 이름. 秦나라 때 설치되었다가 漢나라 때 폐지되었다. 지금의 福建省 福州市.
【徐登】 東漢 때의 人物.《後漢書》에 그 傳이 실려 있다.
【東陽】 지금의 浙江省 金華市.
【趙昞】 東漢 時代의 東陽 출신으로 得道成仙하였다 한다.《歷代眞仙體道通鑑》에는 '趙丙'으로,《後漢書》에는 '趙炳'으로 되어 있다. 035 036 참조
【章安】 다른 판본에는 '長安'으로 되어 있다. '章安'은 縣으로 지금의 浙江省 臨海市 章安鎭.

참고 및 관련 자료

1. 徐登과 趙昞의 方術에 대한 기록이다.

2.《後漢書》卷82(下) 方術列傳
徐登者, 閩中人也. 本女子, 化爲丈夫, 善爲巫術, 又趙昞, 字阿公, 東陽人, 能爲越方, 時遭兵亂, 疾疫大起, 二人遇於烏傷溪水之上, 遂結言約, 共以其術療病. 各相謂曰:「今旣同志, 且可各試所能」登乃禁溪水, 水爲不流, 炳復次禁枯樹, 樹卽生荑, 二人相視而笑, 共行其道焉. 登年長, 炳師事之. 貴尙淸儉, 禮神唯以東流水爲酌, 削桑皮爲脯, 但行禁架, 所療皆除, 後登物故, 炳東入章安, 百姓未之知也, 炳乃故升茅屋, 梧鼎而爨, 主人見之驚愕, 炳笑不應, 旣而爨熟, 屋無損異.

3.《抱朴子》
道士趙炳, 以氣禁人, 人不能起. 禁虎, 虎伏地, 低頭閉目, 便可執縛, 以大釘釘柱, 入尺許, 以氣吹之, 釘旣躍出射去, 如弩箭之發.

4.《異苑》
趙侯以盆盛水, 吹氣作禁, 漁龍立見.

5.《水經柱》卷40
閩中有徐登者, 女子化爲丈夫. 與東陽趙昞並善. 越方時遭兵亂. 相遇於溪, 各示其所能. 登先禁溪水爲不流. 昞次禁枯柳, 柳爲生荑. 二人相示而笑. 登年長, 昞師事之. 後登身故, 昞東入章安, 百姓未知. 昞乃昇茅屋, 梧鼎而爨; 主人驚怪, 昞笑而不應, 屋亦不損.

6.《太平廣記》卷40

閩中有徐登者,女子化爲丈夫.與東陽趙昞並善方術.時遭兵亂,相遇於溪,各矜其所能.登先禁溪水爲不流,昞次禁枯柳爲生稊.二人相視而笑.登年長,昞師事之.後登身故,昞東入長安,百姓未知昞.乃升茅屋,據鼎而爨;主人驚怪,昞笑而不應,屋亦不損.

035(2-4) 趙昞渡河
조병의 물 건너기

조병趙昞이 한때 물가에 이르러 건네주기를 청하였지만, 사공이 허락하지 않았다. 그래서 장막을 치고 그 속에 앉아 길게 휘파람을 불어 바람을 불러와서는, 어지럽게 물결을 일으키며 건너는 것이었다. 이 일이 있은 뒤 사람들이 그를 경복敬服하여, 그를 따르는 자가 마치 자신들이 마지막 귀의할 대상을 찾은 듯이 하였다. 장안령章安令은 그를 민중을 혹하게 하는 자라고 여겨 혐오한 나머지, 그를 붙잡아 죽여 버렸다. 백성들은 그를 위해 영강永康에 사당을 세웠는데, 지금까지도 모기나 쇠파리조차 감히 그 사당 안으로 들어가지 못한다.

趙昞嘗臨水求渡, 船人不許. 乃張帷蓋, 坐其中, 長嘯呼風, 亂流而濟. 於是百姓敬服, 從者如歸. 章安令惡其惑衆, 收殺之. 民爲立祠於永康, 至今蚊蚋不能入.

【趙昞】 앞장 034 참조.
【帳蓋】 휘장을 쳐서 지붕을 덮음을 뜻한다. 장막.
【章安】 역시 다른 기록에는 '長安'으로 되어 있다.《後漢書》徐登傳에 의거하여 '章安'으로 고쳤다. 034 참조.
【永康】 고대 縣. 治所는 지금의 浙江省 金華市 동남쪽. 다른 기록에는 '永寧'으로 되어 있다.
【蚊蚋】 蚊은 모기. 蚋는 쇠파리의 일종.

참고 및 관련 자료

1. 趙昞 故事의 연결(031, 036) 부분이다.

2. 《後漢書》卷82(下) 方術列傳 徐登傳

又嘗臨水求渡, 船人不和之. 炳乃張蓋坐其中, 長嘯呼風, 亂流而濟. 於是百姓神服, 從者如歸. 章安令惡其惑衆, 收殺之. 人爲立祠室於永康, 至今蚊蚋不能入也.

3. 《水經注》卷40

又嘗臨水求渡, 船人不許. 昞乃張蓋坐中, 長嘯呼風, 亂流而濟. 於是百姓神服, 從者如歸. 章安令惡而殺之. 民立祠於永寧, 而蚊蚋不能入.

4. 《太平廣記》284

嘗臨水求渡, 船人不許. 昞乃張蓋坐中, 長嘯呼風, 亂流而濟. 於是百姓敬服, 從者如歸. 長安令惡而殺之, 民立祠於永寧, 而蚊蚋不能入.(《水經注》)

5. 《藝文類聚》19 嘯

趙炳嘗臨水, 從船人乞渡, 船人不許. 炳乃張蓋坐其中, 長嘯呼風, 亂流而濟.

6. 기타 참고자료

《太平廣記》(392).《類說》(7).《紺珠集》(7).

036(2-5) 徐趙淸儉
서등과 조병의 검소함

서등徐登, 조병趙昞은 청빈하고 검소함을 귀히 여기고 이를 숭상하였으며, 동쪽으로 흐르는 물을 신으로 받들어 섬겼다. 그리고 뽕나무 껍질을 벗겨 이를 포脯로 삼았다.

徐登·趙昞, 貴尙淸儉, 祀神以東流水, 削桑皮以爲脯.

【徐登】 034 참조.
【趙昞】 034, 035 참조.
【東流水】《後漢書》에 "以東流水爲酌"이라 하여, 동쪽으로 흐르는 물을 제사용 술로 삼았다는 뜻으로 되어 있다.

참고 및 관련 자료

1. 徐登과 趙昞의 神異한 사적으로 묘사하였다.
2. 《後漢書》 卷82(下) 方術列傳 徐登傳
貴尙淸儉, 禮神唯以東流水爲酌, 削桑皮爲脯.
3. 기타 참고자료
《北堂書鈔》(145).

037(2-6) 陳節訪神
진절이 신을 방문하다

진절陳節은 여러 신들을 찾아다녔다. 동해東海 해신海神이 직성금織成錦으로 만든 푸른 윗저고리 한 벌을 그에게 주었다.

陳節訪諸神, 東海君以織成靑襦一領遺之.

【陳節】人名.《列異傳》 참조.
【東海君】道家에서의 海神. 곧 東海 海神.
【織成錦】漢나라 때 유행한 두 겹의 실로 짠 비단.《西京雜記》 참조.

> 참고 및 관련 자료

1. 陳節의 訪神 활동을 묘사하였다.
2. 기타 참고자료
《太平廣記》(81).《列異傳》.

038(2-7) 韓友預知
한우의 예견

선성宣城 사람 변홍邊洪은 광양군廣陽郡의 영교領校라는 작은 벼슬아치였다. 어머니의 상을 입어 집으로 돌아와 있을 때 한우韓友란 자가 그 집에 찾아왔다. 그때 이미 날이 어두워졌는데도, 한우는 자신의 수종隨從들에게 이렇게 일렀다.

"어서 짐을 챙겨라. 우리는 오늘 밤에 떠나야 한다."

수종들이 말렸다.

"지금 날이 이미 어두운데다가, 수십 리의 풀숲 길을 헤쳐왔는데, 어찌 이렇게 급히 다시 떠나야 한다는 것입니까?"

이에 한우는 이렇게 말하였다.

"이곳은 피로 덮일 것이다. 어찌 이런 곳에서 더 이상 머물 수 있단 말인가?"

변홍도 그를 억지로 말렸지만, 더 이상 머물게 할 수가 없었다. 그런데 그날 밤 변홍은 갑자기 미쳐 자기 두 아들을 목 졸라 죽이고, 그 부인도 죽였으며, 아버지의 두 비녀婢女도 목을 쳐서 죽였다. 이리하여 온 집안이 죽고 말았다. 그리고 나서 변홍은 뛰쳐나가 어디론가 사라져 버렸다. 며칠 후 그를 그 집 앞 숲 속에서 찾았는데, 그는 이미 스스로 목을 매어 죽어 있었다.

宣城邊洪爲廣陽領校, 母喪歸家. 韓友往投之.
時日已暮, 出告從者:「速裝束, 吾當夜去.」

從子曰:「今日已暝, 數十里草行, 何急復去?」

友曰:「此間血覆地, 寧可復往?」

若留之, 不得. 其夜, 洪欻發狂, 絞殺兩子, 幷殺婦, 又斫父婢女二人, 皆被創. 因走亡. 數日, 乃於宅前林中得之, 已自經死.

【宣城】郡 이름. 治所는 宛陵. 지금의 安徽省 宣城縣.
【邊洪】人名.
【廣陽】郡 이름. 治所는 薊縣(지금의 北京市).
【領校】郡의 軍事 업무를 맡은 관리.
【韓友】字는 景先. 晉나라 때 廬江 출신으로 廣武將軍을 지냈다. 《晉書》에 그 傳이 실려 있다.

참고 및 관련 자료

1. 韓友의 預知와 그 신비한 결과를 기록하였다.
2. 다른 기록에는 《搜神記》를 인용한 이 기사가 전하지 않는다.
3. 《晉書》卷95 藝術傳 韓友
宣城邊洪以四月中就友卜家中安否, 友曰:「卿家有兵殃, 其禍甚重. 可伐七十束柴, 積於庚地, 至七月丁酉放火燒之, 咎可消也. 不爾, 其凶難言.」洪卽聚柴. 至日, 大風. 不敢發火, 洪後爲廣陽領校, 遭母喪歸家, 友來投之, 時日已暮, 出告從者, 速裝束:「吾當夜去.」從者曰:「今日已暝, 數十里草行, 何急復去?」友曰:「非汝所知也. 此間血覆地, 寧可復住!」苦留之, 不待食而去. 其夜洪欻發狂, 絞殺兩子. 幷殺婦, 又斫父妾二人, 皆被創, 因出亡走. 明日, 其宗族往收殯亡者, 尋索洪數日, 乃宅前林中得之, 已自經死. 宣城太守殷祐有病. 友筮之, 曰:「七月晦日, 將有大鶖鳥來集廳事上, 宜勤伺取, 若獲者爲善, 不獲將成禍.」祐乃謹爲其備. 至日, 果有大鶖垂尾九尺. 來集廳事上, 掩捕得之, 祐乃遷石頭督護. 後爲吳郡太守. 友卜占神效甚多, 而消殃轉禍, 無不皆驗. 干寶問其故, 友曰:

「筮卦用五行相生殺, 如案方投藥治病, 以冷熱相救, 其差與不差, 不可必也.」 友以元康六年擧賢良, 元帝渡江, 以爲廣武將軍, 永嘉末卒.

4. 기타 참고자료
《九家舊晉書輯本》(169·351).

039(2-8) 鞠道龍說黃公事
국도룡이 황공의 일을 말하다

국도룡鞠道龍이란 자는 환술幻術에 뛰어난 인물이었다. 그는 일찍이 이런 이야기를 털어놓았다.

"동해군東海郡 출신 황공黃公이란 자가, 환술에 뛰어나 능히 뱀이나 호랑이를 제어할 수 있었다. 그는 항상 적금도赤金刀를 차고 다녔다. 그러나 그는 늙고 쇠한 데다가, 술을 지나치게 마셨다. 진秦말에, 어떤 백호가 동해 땅에 나타나자, 조정에서 그 황공을 불러 파견하였다. 황공이 적금도를 가지고 그 호랑이를 제압하려 나섰으나, 그의 환술이 먹혀들지 않아, 그만 호랑이에 물려 죽고 말았다."

鞠道龍善爲幻術.
嘗云:「東海人黃公, 善爲幻, 制蛇御虎. 常佩赤金刀. 及衰老, 飮酒過度. 秦末, 有白虎見於東海, 詔遣黃公, 以赤刀往厭之. 術旣不行, 遂爲虎所殺.」

【鞠道龍】漢나라 때 사람으로 幻術에 뛰어났던 人物. '鞫道龍'으로도 쓴다.
【東海】고대 郡 이름. 지금의 山東省 남부와 江蘇省 북부 지역.
【黃公】人名. 자세한 사적은 알 수 없다.
【赤金刀】구리칼. 赤金은 구리를 가리킨다.
【厭】壓과 같음. 鎭壓·制壓의 뜻.

> 참고 및 관련 자료

1. 麴道龍이 들려 준 東海 黃公과 호랑이를 제압한 고사이다. 《西京雜記》와 그 내용이 동일하다. '角抵戱'의 원류와 관계가 있는 고사이다.

2. 《西京雜記》卷3
余所知有鞠道龍, 善爲幻術, 向余說古時事: 有東海人黃公, 少時爲術, 能制蛇御虎, 佩赤金刀, 以絳繒束髮, 立興雲霧, 坐成山河. 及衰老, 氣力羸憊, 飮酒過度, 不能復行其術. 秦末, 有白虎見於東海, 黃公乃以赤刀往厭之. 術旣不行, 遂爲虎所殺. 三輔人俗用以爲戱, 漢帝亦取以爲角抵之戱焉.

3. 《法苑珠林》76 咒術篇
《西京雜記》曰: 鞠道龍, 善爲化術, 說東海人黃公, 少時, 能制蛇禦虎. 立興雲霧, 坐成山河.

4. 《太平廣記》284
葛洪云: 余少所知有鞠道龍, 善爲幻術, 向余說古時事: 有東海人黃公, 少時能乘龍御虎, 佩赤金爲刀, 以絳繒束髮, 立興雲霧, 坐成山河. 及衰老, 氣力羸憊, 飮酒過度, 不能行其術. 秦末, 有白虎見於東海, 黃公以赤刀往厭之, 術旣不行, 爲虎所殺. 三輔人俗用以爲戱, 漢朝亦取以爲角抵之戱焉.(《西京雜記》)

5. 《文選》西京賦 注
東海黃公, 赤刀粤祝, 冀厭白虎, 卒不能救, 挾邪作蠱於是不售.

040(2-9) 謝糺作膾
사규가 회를 뜨다

사규謝糺라는 자가 일찍이 손님 대접할 일이 생겼다. 그래서 그가 붉은 글씨의 부적을 우물에 던지자, 한 쌍의 잉어가 뛰어오르는 것이었다. 즉시 회를 뜨게 하여 그 자리에 참석한 이들이 두루 다 먹을 수 있었다.

謝糺嘗食客, 以朱書符投井水, 有一雙鯉魚跳出. 卽命作鱠, 一坐皆得徧.

【謝糺】 자세한 사적은 알 수 없으나《搜神後記》卷2 謝允에 "嘗食客"이라 하였다.

참고 및 관련 자료

1. 謝糺의 幻術에 대한 묘사이다.
2. 《北堂書鈔》145
謝糺, 大兊盛水以卽書符投井水, 有一雙鯉魚躍出. 卽命作膾, 一坐皆得遍.
3. 《搜神後記》(晉, 陶潛, 四庫全書, 子部, 小說家類, 異聞之屬) 卷2

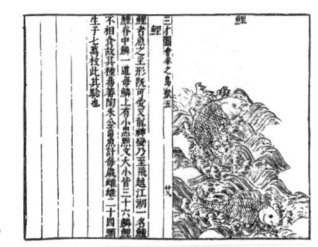

잉어《삼재도회》

謝允從武當山還, 在桓宣武座, 有言及左元放爲曹公致鱸魚者, 允便云:「此可得爾.」求大瓮盛水, 朱書符投水中. 俄有一鯉魚, 鼓鬐水中.

041(2-10) 天竺胡人魔術
천축 호인의 마술

진晉나라 영가永嘉 때에, 천축天竺 출신의 어떤 호인胡人이 강을 건너 남으로 왔다. 그는 여러 가지 마술을 부릴 줄 알았다. 즉 능히 혀를 끊었다가 다시 붙이기도 하고 입에서 불을 토해 내기도 하는 것 등이었다. 그가 나타나면 사람들이 모여 이를 구경하곤 하였다.

그가 혀를 끊어 보일 때면, 반드시 자신의 성한 혀를 내밀어 구경꾼들에게 먼저 보여 주고 그 다음에 칼로 이를 자른다. 그러면 피가 땅을 덮게 된다. 그리고 나서 그는 잘린 혀를 그릇에 담아 여러 사람들에게 돌아가며 보여 준다. 그의 혀를 들여다보면, 혀의 반쪽은 입 안에 그대로 있었다. 이윽고 그에게 잘린 혀를 다시 돌려주면, 그는 이를 입에 넣고 머금어 붙이고는 잠시 앉았다가, 앞에 앉은 이들에게 보여 주었는데, 그 혀는 온전하여 정말 끊어졌던 것인지 알 수가 없었다.

〈牽駱駝黃釉陶俑〉(唐)
1957 陝西 長安 출토

그런가 하면 그의 끊고 붙이고 하는 마술은 비단도 그와 같았다. 비단을 꺼내어 사람들에게 각각 그 끝을 잡게 하고는 가위를 대고 그 중간을 자른다. 그리고 잠시 뒤 그 두 조각으로 끊어진 곳을 붙이고는 보여 준다. 그러면 비단은 다시 이어져 방금 전의 원래 모습과 전혀 다름이 없었다.

당시 사람들은 모두가 이를 거짓이라고 의심을 하여 몰래 그 끊는 순간을 탐지해 보았지만 틀림없이 비단을 끊는 것이었다.

또 그가 불을 토해 낼 때는, 먼저 약 담은 그릇을 가지고 와서 불에 타는 약을 꺼내어 이를 서당黍餹과 혼합해 놓고는 반복하여 여러 번 호흡으로 분다. 그리고 입을 벌리면, 문득 입 안에 불길이 가득하였다. 게다가 입 안에서 타고 있는 불을 꺼내어 밥을 짓기도 하였으니, 그것은 불임에 틀림이 없었다.

또 그는 책과 종이, 그리고 새끼줄 등을 불 속에 던져 넣고는 사람들에게 보여 주어 그것이 다 타고 없어진 것을 확인시킨다. 그리고는 그 잿더미를 뒤적거려, 그 물건들을 다시 꺼냈는데, 방금 전의 바로 그 물건 그대로였다.

晉永嘉中, 有天竺胡人, 來渡江南. 其人有數術; 能斷舌復續·吐火. 所在人士聚觀. 將斷時, 先以舌吐示賓客. 然後刀截, 血流覆之. 乃取置器中, 傳以示人. 視之, 舌頭半舌猶在. 旣而還, 取含續之, 坐有頃, 坐人見舌則如故, 不知其實斷否. 其續斷, 取絹布, 與人各執一頭, 對剪, 中斷之. 已而取兩斷合視, 絹布還連續, 無異故體. 時人多疑以爲幻, 陰乃試之, 眞斷絹也. 其吐火, 先有藥在器中, 取火一片, 與黍䬸合之, 再三吹呼, 已而張口, 火滿口中, 因就蓺取以炊, 則火也. 又取書紙及繩縷之屬投火中, 衆共視之, 見其燒蓺了盡. 乃撥灰中, 擧而出之, 故向物也.

【永嘉】晉나라 懷帝 司馬熾의 年號(307~313의 7년간).
【天竺】고대 印度.
【胡人】異民族을 범칭하여 일컫는 말이다.
【江南】長江 이남. 中國의 남부를 일컬으며 혹은 東晉을 뜻하기도 한다.
【黍䬸】黍糖. 黍米로 만든 조청의 일종.
【向物】방금 전의 물건. 向은 시간을 나타내는 부사.

> 참고 및 관련 자료

1. 天竺 출신의 胡人이 보여 주는 魔術을 사실감 있게 묘사하였다.

2. 《法苑珠林》 76 呪術篇
晉永嘉中, 有天竺人, 來渡江南. 其術: 能斷舌續筋, 吐火. 所在人士, 聚共觀. 試有將斷, 舌先吐以示賓客. 然後刀截, 血流覆地. 乃取置器中, 傳以示人. 視之, 舌頭半舌猶在. 旣而還, 取含續之, 有頃, 坐以見人舌則如故, 不知其實斷不也. 其續斷, 取絹布, 與人各執一頭, 對剪, 中斷之. 已而取兩斷段合, 將祝之, 則復還連絹, 無異, 故一體也. 時人多疑以爲幻, 乃陰試之, 乃有所續故絹也. 其吐火, 先有藥在器中, 取一片, 與黍餹含之, 再三吹呼, 已而張口, 火滿口中, 因就蓺取以爨, 則火出也. 又取書紙及繩縷之屬, 投火中, 衆共視之, 見其燒然消糜了盡, 乃披灰中, 舉而出之, 故向物也.

〈陶武士俑〉

3. 《法苑珠林》 94
晉永嘉年中, 有天竺國人, 來度江南. 言語譯道而後通, 其人有數術; 能截舌續斷, 吐火. 變化, 所在人士女聚共觀. 試有將截, 舌先吐以示賓客. 然後刀截, 流血覆地. 乃取置器中, 傳以示人. 視之, 舌頭觀其口內唯半舌在. 旣而還, 取含之, 有頃吐已, 示人舌還如故, 其續斷絹布, 與人各執一頭, 對剪斷. 已而取兩段合持祝之, 則後還連與舊無異. 時人多疑以爲幻, 作陰而試之. 猶是已絹. 其吐火者, 先有藥在器中, 取一片, 與黍糖含之, 再三吹呼, 而張口, 火出, 因就熱處取而爨之, 則便火熾也. 又書紙及繩縷之屬, 投火中, 衆詳共視, 見其燒然消磨了盡, 乃撥灰中, 舉而出之, 故是向物. 如此幻術作者, 非一時天下方亂云. 建安霍山可以避世. 乃入東治不知所在也.

4. 《太平廣記》 284
晉永嘉中, 有天竺胡人, 來渡江南. 其幻術, 能斷舌吐火. 所在人士聚觀. 將斷舌, 先吐以示衆. 然後刀截, 血流覆之, 乃燒取置器中, 傳以示人. 視之, 舌半猶在. 旣而還取, 合續之, 有頃如故. 不知其實斷否也. 嘗取絹布與人, 各執一頭, 中斷之. 已而取兩段, 合視之, 絹布還連續, 故一體也. 又取書紙及繩縷之屬, 投火中, 衆共視之, 見其燒蓺了盡. 乃撥灰, 舉而出之, 故向物也. (《法苑珠林》)

5. 《藝文類聚》 17 舌

《搜神記》曰: 永嘉中, 有天竺胡人, 能斷舌, 先吐舌示賓客, 然後刀截, 血流覆地. 乃取置器中, 傳示人. 取舌還含, 有頃如故.

6. 기타 참고자료

《太平御覽》(367. 727. 817).《晉書》(卷94) 隱逸傳 夏統에도 破舌・舌刀・吐火의 魔術 故事가 실려 있는 것으로 보아, 당시 상당히 유행한 魔術인 듯하다.

〈陶武士俑〉 北魏 明器 1965 河南 洛陽 元邵墓 출토

042(2-11) 扶南王判罪
부남왕의 재판

부남왕扶南王 범심范尋이란 자는 산에 호랑이를 길렀다. 그리고 어떤 죄를 지은 자가 있으면 그 호랑이에게 던져 넣어 호랑이가 물지 않으면 꺼내어 용서해 주었다. 그래서 그 산 이름을 대충大蟲, 혹은 대령大靈이라 불렀다.

그는 또 못에다가 악어 10여 마리를 길러, 역시 범죄자가 생기면 그 악어에다가 던져 넣어 악어가 물지 않으면 곧 풀어 주었다.

이처럼 죄 없는 자는 누구도 물지 않았다. 그래서 그 나라에는 악어지鰐魚池가 있다. 그런가 하면 물을 데워 펄펄 끓게 하고는, 금반지를 그 끓는 물속에 던져 넣는다. 그런 연후에 맨손으로 그 반지를 찾아내도록 한다. 정직한 자는 손이 데지 않고, 죄지은 자는 끓는 물속에 넣자마자 곧 데고 만다.

扶南王范尋養虎於山, 有犯罪者, 投與虎, 不噬, 乃宥之. 故山名大蟲, 亦名大靈. 又養鰐魚十頭, 若犯罪者, 投與鰐魚, 不噬, 乃赦之. 無罪者皆不噬. 故有鰐魚池. 又嘗煮水令沸, 以金指環投湯中, 然後以手探湯. 其直者, 手不爛; 有罪者, 入湯卽焦.

【扶南】지금의 크메르(캄보디아) 지역의 古代 王國.
【范尋】扶南王. 그러나 《晉書》 四夷列傳에 의하면 원래 扶南王의 將領이었다가 뒤에 王이 된 人物로 알려져 있다.
【養虎於山】다른 기록에는 "門外圈猛獸"(문밖에 우리를 만들어 호랑이를 길렀다)라 하였다.

虎《三才圖會》

참고 및 관련 자료

1. 扶南王의 죄인 감별법을 신비스럽게 묘사하였다.

2. 《梁書》卷54 扶南傳

國法, 年牢獄, 有罪者, 先齋戒三日, 乃燒斧極赤, 令訟者捧行七步. 又以金鐶·雞卵投沸湯中, 令探取之, 若無實者, 手卽焦爛, 有理者則不. 又於城溝中養鱷魚, 門外圈猛獸, 有罪者, 輒以餵猛獸及鱷魚, 魚獸不食爲無罪, 三日乃放之.

3. 《南史》卷78 扶南傳

國法, 無牢獄, 有訟者, 先齋三日, 乃斧極赤, 令訟者捧行七步. 又以金鐶·雞卵投沸湯中, 令探取之, 若無實者, 手卽爛, 有理者則不. 又於城溝中養鱷魚, 門外圈猛獸, 有罪者, 輒以餧猛獸及鱷魚, 魚獸不食爲無罪, 三日乃放之.

4. 《南齊書》卷58 扶南傳(東南夷)

無牢獄. 有訟者, 則以金指鐶若雞子投沸湯中, 令探之, 又燒鎖令赤, 著手上捧行七步, 有罪者手皆燋爛, 無罪者不傷. 又令沒水, 直者入卽不沈, 不直者卽沈也.

5. 기타 참고자료

《太平寰宇記》(164).《異苑》(3).《吳時外國傳》

043(2-12) 賈佩蘭說宮內事
가패란이 들려 준 궁중 비사

척부인戚夫人의 시녀였던 가패란賈佩蘭은, 뒤에 궁궐을 나와 부풍扶風 사람 단유段儒의 아내가 되었다. 그는 궁중에 있을 때 척부인의 사정을 이렇게 말하였다.

때때로 현관絃管의 음악을 연주하며 가무歌舞로써 즐겼고 서로 다투어 요상한 복장을 하고 즐거운 시간을 보낸 적이 있다고 하였다.

10월 15일에는, 함께 영녀묘靈女廟에 들어가 돼지와 서미黍米로 신에게 제사를 드리면서 피리와 축을 연주하여 〈상령上靈〉의 곡조를 노래하였다. 이윽고 흥이 나면 서로 팔을 끼고 땅을 밟으며 그 곡조에 맞추어 〈적봉황래赤鳳凰來〉라는 노래를 하였다. 이는 바로 무속巫俗이었다.

7월 7일이 되면, 백자지百子池에 가서 우전于闐의 음악을 연주하며 즐겼다. 그 음악이 끝나면 오색 실로 띠를 만들어 서로 묶어 놀았는데 이를 '상련수相連綬'라 하였다.

8월 4일에는, 조방雕房의 북쪽 문을 나서서 대나무 그늘 아래에서 바둑을 두었다. 그 바둑에 이기는 자는 일 년 내내 복을 받으며 지는 자는 그 해 일 년을 질병에 시달린다고 하였다. 그래서 실을 길게 늘어뜨려 북극성北極星에 닿도록 하여 장수長壽를 빌고 면화免禍를 기원하였다고 하였다.

9월에는, 수유茱萸 꽃을 달고, 봉이蓬餌를 먹고, 국화주菊花酒를 마시면 장수한다고 여겼다. 국화가 필 때에, 그 줄기와 잎까지 함께 따서 서미黍米를 섞어 담가 두며, 이듬해 9월 9일에 비로소 숙성하게 되어, 그때 마신다는 것이다. 그 때문에 그 술을 '국화주'라 한다는 것이었다.

정월正月 첫 진일辰日에는, 못池가로 나가 얼굴과 몸을 씻고, 역시 봉이蓬餌를 먹으며 요사妖邪를 씻어 없앤다고 하였다.

3월 상사上巳에는, 흐르는 물가에 음악을 펼쳐 연주하기도 하였다. 척부인은 이렇게 1년의 절기를 보냈다는 것이다.

戚夫人侍兒賈佩蘭, 後出爲扶風人段儒妻. 說在宮內時, 嘗以弦管歌舞相觀娛, 競爲妖服, 以趨良時. 十月十五日, 共入靈女廟, 以豚黍樂神, 吹笛擊筑, 歌〈上靈之曲〉. 旣而相與連臂, 踏地爲節, 歌〈赤鳳皇來〉. 乃巫俗也. 至七月七日, 臨白子池, 作于闐樂. 樂畢, 以五色縷相羈, 謂之相連綬. 八月四日, 出雕房北戶, 竹下圍棋, 勝者終年有福, 負者終年疾病. 取絲縷, 就北辰星求長命, 乃免. 九月, 佩茱萸, 食蓬餌, 飮菊花酒, 令人長命. 菊花舒時, 幷採莖葉, 雜黍米釀之, 至來年九月九日始熟, 就飮焉. 故謂之菊花酒. 正月上辰, 出池邊盥濯, 食蓬餌, 以祓妖邪. 三月上巳, 張樂於流水. 如此終歲焉.

【戚夫人】漢 高祖 劉邦의 寵姬. 趙王 如意의 生母로서 太子 冊立 문제로 呂后에게 참살당하였다. 《史記》呂后本紀 및 《漢書》外戚傳 참조.
【賈佩蘭】戚夫人의 시녀이며 뒤에 본문 내용대로 段儒의 아내가 된 여인.
【扶風】右扶風. 漢代 京畿 지역의 행정구역 이름으로 三輔의 하나. 지금의 陝西省 長安縣 동쪽.
【段儒】賈佩蘭의 남편.
【弦管】거문고와 피리. 현악기와 관악기.
【靈女廟】女神을 모시는 祠堂.
【上靈】祭神에게 올리는 樂曲의 이름.

【赤鳳凰來】옛날 琴曲 이름. 蔡邕의 《琴操》에는 이 음악이 周나라의 成王 때 지어진 것이라 하였다.

【百子池】못 이름.

【于闐】漢나라 때의 西域 여러 나라 가운데의 하나. '于寘'으로도 쓰며, 지금의 신장위구르 和田縣 일대.

【相連綬】서로 띠를 이어 묶는 실끈.

【雕房】아름답게 조각하여 꾸민 방. 후궁의 어떤 건물.

【北辰星】北極星. 《爾雅》 釋天에 "北極謂之北辰"이라 하였다.

【茱萸】식물 이름. 약재로도 쓰며, 九月 九日 重陽節에 이 꽃을 머리에 꽂고 辟邪하는 풍속이 있었다. 《太平御覽》32에 "九月九日律中無射而數九, 俗於此日, ……折茱萸房以挿頭, 言辟惡氣, 而御初寒"이라 하였고, 王維의 〈九月九日憶山東兄弟詩〉에 "遙知兄弟登高處. 遍挿茱萸少一人"이라 하였다.

【蓬餌】쑥을 넣어 만든 떡. 쑥떡의 일종. 《西京雜記》에는 '蓬茸'으로 되어 있다.

【菊花酒】九月 九日에 국화주를 마셔 避禍와 장수를 기원하였다. 吳均의 《續齊諧記》九日登高 및 《藝文類聚》81에 인용된 《風俗通》을 볼 것.

【上辰】음력으로 매월 上旬의 辰日.

【上巳】음력으로 매월 上旬의 巳日.

참고 및 관련 자료

1. 戚夫人의 궁중생활과 節日의 풍습을 기록한 것으로, 民俗 연구의 중요한 자료이다.

2. 盧文弨의 抱經堂本 《西京雜記》에는 제목이 「高帝侍兒言宮中樂事」로 되어 있다.

3. 《西京雜記》卷3

戚夫人侍兒賈佩蘭, 後出爲扶風人段儒妻. 說在宮內時, 見戚夫人侍高帝, 嘗以趙王如意爲言, 而高祖思之, 幾半日不言, 嘆息悽愴, 而未知其術, 輒使夫人擊筑, 高祖歌大風詩以和之. 又說在宮內時, 嘗以絃管歌舞相歡娛, 競爲妖服, 以趣良時. 十月十五日, 共入靈女廟, 以豚黍樂神, 吹笛擊筑, 歌上靈之曲. 旣而相與連臂, 踏地爲節, 歌赤鳳凰來. 至七月七日, 臨百子池, 作于闐樂. 樂畢, 以五色

縷相羈, 謂爲相連受. 八月四日, 出雕房北戶, 竹下圍棋, 勝者終年有福, 負者終年疾病, 取絲縷, 就北辰星求長命乃免. 九月九日, 佩茱萸, 食蓬餌, 飲菊花酒, 令人長壽. 菊花舒時, 幷採莖葉, 雜黍米釀之, 至來年九月九日始熟, 就飲焉, 故謂之菊花酒. 正月上辰, 出池邊盥濯, 食蓬餌, 以祓妖邪. 三月上巳, 張樂於流水. 如此終歲焉. 戚夫人死, 侍兒皆復爲民妻也.

4. 《初學記》卷3
《搜神記》曰: 漢代十月十五日, 以豚酒入靈女廟, 擊筑奏上弦曲. 連臂踏地歌赤鳳來. 巫俗也.

5. 《初學記》卷4
《西京雜記》曰: 漢武帝宮人賈佩蘭, 九月九日佩茱萸·食餌·飲菊花酒, 云令人長壽. 蓋相傳自古莫知其由.

6. 기타 참고자료
《初學記》(卷3).《太平御覽》(27).《歲時廣記》(3).

044(2-13) 李少翁致神
이소옹이 귀신을 불러오다

한漢 무제武帝 때에, 무제가 이부인李夫人을 총애하였다. 이 부인이 죽은 뒤 무제는 그 그리움을 달랠 길이 없었다. 이때 방사方士인 제齊나라 출신 이소옹李少翁이, 능히 죽어 귀신이 된 자의 혼백을 불러올 수가 있다고 하였다.

이에 밤에 장막을 쳐 놓고 등촉燈燭을 밝혀 놓은 다음 무제로 하여금 그 안에서 멀리 바라보도록 하였다. 그런데 무제가 보니 맞은편 장막 안에 미녀가 보였다. 그 모습이 이 부인과 똑같았으며, 둘러쳐진 장막 안에서 앉았다가 걷다가 하였으나, 가까이 가서 볼 수는 없었다. 무제는 더욱더 슬퍼서 이렇게 시를 지었다.

"정말이냐 거짓이냐	是耶, 非耶
곧바로 바라보니 그 두루 같은 모습	立而望之, 偏.
한들한들 어찌 그리도 천천히 걸어오오!"	娜娜何冉冉其來遲!

그리고는 악부樂府에 명하여 음악을 아는 사람으로 하여금 이를 연주하고 노래로 부르게 하였다.

漢武帝時, 幸李夫人. 夫人卒後, 帝思念不已. 方士齊人李少翁, 言能致其神. 乃夜施帷帳, 明燈燭, 而令帝居他帳, 遙望之. 見美女居帳中, 如李夫人之狀, 還幄坐而步, 又不

得就視. 帝愈益悲感, 爲作詩曰:『是耶? 非耶? 立而望之,
偏. 娜娜何冉冉其來遲!』令樂府知音家弦歌之.

【漢武帝】 西漢의 제5대 皇帝. 劉徹. 영명한 君主로 많은 업적을 남겼으며, 方術을 좋아하여 漢武故事의 대상이 되었다. 재위 B.C.140~87년, 《史記》·《漢書》에 紀가 실려 있다.

【李夫人】 李延年의 여동생으로 武帝에게 총애받았던 여인. 武帝는 李夫人이 죽자, 甘泉宮에 그 초상을 그려 놓고 그리워하였다. 夫人은 궁중 시녀의 직함. 일부 기록에는 '王夫人'으로도 되어 있다.

漢武帝《三才圖會》

【方士】 方術에 능한 道士. 武帝 때 뛰어난 方士로 李少翁이 있었다.
【李少翁】 《漢武內傳》에 의하면 文成將軍에 올랐던 方士.
【娜娜】 《漢書》 外戚傳에는 이 표현이 빠져 있다.
【樂府】 武帝 때 설치된 궁중음악 관장기관. 李延年을 協律都尉로 하여 민간 음악을 모아 연구한 기관. 뒤에 그 가사를 文學의 대상으로 연구하여 흔히 '樂府詩'라 한다. 郭茂倩의 《樂府詩集》 참조.

참고 및 관련 자료

1. 李夫人 사후 生死者의 만남의 道術을 묘사하였다.

2. 《法苑珠林》 116
漢武帝, 幸李夫人. 夫人後卒, 帝哀思不已. 方士少翁, 言能致其神. 乃施帷帳, 明燈燭, 帝遙望, 見美女居帳中, 如李夫人之狀, 而不得就視之.

3. 《藝文類聚》 43 歌
武帝思念李夫人不已. 方士齊人少翁, 言能致其神. 乃夜設燈燭幃幄, 而令帝居他帳, 遙見望好女. 如夫人之貌, 而不得就視. 愈益悲感, 爲作詩, 令樂府諸音家絃歌之. 曰:「是耶非耶, 立而望之, 偏. 娜娜何冉冉其來遲!」

4. 《論衡》自然篇

武帝幸王夫人; 王夫人死, 思見其形. 道士以方術作夫人形, 形成, 出入宮門; 武帝大驚, 立而迎之, 忽不復見. 蓋非自然之眞, 方士巧妄之僞, 故一見恍惚, 消散滅亡. 有爲之化, 其不可久行. 猶王夫人形, 不可久見也.

5. 《漢書》卷97(上) 外戚傳 孝武李皇后

上思念李夫人不已. 方士齊人少翁, 言能致其神. 乃夜張燈燭, 設帷帳, 陳酒肉, 而令上居他帳, 遙望見好女如李夫人之貌, 還幄坐而步. 又不得就視. 上愈益相思悲感, 爲作詩曰:「是耶, 非耶? 立而望之, 偏. 何娜娜其來遲!」令樂府諸音家絃歌之.

6. 《史記》卷28 封禪書

其明年, 齊人少翁以鬼神方見上. 上有所幸王夫人, 夫人卒, 少翁以方蓋夜致王夫人及竈鬼之貌云, 天子自帷中望見焉. 於是乃拜少翁爲文成將軍, 賞賜甚多, 以客禮禮之.

7. 기타 참고자료

《新論》(桓譚).

045(2-14) 營陵道人
영릉 도인

한漢나라 때 북해군北海郡의 영릉營陵에 어떤 도인道人이 있었다. 그는 능히 산 사람과 이미 죽은 사람을 서로 만나게 해 줄 수 있었다. 그와 같은 군에 사는 어떤 사람이 부인이 죽은 지 이미 몇 년이 지났는데 그러한 소문을 듣고 찾아갔다.

"원컨대 나로 하여금 죽은 아내를 한 번만 만날 수 있게 해 준다면, 죽어도 한이 없겠소."

그러자 도인은 이렇게 일러 주었다.

"그대 역시 그대 부인을 볼 수 있습니다. 그 대신 만약 북소리가 들리거든, 더 이상 그를 붙잡아 두지 마시오."

그리고는 서로 만날 수 있는 술법을 일러 주었다.

잠시 뒤, 과연 그는 죽은 부인을 직접 볼 수 있었다. 이에 그는 부인과 말을 나누고, 슬픔과 기쁨·은정恩情을 마치 살아 있을 때처럼 주고받았다. 그리고 한참이 지난 뒤, 북소리가 양량悢悢하게 들려왔다. 더 이상 머물 수 없게 된 것이다. 그가 문 앞에서 아내를 보내 주러 나갔을 때, 갑자기 그 아내의 옷자락이 그만 문틈에 끼어 버렸다. 부인은 이를 찢고서 사라져 버렸다.

그로부터 1년쯤 시간이 흐른 뒤, 그 남자도 죽고 말았다. 집안사람들이 그를 아내와 함께 묻으려고 무덤 자리를 파 보았더니 그 부인의 관 아래에 찢겨져 버리고 간 옷자락이 있었다.

漢北海營陵有道人, 能令人與已死人相見. 其同郡人, 婦死已數年, 聞而往見之.

曰:「願令我一見亡婦, 死不恨矣.」

道人曰:「卿可往見之. 若聞鼓聲, 卽出勿留.」

乃語其相見之術. 俄而得見之.

於是與婦言語, 悲喜恩情如生. 良久, 聞鼓聲悢悢, 不能得住. 當出戶時, 忽掩其衣裾戶間, 掣絶而去. 至後歲餘, 此人身亡.

家葬之, 開冢, 見婦棺蓋下有衣裾.

【北海郡】漢 武帝 中元 2年(B.C.148)에 齊郡을 나누어 北海郡을 설치하였다. 治所는 營陵, 지금의 山東省 樂昌縣.

【悢悢】일부 판본에 '恨恨'으로 잘못 판각된 것도 있다.

【家葬】祔葬, 合葬을 뜻함.

> 참고 및 관련 자료

1. 靈界와의 교왕 및 그 증거물의 존재에 대한 신비감을 묘사하였다.

2.《太平廣記》284

漢北海營陵有道人, 能令人與已死人相見. 其同郡婦, 死已數年, 聞而往見之, 曰:「願令我一見亡婦, 死不恨矣.」道人曰:「卿可往見之. 若聞鼓聲, 卽出勿留.」乃語其相見之術. 於是與婦言語, 悲喜恩情如生. 良久, 聞鼓聲, 恨恨不能得住. 當出戶時, 奄忽其衣裾戶間, 掣絶而去. 至後歲餘, 此人身亡. 室家葬之, 開塚, 見婦棺蓋下有衣裾.(《搜神記》)

3.《法苑珠林》116

漢北海營陵有道人, 能令人與已死人相見. 其同郡人, 婦死已數年, 聞而往見之, 曰:「願令我一見亡婦, 死不恨矣.」道人曰:「可卿往見之. 若聞鼓聲, 疾出勿留.」乃語其相見之術. 於是與婦言語, 悲喜恩情如生. 良久, 聞鼓音聲恨恨, 不能得住.

當出戶時, 奄搯其衣裾戶間, 掣絶而去. 至後歲餘, 此人身亡. 室家葬之, 開塚, 見婦棺蓋下有衣裾.

4. 기타 참고자료

《太平御覽》(551).《列異傳》.

046(2-15) 孫休試覡
손휴가 박수무당을 시험하다

　동오東吳의 경제景帝 손휴孫休가 병이 나서, 박수를 불러 고쳐 보려 하였다. 박수 하나를 구해 오자, 먼저 그를 시험해 보기로 하였다.
　이에 거위 한 마리를 죽여 이를 정원에 묻어 두었다. 그 위에 작은 집을 짓고, 다시 상궤床几의 가구까지 들여놓고, 부인의 신발과 옷가지를 그 위에 얹어 놓도록 하였다. 그리고는 무당으로 하여금 이를 살펴보게 하고는 이렇게 말하였다.
　"만약 이 무덤 속에 묻힌 죽은 부인의 모습을 맞게 표현하면 후한 상을 내릴 것이며 아울러 너의 능력을 믿겠노라."
　그런데 그 무당은 해가 지도록 아무 말을 아니하였다. 임금이 자꾸 채근하며 묻자, 그는 이렇게 설명하였다.
　"사실 이 무덤 속의 귀신이 보이지 않고, 다만 한 마리의 하얀 머리의 거위가 무덤에 서 있습니다. 그래서 즉시 아뢰지 못한 것이며, 혹시 귀신이 변해서 이런 모습을 하고 있는 것인지 의심이 되었습니다. 그 진짜 형상이 어떤 지를 기다렸으나, 그 형상이 더 바뀌지 않는 것입니다. 무슨 이유인지 알 수 없어, 감히 사실대로 말씀드립니다."

　吳孫休有疾, 求覡視者. 得一人, 欲試之. 乃殺鵝而埋于苑中. 架小屋, 施床几, 以婦人屐履服物著其上.
　使覡視之, 告曰:「若能說此冢中鬼婦人形狀者, 當加厚賞, 而卽信矣.」

竟日無言.

帝推問之急, 乃曰:「實不見有鬼, 但見一白頭鵝立墓上. 所以不卽白之, 疑是鬼神變化作此相. 當候其眞形, 而定不復移易. 不知何故, 敢以實上」

【孫休】三國時代의 吳나라 景帝. 258~264년.
【覡】남자 무당. 박수.
【床几】자리와 책상. 坐榻.

참고 및 관련 자료

1. 景帝의 박수에 대한 시험과 그 결과의 신비함을 서술하였다.
2. 《三國志》卷63 吳書 趙達傳 注
吳景帝有疾, 求覡視者. 得一人, 景帝欲試之. 乃殺鵝而埋於苑中. 架小屋, 施牀几, 以婦人屣履服物著其上. 乃使覡視之, 告曰:「若能說此冢中鬼婦人形狀者, 當加賞而卽信矣」 竟日盡夕無言. 帝推問之急, 乃曰:「實不見有鬼, 但見一頭白鵝立墓上. 所以不卽白之, 疑是鬼神變化作此相. 當候其眞形而定. 無復移易. 不知何故, 不敢不以實上聞」 景帝乃厚賜之. 然則鵝死亦鬼也.(《抱朴子》)

047(2-16) 石子岡朱主墓
석자강 주주의 무덤

동오東吳 손준孫峻이 주주朱主를 죽여 석자강石子岡에 묻어 버렸다.

귀명歸命, 즉 손호孫皓가 즉위하여 장차 이를 개장改葬하려 하였지만 석자강의 무덤들이 서로 고만고만하여 어느 것이 주주의 무덤인지 식별할 수가 없었다.

그런데 궁녀들은 대개 그 주주가 죽을 때 입고 있던 옷을 기억하고 있었다. 이에 무당 둘을 시켜 각자 한 곳씩 자리를 잡고, 그 혼령들을 살펴보게 하면서, 또 달리 사람을 시켜 그 무당을 감시하되, 서로 가까이 만나지 못하게 하였다. 한참이 흐른 뒤, 두 무당은 함께 이렇게 아뢰었다.

"한 여자가 묻혀 있습니다. 나이는 서른 남짓, 위에는 푸른 비단에 머리를 묶었고, 보랏빛·흰빛의 겹상袷裳, 그리고 붉은 제금緹錦의 실로 짠 신발을 신고 있으며, 석자강으로부터 반쯤 되는 언덕에서 손으로 무릎을 누르고 길이 탄식하고 있습니다. 그러다가 잠깐 머물더니 다시 어떤 무덤으로 들어가서는 멈추어 서서 한참을 서성이다가 갑자기 보이지 않습니다."

두 무당의 말은 서로가 아주 똑같았다. 이에 그 무덤을 파 보았더니, 의복 모습이 설명과 똑같았다.

吳孫峻殺朱主, 埋於石子岡. 歸命卽位, 將欲改葬之. 冢墓相亞, 不可識別, 而宮人頗識主亡時所著衣服. 乃使兩巫各住一處, 以伺其靈, 使察鑒之, 不得相近.

久時, 二人俱白:「見一女人, 年可三十餘, 上著青錦束頭, 紫白袷裳, 丹綈絲履, 從石子岡上. 半岡而以手抑膝, 長太息, 小住須臾, 更進一冢上便止, 徘徊良久, 奄然不見.」

二人之言, 不謀而合. 於是開冢, 衣服如之.

【東吳】三國 時代의 吳나라를 일컫는 말.
【孫峻】吳나라의 丞相이며 大將軍, 富春侯에 봉해졌으며 교만하였다. 《吳志》에 그 傳이 실려 있다.
【朱主】孫權의 딸 魯齊公主. 左將軍 朱據의 아내가 되었다가 孫峻에게 살해되었다.
【石子岡】지금의 江蘇省 江寧縣 서쪽에 있는 언덕.
【歸命】吳나라의 마지막 皇帝인 孫皓(孫晧). 264년에 즉위하여 280년에 晉나라 司馬氏에게 稱臣하여 歸命侯에 봉해졌다.
【相亞】서로 비슷함. 서로 나열되어 있음을 뜻한다.
【使察鑒之】《建康實錄》에는 "使察戰鑒之"로 되어 있다. '察戰'은 吳나라의 관직 이름.
【袷裳】夾裳. 치마의 일종.
【綈錦】비단의 일종. 《急就篇》 顔師古 注에 "綈, 厚繒之滑澤者也"라 하였다.

참고 및 관련 자료

1. 보이지 않는 무덤 속의 옷차림을 알아낸 神秘 故事를 묘사하였다.
2. 《三國志》 卷50 吳書 妃嬪傳 朱夫人
孫休朱夫人, 朱據女, 休姉公主所生也. 赤烏末, 權爲休納以爲妃.
3. 《三國志》 卷50 朱夫人傳 注
《搜神記》曰: 孫峻殺朱主, 埋於石子岡. 歸命卽位, 將欲改葬之. 冢墓相亞, 不可識別, 而宮人頗識主亡時所著衣服. 乃使兩巫各住一處以伺其靈, 使察鑒之,

不得相近. 久時, 二人俱白:「見一女人年可三十餘, 上著青錦束頭, 紫白袷裳, 丹綈絲履, 從石子岡上半岡, 而以手抑膝長太息, 小住須臾, 進一冢上便住, 徘徊良久, 奄然不見.」二人之言, 不謀而同, 於是開冢, 衣服如之.

4. 기타 참고자료
《建康實錄》(卷4).

048(2-17) 夏侯弘見鬼
하후홍이 만난 귀신

하후홍夏侯弘은 스스로 귀신을 보았으며, 그 귀신과 말도 나눈다고 알려졌다. 마침 진서장군鎭西將軍 사상謝尙은 자신이 타고 다니던 말이 갑자기 죽어 심히 울적해하면서 이렇게 말하였다.

"그대가 능히 이 말을 살릴 수 있다면, 내 그대가 귀신 본 것을 사실이라 인정하겠소."

그러자 하후홍은 그 자리를 떠났다가, 한참 뒤에 되돌아와서 이렇게 말하였다.

"사당 신이 귀하의 말을 좋아하여 데리고 갔던 것입니다. 지금 틀림없이 살아서 되돌아올 것입니다."

사상이 죽은 말을 마주하고 앉았다. 잠시 뒤 어떤 말이 갑자기 문 밖으로부터 달려와 죽은 말 시체에 이르러서는 문득 형체가 사라졌으며 그 즉시 죽었던 말이 움직이더니 일어나 걷기 시작하는 것이었다. 사상은 이렇게 감탄하였다.

"나에게는 후사後嗣가 없소. 이는 내 일신상의 가장 큰 징벌이오."

이 말에 하후홍은 아무 대답이 없다가, 이렇게 설명하였다.

"요즈음 보이는 귀신은 대개 조무래기들이라 그들로서는 틀림없이 그 이유를 알아내지 못할 것입니다."

그 뒤 하후홍이 갑자기 귀신 하나를 만났는데, 새로운 수레에 시종은 10여 명 거느렸다. 청사포포靑絲布袍를 입은 자였다. 하후홍이 그 수레 앞으로 가서 수레를 끄는 소의 코뚜레를 잡았다. 그러자 수레 안에 타고 있던 귀신이 하후홍에게 물었다.

"어찌하여 길을 가로막는가?"

하후홍이 이렇게 말하였다.
"물어 볼 게 있어서 그렇소이다. 진서장군 사상께서 후사가 없습니다. 그분은 풍류가 있고 성망聲望이 있는 자로서, 그의 후사를 끊는다는 것은 불가한 줄 압니다."
수레 속에 타고 있던 이가 얼굴에 난처한 표정을 지으며 이렇게 설명하였다.
"그대가 말하는 그자는, 바로 내 아들이오. 젊을 때 그 녀석은 집안의 노비와 사통私通하였는데, 그 일로 그는 다시는 재혼하지 않겠노라 서약하였었소. 그런데 그 약속을 어겼소. 지금 그 비녀는 죽어 하늘에서 이 일을 호소하고 있소. 그래서 아들이 없는 거요."
하후홍이 사상에게 이 일을 갖추어 설명하였다. 사상은 이렇게 수긍하였다.
"내 어린 시절에 사실 그런 일이 있었지!"
그 다음으로 하후홍이 강릉江陵에서 큰 귀신 하나를 만났다. 그 귀신은 창을 들고 수종하는 소귀小鬼도 여럿이 딸리었다. 하후홍은 두려운 나머지, 길 밑으로 내려서 피하였다. 큰 귀신이 지나간 뒤 뒤쪽의 작은 귀신 하나를 붙들고 물어 보았다.
"무슨 물건들이오?"
이에 작은 귀신이 이렇게 설명하였다.
"이 창으로 사람을 죽이러 다니는 중입니다. 심장에 맞기만 하면, 즉시 죽지 않는 자가 없지요."
"그럼 그런 병에 걸렸을 때 치료하는 방법이 있소?"
"오골계烏骨鷄를 심장에 붙이면 즉시 낫습니다."
여기까지 알아낸 하후홍이 다시 물었다.
"지금 어디로 가는 길이오?"
"형주荊州·양주揚州로 갑니다."
그 당시 심복병心腹病을 앓는 자들이 갈수록 많아졌는데, 그 병에 걸렸다 하면 죽지 않는 자가 없었다. 하후홍은 이에 사람들에게 오골계를 잡아 붙이도록 가르쳐 주었고, 그리하여 열에 여덟, 아홉은 죽지 않고 살아날 수 있게 되었다.

오늘날 그 악병에 걸렸을 때 치료를 위해 즉시 오골계를 잡아 붙이는 방법은 하후홍에서 유래된 것이다.

夏侯弘自云見鬼, 與其言語. 鎭西謝尙所乘馬忽死, 憂惱甚至.

謝曰:「卿若能令此馬生者, 卿眞爲見鬼也」

弘去, 良久還, 曰:「廟神樂君馬, 故取之. 今當活」

尙對死馬坐. 須臾, 馬忽自門外走還, 至馬尸間便滅, 應時能動, 起行.

謝曰:「我無嗣, 是我一身之罰」

弘經時無所告. 曰:「頃所見, 小鬼耳, 必不能辨此源由」

後忽逢一鬼, 乘新車, 從十許人. 著靑絲布袍. 弘前提牛鼻.

車中人謂弘曰:「何以見阻?」

弘曰:「欲有所問. 鎭西將軍謝尙無兒. 此君風流令望, 不可使之絶祀」

車中人動容曰:「君所道, 正是僕兒. 年少時, 與家中婢通, 誓約不再婚, 而違約. 今此婢死, 在天訴之, 是故無兒」

弘具以告. 謝曰:「吾少時誠有此事」

弘於江陵, 見一大鬼, 提矛戟, 有隨從小鬼數人, 弘畏懼, 下路避之, 大鬼過後, 捉得一小鬼, 問:「此何物?」

曰:「殺人以此矛戟. 若中心服者, 無不輒死.」

弘曰:「治此病有方否?」

鬼曰:「以烏鷄薄之, 卽差.」

弘曰:「今欲何行?」

鬼曰:「當至荊·揚二州.」

爾時比日行心腹病, 無有不死者.

弘乃教人殺烏鷄以薄之, 十不失八九. 今治中惡, 輒用烏鷄薄之者, 弘之由也.

【夏侯弘】東晉 때의 人物. 기타 사적은 자세하지 않다.
【謝尙】字는 仁祖(308~357). 謝鯤의 아들. 鎭西將軍에 올랐으며, 《晉書》 卷79에 그 傳이 실려 있다.
【江陵】지금의 湖北省 江陵縣.
【烏鷄】烏骨鷄. 黑鷄.
【荊州】州 이름. 지금의 湖北·湖南 등을 관장하던 州.
【揚州】지금의 安徽·江蘇·浙江·福建 등을 관장하던 州.
【中惡】惡病에 걸림. 갑작스러운 병에 걸림을 뜻한다. '中'은 동사로 쓰였다.

> 참고 및 관련 자료

1. 夏侯弘이 귀신과 相交하여 말을 살린 일과, 남의 과거 잘못을 귀신을 통해 밝혀 낸 神秘 故事이다. 아울러 민간요법의 창시를 서술하였다.
2. 《藝文類聚》93 馬 (그러나 출전을 《怪志》라 하였다.)
謝尙所乘馬忽死, 尙甚愛惜之. 時有夏侯弘, 自言見鬼神, 與言語. 尙初不信, 弘曰:「我能令馬活, 信通神不, 乃下床去」良久還曰:「廟神愛君馬, 今已請得還.」須臾, 衆人皆見馬從外來, 至死馬邊便滅, 死馬卽活.

3. 본 故事의 출처가 《搜神記》를 原典으로 한 것인지의 여부에 대하여 《搜神記校注》는 다음과 같이 설명하고 있다.

本條未見各書引作《搜神記》. 按: 《藝文類聚》九三引本條作《怪志》. 在所引《搜神記·趙固馬死》條後, 因其前尚引有《怪志·有人與奴俱得心腹病》一條 (見《古小說鉤沉》輯《雜鬼神志怪》內). 故本條前冠以〈又曰〉二字. 此〈又曰〉乃上系《怪志》而非《搜神記》. 後人輯錄者, 見《搜神記》下有〈又曰〉二字, 未細審正文, 誤收爲《搜神記》. 謝尙進鎭西將軍, 在永和十一年, 非寶所及見. 此點明胡震亨校刊本書引中已指出. 唯以劉琰卒於明帝大寧間, 則不足據.

4. 기타 참고자료
《雜鬼神志怪》(《古小說鉤沉》輯本).

卷三

총 22장(049-070)

〈陶馬俑〉(北朝) 明器 1948 河北 景縣 封氏墓 출토

049(3-1) 鍾離意發丹書
종리의가 단서를 펴 보다

한漢나라 영평永平 연간에, 회계會稽 출신 종리의鍾離意라는 자는 자가 자아子阿였으며 노魯나라 재상이었다. 그는 관직에 오르자, 사사로이 자신의 돈 1만 3천 문文을 내어 호조戶曹 공희孔訢에게 주어 공자孔子 사당의 수레를 보수하도록 희사하였다. 그리고 몸소 공자 사당에 가서 그곳의 궤几와 자리, 칼, 신발을 닦는 등 공자에 대한 추앙의 태도를 보였다.

그때 남자男子 장백張伯이란 자가, 그 당堂 아래서 풀을 뽑고 있다가, 흙 속에서 벽옥璧玉 일곱 매枚를 발견하였다. 장백은 그중 하나를 자신의 품에 숨기고, 6개만 종리의에게 알렸다. 종리의는 주부主簿에게 이를 궤상几床 앞에 잘 안치하도록 하였다. 그런데 옛날 공자가 제자들을 가르치던 당堂 아래의 안상案床 머리에 옹기 하나가 매달려 있었다. 종리의가 공희를 불러 물었다.

"이는 무슨 옹기요?"

공희는 이렇게 설명하였다.

"공자님의 옹기입니다. 그 뒤쪽에 단서丹書가 있는데, 사람들이 감히 열어 보지를 못합니다."

"선생님孔子은 성인이십니다. 후세 사람에게 옹기를 물려준 것은, 후세의 현인들에게 무언가 널리 지시하기 위한 것일 겁니다."

그리고는 이를 열어 보았더니, 비단에 쓰인 글씨가 나왔다. 그 내용은 다음과 같았다.

"후세에 나의 학문을 닦아줄 자는 동중서董仲舒이다. 내 수레를 수리해 주고 내 신발을 닦아 주며 내 상자를 열어 글씨를 보게 될 자는 회계 사람 종리의로다. 구슬이 일곱 개인데, 그중 하나를 장백이 감추리라."

종리의는 즉시 장백을 불러 물었다.
"구슬이 일곱 개라 하였는데, 어찌 하나를 감추었는고?"
장백은 머리를 조아리며 내놓았다.

漢永平中, 會稽鍾離意, 字子阿, 爲魯相. 到官, 出私錢萬三千文, 付戶曹孔訢, 修夫子車. 身入廟, 拭几席劍履. 男子張伯, 除堂下草, 土中得玉璧七枚. 伯懷其一, 以六枚白意. 意令主簿安置几前.

孔子敎授堂下床首有懸甕, 意召孔訢, 問:「此何甕也?」

對曰:「夫子甕也. 背有丹書, 人莫敢發也」

意曰:「夫子, 聖人. 所以遺甕, 欲以懸示後賢」

因發之, 中得素書, 文曰:『後世修吾書, 董仲舒. 護吾車, 拭吾履, 發吾笥, 會稽鍾離意. 璧有七, 張伯藏其一』

意卽召問:「璧有七, 何藏一耶?」

伯叩頭出之.

【永平】東漢 明帝 劉莊의 연호(58~75년).
【鍾離意】會稽郡 山陰縣(지금의 浙江省 紹興) 사람으로 明帝 때 尙書가 되어 魯나라 宰相으로 出任하였다. 字는 子阿, 鍾離는 姓, 이름은 意이다.
【魯】漢나라 郡國의 하나. 治所는 魯縣(지금의 山東省 曲阜市).
【文】원래는 동전에 새겨진 무늬. 후에 동전을 세는 단위로 쓰였다.

〈董仲舒〉

【戶曹】 중앙 정부의 戶部에 해당하는 郡國의 부서. 호적과 민생을 관장하였다.
【孔訢】 人名. 訢은 음이 '은'·'흔'·'희'가 있으나 '공희'로 읽는다.
【夫子】 선생님. 여기서는 孔子를 지칭한다.
【主簿】 典令. 文書를 관장하는 관직.
【丹書】 朱墨으로 쓴 글씨 혹은 秘書.
【董仲舒】 B.C.179~104년. 漢나라 때의 學者. 今文經學의 大家. 景帝 때에 博士에 올랐으며 《春秋繁露》를 지었다. 《史記》(卷121)과 《漢書》(卷56)에 傳이 실려 있다.

참고 및 관련 자료

1. 孔子가 남긴 丹書의 豫知에 대한 神秘 故事이다.
2. 《後漢書》 郡國志 2
《漢晉春秋》曰: 鍾離意相魯, 見仲尼廟頹毀, 會諸生於廟中, 慨然歎曰:「蔽苊甘棠, 勿翦勿伐', 況見聖人廟乎!」遂躬留治之. 周觀輿服之在焉, 自仲尼以來, 莫之開也. 意發視之, 得古文策書, 曰:「亂吾書, 董仲舒; 治吾堂, 鍾離意. 壁有七. 張伯盜一」意尋案未了, 而卒張伯者, 治中庭, 治地得六璧, 上之. 意曰:「此有七, 何以不遂?」伯懼, 探壁懷中. 魯咸以爲神. (《漢晉春秋》)

3. 《鍾離意別傳》
意省堂有孔子小車乘, 皆朽敗, 意自糴俸雇漆膠之直, 請魯民治之, 及護几度劍履, 後得甕中素書, 曰:「護吾履, 鍾離意.」(《後漢書》郡國志 2 注)

4. 《水經注》卷25 泗水
永平中, 鍾離意爲魯相. 到官, 出私錢萬三千文, 付戶曹孔訢治夫子車, 身入廟拭几席劍履. 男子張伯除堂下. 草土中得玉璧七枚. 伯懷其一, 以六枚白意. 意令主簿安置几前. 孔子寢堂牀首有懸甕, 意召孔訢, 問:「何等甕也?」對曰:「夫子甕也. 背有丹書, 人勿敢發也.」意曰:「夫子聖人, 所以遺甕, 欲以懸示後賢耳.」發之, 中得素書, 文曰:「後世修吾書, 董仲舒; 護吾車, 拭吾履, 發吾笥, 會稽鍾離意. 壁有七, 張伯藏其一」意卽召問, 伯果服焉.

050(3-2) 段翳封簡書
단예가 편지를 봉하여 주다

단예段翳는 자가 원장元章이며 광한군廣漢郡 신도新都 사람이다. 그는 《역경易經》을 익혀 풍각風角에 밝았다. 그런데 그에게 와서 몇 년을 공부한 제자가 있어 이만하면 중요한 술법을 대강 터득하였노라고 자위自謂하면서 고향으로 돌아가겠다고 하였다. 단예는 이에 고약膏藥을 배합하고 아울러 죽통竹筒에 간서簡書를 넣고 봉하여 주면서 제자에게 일렀다.

"급한 일이 생기면 이를 꺼내어 살펴보아라."

제자가 가맹葭萌 땅에 이르렀을 때, 그곳 관리와 나루터 건너는 일로 싸움이 붙었다. 이 와중에 나루터 관리가 그만 그 제자 수종인隨從人의 머리를 깨뜨리고 말았다. 제자가 급하다 여겨 그 죽통을 열어 쓰인 내용을 보았더니, 이렇게 적혀 있었다.

"가맹 나루에 닿아 관리와 싸워 머리가 깨지리라. 그때 이 약으로 발라 싸매어 주거라."

제자가 그 말대로 하자, 다친 자가 즉시 치유되었다.

段翳字元章, 廣漢新都人也. 習《易經》, 明風角. 有一生來學積年, 自謂略究要術, 辭歸鄉里.

翳爲合膏藥, 幷以簡書封于筒中, 告生曰:「有急, 發視之.」

生到葭萌, 與吏爭度津, 吏搥破從者頭. 生開筒得書, 言:『到葭萌, 與吏鬪, 頭破者, 以此膏裹之.』生用其言, 創者卽愈.

【段翳】 다른 기록에는 '段醫'로 되어 있다. 《後漢書》에 그 傳이 실려 있다.
【廣漢郡】 益州에 속하는 郡. 지금의 四川省 廣漢縣. 그 속현으로 新都縣이 있다.
【易經】 《周易》을 가리킨다.
【風角】 古代의 占候法. 四方과 네 모퉁이의 바람을 宮·商·角·徵·羽의 다섯 음으로 구별하여서 吉凶을 점치는 방술.
【葭萌】 古代는 苴侯國. 漢나라 때 葭萌縣. 뒤에 다시 葭萌으로, 三國時代에는 漢壽, 晉나라 때는 晉壽로 바뀌었다. 지금의 四川省 昭火縣.
【生用其言, 創者卽癒】 끝의 이 구절 다음에 《後漢書》 段翳傳에는 "生歎服. 乃還卒業. 翳遂隱居竄跡, 終于家"의 구절이 더 실려 있다.

참고 및 관련 자료

1. 段翳가 弟子의 일을 미리 알고, 약을 주어 구한 이야기이다.

2. 《後漢書》 卷82(上) 段翳傳

段翳字元章, 廣漢新都人也. 習《易經》, 明風角. 時有就其學者, 雖未至, 必豫知其姓名. 嘗告守津吏曰: 「某日富有諸生二人, 荷擔問翳舍處者, 幸爲告之.」 後竟如其言. 又有一生來學, 積年, 自謂略究要術, 辭歸鄕里. 翳爲合膏藥, 幷以簡書封於筒中, 告生曰: 「有急, 發視之.」 生到葭萌, 與吏爭度, 津吏檛破從者頭. 生開筒得書, 言: 「到葭萌, 與吏鬪頭破者, 以此膏裹之.」 生用其言, 創者卽愈. 生歎服, 乃還卒業. 翳遂隱居竄跡, 終于家.

3. 《水經注》 卷20 漾水

段元章善風角. 弟子歸元章. 封笥樂授之. 曰: 「路有急難, 開之.」 生到葭萌, 從者與津吏諍打傷. 開笥得書, 言: 「其破頭者, 可以此藥裹之.」 生乃歎服. 還卒業焉.

4. 기타 참고자료

《益都耆舊傳》. 《華陽國志》.

051(3-3) 臧仲英家怪物
장중영 집안의 괴물

우부풍右扶風의 장중영臧仲英은 시어사侍御史였다. 그런데 그의 집안 일 하는 자가 밥을 지어 탁자 위에 진설해 놓았더니 더러운 흙먼지가 날아와 그 밥을 더럽혔다. 또 음식이 거의 다 익어 갈 때, 그 솥들이 어디로 사라졌는지 알 수가 없는 일도 벌어졌다.

그런가 하면 무기와 활들이 저절로 움직이기도 하고, 대나무 바구니 속에서 불길이 솟아 옷이고 물건이고 다 태워 놓고는 그 대바구니는 멀쩡하였다. 또 집안의 부녀자, 비첩, 부리는 일꾼들이, 하루아침에 각자의 거울들을 모두 잃어버리는 일도 생겼다. 며칠이 지난 뒤, 당堂 아래로부터 그 거울을 누군가가 뜰로 던지면서 이런 소리가 들렸다.

"너희들 거울을 되돌려 주노라!"

그리고 또 서너 살밖에 되지 않은 손녀딸이, 어디로 사라져 도대체 있는 곳을 알 수가 없었다. 2, 3일이 지난 후 그 손녀딸은 변소 안의 인분 속에서 울고 있었다. 이와 같이 괴이한 사건이 한둘이 아니었다.

그때 여남汝南 사람 허계산許季山이란 자가 점괘에 뛰어났었다. 그는 점을 치고 나서 이렇게 풀이하였다.

"집 안에 마땅히 나이 먹은 푸른 개가 있을 것이요. 또 집안일을 하는 자 중에 이름이 익희益喜라는 자가 있을 것이니, 이들 둘이 일으키는 일입니다. 진실로 그런 변괴를 그치게 하려거든, 그 개를 죽여 없애고 그 익희라는 자를 고향으로 돌려보내시오."

장중영이 그의 말대로 하자 변괴가 그쳤다. 장중영은 뒤에 태위장사太尉長史로 옮겼다가, 다시 노魯나라의 재상에까지 올랐다.

右扶風臧仲英, 爲侍御史. 家人作食, 設案, 有不清塵土投汙之. 炊臨熟, 不知釜處. 兵弩自行. 火從篋簏中起, 衣物盡燒, 而篋簏故完. 婦女婢使, 一旦盡失其鏡. 數日, 從堂下擲庭中, 有人聲言:「還汝鏡」.

女孫年三四歲, 亡之, 求不知處, 兩三日, 乃於圊中糞下啼. 若此非一. 汝南許季山者, 素善卜卦, 卜之曰:「家當有老青狗物, 內中侍御者名益喜, 與共爲之. 誠欲絶, 殺此狗, 遣益喜歸鄉里」.

仲英從之, 怪遂絶. 後徙爲太尉長史, 遷魯相.

【右扶風】東漢 때는 槐里. 지금의 陝西省 興平縣 동남쪽.
【臧仲英】인명. 자세한 사적은 알 수 없다.
【侍御史】관직 이름. 御史大夫 아래의 관직.
【汝南】郡名. 지금의 河南省 平興縣.
【許季山】許峻. 占卜에 뛰어났던 人物. 그 손자 許憲(許曼)과 함께 널리 알려져 있다. 《後漢書》方術傳 및 본 《搜神記》 052·238 참조.
【益喜】《太平廣記》에는 '蓋喜'로 되어 있다.
【太尉長史】관직 이름. 太尉의 속관.

참고 및 관련 자료

1. 臧仲英의 집 안에서 개와 노비가 빌미가 된 괴이한 일이 발생하였다는 이야기이다.
2. 《太平廣記》 357
扶風臧仲英爲侍御史. 家人作食, 有塵垢在焉. 炊熟, 不知釜處. 兵弩自行. 火從篋中起, 衣盡燒而篋籠如故. 兒婦女婢使, 一旦盡亡. 其鏡, 數日後, 從堂下投

庭中, 言:「還汝鏡.」女孫年四歲, 亡之, 求之不知處. 二三日, 乃於圊中糞下嗁.
若此非一. 許季山卜之曰:「家當有靑狗, 內中御者名蓋喜, 與共爲之. 誠欲絶之,
殺此狗, 遣蓋喜歸鄕里.」從之遂絶. 仲英遷太尉長史魯相.(《搜神記》)

3. 기타 참고자료
《類說》(7).《風俗通》(怪神篇).

052(3-4) 喬玄見白光
교현이 백광을 보다

태위太尉 교현喬玄은 자가 공조公祖이며 양국梁國 사람이다. 그는 처음 사도장사司徒長史 벼슬이었다. 5월 말 어느 날, 그가 중문中門에서 자고 있었다. 한밤중이 넘어 눈을 떠보니 동쪽 벽이 환하여 마치 문이 열려 빛이 비치는 것 같았다. 이에 좌우 사람을 깨워 물어보았으나, 그 누구도 그렇게 보이지 않는다는 것이었다. 교현은 일어나 직접 가서 손으로 만져 보았으나, 벽은 아무런 이상이 없이 예전이나 똑같았다. 돌아와 침대에 누웠더니 또다시 빛이 보였다. 이에 심히 두려워 어찌하였으면 좋을지 알 수가 없었다.

뒤에 그의 친구 응소應劭가 마침 그의 집을 방문하게 되었다. 교현이 그런 현상을 차례로 일러 주자 응소는 이렇게 대책을 일러 주었다.

"같은 고향 친구인 동언흥董彦興이란 자가 있는데, 바로 허계산許季山의 외손이지요. 그는 미묘한 것과 숨겨진 것조차 잘 찾아내고 또 신비한 것, 변화 등에 대해 잘 알아 비록 규맹眭孟이나 경방京房 같은 이라 해도 그보다 뛰어나지 못할 것입니다. 그러나 그는 천성이 좁고 내성적이어서 점치는 일에는 활달하지 못하고 부끄럽다 느끼는 인물입니다. 그런데 근래 그는 마침 자기 스승인 왕숙무王叔茂를 뵈러 왔습니다. 청컨대 제가 가서 맞이해 오겠습니다."

잠시 뒤 응소가 그들과 함께 나타났다. 교현은 겸양의 예를 갖추어 성찬 盛饌을 차려, 아랫자리에 앉아 술을 따라 올렸다. 그러자 동언흥이 황송히 여긴 나머지 먼저 스스로 이렇게 묻는 것이었다.

"이 시골 출신 여러 서생 중의 하나인 저는 달리 특이한 재능은 없습니다. 그런데 이런 융숭한 대접에 좋은 말을 해 주시니, 진실로 몸 둘 바를 모르겠습니다. 자못 능히 특별한 일이 있으시면 원컨대 도와드리고 싶습니다."

　교현이 두세 번 사양의 예를 표하고 사실을 털어놓자, 동언흥은 그의 말을 듣고 이렇게 설명하였다.

　"부군府君께서 마땅히 괴이하다고 여길 만하지요. 흰 광채가 마치 문을 열어 놓은 것 같은 일이 벌어지니 말입니다. 그러나 그것은 해코지가 되는 것은 아닙니다. 6월 상순 닭이 울 때에, 남쪽 어느 집에서 곡하는 소리가 들리면 곧 그것은 길상吉祥이 될 것입니다. 가을이 되면, 북쪽 어느 군郡의 태수로 승진할 것이며 그곳 이름은 금金자가 들어가는 지명일 것입니다. 그리고 귀하의 지위는 장군將軍, 삼공三公에까지 이를 것입니다."

　교현을 놀라 이렇게 물었다.

　"괴이한 일이 이렇게 생겨나서 가족을 구제하는 데에만도 겨를이 없는데 어찌 능히 꿈도 못 꾼 희망을 이룰 수 있다는 말입니까? 이는 그저 내 마음을 편안히 해 주려는 것이겠지요."

　그리고 6월 9일 새벽이 밝기도 전에, 당시 태위太尉였던 양병楊秉이 갑자기 죽었고, 7월 7일에 교현은 거록鉅鹿태수가 되었다. 그런데 거鉅자에 금金자가 들어 있었던 것이다. 뒤에 교현은 도료장군度遼將軍이 되었고 삼사三事의 직위에까지 오르게 되었다.

　太尉喬玄, 字公祖, 梁國人也. 初爲司徒長史. 五月末, 於中門臥, 夜半後, 見東壁正白, 如開門明. 呼問左右, 左右莫見. 因起自往, 手捫摸之, 壁自如故. 還床復見. 心大怖恐. 其友應劭適往候之. 語次相告.

　劭曰:「鄉人有董彥興者, 卽許季山外孫也. 其探賾索隱, 窮神知化, 雖眭孟·京房, 無以過也. 然天性褊狹, 羞于卜筮者. 間來候師王叔茂, 請往迎之」

須叟便與俱來. 公祖虛禮盛饌, 下席行觴.

彥興自陳:「下土諸生, 無他異分, 幣重言甘, 誠有跂踖. 頗能別者, 願得從事」

公祖辭讓再三, 爾乃聽之.

曰:「府君當有怪, 白光如門明者, 然不爲害也. 六月上旬雞鳴時, 聞南家哭, 卽吉. 到秋節, 遷北行郡, 以金爲名. 位至將軍三公」

公祖曰:「怪異如此, 救族不暇, 何能致望於所不圖? 此相饒耳」

至六月九日未明, 太尉楊秉暴薨. 七月七日, 拜鉅鹿太守, 鉅邊有金. 後爲度遼將軍, 歷登三事.

【太尉】관직 이름. 軍事의 수뇌. 東漢 때에는 司徒·司空과 함께 三公이라 칭하였다.
【喬玄】東漢 桓帝(재위 147~167) 때의 人物. 侍中·太尉·太中大夫 등을 역임하였다. 字는 公祖.
【梁國】漢나라 때의 諸侯國. 魏나라 때는 梁郡. 지금의 河南省 商丘縣.
【司徒長史】三公의 하나인 司徒의 속관.
【應劭】韓末의 汝南人. 字는 仲遠. 泰山太守를 지냈으며 《風俗通義》를 썼다. 《後漢書》(卷48)에 그 傳이 실려 있다.
【董彥興】人名.
【許季山】許峻. 051·238 참조.
【眭孟】이름은 弘. 西漢 때의 人物로《春秋公羊傳》에 밝았다.《漢書》卷75에 그 傳이 실려 있다.
【京房】字는 君明(B.C.77~37). 本姓은 李. 漢 元帝 때 博士가 되어 魏郡太守를 역임하였다. 西漢 今文《易》의 창시자.《京氏易傳》3卷이 전한다.《漢書》(卷88)에 그 傳이 실려 있다.

【王叔茂】이름은 昌. 東漢時代의 山陽郡 高平人. 王粲의 祖父로 司空에 올랐다. 《後漢書》에 그 傳이 실려 있다.
【府君】州, 太守에 대한 존칭. 여기서는 상대를 높여 부른 칭대사.
【三公】東漢 때에는 太尉·司空·司徒를 三公이라 불렀다.
【相饒】'서로 용서하다, 서로 양보하다, 남에게 편안히 해 주다'의 뜻.
【楊秉】字는 叔節. 東漢 末의 人物. 楊震의 아들. 桓帝 때 太尉를 지냈다.
【鉅鹿】郡 이름. 지금의 河北 중부 일대를 관할하였다.
【度遼將軍】中國 북부·북동부를 진수하던 將軍. 직책.
【三事】三公과 같다.

참고 및 관련 자료

1. 喬玄이 겪은 괴이한 사건과 董彦興의 예언에 관한 묘사이다.
2. 기타 참고자료
《太平御覽》(728). 《風俗通》(怪神篇).

053(3-5) 管輅筮王基
관로가 왕기를 점치다

관로管輅는 자가 공명公明이며 평원平原 사람이다. 《역易》으로 점치는 일에 정통하였다. 당시 안평태수安平太守는 동래東萊 사람 왕기王基로, 자는 백여伯與였다. 그런데 마침 그의 집안에 변괴가 자주 일어났다. 이에 관로를 시켜 점을 쳐달라고 하였다. 점괘가 이루어지자, 관로는 이렇게 풀이하였다.

"그대의 점괘를 보니 마땅히 천한 부인이 아들을 낳는데, 그 아이는 땅에 떨어지자마자 스스로 걸어 아궁이 속으로 가서 죽을 징조요. 또 그대의 책상에 틀림없이 큰 뱀이 붓을 물고 있는 형상이 있어 많은 사람들이 와서 보고는 즉시 달아날 상이오. 그리고 또 까마귀가 그대 집으로 날아와, 제비와 싸움을 벌여 제비는 죽고 까마귀는 날아가 버릴 상이오. 이상의 세 가지 괘가 나왔습니다."

왕기는 놀라 이렇게 말하였다.

"정성과 정의로 살아온 나에게, 결국 이런 지경으로 나타난다니! 그 길흉을 점쳐 주시면 다행이겠습니다."

그러자 관로는 이렇게 풀이해 주었다.

"다른 재앙은 없습니다. 그대 집이 너무 오래되어 이매魑魅, 망량魍魎들이 함께 요괴를 부릴 뿐입니다. 아이가 나자마자 내닫는다는 것은, 능히 스스로 달릴 수 있다는 것이 아니라, 불의 신인 송무기宋無忌의 요괴가 그를 끌고 아궁이로 간다는 뜻입니다. 그리고 큰 뱀이 붓을 물고 있다는 것은, 그대의 오래된 신하인 서좌書佐일 뿐입니다. 다음으로 까마귀가 제비와 싸운다는 것도, 그대의 오래된 부하일 뿐입니다.

무릇 신명神明한 정도正道는, 그 어떤 요괴일지라도 능히 해치지 못합니다. 만물의 변화는 도덕道德으로 옳다고 해서 멈추게 할 수 있는 것도 아닙니다.

오래되어 떠도는 정령精靈은 반드시 능히 그 정해진 기수氣數가 있습니다. 지금 나타난 괘에는 그런 현상만 보일 뿐, 그것이 흉하다고 보이는 것은 아닙니다. 그러니 가탁의 기수를 알 수 있을 뿐, 요괴가 부리는 나쁜 징조라고는 할 수 없으니 더 이상 근심하지 않아도 됩니다.

옛날 은殷 고종高宗의 솥은, 꿩이 날아와 울 곳이 아니며 또 태무太戊의 뜰엔 들에나 자랄 뽕나무가 날 곳이 아닙니다. 그런데 들까마귀가 날아와 한 번 울자, 무정武丁은 고종이 되어 추앙을 받았고, 상곡桑穀이 태무의 궁중에 자라자, 태무는 중흥을 성취하게 되었습니다. 그러니 방금 말씀드린 세 가지가 어찌 길상吉祥이 될 수는 없는 것이라고 말할 수 있겠습니까? 원컨대 부군府君께서는 안신양덕安身養德하셔서 조용히 광대한 일을 하십시오. 귀신의 간사함에 얽매어 천진天眞을 오루汚累함이 없도록 하십시오.”

그 뒤 왕기에게는 과연 끝내 다른 변고가 나타나지 않았을 뿐더러, 도리어 안남장군安南將軍으로 승진되는 영광이 있었다. 뒤에 관로와 같은 고향 사람인 내태원乃太原이 관로에게 물었다.

“그대는 지난날 왕기를 위해 요괴를 논하면서 ‘오래된 서좌가 뱀이 되고, 오래된 부하鈴下가 까마귀가 된다’고 하셨지요. 이들은 본래 모두가 사람인데 어찌 그런 미천한 동물로 변한다는 것입니까? 효상爻象에 그렇게 나타난 것입니까. 아니면 그대가 추측한 것입니까?”

관로는 이렇게 설명해 주었다.

“진실로 본성과 천도가 그렇지 않다면, 무슨 이유로 효상을 위배하면서까지 내 마음속의 임의대로 하겠습니까? 무릇 만물의 변화는, 정해진 형상이 있는 것이 아닙니다. 사람의 변이變異도, 정해진 형체가 있는 것이 아닙니다. 따라서 큰 것이 혹 작은 것으로도 변하고, 작은 것이 혹 큰 것으로도 변하는 것일 뿐, 그 속에 우열이 있는 것이 아닙니다. 만물의 변화는 일정한 틀의 도가 있습니다. 이 까닭으로 하夏나라 때 곤鯀은 천자天子의 아버지였고, 한漢나라 조왕趙王 여의如意는 한漢 고조高祖의 아들이었습니다. 그럼에도 곤은 누런 곰이 되었고, 여의는 푸른 개로 변한 것이니, 이처럼 지존지위至尊之位라 할지라도, 검훼黔喙 같은 무리로 변하는데, 하물며 뱀이란 것은 진辰·사巳의 자리와 상배相配하고, 까마귀는 태양太陽에 사는 정精으로,

이는 등흑騰黑의 명확한 상징이요, 밝은 태양의 유경流景이 되는 것입니다. 그러니 서좌나 영하鈴下가 각각 미천한 신분으로서 그들이 변하여 뱀과 까마귀가 된다는 것이 역시 본래 신분에 비해 오히려 과한 것이 아니겠습니까?"

管輅字公明, 平原人也. 善《易》卜. 安平太守東萊王基, 字伯輿, 家數有怪. 使輅筮之.
　卦成, 輅曰:「君之卦, 當有賤婦人, 生一男, 墮地便走, 入竈中死. 又床上當有一大蛇銜筆, 大小共視, 須臾便去. 又烏來入室中, 與燕共鬪, 燕死烏去. 有此三卦」
　基大驚曰:「精義之致, 乃至於此, 幸爲占其吉凶」
　輅曰:「非有他禍. 直官舍久遠, 魑魅罔兩, 共爲怪耳. 兒生便走, 非能自走, 直宋無忌之妖, 將其入竈也. 大蛇銜筆者, 直老書佐耳. 烏與燕鬪者, 直老鈴下耳. 夫神明之正, 非妖能害也. 萬物之變, 非道所止也. 久遠之浮精, 必能之定數也. 今卦中見象而不見其凶, 故知假托之數, 非妖咎之徵, 自無所憂也. 昔高宗之鼎, 非雉所雊, 太戊之階, 非桑所生. 然而野鳥一雊, 武丁爲高宗, 桑穀暫生, 太戊以興. 焉知三事不爲吉祥? 願府君安身養德, 從容光大, 勿以神奸, 汚累天眞」
　後卒無他, 遷安南將軍.
　後輅鄕里乃太原問輅:「君往者爲王府君論怪, 云『老書佐爲蛇, 老鈴下爲烏』. 此本皆人, 何化之微賤乎? 爲見於爻象, 出君意乎?」

輅言:「苟非性與天道, 何由背爻象而任心胸者乎? 夫萬物之化, 無有常形, 人之變異, 無有定體. 或大爲小, 或小爲大, 固無優劣. 萬物之化, 一例之道也. 是以夏鯀, 天子之父; 趙王如意, 漢高之子. 而鯀爲黃能, 意爲蒼狗, 斯亦至尊之位, 而爲黔喙之類也. 況蛇者協辰巳之位, 烏者棲太陽之精, 此乃騰黑之明象, 白日之流景. 如書佐·鈴下, 各以微軀, 化爲蛇烏, 不亦過乎!」

【管輅】字는 公明(208~256). 三國時代 魏나라 平原人.《易》에 밝았으며, 卜筮에 뛰어났다. 少府丞에 올랐다.《三國志》(卷29)에 그 傳이 실려 있다.
【平原】郡 이름. 지금의 山東省 平原縣.
【安平】古邑. 지금의 山東省 益都.
【東萊】지금의 山東省 掖縣.
【王基】字는 伯興. 安平太守를 지낸 人物.《三國志》魏志(卷27)에 그 傳이 실려 있다.
【魑魅】精靈. 鬼神. 도깨비. 魑는 山精靈, 魅는 怪物이라 한다.
【罔兩】魍魎. 역시 도깨비. 鬼神. 精靈. 물의 精靈이라 한다. 疊韻連綿語.
【宋無忌】精靈의 이름. 불의 精靈.《史記》卦禪書 索隱에《白澤圖》를 인용하여 "火之精曰宋無忌, 蓋其人火仙也"라 하였다.
【書佐】문서를 관장하는 佐吏.
【鈴下】侍從. 門卒. 관청에서 방울을 울려 일을 시켰기 때문에 붙여진 俗稱이다.
【氣數】저절로 오고 가고 한다는 吉凶禍福의 운수.
【象】《周易》에서 매 卦 六爻에 대한 전체 풀이. 여기서는 卦辭에 나타난 내용으로 변화나 징조를 예측하는 것.
【高宗】殷나라 임금 武丁.《尙書》高宗肜日에 "高宗祭成湯, 有飛雉升鼎耳而鳴"이라 하여 불길한 것으로 여겼으며, 이에 더욱 修德謹愼하여 선정을 베풀었다 한다.

殷 高宗(武丁)

【太戊】商나라 임금. 伊涉 등을 등용하여 부흥을 이루었다. 《尙書》咸有
一德에 "伊涉相大戊, 亳有祥桑穀, 共生于朝"라 하였으며, 疏에 "朝非生木
之處, 是爲不善之徵"이라 하였다. 《說苑》(卷1) 君道篇 등 참조.
【武丁】殷나라 高宗의 이름. 재위 59년. (前出)
【從容】疊韻連綿語. 한국어에서 異化 현상으로 '조용'으로 음이 바뀌었다.
【天眞】天性. 本性.
【安南將軍】晉나라 때의 將軍 칭호. 王基는 正元 2年(255)에 鎭南將軍이
되었다.
【乃太原】趙一淸은 人名으로 사람을 보았고 汪紹楹은 《授神記校注》에서
劉原의 訛字로 보았다. "〈乃本原〉, 趙一淸以爲人名, 是. 然有訛字. 據《晉書·
王接傳》云: '渤海劉原, 爲河東太守. 好奇, 以矜才爲務. 禮命接, 不受.' 按渤
海郡, 漢魏皆屬冀州. 平原郡, 漢屬靑州, 魏割隸冀州. 輅, 平原人, 與渤海郡鄰,
同在冀州, 故可稱鄕里. 王接父蔚, 與曹眞子義同時. 而原禮接於少年, 是時代
亦正與輅値. 疑卽此劉原. 以劉字形壞爲〈乃太〉二字, 訛作〈乃本原〉."
【爻象】《周易》에서 卦의 형상을 설명한 것. 卦辭와 爻辭.
【鯀】夏禹의 아버지. 治水에 실패하자, 舜이 羽山에서 그를 죽이고, 아들 禹로
하여금 治水를 담당케 하였다.
【如意】漢 高祖 劉邦의 아들. 戚夫人의 소생으로 趙王에 봉해졌으나, 呂后
에게 살해되었다.
【黃能】能은 熊과 같다. 누런 곰. 《國語》晉語 "化爲黃能"의 韋昭 注에
"能似熊"이라 하였다. 한편 任昉의 《述異記》에는 "陸居曰熊, 水居曰能"이라
하였다.
【蒼狗】《史記》呂太后本紀에 呂后가 죽기 전에 "見物如蒼犬, 據高后掖, 忽弗
復見. 卜之云: 趙王如意爲祟"라 하였다.
【黔喙】野獸. 動物. 검은 주둥이를 가진 짐승을 말한다.
【辰·巳】十二支의 띠에 辰은 龍, 巳는 뱀에 해당한다.
【烏】해 속에 三足烏가 산다는 전설로서 太陽을 金烏라 하였다.
【騰黑】騰은 騰蛇, 즉 神蛇로 水蟲을 주관하며 星座로는 북쪽. 北은 水를
가리키며, 色은 黑.
【明象】분명한 象徵을 뜻한다.
【流景】햇빛. 光芒. 햇살.

> 참고 및 관련 자료

1. 管輅가 安平太守의 괴이한 일을 풀이해 준 내용이다.

2. 《太平廣記》359

安平太守王基, 家數有怪. 使管輅筮之. 卦成, 輅曰:「君之卦, 當有一賤人生一男, 墮地, 便走入竈中死. 又牀上當有一大蛇銜筆, 大小共視, 須臾便去. 又烏來入室, 與燕鬪, 燕死烏去. 有此三卦.」王基大驚曰:「精義之致, 乃至於此, 幸爲處其吉凶.」輅曰:「非有他禍. 直以官舍久遠, 魑魅魍魎, 共爲妖耳. 兒生入灶, 宋無忌之爲也. 大蛇者, 老書佐也. 烏與燕鬪者, 老鈴下也. 夫神明之正者, 非妖能亂也. 萬物之變, 非道所止也. 久遠之浮精, 必能之定數也. 今卦中不見其凶, 故知假託之類, 非咎妖之徵, 昔高宗之鼎, 非雉所雊, 太戊之階, 非桑所生. 然而妖並至. 二年俱興. 安知三事不爲吉祥? 願府君安神養道, 勿恐於神姦也.」後卒無他, 遷爲安南將軍.(《搜神記》)

3. 《法苑珠林》43

夏鯀, 天子之父; 趙王如意, 漢祖之子, 而鯀爲黃能, 意爲蒼狗.

4. 《三國志》卷29 魏志, 管輅傳

輅往見安平太守王基, 基令作卦, 輅曰:「當有賤婦人, 生一男兒, 墮地, 便走入竈中死. 又牀上當有一大蛇銜筆, 小大共視, 須臾去之也. 又烏來入室中, 與燕共鬪, 燕死, 烏去. 有此三怪.」基大驚, 問其吉凶. 輅曰:「直客舍久遠, 魑魅魍魎爲怪耳. 兒生便走, 非能自走, 直宋無忌之妖, 將其入竈也. 大蛇銜筆, 直老書佐耳, 烏與燕鬪, 直老鈴下耳. 今卦中見象而不見其凶, 知非妖咎之徵, 自無所憂也.」後卒無患.

5. 《管輅別傳》

基與輅共論《易》, 數日中, 大以爲喜樂, 語輅言:「俱相聞善卜, 定共淸論. 君一時異才, 當上竹帛也.」輅爲基出卦, 知其無咎, 因謂基曰:「昔高宗之鼎, 非雉所雊, 殷之階庭, 非木所生, 而野鳥一雊, 武丁爲高宗, 桑穀暫生, 太戊以興焉. 知三事不爲吉祥, 願府君安身養德, 從容光大, 勿以知神奸汗累天眞.」(《三國志》注)

6. 기타 참고자료

《三國志》(卷27, 王基傳).

054(3-6) 顔超增壽
안초의 수명 연장

 관로管輅가 평원平原 땅에 이르러, 안초顔超라는 소년의 관상을 보았더니 그 모습이 일찍 요절해 죽을상이었다. 안초의 아버지는 이를 듣고 관로에게 그 아들의 수명을 연장시킬 수 있게 해 달라고 간청하였다. 관로는 아들에게 이같이 일러 주었다.
 "그대는 집으로 돌아가서 청주淸酒와 사슴고기 말린 포 1근을 준비하라. 그리고 묘일卯日에 보리 베는 곳의 남쪽 큰 뽕나무 밑으로 가거라. 그곳에 어떤 두 사람이 바둑을 두고 있을 것이다. 그곳에 이르러 그저 술을 따르고 안주만 내밀어 줄 것이며, 그들이 술을 마시는 대로 다시 따르되 가져간 것이 다 없어질 때까지 하라. 만약 누구냐고 묻거든, 그저 절만하고 말은 하지 말라. 틀림없이 그중 누군가 하나가 그대를 구해 줄 것이다."
 안초가 그의 말대로 그곳을 찾아갔더니, 과연 두 사람이 바둑을 두고 있었다. 안초가 안주를 풀어 차리고 술을 따라 그 앞에 내밀자, 그들은 바둑에 탐닉하여, 그저 술을 마시고 안주를 집을 뿐 돌아보지도 않았다. 술이 몇 차례 돌자 북쪽에 앉았던 자가 갑자기 안초가 있는 것을 깨닫고는, 이렇게 질책하였다.
 "너는 무슨 이유로 여기와 있느냐?"
 안초는 그저 절만하는 것으로 대답을 대신하였다.
 이번에는 남쪽에 앉았던 자가 북쪽사람에게 물었다.
 "마침 방금 그가 가져온 술과 안주를 먹었는데, 설마 그렇게 인정 없이 굴지는 않겠지!"
 그러자 북쪽 사람은 이렇게 대꾸하였다.
 "문서에 이미 결정이 났는데!"

"그 문서 좀 빌려 주시오. 내 좀 봅시다."

그랬더니 거기에 안초의 수명이 19세로 끝나게 되어 있었다. 이에 붓을 들고 9자를 앞으로 옮겨 써서 '覺'으로 고쳐 놓고는 이렇게 말하였다.

"너를 90세까지 살도록 구제해 주노라."

안초는 절을 하고 돌아왔다. 관로가 안초를 보자, 이렇게 설명해 주었다.

"크게도 도와주었군! 수명이 늘어난 것을 다시금 축하하네. 북쪽에 앉았던 사람은 북두성北斗星이요, 남쪽에 앉았던 이는 남두성南斗星이었다. 남두성은 생명을 주관하고, 북두성은 죽음을 결정한다. 무릇 사람이 수태受胎되고 나서 모두가 남두성에서 북두성으로 간다. 그래서 모든 기원祈願은 북두성을 향해 하는 것이다."

管輅至平原, 見顔超貌主夭亡. 顔父乃求輅延命.

輅曰:「子歸, 覓淸酒一榼, 鹿脯一斤, 卯日, 刈麥地南大桑樹下, 有二人圍棋次, 但酌酒置脯, 飮盡更斟, 以盡爲度. 若問汝, 汝但拜之, 勿言. 必合有人救汝」

顔依言而往, 果見二人圍棋. 顔置脯斟酒于前. 其人貪戲, 但飮酒食脯, 不顧. 數巡, 北邊坐者忽見顔在, 叱曰:「何故在此?」

顔唯拜之.

南邊坐者語曰:「適來飮他酒脯, 寧無情乎?」

北邊坐者曰:「文書已定」

南坐者曰:「借文書看之」

見超壽止可十九歲.

乃取筆挑上, 語曰:「救汝至九十年活」

顔拜而回.

管語顔曰:「大助子, 且喜得增壽. 北邊坐人是北斗, 南邊坐人是南斗. 南斗注生, 北斗注死. 凡人受胎, 皆從南斗過北斗. 所有祈求, 皆向北斗」

【管輅】人名. 앞장 참조.
【平原】地名. 앞장 참조.
【顔超】汪紹盈의 《校注》에 '趙顔'이 도치된 것이라 하였다. 《敦煌變文》에는 '趙顔子', 〈稗海本〉의 《搜神記》에는 '趙顔'으로 되어 있다.
【鹿脯】사슴고기를 말려 만든 포.
【卯日】고대에는 十干十二支로 날짜를 불렀다. 그 중 卯에 해당하는 날.
【斗星】전설에 南斗星은 生을 주관하고, 北斗星은 死를 주관한다 하였다.

참고 및 관련 자료

1. 顔超가 管輅의 지시에 따라 장수를 누리게 된 神秘 故事이다.
2. 이 이야기는 다른 기록에 《搜神記》 인용의 근거가 없다. 이는 句道興의 《搜神記》를 근거로 한 〈稗海本〉에 의거한 것이다. 이에 대해 汪紹盈은 《搜神記校注》에서 다음과 같이 설명하고 있다.
本條未見各書引作《搜神記》. 按: 本書僅見於句道興《搜神記》. 〈稗海〉本《搜神記》從勾本出. 文字有異, 敍事全同. 本條取〈稗海本〉《搜神記》文, 加以刪節, 而成此條, 卽其顔超一名觀之, 勾本本作趙顔子, 〈稗海本〉作超顔, 本條作顔超, 當係倒用趙顔二字, 以趙字不似人名, 又改作超, 其因襲之迹甚顯, 參考勾本, 〈稗海本〉原文可見.

055(3-7) 管輅筮信都令
관로가 신도령을 점치다

신도현信都縣 현령 집에 부녀자들이 놀람병이 생겨 하나씩 돌아가며 앓았다. 이에 관로管輅를 시켜 점을 쳐 보게 하였더니 관로가 이렇게 풀이 하였다.

"그대의 북쪽 건물 서쪽에 두 구의 남자 시신이 있습니다. 하나는 창을 잡고 있으며, 다른 하나는 활과 화살을 가지고 있습니다. 그들의 머리는 벽의 안쪽으로 있고, 다리는 벽 밖으로 놓여 있습니다. 창을 가진 자는 남의 머리를 찌르는 임무를 맡고 있습니다. 그 때문에 머리가 몹시 아프게 되어 머리를 들 수 없습니다. 그리고 활과 화살을 가진 자는 사람의 가슴과 배를 쏘지요. 그 때문에 심중心中이 심하게 아파 음식을 먹을 수가 없습니다. 그들은 낮에는 떠돌다가 밤이 되면 사람을 병들게 합니다. 그래서 놀람병에 떨게 하는 것입니다."

이에 그 방을 파헤쳐 땅속 8척쯤 파고 들어가자 과연 두 개의 관이 있었다. 하나의 관 속에는 창이, 다른 하나에는 각궁角弓과 화살이 들어 있었다. 화살은 너무 오래되어 나무 부분은 모두가 썩고 삭았지만, 철촉과 각뿔은 완연하였다. 이에 그들의 해골을 그 성城으로부터 20리 밖으로 옮겨 묻어 주었다. 그 뒤로는 그런 병이 사라졌다.

信都令家, 婦女驚恐, 更互疾病, 使輅筮之.
輅曰:「君北堂西頭有兩死男子; 一男持矛, 一男持弓箭. 頭在壁內, 脚在壁外. 持矛者主刺頭, 故頭重痛, 不得擧也,

持弓箭者主射胸腹, 故心中懸痛, 不得飮食也. 晝則浮游, 夜來病人, 故使驚恐也」

於是掘其室中, 入地八尺, 果得二棺. 一棺中有矛, 一棺中有角弓及箭. 箭久遠, 木皆消爛, 但有鐵及角完耳. 乃徙骸骨, 去城二十里埋之. 無復疾病.

【信都】縣 이름. 지금의 河北省 冀縣. 당시 信都令은 王基였다(앞장 참조).
【管輅】인명. (前出)
【北堂】옛날 士大夫 집안의 동쪽 집채의 북반부. 주부들이 이곳에 거처하였다.

참고 및 관련 자료

1. 縣令의 집에 일어난 변괴를 管輅가 해결해 준 故事이다.
2. 《三國志》卷29 魏志 管輅傳
時信都令家婦女驚恐, 更互疾病, 使輅筮之. 輅曰:「君北堂西頭, 有兩死男子, 一男持矛, 一男持弓箭, 頭在壁內, 脚在壁外. 持矛者主刺頭, 故頭重痛不得擧也, 持弓箭者主射胸腹, 故心中縣痛不得飮食也. 晝則浮游, 夜來病人, 故使驚恐也」於是掘徙骸骨, 家中皆愈.

3. 《管輅別傳》
王基卽遣信都令遷掘其室中, 入地八尺, 果得二棺, 一棺中有矛, 一棺中有角弓及箭, 箭久遠, 木皆消爛, 但有鐵及角完耳. 及徙骸骨, 去城一十里理之, 無復疾病. 基曰:「吾少好讀《易》, 玩之以久, 不謂神明之數, 其妙如此」便從輅學《易》, 推論天文. 輅每開變化之象, 演吉凶之兆, 未嘗不纖微委曲, 盡其精神. 基曰:「始聞君言, 如何可得, 終以皆亂, 此自天授, 非人力也」於是藏《周易》, 絶思慮, 不復學卜筮之事. 輅鄕里乃太原問輅:「君往者爲王府君論怪, 云老書佐爲蛇, 老鈴下爲烏, 此本皆人, 何化之微賤乎? 爲見於爻象, 出君意乎?」輅言:「苟非性與天道, 何由背爻象而任胸心者乎? 夫萬物之化, 無有常形, 人之變異, 無有

常體, 或大爲小, 或小爲大, 固無優劣. 夫萬物之化, 一例之道也. 是以夏鯀, 天子之父; 趙王如意, 漢祖之子. 而鯀爲黃熊, 如意爲蒼狗, 斯亦至尊之位而爲黔喙之類也. 況蛇者, 協辰巳之位; 烏者, 棲太陽之精, 此乃騰黑之明象, 白日之流景, 如書佐·鈴下, 各以微軀化爲蛇·烏, 不亦過乎!」(《三國志》注)

056(3-8) 管輅筮郭恩
관로가 곽은을 점치다

이조거利漕渠의 곽은郭恩은 자가 의박義博이다. 그의 형제 세 사람은 모두가 앉은뱅이병을 앓고 있다. 이에 관로管輅를 시켜 그 원인을 점쳐 보게 하였다. 관로는 이렇게 풀이하였다.

"괘卦 속에 당신 가족묘가 있소. 그 묘에는 어떤 여귀女鬼가 있는데, 그대의 백모伯母가 아니면 틀림없이 숙모叔母일 것입니다. 옛날 심한 기황饑荒이 들었을 때, 그중 하나가 어떤 이가 쌀 몇 되에 탐욕이 생겨, 그 여인중 하나를 우물에 밀어 넣어 버렸습니다. 그 여자가 우물에 빠져 끄윽끄윽 소리를 치자 다시 큰 돌을 밀어 넣어 결국 여자는 그 머리가 깨어져 죽었습니다. 그 고혼孤魂은 원통함을 견딜 수 없어 하늘에다 호소하고 있기 때문에 그런 병에 시달리고 있는 것입니다."

利漕民郭恩, 字義博. 兄弟三人, 皆得躄疾. 使輅筮其所由. 輅曰:「卦中有君本墓, 墓中有女鬼, 非君伯母, 當叔母也. 昔饑荒之世, 當有利其數升米者, 排著井中, 噴噴有聲, 推一大石下, 破其頭. 孤魂冤痛, 自訴於天耳.」

【利漕】利漕渠. 운하 이름. 建安 18年(213)에 曹操가 건설하였으며 漳水 물을 끌어들여 白溝로 흐르게 한 것이다. 《三國志》集解 참조.

【郭恩】人名. 자세한 사적은 알 수 없다.
【卦】占卦.
【自訴於天】《魏志》管輅傳에는 "於是恩涕泣服罪"의 구절이 더 연결되어 있다.

참고 및 관련 자료

1. 管輅의 신묘한 풀이에 대한 故事이다.
2. 《三國志》卷29 魏志 管輅傳
父爲利漕, 利漕民郭恩兄弟三人, 皆得躄疾, 使輅筮其所由. 輅曰:「卦中有君本墓, 墓中有女鬼, 非君伯母, 當叔母也. 昔饑荒之世, 當有利其數升米者, 排著井中, 嘖嘖有聲, 推一大石, 下破其頭, 孤魂冤痛, 自訴於天.」於是恩涕泣服罪.
3. 《管輅別傳》
《輅別傳》曰: 利漕民郭恩, 字義博, 有才學, 善《周易》·《春秋》, 又能仰觀. 輅就義博讀《易》, 數十日中, 意便開發, 言難踰師. 於此分蓍下卦, 用思精妙, 占覺上諸生疾病死亡貧富喪衰, 初無差錯, 莫不驚怪, 謂之神人也. 又從義博學仰觀, 三十日中通夜不臥, 語義博:「君但相語墟落處所耳, 至於推運會, 論災異, 自當出吾天分.」學未一年, 義博反從輅問《易》及天文事要. 義博每聽輅語, 未嘗不推几慷慨, 自言:「登聞君至論之時, 忘我篤疾, 明闇之不相逮, 何其遠也!」義博設主人, 獨請輅, 具告辛苦, 自說:「兄弟三人俱得躄疾, 不知何故? 試相爲作卦, 知其所由. 若有咎殃者, 天道赦人, 當爲吾祈福於神明, 勿有所愛. 兄弟俱行, 此爲更生.」輅便作卦, 思之未詳. 會日夕, 困留宿, 至中夜, 語義博曰:「吾以此得之.」既言其事, 義博悲涕沾衣, 曰:「皇漢之末, 實有斯事. 君不名主, 諱也; 我不得言, 禮也. 兄弟躄來三十餘載, 脚如棘子, 不可復治, 但願不及子孫耳.」輅言火形不絕, 水形無餘, 不及後也.

057(3-9) 淳于智殺鼠
순우지가 쥐를 죽이다

순우지淳于智는 자가 숙평叔平이며 제북군濟北郡 노현盧縣 사람이다. 깊고 침착한 성품에 의기義氣를 헤아릴 줄 아는 자였다. 젊어서 공부할 때 《역易》의 점복占卜에 밝았으며 귀신을 눌러 제압하는 데에 뛰어났다.

그때 고평高平 사람 유유劉柔가 밤에 잠자다가 쥐에게 왼손 중지中指를 물렸는데, 그는 이를 심히 불쾌히 여겼다. 순우지에게 물어 보았더니 순우지는 점쳐 본 후 이렇게 설명하였다.

"그 쥐는 본래 그대를 죽이려 하였던 놈으로 뜻을 이루지 못하였군요. 마땅히 되레 그놈을 죽여야겠습니다."

그리고는 유유의 팔뚝 가로 주름이 있는 뒤쪽에서 3촌寸 되는 곳에 붉은 글씨로 '전田'자를 써 주었다. 그 글씨 네모의 크기가 1촌 2푼分이 되었다. 그러면서 그로 하여금 밤에 잘 때 그 팔을 내놓고 누워 자라고 일러 주었다. 아침에 보니 과연 큰 쥐 한 마리가 그 앞에 죽어 있었다.

淳于智字叔平, 濟北盧人也. 性深沈, 有思義. 少爲書生, 能《易》筮, 善厭勝之術. 高平劉柔夜臥, 鼠囓其左手中指, 意甚惡之.

以問智, 智爲筮之, 曰:「鼠本欲殺君而不能, 當爲使其反死.」

乃以朱書手腕橫文後三寸, 爲『田』字, 可方一寸二分, 使夜露手以臥, 有大鼠伏死於前.

【淳于智】淳于는 姓, 이름은 智, 字는 叔平.《晉書》卷95에 그 傳이 실려 있으며 "太康末, 爲司馬督, 有寵于楊駿, 故見殺.""卜筮所占, 千白皆中"이라 하였다.
【濟北】郡 이름. 지금의 山東省 長淸縣.
【盧縣】盧縣의 誤記로 여겨진다.
【高平】晉나라 때의 郡. 山東省 서부 일대.
【劉柔】人名.
【橫文】橫紋. 가로로 난 팔꿈치의 주름 무늬.

참고 및 관련 자료

1. 淳于智의 占에 의거하여 쥐를 죽인 故事이다.

2.《晉書》卷95 淳于智傳
淳于智字叔平, 濟北盧人也. 有思義, 能易筮, 善厭勝之術. 高平劉柔夜臥, 鼠齧其左手中指, 以問智. 智曰:「是欲殺君而不能, 當爲君使其反死.」乃以朱書手腕橫文後三寸作田字, 辟方一寸二分, 使露手以臥. 明旦, 有大鼠伏死手前.

3.《太平廣記》440
淳于智字叔平, 濟北人. 性深沉. 有思義, 少爲書生. 善《易》, 高平劉柔夜臥, 鼠齧其左手中指, 意甚惡之, 以問智. 智爲筮之曰:「鼠本欲殺君而不能, 當相爲使之反死.」乃以朱書其手腕橫文後爲田字, 可方一寸, 使夜露手以臥. 有大鼠伏死於前.(《搜神記》)

4. 기타 참고자료
《九家舊晉書輯本》(169·352·485).《太平御覽》(885).

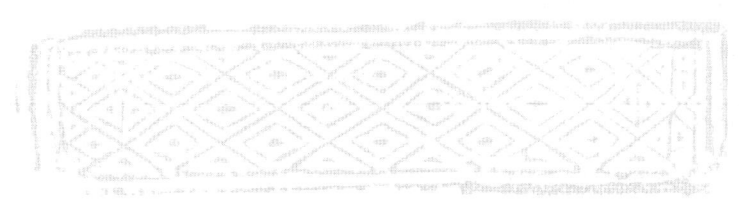

058(3-10) 淳于智卜宅居
순우지가 집터를 점치다

상당군上黨郡의 포원鮑瑗이란 자는, 집안에 질병과 죽음이 많은데다가 가난과 고생에서 벗어날 수가 없었다. 순우지淳于智가 그 집안을 점쳐 본 뒤, 이렇게 일러 주었다.

"그대의 거택이 불길하군요. 그래서 그대 집안을 그토록 괴롭히는 것이라오. 그대 집에서 동북쪽에 큰 뽕나무가 있을 것이오. 그대는 어서 급히 시장으로 달려가 보시오. 성문을 들어서 수십 보쯤 되는 곳에 어떤 사람이 새로운 채찍을 팔고 있을 것이니, 즉시 그것을 사 가지고 와서 그 뽕나무에 걸어 두시오. 3년이 지나면, 그대는 뜻밖의 큰 재물을 얻게 될 것이오."

포원은 그가 말한 대로 시장으로 가 보았더니 과연 말채찍 파는 자가 있었다. 그 채찍을 걸어 둔 지 3년, 그가 마침 우물을 파게 되었는데 그 땅속에 돈 수십만에 구리와 철로 된 그릇이 다시 2만여 개나 묻혀 있었다. 이에 그의 가업이 번창하였을 뿐 아니라, 앓던 자들도 병이 모두 나았다.

上黨鮑瑗, 家多喪病, 貧苦.

淳于智卜之, 曰:「君居宅不利, 故令君困爾. 君舍東北有大桑樹. 君徑至市, 入門數十步, 當有一人賣新鞭者, 便就買還, 以懸此樹, 三年, 當暴得財.」

瑗承言詣市, 果得馬鞭. 懸之三年, 浚井, 得錢數十萬, 銅鐵器復二萬餘. 於是業用旣展, 病者亦無患.

【上黨】郡 이름. 지금의 山西省 長治市 근처.
【鮑瑗】人名.
【淳于智】 057 참조.

참고 및 관련 자료

1. 淳于智의 신묘한 占卜術을 기록하였다.

2. 《晉書》卷95 淳于智傳
上黨鮑瑗家, 多喪病貧苦, 或謂之曰:「淳于叔平神人也, 君何不試就卜, 知禍所在?」瑗性質直, 不信卜筮, 曰:「人生有命, 豈卜筮所移!」會智來, 應詹謂曰:「此君寒士, 每多屯虞, 君有通靈之思, 可爲一卦」智乃爲卦, 卦成, 謂瑗曰:「君安宅失宜, 故令君困. 君舍東北有大桑樹, 君徑至市, 入門數十步, 當有一人持荊馬鞭者, 便就買以懸此樹, 三年當暴得財」瑗承言詣市, 果得馬鞭. 懸之三年, 浚井, 得錢數十萬, 銅鐵器復二十餘萬, 於是致贍, 疾者亦愈. 其消災轉禍, 不可勝紀, 而卜筮所占, 千百皆中, 應詹少亦多病, 智乃爲符使詹佩之, 誦其文, 旣而皆驗, 莫能學也. 性深沈, 常自言短命, 曰:「辛亥歲天下有事, 當有巫醫挾道術者死. 吾守易義以行之, 猶當不應此乎!」太康末, 爲司馬督, 有寵於楊駿, 故見殺.

3. 《太平廣記》216
鮑瑗家多喪及病. 淳于智爲筮之. 卦成云:「宜入市門數十步, 有一人持荊馬鞭. 便就買取, 懸東北桑樹上. 無病, 三年當得財」如其言, 後穿井得錢. 及銅器二十萬.(《獨異志》)

4. 기타 참고자료
《太平御覽》(727). 王隱《晉書》. 臧榮緖《晉書》.

059(3-11) 淳于智卜免禍
순우지가 화를 면할 점을 치다

초군譙郡 사람 하후조夏侯藻는, 그 어머니 병이 위독해지자 순우지淳于智에게 점치러 갈 참이었다.

그때 갑자기 여우 한 마리가 나타나 그의 집 대문을 향해 컹컹 짖는 것이었다. 하후조는 깜짝 놀라 즉시 순우지에게 달려갔다. 이에 순우지는 이렇게 풀이해 주었다.

"재앙이 아주 급하게 되었군요. 그대는 어서 집으로 돌아가, 그 여우가 짖던 곳에서 가슴을 치며 통곡하시오. 그리하여 집안사람들이 놀랍고 괴이하게 여겨 어른 아이 할 것 없이 모두 나오게 하시오. 한 사람이라도 덜 나온 자 있으면, 그가 나올 때까지 울부짖는 소리를 멈추지 마시오. 그렇게 하면 그 재앙을 가히 면할 수 있을 것이외다."

하후조가 돌아가서 그가 일러 준 대로 하였더니, 그 위독한 어머니조차 아픈 몸을 부여잡고 나왔다. 집안 식구들이 다 모이자, 그 가옥 5칸이 누가 잡아당기거나 하듯이 와르르 무너졌다.

譙人夏侯藻, 母病困, 將詣智卜. 忽有一狐, 當門向之嘷叫. 藻大愕懼, 遂馳詣智.

智曰:「其禍甚急, 君速歸, 在狐嘷處拊心啼哭, 令家人驚怪, 大小畢出. 一人不出, 啼哭勿休. 然其禍僅可免也.」

藻還, 如其言, 母亦扶病而出. 家人旣集, 堂屋五間, 拉然而崩.

【譙郡】고대의 郡 이름. 지금의 安徽省 亳縣.
【夏侯藻】人名.
【淳于智】人名. (前出)

⦅ 참고 및 관련 자료 ⦆

1. 淳于智의 占에 의거하여 화를 면하게 된 故事이다.
2. 《晉書》卷95 淳于智傳
譙人夏侯藻母病困, 詣智卜, 忽有一狐當門向之嗥. 藻怖愕, 馳見智. 智曰:「其禍甚急, 君速歸, 在狐嗥處, 拊心啼哭. 令家人驚怪, 大小必出, 一人不出. 哭勿止, 然後其禍可救也.」藻還, 如其言, 母亦扶病而出. 家人旣集, 堂屋五間, 拉然而崩.
3. 《太平廣記》447
夏侯藻母病困. 將詣淳于智卜. 有一狐當門. 向之嗥叫. 藻愕懼. 遂馳詣智. 智曰:「禍甚急, 君速歸, 在嗥處, 拊心啼哭. 令家人驚怪, 大小畢出. 一人不懼, 啼哭勿休. 然其禍僅可救也.」藻如之, 母亦扶病而出. 家人旣集, 堂屋五間, 拉然而崩. (《搜神記》)
4. 기타 참고자료
《太平御覽》(885). 王隱《晉書》.

060(3-12) 淳于智筮病
순우지가 병을 점치다

　　호군護軍 장소張劭의 어머니가 병이 위독해졌다. 순우지淳于智가 시구蓍龜로 점치고 장소로 하여금 서쪽 시장에 나가 원숭이 한 마리를 사서 어머니 팔뚝에 매어 두고는 옆에 있는 사람들로 하여금 그 원숭이를 두드려 때리라고 하였다. 그리고 쉬지 말고 그 원숭이가 울부짖도록 하되, 사흘을 그렇게 한 후 풀어 주라고 일러 주었다. 장소는 그의 말대로 하였다. 일이 끝나고 그 원숭이가 문 밖으로 도망치다가 곧바로 개에게 물려 죽더니, 어머니 병이 드디어 차도가 있었다.

　　護軍張劭, 母病篤. 智筮之, 使西出市沐猴, 繫母臂, 令傍人搥拍, 恒使作聲, 三日放去. 劭從之. 其猴出門, 卽爲犬所咋死. 母病遂差.

【護軍】 관직 이름. 魏晉 때 護軍將軍·中護軍 등의 관직이 있었다.
【張劭】 西晉 초기의 人物. 晉 武帝 司馬炎의 皇后 아버지이며 楊駿의 생질. 외척으로서의 실권을 쥐고 楊駿을 太尉까지 오르게 하였다가 뒤에 모두 族殺되었다.
【淳于智】 人名.(前出)
【蓍龜】 蓍는 점칠 때 쓰는 가새풀. 龜는 裂痕으로 점치는 거북 등딱지
【沐猴】 원숭이. 獮猴의 轉音으로서 楚나라의 方言.

참고 및 관련 자료

1. 張劭 어머니 병을 淳于智의 점괘에 의거하여 고친 이야기이다.
2. 《晉書》卷95 淳于智傳

護軍張劭母病篤, 智筮之, 使西出市沐猴, 繫母臂, 令傍人搥拍, 恒使作聲, 三日放去. 劭從之. 其猴出門卽爲犬所咋死, 母病遂差.

3. 기타 참고자료

王隱《晉書》.

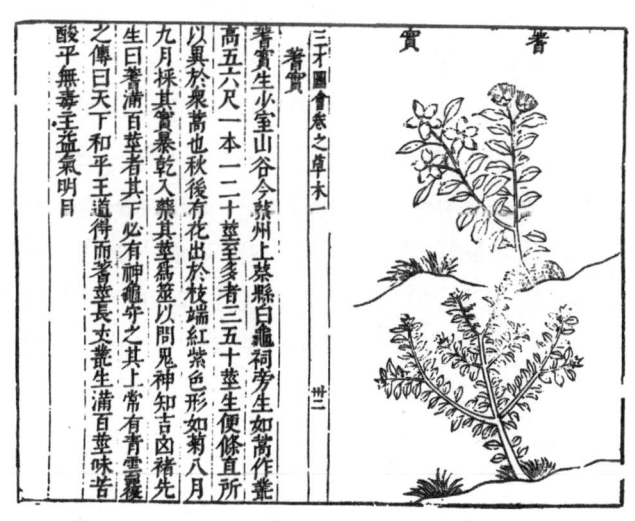

시초의 열매 《三才圖會》

061(3-13) 郭璞撒豆成兵
곽박이 팥을 뿌려 병사를 만들다

곽박郭璞은 자가 경순景純이다. 그가 여행 중 여강廬江에 이르러, 그곳의 태수 호맹강胡孟康에게 어서 급히 남쪽으로 강을 건너 피신하라고 예언하였다. 호맹강은 시큰둥하며 듣지 않았다. 곽박은 우선 자신만이라도 피하려고 급히 짐을 꾸려 떠날 수밖에 없었다. 그런데 곽박은 여강 태수의 비녀婢女 하나를 사랑한 나머지 그를 데리고 가고자 하였지만 방법이 없었다. 이에 곽박은 팥 세 말을 가져다가, 그 태수의 집 둘레에 흩어 뿌렸다. 태수가 새벽에 일어나 보니, 붉은 옷을 입은 수천 명의 병사들이 자신의 집을 포위하고 있는 것이었다. 그러나 가까이 다가가서 살펴보고자 하면 곧 사라져 버렸다. 태수는 심히 두려워, 곽박을 불러 점을 쳐 달라고 부탁하였다. 이에 곽박은 짐짓 이렇게 말하였다.

"태수께서는 이 비녀를 그대로 두어서는 아니 됩니다. 동남쪽 이십 리 되는 곳으로 데리고 가서 팔아 버리되, 절대로 값의 고하를 다투어서도 아니 됩니다. 그러면 지금의 이런 요괴는 가히 제거될 수 있을 것입니다."

곽박은 몰래 사람을 시켜 아주 싼값으로 그 비녀를 사게 하였다. 그리고는 부적을 그 집 우물에 던져 넣자, 수천 명의 붉은 옷 무리들은 하나씩 스스로 그 우물로 뛰어들어 사라졌다. 태수는 크게 기뻐하였다. 곽박은 그 비녀를 데리고 떠나 버렸다. 그로부터 수십 일이 지난 후 여강은 함락되고 말았다.

郭璞字景純, 行至廬江, 勸太守胡孟康急回南渡. 康不從. 璞將促裝去之, 愛其婢, 無由得, 乃取小豆三斗, 繞主人宅

散之. 主人晨起, 見赤衣人數千圍其家, 就視則滅, 甚惡之. 請璞爲卦.

璞曰:「君家不宜畜此婢, 可于東南二十里賣之, 愼勿爭價, 則此妖可除也.」

璞陰令人賤買此婢. 復爲投符於井中, 數千赤衣人一一自投於井.

主人大悅. 璞携婢去. 後數旬而廬江陷.

【郭璞】字는 景純(276~324). 晉나라 河東 聞喜人. 經術에 밝고, 박학다식하였으며, 著作佐朗. 王敦의 記室參軍 등을 지냈다. 王敦의 起兵을 저지하다가 피살되었다. 《爾雅》·《方言》·《穆天子傳》 등에 注를 썼다. 《晉書》(卷72)에 그 傳이 실려 있다.

【廬江】고대의 郡 이름. 지금의 安徽省 북부, 湖北省 동부 일대. 郭璞이 胡族에 의해 天下大亂이 일어날 것을 미리 알고 南으로 피난하였다.

【胡孟康】西晉 末 五胡十六國의 발호 때 廬江太守를 지낸 人物. 《晉書》 郭璞傳에 "廬江太守胡孟康被丞相召爲軍諮祭酒. 時江淮淸宴, 孟康安之, 無心南渡"라 하였다.(참고란을 볼 것)

참고 및 관련 자료

1. 郭璞이 占卜으로 廬江太守의 婢女를 빼앗은 故事이다.

2. 《晉書》卷72 郭璞傳

行至廬江, 太守胡孟康被丞相召爲軍諮祭酒. 時江淮淸宴, 孟康安之, 無心南渡. 璞爲占曰:「敗」康不之信. 璞將促裝去之, 愛主人婢, 無由而得, 乃取小豆三斗, 繞主人宅散之. 主人晨見赤衣人數千圍其家, 就視則滅, 甚惡之. 請璞爲卦. 璞曰:「君家不宜畜此婢, 可於東南二十里賣之, 愼勿爭價, 則此妖可除也.」主人從之. 璞陰令人賤買此婢. 復爲符投於井中, 數千赤衣人皆反縛, 一一自投於井. 主人大悅. 璞攜婢去. 後數旬而廬江陷.

062(3-14) 郭璞救死馬
곽박이 죽은 말을 살려 내다

조고趙固라는 자가 자신이 타고 다니던 말이 갑자기 죽자, 심히 비통해 하며 애석하게 여겼다. 이에 곽박郭璞에게 물어 보았다. 곽박이 이같이 일러 주었다.

"수십 명에게 대나무 몽둥이를 들게 하고, 동쪽으로 삼십 리 보내시오. 그곳 숲 속 언덕에 나무가 하나 있을 것이오. 그 나무를 두드리면 틀림없이 어떤 물체가 튀어나올 것이니 재빨리 그놈을 잡아 집으로 돌아오시오."

조고가 그의 말대로 하자, 과연 어떤 물체 하나가 튀어나와 이를 잡아 보았더니 마치 원숭이 같은 생김새였다. 이를 가지고 돌아왔다. 그런데 문을 들어서서 죽은 말이 보이자 그 원숭이 같은 놈이 펄펄 뛰며 죽은 말의 머리 쪽으로 내닫더니 말코에 대고 숨을 불어 넣는 것이었다. 잠시 뒤, 말은 일어서서 급히 뛰더니 크게 울고, 먹는 것도 평상시와 같아졌다. 그러나 방금 그 물체는 어디로 갔는지 보이지가 않았다. 조고는 신기하게 여기며 곽박에게 후한 보상을 하였다.

趙固所乘馬忽死, 甚悲惜之. 以問郭璞.

璞曰:「可遣數十人持竹竿, 東行三十里, 有山林陵樹, 便攪打之, 當有一物出, 急宜持歸」

於是如言, 果得一物, 似猿. 持歸, 入門見死馬, 跳梁走往死馬頭, 嘘吸其鼻. 頃之, 馬卽能起, 奮迅嘶鳴, 飮食如常,

亦不復見向物. 固奇之, 厚加資給.

【趙固】西晉 末 匈奴 劉淵이 세운 漢國의 部將.
【郭璞】인명.(前出)

참고 및 관련 자료

1. 죽은 趙固의 말을 郭璞이 살린 이야기이다.

2. 《搜神後記》卷2

趙固常乘一匹赤馬, 以戰征, 甚所愛重, 常繫所住齋前. 忽腹脹, 少時死. 郭璞從北過, 因往詣之, 門吏云:「將軍好馬, 甚愛惜, 今死. 盛懊惋.」璞便語門吏云:「可入通道, 吾能活此馬, 則必見我.」門吏聞之, 驚喜, 即啓固. 固踊躍, 令門吏走往迎之. 始交寒溫, 便問:「卿能活我馬乎?」璞曰:「我可活爾」固忻喜, 即問, 須臾方術. 璞云:「得卿同心健兒二三十人, 皆令持竹竿. 于此東行三十里, 當有丘陵林樹, 狀若社廟. 有此者, 便當以竹竿, 攪擾打拍之, 當得一物. 便急持歸, 旣得此物, 馬便活矣.」於是左右驍勇之士, 五十人, 使去. 果如璞言. 得大叢林, 有一物似猴而飛走. 衆勇共逐得. 便抱持歸, 此物遙見死馬, 便跳梁, 欲往. 璞令放之, 此物便自走往馬頭間, 噓吸其鼻, 良久, 馬起, 噴奮奔迅, 便不見此物. 固厚賫給璞, 得過江左.

3. 《晉書》卷72 郭璞傳

抵將軍趙固, 會固所乘良馬死, 固惜之, 不接賓客. 璞至, 門吏不爲通. 璞曰:「吾能活馬」吏驚入白固. 固趨出, 曰:「君能活吾馬乎?」璞曰:「得健夫二三十人, 皆持長竿, 東行三十里, 有丘林社廟者, 便以竿打拍, 當得一物, 宜急持歸. 得此, 馬活矣」固如其言, 果得一物, 似猴, 持歸. 此物見死馬, 便噓吸其鼻. 頃之馬起, 奮迅嘶鳴, 食如常, 不復見向物. 固奇之, 厚加資給.

4. 《藝文類聚》93

趙固所乘馬忽死, 固甚悲惜之. 問郭璞, 璞曰:「可遣數十人持竹竿, 東行三十里, 當有丘陵林樹. 便攪打之, 當有一物出, 急抱將歸」於是如璞言. 果得一物, 似猴, 入門見死馬, 跳梁, 走往死馬頭, 噓吸其鼻. 馬卽起, 亦不復見猴.

5. 《太平廣記》 435

晉趙固所乘馬忽死, 因問郭璞, 璞曰:「可遣數十人, 持竹竿東行三十里, 有山陵林樹. 便攪打之, 當有一物出, 急抱將歸.」於是如璞言. 果得一物, 似猴, 入門, 見死馬, 跳梁, 走往死馬頭, 噓吸其鼻. 馬卽能起, 亦不見猴.(《搜神記》)

6. 기타 참고자료

《獨異志》(上).

063(3-15) 郭璞筮病
곽박이 병을 점치다

양주별가揚州別駕 고구顧球의 누이는, 태어난 지 열 살이 채 되지 않아 그만 병들어 나이 오십이 되도록 계속 앓고 있어 이에 곽박郭璞으로 하여금 점을 치게 하였다. 대과大過괘의 승升이 나왔다. 그 점괘의 사辭는 다음과 같았다.

"대과괘는 그 뜻이 불길한 것.	大過卦者義不嘉
무덤 위의 마른 버들개지 피지 못하누나.	冢墓枯楊無英華
떠도는 혼백 진동하니 용거龍車라 헛보이네.	振動遊魂見龍車
그 몸은 병에 시달려 어려서 이미 요사가 붙었네.	身被重累嬰妖邪
제사도 지내지 않고 영험한 뱀을 죽인 때문이지.	法由斬祀殺靈蛇
자신의 잘못이 아니고 선조가 저지른 일일세.'	非己之咎先人瑕

괘사가 이와 같으니 이를 따진들 무슨 방법이 있겠는가?"

이에 고구는 자기 집안 내력을 찾아보았다. 그런데 그의 아버지가 일찍이 큰 나무를 베다가 큰 뱀 한 마리가 나타나자 그 뱀을 죽여 버렸는데, 곧이어 누이가 병이 났다는 것이다. 병이 난 뒤, 한 무리의 수천 마리 새 떼가 그 집 옥상을 배회하였다. 사람들이 괴이하게 여겼으나 그 이유를 알 수가 없었다. 그때 그곳 현縣의 농부가 그 집 옆을 지나다가 올려다 보았더니 용이 수레를 끄는 모습이 나타났다고 한다. 오색이 찬란하며 그 크기가 보통이 아니었으며, 잠시 뒤에 그 모습이 사라졌다는 것이다.

揚州別駕顧球姉, 生十年便病. 至年五十餘, 令郭璞筮. 得'大過'之'升'.

其辭曰:「大過卦者義不嘉, 冢墓枯楊無英華, 振動遊魂見龍車, 身被重累嬰妖邪. 法由斬祀殺靈蛇, 非己之咎先人瑕」案卦論之可奈何?」

球乃跡訪其家事, 先世曾伐大樹, 得大蛇殺之, 女便病. 病後, 有群鳥數千, 迴翔屋上. 人皆怪之, 不知何故. 有縣農行過舍邊, 仰視, 見龍牽車. 五色晃爛, 其大非常. 有頃遂滅.

【揚州別駕】揚州는 州 이름. 治所는 建鄴(지금의 南京市). 別駕는 관직 이름. 刺史의 副官.
【顧球】人名.
【郭璞】人名. (前出)
【大過卦】《周易》의 卦 이름. "巽下兌上"으로 '분수에 넘치다'라는 뜻을 가지고 있다.
【升】역시 《周易》의 卦 이름. "巽下坤上"으로 '사물이 변화하여 상승한다'는 뜻을 가지고 있다.
【英華】英花와 같다. 《周易》 大過의 爻辭에 "枯楊生華"라 하였다.

참고 및 관련 자료

1. 郭璞이 顧球의 누이의 오랜 병에 대한 원인을 밝혀낸 故事이다.
2. 《太平廣記》 216
揚州別駕顧球姊生十年便病, 至年五十餘. 令郭璞筮之, 得大過之升, 其辭曰:「大過卦者義不嘉, 塚墓枯楊無英華. 振動遊魂見龍車, 身被重累嬰天邪. 法由斬樹殺靈蛇, 非己之咎先人瑕. 案卦論之可奈何?」球乃訪迹其家事, 先世曾伐大樹, 得大蛇殺之, 女便病. 病後有群鳥數千廻翔屋上, 人皆怪之. 不知何故, 有縣農行過舍邊, 仰視, 見龍牽車, 五色晃爛, 甚大非常, 有頃遂滅.(《搜神記》)

064(3-16) 郭璞以白牛治病
곽박이 흰 소로 병을 치료하다

의흥군義興郡에 방숙보方叔保란 사람이 상한병傷寒病이 들어 죽을 지경에 이르러 곽박郭璞에게 점을 쳐 보니 점괘는 불길하였다.

곽박은 그에게 흰 소를 구해 그 사악함을 누르면 낫는다고 일러 주었다. 그러나 흰 소를 구할 수가 없었다. 오직 양자원羊子元이라는 사람이 흰 소 한 마리를 기르고 있었으나, 그에게 빌려 주려하지 않았다. 이에 곽박이 흰 소를 도술로 불러오니, 그날 즉시 커다란 흰 소가 서쪽으로부터 나타나 곧바로 그 집으로 달려들었다. 방숙보는 놀라 어쩔 줄 몰라 했다. 병은 즉시 치유되었다.

義興方叔保得傷寒, 垂死, 令璞占之, 不吉. 令求白牛厭之. 求之不得. 唯羊子元有一白牛, 不肯借. 璞爲致之, 卽日有大白牛從西來, 徑往臨. 叔保驚惶, 病卽愈.

【義興】晉나라 永嘉 4年(310)에 설치한 郡. 지금의 江蘇省 宜興縣.
【方叔保】人名.
【傷寒】寒氣에 의해 생기는 병.
【郭璞】人名.(前出)
【羊子元】人名.

> 참고 및 관련 자료

1. 郭璞이 흰 소를 이용하여 병을 고쳤다는 故事이다.
2. 다른 기록에는 인용되어 있지 않다.
3. 《洞林》에 같은 이야기가 실려 있다.

065(3-17) 費孝先之卦
비효선의 점괘

서천西川의 비효선費孝先은, 궤혁軌革이라는 특이한 점술에 뛰어나 세상 누구나 그의 이름을 알고 있을 정도였다. 당시 대약인大若人 왕민王旻이란 자가 있었다. 그는 뛰어난 장사꾼으로 성도成都에 온 김에, 그에게 괘卦를 뽑아 달라고 청하였다.

비효선은 이렇게 풀이해 주었다.

"머물라 해도 머물지 말 것이며 씻으라 해도 씻지 말 것이다. 한 섬의 벼를 찧어 쌀 세 말 얻는구나. 총명한 자를 만나면 살려니와, 혼암한 자를 만나면 죽으리라."

이렇게 두 번 세 번 경계의 말을 일러 주고는, 방금 그 말을 외우고 다니면 화를 면할 수 있다고 하였다. 왕민은 이를 명심하였다. 길을 떠났을 때 도중에 큰비를 만나 어떤 집 아래서 쉬게 되었다. 그 집에는 자신처럼 비를 피하느라 나그네들이 가득 차 있었다.

이에 비효선이 일러 준 말이 생각났다.

"머물라 해도 머물지 말라 하였는데 바로 이 경우가 아닌가?"

그리고는 비를 무릅쓰고 길을 나섰다. 얼마 지나지 않아 곧 그 집은 무너졌고, 왕민 혼자만이 화를 면하였다.

한편 왕민의 처는 이웃집 남자와 이미 사통하고 있었다. 둘 사이는 결국 종신지호終身之好까지 갈 욕망에 사로잡혀 왕민이 돌아오기를 기다려 장차 그를 독살할 음모를 꾸미게 되었다. 왕민이 집에 돌아올 때가 임박하자 그 처는 그 사통한 남자와 이렇게 약속을 해 놓았다.

"오늘 저녁에 새로이 이 집에 목욕하는 자가 있을 것이오. 그자가 내 남편이오."

저녁때가 되어 남편이 돌아오자, 아내는 왕민에게 목욕하라고 불러, 수건까지 새것으로 바꾸어 주었다. 왕민은 이에 얼른 이렇게 느꼈다.

"씻으라 해도 씻지 말라하였으니 바로 이 경우가 아닌가?"

그리고는 끝내 아내의 말을 듣지 않았다.

아내가 화를 내었다. 그 아내는 정부와의 약속을 잊은 채, 그만 자신이 들어가 목욕을 하다가 한밤중에 도리어 자신이 피해를 입어 죽고 말았다. 왕민이 놀라 소리쳐 이웃 사람들이 달려와 함께 현장을 보았지만 누구도 그러한 이유 때문인지 알아주지 않았다.

이에 왕민은 그만 살인죄로 몰려 옥에 갇혀 고문을 받게 되었다. 송사는 판결이 났고, 왕민 스스로는 어떻게 증명해 낼 방법이 없었다. 군수郡守가 죄상을 기록하게 되었을 때, 왕민은 울면서 이렇게 호소하였다.

"죽을죄라면 죽겠습니다. 그러나 비효선이 일러 준 그 이상한 경구가, 끝내 아무런 효험이 없군요."

좌우가 이 말을 상달上達하였다. 군수는 그를 처단하지 말도록 명하고는 왕민을 불러 직접 물어보았다.

"너의 이웃집에 어떤 자가 살고 있는가?"

"강칠康七이라는 자가 있습니다."

군수는 이에 사람을 보내어 그자를 잡아들이게 하였다.

"너의 아내를 죽인 자는 틀림없이 이자로다!"

이윽고 따져 보았더니 과연 그자가 범인이었다. 군수는 그 막료에게 이렇게 풀이하였다.

"한 섬의 벼를 찧어 쌀 서 말 얻는다 하였으니, 그렇다면 남는 왕겨(康, 糠)가 7말이 아니겠는가?"

이리하여 왕민은 억울함을 씻게 되었다. 진실로 총명한 이를 만나면 살아난다는 효험이 맞아떨어진 것이다.

西川費孝先, 善軌革, 世皆知名. 有大若人王旻, 因貨殖至成都, 求爲卦.

孝先曰:「教住莫住, 教洗莫洗. 一石穀擣得三斗米. 遇明卽活, 遇暗卽死」

再三戒之, 令誦此言足矣. 旻志之. 及行, 途中遇大雨, 憩一屋下, 路人盈塞.

乃思曰:「教住莫住, 得非此耶?」

遂冒雨行. 未幾, 屋遂顚覆, 獨得免焉.

旻之妻已私鄰比, 欲媾終身之好, 俟旋歸, 將致毒謀.

旻旣至, 妻約其私人曰:「今夕新沐者, 乃夫也」

將晡, 呼旻洗沐, 重易巾幘.

旻悟曰:「教洗莫洗, 得非此也?」

堅不從. 妻怒, 不省, 自沐, 夜半反被害. 旣覺, 驚呼, 鄰里共視, 皆莫測其由. 遂被囚繫拷訊. 獄就, 不能自辨.

郡守錄狀, 旻泣曰:「死卽死矣. 但孝先所言, 終無驗耳」

左右以是語上達. 郡守命未得行法, 呼旻問曰:「汝鄰比何人也?」

曰:「康七」

遂遣人捕之.「殺汝妻者, 必此人也」

已而果然.

因謂僚佐曰:「一石穀擣得三斗米, 非康七乎?」

由是辨雪. 誠遇明卽活之效.

【西川】路名. 西川路. 宋 乾德 3年(965)에 설치하였다. 지금의 四川省 중부 지역. 治所는 지금의 成都市. 당시는 益州.

【費孝先】宋(北宋)때의 人物. 따라서 본문은 後人이 輯錄하면서 잘못 삽입된 것이다.

【軌革】고대 術士들이 生年月日時 등으로 卦를 만들어 吉凶禍福을 점치는 占術法. 오늘날의 四柱와 비슷하다.

【大若人】地名으로 보기도 한다.(三民本). 그러나 貴州本에는 '大善人'으로 보아 '信敎之人'이라 하였다.

【王旻】人名.

【成都】四川省 成都.

【晡】申時. 오후 4~5시.

【康七】人名. 여기서는 糠(왕겨)이 七할이라는 글자풀이로 사용하였다.

참고 및 관련 자료

1. 費孝先이 가르쳐 준 卦辭에 따라 죽음에서 살아난 王旻의 故事이다.
2. 본장은 宋代의 이야기로서 《搜神記》와는 관련이 없다. 宋代 章炳文의 《搜神秘覽》에 집록된 것이 書名이 비슷하여 잘못 수록된 것으로 여겨지며, 蘇軾의 《東坡志林》, 陸游의 《老學庵筆記》, 洪邁의 《夷堅志》 등에 모두 費孝先의 軌革 占術 이야기가 실려 있다. 《搜神記校注》에서는 다음과 같이 설명하였다. 本條見宋章炳文《搜神秘覽》(《續古逸叢書》影宋本卷上). 按: 宋費孝先善軌革, 見《東坡志林》·《老學庵筆記》·《夷堅志》等書. 此當是後人輯錄時, 因書名類似誤收. 應刪正.

066(3-18) 隗炤藏金
외소가 숨겨 둔 황금

　외소隗炤는, 여음군汝陰郡 홍수정鴻壽亭의 백성으로 《역易》에 정통한 인물이었다. 그는 죽음에 이르러 문서판文書板을 그 아내에게 주면서 이렇게 일러 주었다.
　"내 죽은 뒤에 큰 흉년이 들 거요. 비록 그렇다 할지라도 삼가 이 집을 팔지 마시오. 그 뒤 5년이 되는 해 봄에 조서詔書를 가진 사자使者가 와서 우리 홍수정 마을에 머물 것이오. 그의 성씨는 공씨龔氏이니, 그자는 나에게 황금을 빚진 자요. 그에게 이 판板을 증거로 찾아가 빚을 받아 내시오. 내 말에 어긋남이 없도록 하시오."
　남편이 죽은 뒤, 과연 큰 흉년이 들었고 그 집을 팔라는 자가 자주 찾아왔지만 부인은 남편의 말을 지키려고 끝내 허락지 않았다. 남편이 말한 때가 되자, 공씨 성을 가진 사자가 과연 그 마을에 머물게 되었다. 그 처는 문서판을 가지고 그에게 찾아가 빚을 갚으라고 요구하였다. 사자는 그 판을 보고는 무어라 말해야 좋을지 몰라 이렇게 물었다.
　"나는 평생 누구에게 빚을 진 일이 없소. 무슨 연고로 그런 주장을 하는 거요?"
　처는 이렇게 대꾸하였다.
　"내 남편이 임종할 때에 이 문서판을 주면서 이와 같이 명령을 하였으니 감히 마구 하는 행동이 아니오."
　그 사자는 말없이 한참을 생각하다가 깨달았다는 듯이, 이에 시초蓍草를 가져다 점을 쳤다. 점괘가 나타나자 그는 손바닥을 치며 이렇게 감탄하였다.

"묘하도다. 외소여! 그대는 자신의 총명을 감추고 자신의 종적도 감추어 누구도 알아보지 못하게 하였구나. 가히 궁달窮達함을 거울로 비추듯이 밝혀내고 길흉에 통찰洞察한 자로다."

그리고는 그 부인에게 이렇게 설명해 주었다.

"나는 황금을 빚진 게 없소. 훌륭한 그대 남편이 스스로 황금을 가지고 있는 것이니, 이에 그는 자신이 죽은 다음 잠시 궁한 일을 당하여 그것을 팔아 버릴까 걱정하여 지키게 하였던 것이오. 그리하여 그 금을 저장해 두었다가 태평시대가 오기를 기다린 것이오. 그 때문에 그 금을 아들이나 부인에게 알리지 않았던 것이오. 이는 그 금을 알고 나면 다 써 버리고 곤궁 속에 끝없이 빠져들 것을 걱정하였기 때문이오. 그리고 내가 《역》에 대해 잘 알고 있다는 것을 알고, 문서판에 이를 써서 그 뜻을 의탁한 것이오. 그 금 오백 근은 푸른 항아리에 담겨 있고 다시 그 위는 동반銅柈으로 덮여 그대 집 동쪽 구석에 묻혀 있소. 벽으로부터 한 길 되는 곳, 9척 깊이의 땅속이오."

그 처가 돌아가 파 보았더니, 과연 황금이 있었으니, 그 상태가 점을 쳐 알려준 것과 똑같았다.

隗炤, 汝陰鴻壽亭民也. 善《易》.

臨終書板, 授其妻曰:「吾亡後, 當大荒. 雖爾, 而愼莫賣宅也. 到後五年春, 當有詔使來頓此亭, 姓龔, 此人負吾金. 卽以此板往責之, 勿負言也」

亡後, 果大困, 欲賣宅者數矣, 憶夫言, 輒止. 至期, 有龔使者果止亭中. 妻遂齎板責之.

使者執板, 不知所言. 曰:「我平生不負錢, 此何緣爾邪?」

妻曰:「夫臨亡, 手書板, 見命如此, 不敢妄也」

使者沉吟良久而悟. 乃命取蓍筮之.

卦成, 抵掌歎曰:「妙哉隗生! 含明隱迹而莫之聞, 可謂鏡窮達而洞吉凶者也.」

於是告其妻曰:「吾不負金. 賢夫自有金, 乃知亡後當暫窮, 故藏金以待太平. 所以不告兒婦者, 恐金盡而困無已也. 知吾善《易》, 故書板以寄意耳. 金五百斤, 盛以青罌, 覆以銅柈, 埋在堂屋東頭, 去壁一丈, 入地九尺.」

妻還掘之, 果得金, 皆如所卜.

【隗炤】晉나라 때의 人物.《晉書》(卷95)에 그 傳이 실려 있다.
【汝陰】郡 이름. 治所는 지금의 安徽省 阜陽縣.
【鴻壽亭】고을 이름. 亭은 鄕 이하의 행정단위.《漢書》百官公卿表上에 "大率十里一亭, 亭有長, 十亭一鄕"이라 하였다.
【蓍草】점칠 때 쓰는 가새풀.

> 참고 및 관련 자료

1. 隗炤와 龔氏의 卜筮에 대한 영험을 묘사하였다.
2.《晉書》卷95 隗炤傳
隗炤, 汝陰人也. 善於《易》. 臨終, 書板授其妻曰:「吾亡後當大荒窮, 雖爾, 愼莫賣宅也. 卻後五年春, 當有詔使來頓此亭, 姓龔, 此人負吾金, 卽以此版往責之. 勿違言也.」炤亡後, 其家大困乏, 欲賣宅, 憶夫言輒止. 期日, 有龔使者果止亭中, 妻遂齎版往責之. 使者執版惘然, 不知所以. 妻曰:「夫臨亡, 手書版見命如此, 不敢妄也.」使者沈吟良久而悟. 謂曰:「賢夫何善?」妻曰:「夫善於《易》, 而未曾爲人卜也.」使者曰:「噫, 可知矣!」乃命取蓍筮之, 卦成, 撫掌而歎曰:「妙哉隗生! 含明隱迹, 可謂鏡窮達而洞吉凶者也.」於是告炤妻曰:「吾不相負金也,

賢夫自有金耳, 知亡後當暫窮, 故藏金以待太平. 所以不告兒婦者, 恐金盡而困無已也. 知吾善《易》, 故書版以寄意耳. 金有五百斤. 盛以青甕, 覆以銅枠, 埋在堂屋東頭, 去壁一丈, 入地九尺.」妻還掘之, 皆如卜焉.

3.《太平廣記》216
晉隗炤善易. 臨終謂妻子曰:「後雖大荒, 勿賣宅. 後五年, 詔使龔負吾金. 以吾所書板告之.」後如其言. 妻賚板詣之, 使者惘然, 沈吟不悟. 取蓍筮之, 卦成曰:「妙哉隗生! 吾不負金. 賢夫自藏金, 以待太平. 知吾善《易》, 書板寄意. 金有五百斤, 盛以青瓷, 埋在堂屋. 去壁一丈, 入地九尺.」妻掘之, 果得金也.(《國史補遺》·《系蒙》)

4.《藝文類聚》83
《錄異傳》曰: 隗炤者, 汝陰鴻壽亭民. 善於《易》. 臨終, 書板授其妻曰:「吾亡後當大荒窮, 雖爾. 而慎莫賣宅也. 到後五年春, 當有詔使來頓此亭, 姓龔, 此人負吾金, 卿以此板往責之, 勿違言也」亡後, 果大困, 欲賣宅者數矣, 憶夫言輒止, 至期日, 有龔使者果止亭中, 妻遂齎板往責使者. 使者執板, 不知所言. 曰:「我平生不踐此, 何緣爾耶?」使者沈吟良久. 謂曰:「賢夫何能?」妻曰:「夫善於《易》, 而未嘗爲人卜」使者曰:「可知矣!」乃顧命侍者. 取蓍而筮之, 卦成, 抵掌歎曰:「妙哉隗炤生! 含明隱迹, 而莫之聞. 可謂鏡窮達而洞吉凶者也.」於是告炤妻曰:「吾不相負金, 賢夫自有金, 乃知亡後當蹔窮, 故藏金以待泰平, 所以不告兒婦者, 恐金盡而困無已也. 吾善《易》, 故書板以寄意耶. 金有五百斤, 盛以青甌, 覆以銅枠, 埋在堂屋東頭, 去壁一丈, 入地九尺.」妻還掘之, 皆如卜焉.

067(3-19) 韓友驅魅
한우가 귀매를 몰아내다

한우韓友는 자가 경선景先이며, 여강廬江의 서현舒縣 사람이다. 그는 점복 占卜에 뛰어났으며, 경방京房으로부터 압승지술壓勝之術을 배워 이를 시행할 줄 아는 자였다.

그때 유세칙劉世則의 딸이 귀신들린 지 여러 해가 되었다. 무녀가 그를 위해 사악을 내쫓으려고 기도하며, 옛 성터 사이에서 빈 무덤을 파서 살쾡이와 타구鼉龜 수십 마리를 잡아내었지만, 그의 귀신 병은 차도가 없었다. 한우는 다시 점을 쳐 본 뒤, 삼베로 자루를 만들어 그 딸이 발작할 때 그 집의 창문과 문틈을 그 자루로 덮어씌우도록 하였다.

그리고 한우는 문으로부터 들어오는 모든 기氣를 폐쇄하였다. 그랬더니 마치 무엇인가가 내쫓기는 것 같은 상황이 벌어졌다. 그 자루가 크게 부풀어올라 그 자루에 바람을 불어넣은 것 같았다. 그러나 그 자루도 결국 터져 버려 그 방법도 실패하고 말았다.

그 딸은 여전히 큰 발작을 계속하였다. 한우는 이에 다시 가죽 자루 두 개를 더 만들어 다시 그 자루 주둥이를 벌리자, 그것이 종전처럼 다시금 크게 부풀어올랐다.

이에 급히 그 자루의 주둥이를 묶어, 이를 얼른 나무에다가 매달아 놓았다. 이렇게 하여 20여 일이 흐르자 그 자루는 점점 줄어들었다.

이를 열어 보니 2근斤이나 되는 여우 털이 그 속에 들어 있었다. 그 딸의 병도 드디어 나았다.

韓友字景先, 廬江舒人也. 善占卜, 亦行京房厭勝之術. 劉世則女病魅積年. 巫爲攻禱, 伐空冢故城間, 得狸鼉數十, 病猶不差. 友筮之, 命作布囊, 俟女發時, 張囊著窗牖間. 友閉戶作氣, 若有所驅. 須臾間, 見囊大脹, 如吹, 因決敗之. 女仍大發. 友乃更作皮囊二枚, 沓張之, 旋張如前, 囊復脹滿. 因急縛囊口, 懸著樹, 二十許日, 漸消. 開視, 有二斤狐毛. 女病遂差.

【韓友】西晉 말기의 人物.《晉書》(卷95)에 그 傳이 실려 있다.
【廬江】郡 이름. 관할 지역은 安徽省·湖北省 일대. 治所는 舒縣(지금의 廬江縣).
【京房】人名.(前出)
【厭勝之術】제압하여 승기를 잡음. 원문 '厭'은 '壓'의 통가자.
【劉世則】人名.
【狸鼉】狸는 살쾡이, 鼉는 악어의 일종. 揚子鰐, 혹은 '猪婆龍'이라 불린다.

참고 및 관련 자료

1. 韓友의 驅邪治病에 대한 기록이다.
2.《晉書》卷95 韓友傳
韓友字景先, 廬江舒人也. 爲書生, 受《易》於會稽伍振, 善占卜, 能圖宅相冢, 亦行京費厭勝之術. 龍舒長鄧林婦病積年, 垂死, 醫巫皆息意. 友爲筮之, 使畫作野猪著臥處屛風上, 一宿覺佳, 於是遂差. 舒縣廷掾王睦病死, 已復魄. 友爲筮之, 令以丹畫版作日月置牀頭, 又以豹皮馬郆泥臥上, 立愈. 劉世則女病魅積年, 巫爲攻禱, 伐空冢故城間, 得狸鼉數十, 病猶不差. 友筮之, 命作布囊, 依女發時, 張囊著窗牖間, 友閉戶作氣, 若有所驅. 斯須之間, 見囊大脹, 如吹, 因決

敗之, 女仍大發. 友乃更作皮囊二枚, 沓張之, 施張如前, 囊復脹滿. 因急縛囊口, 懸著樹, 二十許日, 漸消. 開視有二斤狐毛, 女遂差.

3. 기타 참고자료

王隱《晉書》.

068(3-20) 嚴卿禳災
엄경이 재앙을 제거하다

회계會稽사람 엄경嚴卿은 점복에 뛰어났다. 그 고을 사람 중에 위서魏序라는 자가 동쪽으로 가고자 하였으나, 마침 흉년으로 도적이 많아 이를 겁낸 나머지, 엄경에게 점쳐 달라고 부탁하였다. 이에 엄경이 이렇게 말렸다.

"그대는 삼가 동쪽으로 가지 마시오. 반드시 포해暴害를 만나게 될뿐더러, 그저 강도짓만 당하는 것이 아닙니다."

위서는 이 말을 믿지 않았다. 엄경은 할 수 없이 방법을 일러 주었다.

"어쩔 수 없이 가야 한다면 마땅히 그 재앙을 제거할 수는 있습니다. 서쪽 성 밖에 과부가 사는 집에 가서 흰 수캐를 구해 이를 배 앞에 묶고 가시오."

위서는 겨우 잡색 무늬 개만 구하고 흰 것은 구하지 못하였다. 엄경은 다시 이렇게 일러 주었다.

"얼룩 개도 괜찮습니다. 그러나 그 색깔이 순수하지 못한 것이 유감이군요. 그 때문에 약간의 재앙은 다 씻어지지 않고 남아 있겠군요. 그러나 그 재앙은 가축 무리를 다치는 정도이니, 더 이상 걱정할 것 없습니다."

위서가 길을 떠나 반쯤 이르렀을 때, 개가 갑자기 짖어 그 소리가 심히 급하였다. 마치 누군가가 그 개를 두드려 패는 것 같았다. 이에 위서가 다가가 보니 개는 이미 죽어, 검은 피를 한 말斗 남짓 토해 내고 있었다. 그날 저녁 위서가 머물던 별서別墅의 흰 거위 몇 마리가 아무런 이유도 없이 죽었으나, 위서의 집에는 아무런 변고가 없었다.

會稽嚴卿, 善卜筮. 鄉人魏序欲東行, 荒年多抄盜, 令卿筮之.
卿曰:「君愼不可東行, 必遭暴害, 而非劫也.」

序不信. 卿曰:「旣必不停, 宜有以禳之. 可索西郭外獨母家白雄狗, 繫著船前.」

求索止得駁狗, 無白者.

卿曰:「駁者亦足. 然猶恨其色不純, 當餘小毒, 止及六畜輩耳. 無所復憂.」

序行半路, 狗忽然作聲甚急, 有如人打之者. 比視已死, 吐黑血斗餘. 其夕, 序墅上白鵝數頭, 無故自死, 序家無恙.

【會稽】郡 이름. 지금의 浙江省 동부 일대.
【嚴卿】晉나라 때의 人物.《晉書》(卷95)에 그 傳이 실려 있다.
【魏序】人名. 嚴卿과 같은 고을 사람.
【暴害】갑작스러운 변고의 傷害를 말한다.
【六畜】집에서 기르는 가축. 일반적으로 馬·牛·羊·鷄·犬·豕를 가리킨다.
【墅】別墅. 여기서는 農幕.

> 참고 및 관련 자료

1. 嚴卿이 일러 준 魏序의 禳禍 故事이다.
2. 《晉書》卷95 嚴卿傳

嚴卿, 會稽人也. 善卜筮. 鄉人魏序欲東行. 荒年多抄盜, 令卿筮之. 卿筮曰:「君愼不可東行, 必遭暴害之氣, 而非劫也.」序不之信. 卿曰:「旣必不停, 宜有禳之. 可索西郭外獨母家白雄狗, 繫著船前.」求索止得駁狗, 無白者. 卿曰:「駁者亦足. 然猶恨其色不純, 當餘小毒, 正及六畜輩耳. 無所復憂.」序行半路, 狗忽然作聲甚急, 有如人打之者. 比視, 已死, 吐黑血斗餘. 其夕, 序墅上白鵝數頭, 無故自死, 序家無恙.

069(3-21) 華佗治瘡
화타의 창병 치료

패국沛國의 화타華佗는 자가 원화元化이며, 일명 부旉라고도 불렀다.
당시 낭야琅邪 사람 유훈劉勳이 하내태수河內太守였다. 그의 딸이 나이 스물에 다리 왼쪽 무릎 속의 창병瘡病으로 고통당하고 있었다. 그 병은 가렵기만 하고 통증은 없어 낫는 듯하다가 수십 일이 지나면 다시 발병하곤 하였다. 이렇게 7, 8년을 고생하다가, 화타를 불러 살펴보게 하였다. 화타는 이렇게 말하였다.
"이런 정도는 쉽게 고치지요. 당장 왕겨 색의 누런 개 한 마리와 좋은 말 두 필을 준비하시오."
그리고는 끈으로 개의 목을 매어, 이를 달리는 말에 매달아 그 개를 끌고 다니게 하였다. 그리고 그 말이 지치면 즉시 다른 말로 바꾸어 끌게 하였다. 이렇게 말이 끌고 다닌 거리가 30여 리가 되었다. 끌려 다니던 개는 지쳐 더 이상 걸을 수가 없었다. 이에 다시 사람이 걸어 다니며 그 개를 끌고 다니게 하여, 모두가 50여 리나 되었다. 그러고 나서 약을 지어 그 딸에게 마시게 하였다. 그 딸은 편안히 누워 사람을 알아보지 못할 정도였다.
이때 화타는 큰 칼로, 그 개의 배 근처 뒷다리 앞을 갈랐다. 그리고 그 가른 부분을 창병을 향해 마주하게 하되 그 간격을 2, 3촌 정도로 하였다.
잠시 뒤 마치 뱀 같은 것이 그 창병으로부터 기어 나왔다. 화타는 쇠망치로 그 뱀의 머리를 세로로 내리쳤다. 그랬더니 그 뱀은 피부 속에서 한참을 꿈틀거리며 요동을 치더니, 잠시 뒤 그 움직임을 멈추었다. 이에 이를 뽑아내니 그 길이가 석 자쯤 되었으며 틀림없는 뱀이었다. 다만 그 뱀은 눈의 자리는 있으나 눈동자가 없었으며 비늘도 거꾸로 나 있었을 뿐이었다. 고약膏藥을 그 창병 속에 바르자 이레 만에 나았다.

沛國華佗, 字元化, 一名旉. 瑯邪劉勳爲河內太守, 有女年幾二十, 苦脚左膝裏有瘡, 癢而不痛. 瘡愈, 數十日復發. 如此七八年. 迎佗使視.

佗曰:「是易治之. 當得稻糠黃色犬一頭, 好馬二匹.」

以繩繫犬頸, 使走馬牽犬, 馬極輒易. 計馬走三十餘里, 犬不能行. 復令步人拖曳, 計向五十里. 乃以藥飲女, 女即安臥, 不知人. 因取大刀, 斷犬腹近後脚之前. 以所斷之處向瘡口, 令去二三寸停之. 須臾, 有若蛇者從瘡中出, 便以鐵椎橫貫蛇頭. 蛇在皮中動搖良久, 須臾不動, 乃牽出, 長三尺許, 純是蛇, 但有眼處, 而無瞳子, 又逆鱗耳. 以膏散著瘡中, 七日愈.

【沛國】東漢 때의 諸侯國. 지금의 安徽省 북부, 江蘇省 서북부 일대. 治所는 淮北市.
【華佗】中國의 역대 名醫 가운데 하나.《後漢書》와《三國志》魏志 그 傳이 실려 있다. 曹操에게 피살되었다.
【瑯邪】지금의 山東省 동남부를 관할하던 郡 이름.
【劉勳】子는 子臺.《三國志》魏志 注 참조.
【河內】郡 이름. 治所는 懷縣. 지금의 河南省 武陟縣.

참고 및 관련 자료

1. 三國時代 名醫 華佗의 신비한 치료 효험에 대해 기록하였다.
2.《後漢書》卷82(下) 華佗傳 注
人有見山陽太守廣陵劉景宗, 說數見華佗, 見其療病平脉之候, 其驗若神. 琅邪

劉勳爲河內太守, 有女年幾二十, 左脚膝裏上有瘡, 癢而不痛. 創發數十日愈, 愈已復發. 如此七八年. 迎佗使視. 佗曰:「易療之. 當得稻糠色犬一頭, 好馬二匹.」以繩繫犬頸, 使走馬牽犬. 馬極輒易. 計馬走三十餘里, 犬不能行, 復令步人拖曳, 計向五十里餘里. 乃以藥飲女, 女卽安臥不知人. 因取犬斷腹近後脚之前, 所斷之處, 向創口令去三二寸, 停之須臾, 有若蛇者, 從創中出, 便以鐵錐, 橫貫蛇頭. 蛇在皮中搖動良久, 須臾不動, 牽出, 長三尺所, 純是蛇, 但有眼處而無童子, 又逆鱗耳. 以膏散著創中, 七日愈.(《華佗別傳》)

3. 기타 참고자료

《三國志》(卷29) 魏志 方技傳 華佗.

070(3-22) 華佗治喉疾
화타의 후질 치료

화타華佗가 길을 가던 중, 목구멍이 아픈 병자를 보게 되었다. 그 환자는 음식을 먹고 싶으나 삼킬 수가 없는 상태였다. 그 집 식구들이 마침 이 환자를 수레에 싣고 의사를 찾아 떠나려던 참이었다. 화타가 그의 앓는 소리를 듣고, 수레를 멈추고 다가가 살펴보았다. 그리고 이렇게 일러 주었다.

"방금 오던 길에 떡 팔던 집이 있었소. 그 집에 마늘을 가루로 내어 범벅한 식초가 있을 거요. 그것 석 되를 얻어 마시면, 병이 스스로 사라질 것이오."

가족들이 화타의 말대로 하자, 병자는 즉시 뱀 한 마리를 토해 내었다.

佗嘗行道, 見一人病咽, 嗜食不得下. 家人車載欲往就醫.

佗聞其呻吟聲, 駐車往視, 語之曰:「向來道邊, 有賣餅家蒜韰大酢, 從取三升飲之, 病自當去.」

卽如佗言, 立吐蛇一枚.

【華佗】앞장 참조.
【韰】가루로 빻은 것을 말한다.
【酢】醋의 本字.

참고 및 관련 자료

1. 華佗의 신비한 치료법을 서술하였다.

2. 《後漢書》卷82 華佗傳

佗嘗行道, 見有病咽塞者, 因語之曰:「向來道隅有賣餠人, 萍虀甚酸, 可取三升飮之, 病者當去.」卽如佗言, 立吐一蛇, 乃懸於車而候佗. 時佗小兒戱於門中, 逆見, 自相謂曰:「客車邊有物, 必是逢我翁也.」及客進, 顧視壁北, 懸蛇以十數, 乃知其奇.

3. 《三國志》卷29 魏志 方技傳 華佗

佗行道, 見一人病咽塞, 嗜食不不得下. 家人車載欲往就醫. 佗聞其呻吟, 駐車往視, 語之曰:「向來道邊有賣餠家蒜虀大酢, 從取三升飮之, 病自當去.」卽如佗言, 立吐蛇一枚, 縣車邊, 欲造佗. 佗尙未還, 小兒戱門前, 逆見, 自相謂曰:「似逢我公, 車邊病是也.」病者前入坐, 見佗北壁縣此蛇輩約以十數.

卷四

총 21장(071-091)

〈人形銅燈〉(戰國 齊) 1957 山東 諸城 출토

071(4-1) 風伯雨師
풍백과 우사

풍백風伯, 우사雨師는 성수星宿이다. 풍백은 기성箕星이며 우사는 필성畢星이다. 정현鄭玄은 이렇게 말하였다. 사중司中과 사명司命은 문창궁文昌宮의 제5, 제4의 별자리이다. 우사는 달리 병예屛翳, 혹은 병호屛號, 또는 현명玄冥이라고도 부른다.

風伯, 雨師, 星也. 風伯者, 箕星也; 雨師者, 畢星也. 鄭玄謂司中·司命, 文昌第五·第四星也. 雨師一日屛翳, 一日屛號, 一日玄冥.

【風伯】風神. 이름은 飛廉.《楚辭》王逸의〈離騷〉注에 "飛廉, 風伯也"라 하였다.
【雨師】雨神.
【星宿】별자리. 列星.
【箕星】南箕 四星. 모습이 키와 같아 붙여진 이름. 蔡邕의《獨斷》上에 "風伯神, 箕星也. 其象在天, 能興風"이라 하였다.
【畢星】二十八宿의 하나.《周禮》大宗伯 鄭玄 注에 鄭衆의 말을 인용하여 "雨師, 畢也"라 하였다.
【鄭玄】字는 康成(127~200). 東漢의 大學者. 高密人. 馬融에게 수학하였으며 五經 모두 注를 붙였다. 지금은《毛詩箋》·《周禮》·《儀禮》·《禮記》의 注가 남아 있다.《後漢書》(卷35)에 傳이 실려 있다.
【司中】별 이름. 宗室을 주관한다.

【司命】별 이름. 災咎와 生死를 주관한다.
【文昌宮】《史記》天官書에 "斗魁戴匡六星曰文昌宮, 一曰上將, 二曰次將, 三曰貴相, 四曰司命, 五曰司中, 六曰司祿"이라 하였다.
【屛翳】雨師를 말한다. 《山海經》海外東經의 郭璞 注를 볼 것. 《初學記》(卷1)에는 《纂要》를 인용하여 "雨師屛翳, 亦曰屛號"라 하였다.
【玄冥】共工의 아들로 雨師가 되었다. 應劭의 《風俗通》雨師 참조.

참고 및 관련 자료

1. 風伯과 雨師를 星宿와 연관지어 그 이름을 밝혔다.

2. 《周禮》春官 宗伯 鄭玄 注
「以槱燎祀司中·司命·飌師·雨師.」鄭玄注云:「鄭司農(衆)云:'司中, 三能, 三階也. 司命, 文昌宮星. 風師, 箕也. 雨師, 畢也.'」

3. 《法苑珠林》79
《周禮》春官宗伯: 司中·司命·風師·雨師, 風師, 箕星也. 雨師, 畢星也. 鄭玄謂: 司中·司命, 文昌第四星· 第五星也.

4. 《初學記》卷1
雨師屛翳, 亦曰屛號.

072(4-2) 張寬說女人星
장관이 여인성을 설명하다

촉군蜀郡의 장관張寬이란 자는 자가 숙문叔文이며, 한漢 무제武帝 때에 시중侍中 벼슬을 지냈다. 그가 임금을 따라 감천궁甘泉宮의 제사를 모시러 가다가 위교渭橋에 이르렀을 때 어떤 여자가 위수渭水에서 목욕을 하고 있었다. 그런데 그 여자의 젖이 일곱 자나 되도록 길었다.

무제가 그 특이함을 괴이쩍게 여겨 가서 물어 보게 하였다. 그랬더니 그 여자는 이렇게 말하였다.

"황제 뒤에 일곱 번째 수레에 타고 있는 자가, 내가 온 까닭을 알 것입니다."

당시 장관이 바로 그 일곱 번째 수레에 타고 있었다. 장관은 이렇게 대답하였다.

"하늘의 별 중에 제사를 주관하는 별입니다. 재계齋戒가 깨끗지 못하면 그런 여인이 나타나는 것입니다."

蜀郡張寬, 字叔文, 漢武帝時爲侍中. 從祀甘泉, 至渭橋, 有女子浴于渭水, 乳長七尺.

上怪其異, 遣問之. 女曰:「帝後第七車者, 知我所來.」

時寬在第七車, 對曰:「天星主祭祀者, 齋戒不潔則女人見.」

【蜀郡】治所는 成都.
【張寬】字는 叔文.
【漢 武帝】西漢의 제5대 皇帝. 劉徹. 재위 B.C.140~87년.
【侍中】관직 이름. 漢代에는 임금을 모시는 주요 직책이었다.
【甘泉】원래는 우물 이름. 陝西省 甘泉縣에 있으며 秦始皇 때 궁궐을 지어 甘泉宮이라 하였다.
【渭橋】渭水의 다리. 원래 이름은 橫橋. 지금의 陝西省 長安縣 옛 長安城 북쪽에 있다.

〈漢武帝〉(劉徹)

참고 및 관련 자료

1. 제사를 주관하는 天星 女人의 출현에 대한 故事이다.

2. 《太平廣記》 161

張寬字叔文, 漢時爲侍中. 從祀於甘泉, 至渭橋, 有女子浴於渭水, 乳長七尺. 上怪其異, 遣問之. 女曰:「帝後第七車, 知我所來.」時寬在第七車, 對曰:「天星主祭祀者, 齋戒不嚴, 卽女人星見.」(《漢武故事》)

3. 기타 참고자료

《益都耆舊傳》.《華陽國志》(10上).《獨異志》(中).

073(4-3) 太公望爲灌壇令
태공망이 관단령이 되다

문왕文王이 태공망太公望을 관단령灌壇令으로 삼았다. 그로부터 만 1년 동안, 바람조차 맵지 않을 정도로 태평시대를 누렸다. 그런데 문왕의 꿈에 어떤 여인이 나타났다. 심히 아름다운 모습이었으며 길을 가로막고 우는 것이었다. 문왕이 그 이유를 묻자 이렇게 설명하였다.

"저는 태산신泰山神의 딸로서, 동해신東海神의 며느리로 시집을 갔습니다. 그런데 친정에 가는 길에 지금 관단령께서 길을 막고 있습니다. 그는 덕이 있어 내 갈 길을 막는 것입니다. 제가 움직이면 반드시 큰바람과 폭우가 나를 따르게 됩니다. 그렇게 대풍질우大風疾雨가 나타나면 그 관단령의 덕을 손상하게 되는 것입니다."

문왕이 깨어나서 태공을 불러 물었다. 그랬더니 그날 과연 질풍폭우가 태공이 다스리는 읍 교외를 지나갔다는 것이다. 문왕은 이에 태공을 대사마大司馬로 삼았다.

文王以太公望爲灌壇令. 期年, 風不鳴條. 文王夢一婦人, 甚麗, 當道而哭.

問其故, 曰:「吾泰山之女, 嫁爲東海婦. 欲歸, 今爲灌壇令當道, 有德, 廢我行. 我行必有大風疾雨. 大風疾雨, 是毁其德也」

文王覺, 召太公問之. 是日果有疾風暴雨, 從太公邑外而過.
文王乃拜太公爲大司馬.

【文王】周文王. 姬昌. 원래 商末 周族의 首領. 그 아들 武王(姬發)이 商紂를
토벌하고 周를 세운 뒤 아버지를 文王으로 추존하였다. 《史記》周本紀 참조.
【太公望】呂尙. 姜子牙. 武王을 도와 紂를 멸한 후 太師에 올랐다. 齊나라의
始祖가 되었다. 《史記》 齊太公世家 참조. 太公은 원래 文王의 할아버지인
古公亶父(古公亶甫)를 가리킨다. 古公亶父가 오래도록 기다렸던 人物이라
하여 여상을 '太公望'이라 부른 것이다.
【灌壇令】灌壇은 周나라의 어떤 작은 邑 이름으로 여겨진다. 令은 邑宰.
【泰山神】泰山은 中國 五嶽 중의 東嶽. 지금의 山東省 泰安市. 泰山神은
泰山의 山神.
【東海神】東海는 지금의 黃海. 그러나 《太平廣記》에는 '西海'로 되어 있다.
【大司馬】周나라 때 관직으로 六卿의 하나. 軍事 책임자.

참고 및 관련 자료

1. 姜太公의 德政에 泰山神의 딸이 피해 갔다는 故事를 실었다.

2. 《博物志》卷7 異聞

太公爲灌壇令. 風不鳴條. 文王夢婦當道夜哭. 問之, 曰:「吾是泰山神女, 嫁於
東海神童. 今灌壇令當道, 廢我行. 我行必有大風雨, 而太公有德, 吾不敢以暴風
雨過, 是毁君德.」文王明日召太公. 三日三夜, 果有疾風暴雨從太公邑外過.

3. 《太平廣記》291

文王以太公望爲灌壇令. 朞年, 風不鳴條. 文王夢見一婦人, 甚麗, 當道而哭.
問其故. 婦人言曰:「我東海泰山神女, 嫁爲西海婦. 欲東歸, 灌壇令當吾道, 太公
有德, 吾不敢以暴風疾雨過也.」文王夢覺, 明日召太公. 三日三夕, 果有疾風驟
雨去者, 皆西來也. 文王乃拜太公爲大司馬.(《博物志》)

074(4-4) 胡母班傳書
호모반이 전한 편지

호모반胡母班은 자가 계우季友이며 태산泰山 사람이다. 그가 일찍이 태산 곁을 지나게 되었다. 그런데 갑자기 숲 속에서 붉은 옷을 입은 기사騎士 하나가 나타나더니, 그를 불러 세우며 이렇게 말하는 것이었다.
"태산부군泰山府君께서 부르십니다."
호모반이 놀라 머뭇거리며 대답을 하지 못하자, 다시 또 다른 기사가 나타나 그를 불렀다. 이리하여 드디어 그를 따라 수십 보 갔더니, 그 기사가 호모반에게 잠시 눈을 감으라는 것이었다. 잠시 뒤 그가 눈을 떠보니 눈앞에 궁실이 나타났다. 그 위의威儀가 심히 장엄하였다. 호모반이 이에 궁궐로 들어가 배알拜謁하자 주인은 음식을 차려 놓고 이렇게 말하였다.
"내 그대를 뵙자고 한 것은 다른 게 아니라 내 사위에게 편지 한 통을 전해 달라고 부탁드리기 위한 것뿐이오."
호모반이 물었다.
"당신 딸은 어디에 있습니까?"
"내 딸은 하백河伯의 며느리요."
호모반이 다시 물었다.
"당장 그 편지를 받아 가겠습니다. 그러나 어떤 방법으로 그곳에 갈 수 있습니까?"
태산신은 이렇게 설명하였다.
"그대가 황하의 중류에 이르거든 배를 두드리며 청의靑衣를 부르시오. 그러면 편지 받을 자가 나타날 것이오."
호모반은 이에 인사를 하고 그곳을 나왔다. 지난번 그 기사가 다시 눈을 감으라 하였던 그곳이었다. 잠시 뒤 눈을 떠보니, 옛날 자신이 걷던 바로 그 길 그대로의 모습이 앞에 펼쳐졌다.

그는 드디어 서쪽으로 가서, 태산신이 일러 준 대로 청의를 불렀다. 잠시 뒤, 과연 한 명의 여자 노비가 나타나 편지를 받아 물속으로 사라졌다. 얼마 뒤 그 노비가 다시 나와서 이렇게 말하였다.

"하백께서 그대를 잠깐 뵙고자 합니다."

그리고는 그 비녀 역시 그에게 눈을 감으라고 하였다. 그리하여 드디어 하백을 배알하게 되었다. 하백은 이에 크게 주식酒食을 차려 놓고 정다운 말로 그를 접대해 주었다. 떠날 때가 되자, 하백은 호모반에게 이렇게 말하였다.

"그 먼 길에 편지를 전해 주신 그대에게 감사드립니다. 예물로 드릴 마땅한 물건이 없군요."

그리고는 좌우에게 이렇게 명령하였다.

"내 청사리青絲履를 가져오너라."

그리고는 그 청사리를 호모반에게 주었다. 호모반이 나오면서 눈을 감았다가 다시 뜨니, 어느 사이에 타고 왔던 배에 올라와 있었다. 그 뒤 호모반은 장안長安에서 일 년 넘도록 머물다가 고향으로 돌아오는 길에 다시 옛날의 그곳 태산 곁을 지나게 되었다. 그는 감히 몰래 그곳을 지날 수가 없다고 여겨 옛날 그 나무를 두드리며 자기의 이름을 밝혔다.

"장안으로부터 돌아오는 길입니다. 소식을 보고 드리고자 합니다."

잠시 뒤, 옛날의 그 기사가 다시 나타나 호모반을 지난번과 같은 방법으로 인도하여 데리고 들어갔다. 편지를 전해 준 공로로 인해 태사부군泰山府君은 이렇게 고마워하였다.

"마땅히 다른 방법으로 보답하겠소."

서로 인사말이 끝나고 그가 변소에 갔다. 갑자기 그곳에서 자신의 돌아가신 아버지가 형구刑具에 묶인 채 노역하고 있는 것이 보였다. 그런 형벌을 받는 자가 수백 명이나 되었다. 호모반은 아버지에게 달려가 절하고 눈물을 흘리며 물었다.

"아버지께서 어인 일로 이 지경에 이르신 것입니까?"

아버지는 이렇게 호소하였다.

"나는 죽은 뒤에 이렇게 불행해졌다. 견책을 받은 것이 3년인데 지금 이미 2년이 경과하였다. 고통스러워도 어디 피할 곳이 없단다. 내 알기로 너는 지금 이 명부明府에서 인정받고 있으니 나를 위해 진정해 주면 이 노역을 면하고 토지신社公이 되었으면 하고 바랄 뿐이다."

호모반은 아버지의 말대로, 태산부군에게 머리를 조아리며 애걸하였다. 그러자 태산부군은 이렇게 거절하였다.

"산 자와 죽은 자는 그 길이 달라 서로 가까이할 수가 없으니 나 자신이 애석함을 모르는 바는 아니오."

그래도 호모반은 애걸하였다. 그리하여 결국 허락을 얻어 내었다. 그리고 이별을 고하고 집으로 돌아왔다. 그로부터 1년 남짓 흐른 뒤, 집안의 아이들이 하나 둘씩 죽어 거의 다 없어질 지경에 이르게 되었다. 호모반은 두렵고 무서워 다시 태산부군을 찾아가려고 나무를 두드려 알현을 요구하였다. 역시 지난날의 기사가 나타나 그를 영접해 태산부군을 만나게 되었다. 호모반이 이에 먼저 스스로 애걸하고 나섰다.

"지난번 제 말씀이 엉뚱하고 졸속하여, 집에 돌아갔더니 아이들이 죽어 거의 남은 아이가 없을 지경입니다. 지금 이 재앙이 끝날 것 같지 않아 두려움 끝에 급히 달려와 아뢰오니, 애처롭게 여기셔서 구원해 주시옵소서."

태산부군은 손뼉을 치며 크게 웃고 나서 이렇게 말하였다.

"지난번 내가 그대에게 '산 자와 죽은 자는 길이 달라, 서로 가까이 할 수 없다'고 말하였지요. 그 까닭입니다."

그리고는 즉시 호모반의 아버지를 불러오라고 명하였다. 잠시 뒤 그의 아버지가 뜰에 이르자 물었다.

"지난번 고향으로 돌아가 토지신이 되고 싶다고 한 것은, 틀림없이 그 집 문호에 복을 만들어 주고자 한 일이었을 텐데, 손자와 자식을 이렇게 남김없이 죽이고 있으니 어찌 된 일이오?"

그러자 그 아버지는 이렇게 답변하였다.

"너무 오랫동안 고향과 이별해 있던 지라 즐거운 마음으로 고향에 돌아갔지요. 게다가 제게 바치는 음식과 술도 충족하였습니다. 그런데 여러 손자들을 보고 싶은 마음에 그들을 불렀던 것입니다."

이에 태산부군은 그 아버지를 소환하고 대신 다른 이를 그 토지신으로 삼아 보냈다. 그 아버지는 울면서 나갔다. 호모반은 드디어 다시 집으로 돌아왔다. 그 뒤로는 그 집 아이들 누구에게도 재앙이 미치지 않았다.

胡母班, 字季友, 泰山人也.
曾至泰山之側, 忽于樹間逢一絳衣騶, 呼班云:「泰山府君召.」
班驚愕, 逡巡未答. 復有一騶出, 呼之. 遂隨行數十步, 騶請班暫瞑. 少頃, 便見宮室, 威儀甚嚴. 班乃入閤拜謁.
主爲設食, 語班曰:「欲見君, 無他, 欲附書與女婿耳.」
班問:「女郎何在?」
曰:「女爲河伯婦.」
班曰:「輒當奉書, 不知緣何得達?」
答曰:「今適河中流, 便扣舟呼青衣, 當自有取書者.」
班乃辭出. 昔騶復令閉目, 有頃, 忽如故道.
遂西行, 如神言呼青衣. 須臾, 果有一女僕出, 取書而沒.
少頃復出, 云:「河伯欲暫見君.」
婢亦請瞑目. 遂拜謁河伯. 河伯乃大設酒食, 詞旨殷勤.
臨去, 謂班曰:「感君遠爲致書, 無物相奉.」
於是命佐右:「取吾青絲履來.」
以貽班. 班出, 瞑然, 忽得還舟.
遂於長安經年而還. 至泰山側, 不敢潛過.
遂扣樹, 自稱姓名:「從長安還, 欲啓消息.」
須臾, 昔騶出, 引班如向法而進. 因致書焉.

府君請曰:「當別再報」

班語訖, 如厠. 忽見其父著械徒作. 此輩數百人.

班進拜流涕, 問:「大人何因及此?」

父云:「吾死不幸, 見譴三年, 今已二年矣, 困苦不可處. 知汝今爲明府所識, 可爲吾陳之, 乞免此役, 便欲得社公耳」

班乃依教, 叩頭陳乞.

府君曰:「生死異路, 不可相近, 身無所惜」

班苦請, 方許之. 於是辭出, 還家.

歲餘, 兒子死亡略盡. 班惶懼, 復詣泰山, 扣樹求見. 昔驛遂迎之而見.

班乃自說:「昔辭曠拙, 及還家, 兒死亡至盡, 今恐禍故未已, 輒來啓白, 幸蒙哀救」

府君拊掌大笑曰:「昔語君『生死異路, 不可相近』故也」

卽敕外召班父.

須臾, 至庭中, 問之:「昔求還里社, 當爲門戶作福, 而孫息死亡至盡, 何也?」

答云:「久別鄉里, 自欣得還, 又遇酒食充足, 實念諸孫, 召之」

於是代之. 父涕泣而出. 班遂還. 後有兒皆無恙.

【胡母班】東漢 말기의 人物.《漢末名士錄》에 "輕財赴義, 賑濟人士"라 하였으며, 당시 八廚의 하나. 뒤에 董卓이 袁紹에게 편지를 보내어 그를 불러

들인 후 河內太守 王匡으로 하여금 죽이게 하였다.《三國志》魏志 袁紹傳 참조. '胡母'는 '胡毋'로도 쓴다.

【泰山府君】泰山神. 사람의 생명과 혼백을 주관한다. 張華《博物志》(卷6)에 "太山一曰天孫, 言爲天帝孫也. 主召人魂魄, 東方萬物始成, 知人生命之長短"이라 하였다. 府君은 府의 주인, 최고 책임자. 즉 泰山府의 君. 漢魏 때에는 太守를 府君이라고도 칭하였다.

【河伯】黃河神. 水神.《史記》正義에 "河伯, 華陰潼鄕人也. 姓馮氏, 名夷, 浴于河中而溺死, 遂爲河伯也"라 하였다. 따라서 '馮夷'도 알려져 있다. 다음 장 참조.

【靑衣】漢 이후에 푸른색 옷은 심부름꾼이나 奴僕을 뜻하는 말로 쓰였다.

【明府】府君과 같다. 明府君이라고도 한다.

【社公】土地神.

참고 및 관련 자료

1. 胡母班이 泰山神의 심부름을 한 일과, 이미 죽은 아버지를 만난 故事이다.
2. 《太平廣記》293

胡母班曾至泰山之側, 忽於樹間, 逢一絳衣騶, 呼班云:「太山府君召」母班驚愕, 逡巡未答. 復有一騶出, 呼之. 遂隨行數十步, 騶請母班暫瞑. 少頃, 便見宮室, 威儀甚嚴. 母班乃入閣拜謁. 主爲設食, 語母班曰:「欲見君, 無他, 欲附書與女婿耳.」母班問:「女郞何在?」曰:「女爲河伯婦.」母班曰:「輒當奉書, 不知何緣得達?」答曰:「今適河中流, 便扣舟呼靑衣, 當自有取書者.」母班乃辭出. 昔騶復令閉目, 有頃, 忽如故道. 遂西行, 如神言而呼靑衣. 須臾, 果有一女僕出, 取書而沒. 少頃復出, 云:「河伯欲暫見君.」婢亦請瞑目. 遂拜謁河伯. 河伯乃大設酒食, 詞旨慇懃. 臨別, 謂母班曰:「感君遠爲致書, 無物相奉.」於是命佐右: 「取吾靑絲履來, 以貽母班.」母班出, 瞑然, 忽得還舟. 遂於長安經年而還. 至太山側, 不敢潛過. 遂扣樹, 自稱姓名:「從長安還, 欲啓消息.」須臾, 昔騶出, 引母班如向法而進. 因致書焉. 府君請曰:「當別遣報.」母班語訖, 如厠. 忽見其父著械徒作. 此輩數百人. 母班進拜流涕, 問:「大人何因及此?」父云:「吾死不幸, 見譴三年, 今已二年矣, 困苦不可處. 知汝今爲明府所識, 可爲吾陳之, 乞免此役, 便欲得社公耳.」母班乃依敎, 叩頭陳乞. 府君曰:「死生異路, 不可相近, 身無

所惜.」母班苦請, 方許之. 於是辭出, 還家. 歲餘, 兒子死亡略盡. 母班惶懼, 復詣太山, 扣樹求見. 昔驂遂迎之而見. 母班乃自說:「昔辭曠拙, 及還家, 兒死亡至盡, 今恐禍故未已, 輒來啓白, 幸蒙哀救.」府君拊掌大笑曰:「昔語君, 生死異路, 不可相近故也.」卽敕外召母班父. 須臾, 至庭中, 問之:「昔求還里社, 當爲門戶作福, 而孫息死亡至盡, 何也?」答云:「久別鄉里, 自忻得還, 又遇酒食充足, 實念諸孫, 召而食之耳.」於是代之. 父涕泣而出. 母班遂還. 後有兒皆無恙. (《搜神記》)

3.《三國志》袁紹傳 裴松之 注
班嘗見太山府君及河伯, 事在搜神記, 語多不載.

4. 기타 참고자료
《列異傳》.

075(4-5) 馮夷爲河伯
풍이가 하백이 되다

송宋나라 때 홍농군弘農郡의 풍이馮夷는 화음현華陰縣 동향潼鄉의 제수隄首 사람이다. 그는 8월 상순 경일庚日에 하수河水를 건너다가 그만 물에 빠져 죽고 말았다. 그러자 천제天帝가 그를 하백河伯으로 삼았다.

또 《오행서五行書》에는 이렇게 기록되어 있다.

"하백은 경진庚辰날에 죽었다. 이날은 배를 타고 멀리 나가서는 안 된다. 그렇게 하였다가는 물에 빠져 죽어 되돌아오지 못하게 된다."

宋時, 弘農馮夷, 華陰潼鄉隄首人也. 以八月上庚日渡河, 溺死. 天帝署爲河伯.

又《五行書》曰:「河伯以庚辰日死. 不可治船遠行, 溺沒不返」

【宋時】唐, 釋 道世의 《法苑珠林》에 의해 잘못 들어간 것이다. 《搜神記校注》 참조. 여기서의 '宋時'는 다음 장(076) 맨 앞에 실려 있어야 할 것이다.
【弘農】郡 이름. 治所는 지금의 河南省 靈寶縣 북쪽.
【馮夷】水神인 河伯. 앞장의 注 참조. '빙이'로도 읽는다.
【華陰】縣 이름. 漢나라 때는 弘農郡에 속하였으며, 지금의 陝西 華陰縣.
【潼鄉】고을 이름.
【隄首】마을 이름. 《法苑珠林》에는 '陽首里'라 하였다.
【五行書】冊 이름. 漢代의 讖緯書로 여겨진다. 지금은 전하지 않으나 《東觀漢記》桓郁傳에 "其冬, 上親於辟雍, 自講所制五行章句, 已, 後令郁說一篇" 이라 하여 그 존재가 증명되었다.

【以八月~不返】이 38자를 王紹楹은《搜神記校注》에서《法苑珠林》에 의해 잘못 삽입된 것이라 주장하였다.

참고 및 관련 자료

1. 馮夷가 河伯이 된 유래와 禁忌에 대해 기록하였다.
2.《史記》西門豹傳 正義
河伯, 華陰潼鄕人也, 姓馮氏, 名夷. 浴於河中而溺死, 遂爲河伯也.
3.《淸令傳》
馮夷, 華陰潼鄕堤首人也. 服八石得水仙, 是爲河伯.
4.《博物傳》卷7 異聞
馮夷, 華陰潼鄕人也, 得道成水仙, 是爲河伯. 豈道同哉? 仙人乘龍虎, 水神乘魚龍. 其行恍惚, 萬里如室.
5.《法苑珠林》79 祈雨篇
案《抱朴子》曰:「河伯者, 華陰人. 以八月上庚日渡河, 溺死. 天帝署爲河伯.」
又《五行書》曰:「河伯以庚辰日死. 不可治船遠行, 溺沒不返.」
6.《法苑珠林》92 十惡篇
宋時弘農, 華陰潼鄕陽首里人也. 服八石得水道仙, 爲河伯.
7. 기타 참고자료
《淮南子》(齊俗訓 注).《太平寰宇記》(28·29).《神靈經》.

076(4-6) 河伯招壻
하백이 사위를 맞다

오군吳郡의 여항현餘杭縣 남쪽에 상호上湖가 있고, 그 호수 가운데에는 언덕이 마련되어 있었다. 어떤 이가 말을 타고 와서 연극 구경을 하고 친구 서너 사람과 잠촌岑村에 이르러 술을 마시고는 취기가 돌아 저녁때가 되어 집으로 돌아가는 길이었다.

그날은 날씨가 몹시 더워 그는 말에서 내려 호수로 들어가 돌을 베고 누웠다가 잠이 들어 버렸다. 그런데 말이 그만 고삐를 끊고 혼자 집으로 내닫자 그와 함께 갔던 자들이 모두 그 말을 뒤쫓느라 저녁이 되도록 그가 있는 호수로 되돌아오지 못하였다. 그가 잠에서 깨어나 보니 날은 이미 포시晡時로 어둠이 깔렸고 친구도 말도 보이지 않는 것이었다.

그때 어떤 여인이 다가왔다. 나이는 가히 십육칠 세 정도였다. 그녀는 이렇게 말을 붙여 왔다.

"여랑女郎이 재배하옵니다. 날이 이미 저녁때가 되었습니다. 이곳은 크게 무서운 곳입니다. 그대는 어찌 할 작정이십니까?"

그러자 젊은이가 물었다.

"아가씨는 성이 무엇이오? 어찌 갑자기 나타나 그런 말을 들려주는 것이오?"

그런데 그 여인의 뒤에 다시 한 어린 소년이 있어, 나이는 열서넛, 대단히 똑똑해 보였다. 그는 새로운 수레를 타고 있었고, 그 수레 뒤에는 다시 20여 명의 시종이 따르고 있었다. 그 수레가 가까이 이르자, 수레에 오르라고 부르면서 이렇게 말하였다.

"대인께서 잠깐 그대를 뵙고자 합니다."

그리고는 수레에 태워 함께 어디론가 가게 되었다. 가는 도중에 보니, 길 양쪽에 횃불을 밝혀 끝없이 이어져 있었으며 멀리 성곽과 읍성이 보였다. 그 성 안으로 들어서서 관청의 청사에 오르자, 깃발이 보였다.
'하백신河伯信'이라 씌어 있었다. 잠시 뒤 한 사람이 나타났다. 나이는 서른
정도였으며 얼굴색이 그림 같았다. 그를 호위하는 자가 심히 많았다. 서로
마주하여 기쁨의 인사를 건네더니, 술과 안주를 차리도록 명하였다. 그리
고는 이렇게 입을 여는 것이었다.

"내게 어린 딸이 하나 있소. 자못 총명하지요. 그대에게 주어 기추箕箒로
삼아드리고 싶소."

이 말에 그가 신이라 깨닫고, 감히 거역할 수 없다는 것을 알았다. 그리
하여 결국 서둘러 혼인 준비를 하도록 명하고, 그 딸에게도 그와 혼인하
도록 명하는 것이었다. 임무를 맡은 자가 이미 모든 것이 준비되었다고
아뢰었다. 드디어 사포단의紗布單衣, 사겹紗袷, 사삼곤紗衫褌, 신발 등이 준비
되었다. 모두가 훌륭하고 좋은 것이었다. 다시 그에게 소리小吏 10명, 청의
青衣 10명이 주어졌다. 신부는 나이가 십팔구 세 정도로 자태와 용모가
아름다웠다. 이렇게 혼인이 성사되고, 사흘 동안 큰 잔치가 벌어졌으며 손님
들이 그 각閣에 나타나 배례하는 등의 행사가 이어졌다. 나흘째 되던 날,
하백은 이렇게 명하였다.

"혼례 행사가 다 끝났소. 이제 떠나야 할 때가 되었소."

그의 아내가 된 신부는 황금 항아리·사향주머니를 남편에게 선물로
주며 이별을 고하여, 울면서 헤어졌다. 그리고 다시 돈 10만·약방藥方책
3권을 주면서 이렇게 부탁하였다.

"이것으로 가히 공덕을 널리 펼 수 있을 것입니다."

그리고 다시 이렇게 약속하였다.

"십 년마다 한 번씩 서로 만날 수 있습니다."

이 남자는 집으로 돌아온 뒤, 끝내 다른 사람과 다시 결혼을 하려 들지
않았다. 그리고 부모조차 이별하고 출가出家하여 도인道人이 되었다. 그가
가져온 약방책 3권 중 하나는 《맥경脈經》, 하나는 《탕방湯方》, 하나는 《환방
丸方》이었다. 그는 온갖 곳을 떠돌며 구료救療를 폈는데, 모두가 신기한
효험이 있었다. 뒤에 어머니가 늙고 형마저 죽어 어머니를 봉양할 수 없게
되자, 할 수 없이 집으로 돌아와 결혼도 하고 벼슬도 하였다고 한다.

吳餘杭縣南有上湖，湖中央作塘．有一人乘馬看戲，將三四人至岑村飲酒，小醉，暮還．時炎熱，因下馬入水中，枕石眠．馬斷走歸，從人悉追馬，至暮不返．眠覺，日已向晡，不見人馬．

見一婦來，年可十六七，云：「女郎再拜．日旣向暮，此間大可畏．君作何計？」

因問：「女郎何姓？那得忽相聞？」

復有一少年，年十三四，甚了了，乘新車，車後二十人，至，呼上車．

云：「大人暫欲相見．」

因廻車而去．道中繹絡把火，見城郭邑居．旣入城，進廳事上，有信幡，題曰：『河伯信』俄見一人，年三十許，顏色如畫，侍衛繁多．

相對欣然，敕行酒炙，云：「僕有小女，頗聰明，欲以給君箕箒．」

此人知神，不敢拒逆．便敕備辦，令就郎中婚．承白已辦．遂以紗布單衣及紗袷・絹裙・紗衫褌・履屐，皆精好．又給十小吏，青衣數十人．婦年可十八九，姿容婉媚．便成．三日，經大會客拜閣．

四日，云：「禮旣有限，發遣去．」

婦以金甌・麝香囊與壻別，涕泣而分．

又與錢十萬・藥方三卷，云：「可以施功布德．」

復云:「十年當相迎」

此人歸家, 遂不肯別婚; 辭親, 出家作道人. 所得三卷方; 一卷脈經, 一卷湯方, 一卷丸方. 周行救療, 皆致神驗. 後母老兄喪, 因還婚宦.

【宋時】 앞장의 첫머리에 실린 '宋時'가 이곳으로 옮겨져야 한다. 《搜神記校注》 참조.
【吳郡】 지금의 江蘇省 남부 및 浙江省 북부 일대.
【餘杭】 지금의 杭州市 부근.
【上湖】 호수 이름. 다른 기록에는 '上湘'으로 되어 있다.
【岑村】 마을 이름.
【晡時】 申時. 오후 해질녘.
【河伯信】 『信』은 河伯의 使者라는 信標. 信符. 그러나 다른 기록에는 '河伯'으로 되어 '信'자가 없다.
【箕箒】 쓰레받기와 비. 妻妾이 되어 남편을 섬김. 아내를 뜻한다.
【絲袷】 絲布로 짠 夾衣.
【靑衣】 奴僕. 심부름꾼의 대칭.
【拜閣】 魏晉時代의 습속으로, 혼인 후 3일째 되는 날에 신혼부부가 부모를 뵙는 의식. 역시 잔치를 뜻함.
【藥方】 處方方法을 기록한 冊.
【出家】 佛敎나 道家에서 求道를 위해 집을 떠남.
【救療】 병을 치료할 힘이 없는 가난한 사람을 병을 구원하여 치료해 줌.

참고 및 관련 자료

1. 河伯이 사위를 맞은 신비한 愛情 故事이다.
2. 《法苑珠林》 92(앞장과 연결되어 "宋時~"가 이곳부터 시작되어야 한다고 보고 있으며 서두에 "《幽名錄》曰"이라 하여 출처를 밝히고 있다.)

《幽明錄》曰：餘杭縣南有上湘，湘中央作塘．有一人乘馬看戲，將三四人至岑村飲酒，小醉，暮還．時炎熱，因下馬入水中，枕石眠．馬斷走歸，從又悉追馬，至暮不及．眠覺，日已向晡，不見人馬．見一婦來，年可十六七．一女郎再拜．曰：「既向暮，此間大可畏．君作何計？」問：「女郎姓何？那得忽相聞？」復有一少年，年可十三四，甚了了，乘新車，車後二十人，至，呼上車，云：「大人暫欲相見．」因廻車而去．道中路駱驛把火，尋城郭邑居．至便入城，進廳事上，有信旛，題云：「河伯信．」見一人，年三十許，顏容如畫，侍衛繁多．相對欣然，勑行酒炙，云：「僕有小女，乃聰明，欲以給君箕箒．」此人知神，敬畏不敢拒逆．便勑備辦，令就郎中婚．承白已辦．送絲布單衣及紗袷·絹裙·紗衫褌·履展，皆精好．又給十小吏，青衣數十人．婦年可十八九，姿容婉媚，便成，三日後，大會客拜閣．四日，云：「禮既有限，當發遣去．」婦以金甌·麝香囊與壻，泣涕而分．又與錢十萬．藥方三卷，云：「可以施功布德．」復云：「十年當相迎．」此人歸家，遂不肯別婚；辭親，出家作道人．所得三卷方者；一卷《脉經》，一卷《湯方》，一卷《丸方》．周行救療，皆致神驗．後母老邁兄喪，因還婚宦．(《搜神記》)

3.《太平廣記》295

餘杭縣南有上湖，湖中央作塘．有一人乘馬看戲，將三四人至岑村飲酒，小醉，暮還．時炎熱，因下馬入水中，枕石眠．馬斷走歸，從人悉追馬，至暮不返．眠覺，日已向晡，不見人馬．見一婦來，年可十六七，云：「女郎再拜．日既向暮，此間大可畏．君作何計？」問：「女郎姓何？那得忽相聞？」復有一年少，年十三四，甚了了，乘新車，車後二十人至，呼上車．云：「大人暫欲相見．」因廻車而去．道中絡繹把火，見城郭邑居．既入城，進廳事，有信幡，題云：「河伯．」俄見一人，年三十許，顏色如畫，侍衛繁多．相對欣然，敕行酒炙，云：「僕有小女，頗聰明，欲以給君箕箒．」此人知神，不敢拒逆．便敕備辦，令就郎中婚．承白已辦．進絲布單衣及袷，絹裙紗衫褌履展，皆精好．又給十小吏，青衣數十人．婦年可十八九，姿容婉媚．便成禮三日．經大會客，拜閣．四日云：「禮既有限，當發遣去．」婦以金甌麝香囊與壻別，涕泣而分．又與錢十萬，藥方三卷．云：「可以施功布德．」復云：「十年當相迎．」此人歸家，遂不肯別婚．辭親，出家作道人．所得三卷方，一卷《脉經》，一卷《湯方》，一卷《丸方》．周行救療，皆致神驗．後母老兄喪，因還婚宦．(《幽明錄》)

077(4-7) 華山使者
화산의 사자

진시황秦始皇 36년, 사자使者 정용鄭容이란 자가 함곡관函谷關 동쪽으로부터 다가와, 장차 함곡관으로 들어서려던 길이었다. 그가 서쪽으로 화음華陰에 이르러 멀리 보았더니, 흰 수레에 백마가 화산華山으로부터 내려오는 것이 보였다. 정용은 그것이 사람이 아니라고 의심하면서 길을 막고 멈추어 서서 그들이 오기를 기다렸다. 마침내 그들이 다가와서는 정용에게 먼저 이렇게 물었다.

"어디로 가는 길이오?"

"함양咸陽으로 가는 길이오."

정용의 이 대답에 수레에 타고 있던 이가 이런 부탁을 하였다.

"나는 화산신華山神의 사자요. 원컨대 호지군鎬池君이 있는 곳에, 편지 한 통을 전해 달라고 부탁드리고 싶소. 그대가 함양 가는 길이라니 당연히 호지鎬池를 경과하게 되겠지요. 그곳에 가면 큰 가래나무梓 한 그루가 있을 것입니다. 그 아래에 무늬 돌이 하나 있는데, 그 돌로 그 나무를 두드리면 틀림없이 응답하는 자가 나타날 것이니 그에게 이 편지를 전해 주면 됩니다."

정용이 그의 말대로 그곳에 이르러 돌로 가래나무를 두드리자, 과연 어떤 사람이 와서 그 편지를 받아 갔다. 그 이듬해 조룡祖龍, 진시황이 죽었다.

秦始皇三十六年, 使者鄭容從關東來, 將入函關. 西至華陰, 望見素車白馬, 從華山上下. 疑其非人, 道住, 止而待之.

遂至, 問鄭容曰:「安之?」

答曰:「之咸陽」

車上人曰:「吾華山使也. 願託一牘書, 致鎬池君所. 子之咸陽, 道過鎬池, 見一大梓, 下有文石, 取款梓, 當有應者, 即以書與之」

容如其言, 以石款梓樹, 果有人來取書. 明年, 祖龍死.

【秦始皇】秦나라 황제. 36년은 B.C.211년에 해당한다. 秦始皇이 죽기 1년 전이다.
【鄭容】《漢書》에는 '鄭客'으로 되어 있다.
【關東】函谷關의 동쪽. 函谷關은 지금의 河南城 靈寶縣 동북에 있는 관문으로 戰國時代 秦나라와 山東 六國의 경계.
【華陰】華山의 북쪽.
【素車白馬】凶事나 喪事를 뜻한다.
【咸陽】秦나라의 首都. 지금의 陝西省 咸陽市.
【鎬池君】鎬池는 못 이름. 지금의 長安城 서쪽 옛 昆明池 북쪽에 있다. '鄗池', '隔池', '滈池'로도 표기한다.
【文石】빛깔 또는 무늬가 화려한 돌.
【祖龍】秦始皇을 가리킨다.《史記》集解에 "祖, 始也: 龍, 人君象, 謂始皇也"라 하였다.

〈秦始皇像〉

[참고 및 관련 자료]

1. 秦나라 史臣 鄭容이, 華山神에 의해 겪은 秦始皇의 사망과 관련된 異事이다.

2.《史記》秦始皇本紀

三十六年, ……秋, 使者從關東夜過華陰平舒道, 有人持璧遮使者曰:「爲吾遺

滈池君.」因言曰:「今年祖龍死.」使者問其故, 因忽不見, 置其璧去. 使者奉璧具以聞. 始皇默然良久, 曰:「山鬼固不過知一歲事也.」退言曰:「祖龍者, 人之先也.」使御府視璧, 乃二十八年行渡江所沈璧也. 於是始皇卜之. 卦得游徙吉. 遷北河·楡中三萬家. 拜爵一級.

3. 《漢書》五行志(卷27) 中之上

《史記》秦始皇帝三十六年, 鄭客從關東來, 至華陰, 望見素車白馬從華山上下, 知其非人, 道住止而待之. 遂至, 持璧與客曰:「爲我遺滈池君.」因言:「今年祖龍死.」忽不見. 鄭客奉璧, 卽始皇二十八年過江所湛璧也. 與周子霣同應. 是歲, 石隕于東郡, 民或刻其石曰:「始皇死而地分.」此皆白祥. 炕陽暴虐, 號令不從, 孤陽獨治, 羣陰不附之所致也. 一曰, 石, 陰類也. 陰持高節, 臣將危君, 趙高·李斯之象也. 始皇不畏戒自省, 反夷滅其旁民, 而燔燒其石. 是歲始皇死, 後三年而秦滅.

4. 《論衡》紀妖篇

秦始皇帝三十六年, 熒惑守心, 有星墜下, 至地爲石, 刻其石曰:「始皇死而地分.」始皇聞之. 令御史逐問, 莫服: 盡取石旁家人誅之, 因燔其石妖. 使者從關東夜過華陰平野, 或有人, 持璧遮使者曰:「爲我遺鎬池君.」因言曰:「今年祖龍死.」使者問之. 人忽不見, 置其璧去. 使者奉璧, 具以言聞. 始皇帝默然長久曰:「山鬼不過知一歲事,」乃言曰:「祖龍者·人之先也.」使御府視璧, 乃二十八年行渡江所沈璧也. 明三十七年, 夢與海神戰. 如人狀. 是何謂也? 曰:「皆始皇且死之妖也.」始皇夢與海神戰. 恚努入海, 候神射大魚, 自琅邪至勞成山不見: 至之罘山, 還見巨魚, 射殺一魚, 遂旁海西, 至平原津而病: 到沙丘而崩. 當星墜之時, 熒惑爲妖, 故石旁家人刻書其石, 若或爲之, 文曰:「始皇死.」或敎之也. 猶世間童謠, 非童所爲, 氣導之也. 凡妖之發, 象象人爲鬼, 或爲人象鬼而使, 其實一也.

5. 《水經注》卷19

《春秋後傳》曰: 使者鄭容入柏谷關, 至平舒置, 見華山有素車白馬, 問:「鄭容安之?」答曰:「之咸陽.」車上人曰:「吾華山君使, 願託書致鄗池君. 子之咸陽過鄗池, 見大梓, 下過有文石, 取以款列梓, 當有應者, 以書與之, 勿妄發, 致之得所欲.」鄭容行至鄗池, 見一梓, 下果有文石, 取款梓, 應曰:「諾」鄭容如睡覺, 而見宮闕若王者之居焉. 謁者出受書, 入, 有頃, 聞語聲. 言:「祖龍死.」神道茫昧, 理難辨測. 故無以精其幽致矣.

6. 《北堂書鈔》160

《樂資春秋》曰：秦始皇三十六年，使君鄭客，將入函谷關．見華山上有素車白馬，心以爲非人所能至，疑是鬼神．熟視稍近，問：「鄭客安之?」客答曰：「欲之咸陽．」素車上人曰：「吾華山使，託一牘書致滈池君．子之咸陽，其道故過滈池，見一大梓，下有文石，取以款梓，當有應者，卽以書與之，切勿妄發，致之得所欲．」鄭客請受，行至滈池，見大梓，下果有文石，取以款梓，應曰：「諾．」鄭客或如睡狀，覺而成宮闕同，衛軍王者居．謁者受書入，有頃，宮中謹曰：「祖龍死．」有一婦行哭至謝，鄭客煩苦，乃上白璧，客讓之，婦人曰：「此鬼神事．願毋讓．」鄭客受璧，獻之．始皇二十八年，渡江所沉璧，乃賜鄭客．金三百斤，詔無泄語．(《樂資春秋》)

7. 《後漢書》襄楷傳

昔秦之將衰，華山神操璧以授鄭客曰：「今年祖龍死．」

8. 《琱玉集》14

秦時，秦始皇也．姓嬴名政．欲崩之時，忽有山神，賷璧玉遮使者車，曰：「將遺隔池君，令年祖龍死．」忽卽不見．使者持璧以示始皇，乃是始皇渡江時所沉之璧．始皇惡之，其年果崩也．

9. 《初學記》卷5 石

《樂資春秋》曰：秦始皇使者鄭容將入函關，見華山有素車白馬，疑爲鬼神，熟視問鄭容曰：「安之?」答曰：「之咸陽．」素車上人曰：「吾華山使，願託牘書致鎬池君所，子之咸陽，道過鎬之，見一大梓，有文石，取款梓，當有應者，卽以書與之．」鄭容如其言，以石款梓樹，果有人來取書．

10. 기타 참고자료

《春秋後傳》(樂資)．《事類賦注》(7)．《太平寰宇記》(25)．《太平御覽》(51)．

078(4-8) 張璞二女
장박의 두 딸

장박張璞은 자가 공직公直이며, 어느 곳 출신인지는 알 수 없다. 그는 오군태수吳郡太守였다. 그가 조정의 부름을 받고 수도로 향하던 길에 여산廬山을 지나게 되었다. 함께 데리고 가던 그의 자녀들이 여산의 사당을 구경하러 들어갔을 때, 비녀婢女가 그곳 신상神像을 손가락으로 가리키며 장박의 딸에게 이런 농담을 하였다.

"저 사람을 너의 배필로 한다."

그날 밤 장박의 처가 꿈을 꾸었다. 꿈속에 여산군廬山君이 나타나 빙례聘禮를 보내면서 이렇게 말하였다.

"비천한 내 아들놈이 불초합니다. 그런데도 채택함을 내려 주시니 고맙습니다. 미의微意를 올립니다."

장박의 처가 깨어나 괴이하게 생각하였다. 비녀가 사실을 얘기하자 그 처는 심히 두려워 남편 장박에게 급히 떠날 것을 재촉하였다. 그들의 배가 강 가운데에 이르자, 배가 더 이상 나가지 않았다. 배 안에 있는 사람들이 모두 두려움에 떨며, 물에다가 이런저런 물건까지 제물로 던져 보았다. 그런데도 배는 나가지 않았다. 그러자 어떤 이가 이렇게 제안하였다.

"여자를 제물로 던져 넣으면 배가 나갈 것입니다."

그러자 모두가 웅성거렸다.

"신의 뜻이 무엇인지 이미 다 알려져 있습니다. 딸 하나 살리겠다고 집안이 모두 망한다면 어찌 되겠습니까?"

장박은 어쩔 수가 없었다.

"내 차마 눈뜨고 볼 수 없다."

그리고는 배의 지붕 비려飛廬에 올라 누워 버리고는 처에게 대신 딸을 물에다 던지라고 하였다. 그 처는 꾀를 내어 이미 죽은 장박 형님의 외딸을 자신의 딸 대신 내세웠다. 그는 물 위에 자리를 띄우고 조카딸을 그 자리 위에 앉혔다. 그러자 배가 앞으로 나가기 시작하였다. 장박이 내려와 자신의 딸이 멀쩡한 것을 보고 노하여 탄식하였다.

"내 무슨 면목으로 세상을 대하고 산단 말이냐!"

그리고는 다시 자신의 딸을 물속으로 던져 버렸다. 이리하여 강을 거의 다 건너오면서, 멀리 보니 그 두 딸들이 강둑에서 기다리고 있는 것이었다. 어떤 관리 하나가 강 언덕에 서 있다가 이렇게 말하였다.

"나는 여산군의 주부主簿요, 여산군이 그대를 고맙게 여기고 있소. 귀신이 그대 인간의 딸과 배필이 될 수 없다는 것도 당연히 알고 있소. 게다가 그대의 의리를 공경하고 있소. 그래서 그대 두 딸을 모두 되돌려 보내는 것이오!"

뒤에 그 딸들에게 물어 보았더니 그들은 이렇게 설명하였다.

"다만 멋진 집과 이졸吏卒들만 보였어요. 그곳이 물속인 줄 몰랐어요."

張璞字公直, 不知何許人也. 爲吳郡太守. 徵還, 道由廬山. 子女觀於祠室, 婢使指像人以戲曰:「以此配汝.」

其夜, 璞妻夢廬君致聘曰:「鄙男不肖, 感垂採擇, 用致微意.」

妻覺, 怪之. 婢言其情. 於是妻懼, 催璞速發. 中流, 舟不爲行. 闔船震恐, 乃皆投物於水, 船猶不行.

或曰:「投女則船爲進.」

皆曰:「神意已可知也, 以一女而滅一門, 奈何?」

璞曰:「吾不忍見之.」

乃上飛廬臥, 使妻沈女于水. 妻因以璞亡兄孤女代之. 置席水中, 女坐其上, 船乃得去. 璞見女之在也.

怒曰:「吾何面目於當世也!」

乃復投己女. 乃得渡, 遙見二女在下.

有吏立於岸側, 曰:「吾廬君主簿也. 廬君謝君. 知鬼神非匹, 又敬君之義, 故悉還二女.」

後問女, 言:「但見好屋·吏卒, 不覺在水中也.」

【張璞】字는 公直. 吳郡太守를 지낸 人物.
【吳郡】治所는 吳縣. 지금의 江蘇省 蘇州市.
【徵還】조정의 부름을 받고 임지에서 수도로 돌아감을 말한다.
【廬山】지금의 江西省 九江市에 있는 名山.
【祠室】廬山神을 모신 祠堂.
【像人】목각이나 塑造한 神像.
【廬君】廬山神. 姓은 匡氏. 字는 君平. 匡君平.《世說新語》注에는《豫章舊志》를 인용하여 姓이 徐씨라 하였다.《水經注》에《博物志》를 인용하여 "其神自云姓徐, 受封廬山"이라 하였다.
【聘禮】물품을 보내는 예법. 혼인의 예식.
【微意】微衷. '변치 못한 작은 속뜻'이라는 뜻. 물품을 남에게 선사할 때 쓰는 말.
【飛廬】배 위에 설치한 頂樓.
【主簿】관직 이름.

참고 및 관련 자료

1. 張璞의 守信과 廬山神의 감동을 다룬 故事이다.
2.《太平廣記》292

張璞字公直, 不知何許人也. 爲吳郡太守, 徵還, 道由廬山. 子女觀於祠室, 婢使指像人以戲曰:「以此配汝.」其夜璞妻夢廬君致聘曰:「鄙男不肖, 感垂採擇, 用致微意.」妻覺怪之. 婢言其情, 於是妻懼, 催璞速發. 中流, 舟不爲行, 闔船

震恐, 乃皆投物於水, 船猶不行. 或曰:「投女則船為進.」皆曰:「神意已可知也, 以一女而滅一門, 奈何?」璞曰:「吾不忍見之.」乃上飛廬臥, 使妻沈女于水. 妻因以璞亡兄孤女代之. 置席水中, 女坐其上, 船乃得去. 即璞見女之在也. 怒曰:「吾何面目於當世也!」乃復投己女. 乃得渡, 遙見二女在下. 有吏立于岸側, 曰:「吾廬君主簿也. 廬君謝君. 知鬼神非匹, 又敬君之義, 故悉還二女.」問女, 言:「但見好屋·吏卒, 不覺在水中也.」(《搜神記》)

3.《水經注》39 廬江水

昔吳郡太守張公直, 自守徵還. 道由廬山, 子女觀祠, 婢指女戲妃像人. 其妻夜夢致聘, 怖而遽發. 明引中流, 而船不行. 合船驚懼, 曰:「愛一女而合門受禍也.」公直不忍, 遂令妻下女於江. 其妻布席水上, 以其亡兄女代之, 以船得進. 公直方知兄女, 怒妻曰:「吾何面目於當世也!」復下己女於水中, 將渡. 遙見二女於岸側. 傍有一吏立曰:「吾廬君主簿. 敬君之義, 悉還二女.」故干寶書之於感應焉.

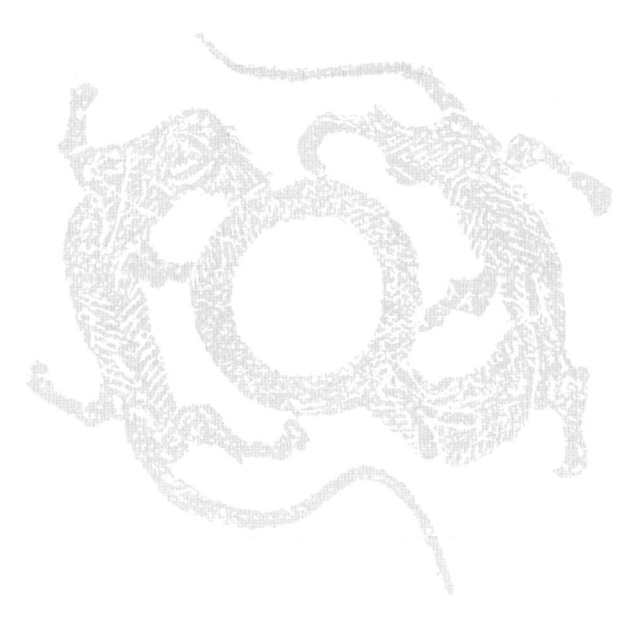

079(4-9) 曹著退婚
조저의 퇴혼

건강建康의 작은 벼슬아치 조저曹著가 여산신廬山神이 보낸 사자를 따라가서는 그 산신의 딸인 완婉을 배필로 맞게 되었다. 그러나 조저는 몸과 뜻이 모두 불안하여 되돌아가게 해 달라고 누누이 간청하였다. 완婉은 슬퍼하며 눈물을 흘리고는, 글을 지어 그 이별을 노래하였고, 아울러 직성금織成錦으로 짠 곤삼禪衫을 선물하였다.

建康小吏曹著, 爲廬山使所迎, 配以女婉. 著形意不安, 屢屢求請退. 婉潸然垂涕, 賦詩序別. 幷贈織成禪衫.

【建康】원래는 建業. 建鄴. 晉나라 建興 元年(313) 愍帝 司馬鄴을 諱하여 建康으로 고쳤다. 지금의 南京市.
【曹著】人名.
【廬山神】앞장 참조.
【婉】廬山神의 딸.
【織成錦】두 겹의 실로 짠 비단. 《西京雜記》 참조.
【禪衫】잠방이와 적삼.

참고 및 관련 자료

1. 廬山神의 딸이 曹著와 혼인하였으나, 曹著의 요청으로 이별한 故事이다.
2. 《水經注》卷39

按張華博物志曹著傳, 其神自云姓徐, 受封廬山.

080(4-10) 魚腹書刀
고기 배 속의 서도

궁정호宮亭湖에 고석묘孤石廟가 있다. 일찍이 어떤 장사꾼이 도성都城으로 가는 길에 그 사당을 지나게 되었다. 그런데 그 아래에 어떤 두 여자가 이런 부탁을 하였다.

"가히 비단신 두 켤레만 사다 주실 수 있겠습니까? 후한 보답을 해 드리겠습니다."

그 장사꾼이 도성에 이르러 좋은 비단신을 사고 아울러 상자까지 사서 그 안에 담았다. 그리고 스스로 필요한 물건이었던 서도書刀도 사서 역시 그 상자에 함께 담았다. 그리고 고석묘로 돌아와서 그는 무심결에 그 상자와 향을 사당 앞에 놓고 그냥 떠나 버렸다. 서도를 꺼내 와야 한다는 것을 깜빡 잊었던 것이다. 배는 이미 하수河水의 중류에 이르러 되돌아갈 수도 없었다. 그때 갑자기 잉어 한 마리가 배 안으로 뛰어들었다. 잉어의 배를 갈라 보니, 그 안에 서도가 들어 있었다.

宮亭湖孤石廟, 嘗有估客至都, 經其廟下, 見二女子, 云:「可爲買兩量絲履, 自相厚報」

估客至都, 市好絲履, 幷箱盛之. 自市書刀亦內箱中. 旣還, 以箱及香, 置廟中而去. 忘取書刀. 至河中流, 忽有鯉魚跳入船內. 破魚腹, 得書刀焉.

【宮亭湖】《荊州記》에 "宮亭卽彭蠡也. 謂之彭澤湖, 一名滙津"이라 하였다. 지금의 鄱陽湖. 江西省 경내에 있다.
【孤石廟】祠堂 이름.
【估客】옮겨 다니며 장사하는 사람. 行商, 상고(商賈).
【書刀】고대 竹·木簡에 글씨를 새길 때 쓰는 조각용 칼.

참고 및 관련 자료

1. 어떤 商人이 두 神女에게 사다 준 비단신과 그에 따른 應答 故事이다.

2. 《水經注》卷39
巖上有宮殿故基者三, 以次而上. 最上者極於山峯, 山下又有神廟, 號曰宮亭廟. 故彭湖亦有宮亭之稱焉. 余按《爾雅》云:「大山曰宮. 宮之爲名, 蓋起於此. 不必一由三宮也. 山廟甚神, 能分風擘流, 住舟遣使, 行旅之人, 過必敬祀, 而後得去.」故曹毗詠云:「分風爲貳, 擘流爲兩.」

3. 《北堂書鈔》137 鯉躍入舟
《搜神記》曰: 宮亭湖石廟, 嘗有估客下都, 觀見二女, 云:「可買兩量絲履.」客至都市, 履幷一書刀, 客於湖内. 輒舟, 忽有一鯉魚跳入舟, 破腹得書刀矣.

4. 기타 참고자료
《太平御覽》(345·697·936).

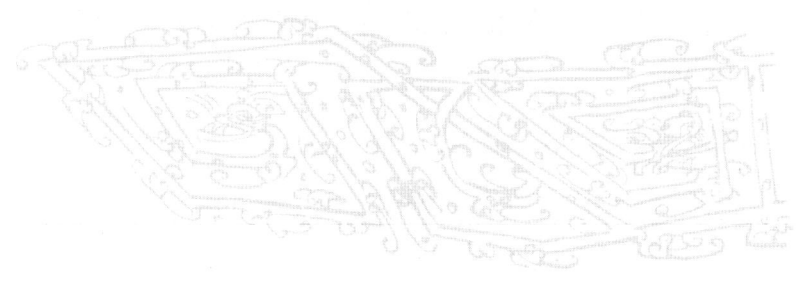

081(4-11) 鯉魚還簪
잉어가 비녀를 되돌려 주다

남주南州의 어떤 사람이 관리를 시켜 물소뿔로 만든 훌륭한 비녀를 손권孫權에게 헌상하도록 파견하였다. 그의 배가 마침 궁정묘宮亭廟를 지나게 되자, 그 관리는 사당에 내려 영험한 보살핌을 빌게 되었다. 그런데 그 사당 신이 갑자기 이런 명령을 내렸다.
"나는 네가 가지고 있는 물소뿔 비녀가 필요하다."
그 관리는 황급히 놀라 요구에 감히 응할 수가 없었다.
그런데 눈 깜짝할 사이에 그 비녀는 이미 그 제단에 진열되어 있었다. 사당 신이 다시 명하였다.
"네가 석두성石頭城에 도달할 때 다시 비녀를 돌려 주겠노라."
관리는 어쩔 수 없어 길을 떠났다. 스스로 헤아려 보니 그 비녀를 잃었으니 이는 죽을죄를 진 것이었다. 그가 석두에 도달하자, 갑자기 큰 잉어가 나타났는데 길이가 세 척尺이나 되었다. 그 잉어가 배 안으로 뛰어들자 배를 갈라 보았더니 그 속에 비녀가 들어 있었다.

南州人有遣吏獻犀簪於孫權者. 舟過宮亭廟而乞靈焉.
神忽下敎曰:「須汝犀簪.」
吏惶遽, 不敢應. 俄而犀簪已前列矣.
神復下敎曰:「俟汝至石頭城, 返汝簪.」
吏不得已, 遂行. 自分失簪且得死罪. 比達石頭, 忽有大鯉魚, 長三尺, 躍入舟. 剖之得簪.

【南州】交趾를 가리킨다. 혹은 交州. 남쪽에 있어 南州라고도 하며 지금의 베트남 북부.
【孫權】三國時代 吳나라의 開國君主. 吳大帝. 재위 31년(222~252).
【宮亭廟】彭蠡湖의 祠堂. (前出)
【石頭城】建安 17年(212) 孫權이 수축한 城. 지금의 南京城 서쪽 淸凉山에 있다.

◗ 참고 및 관련 자료

1. 南州 사신이 宮亭廟에서 잃은 비녀를 다시 찾은 故事이다.
2.《三國志》吳志 士燮傳
(交趾太守)燮每遣使詣權, 致新香細葛, 輒以千數. 明珠·大貝·流離·翡翠·玳瑁·犀·象之珍, 奇物異果, 蕉·邪·龍眼之屬, 無歲不至.
3. 기타 참고자료
《太平御覽》(936,《幽明錄》).

082(4-12) 驢鼠過宣城
여서가 선성을 지나가다

곽박郭璞이 강江을 건너 남쪽으로 오자 선성태수宣城太守 은우殷祐가 그를 영접하여 참군參軍을 삼았다. 그때 그곳에 어떤 동물이 하나 출현하였다. 크기는 물소만 하고, 회색灰色에 짧은 다리로, 그 다리는 마치 코끼리와 비슷하였으며, 가슴 앞과 꼬리 부분은 모두가 흰색이었다. 힘은 대단하였으나 행동은 느렸으며, 그런 동물이 선성 아래에 나타난 것이다. 많은 사람들이 괴이한 일이라고 여기고 있었다. 이에 태수 은우는 사람을 매복시켰다가 이를 잡아 오게 하였다. 그리고 곽박으로 하여금 점을 쳐 보도록 하였다. 곽박이 점을 쳐서 '돈遯'괘의 '고蠱'를 만나게 되었다. 이 동물의 이름은 '여서驢鼠'였다.

점이 끝났을 때, 매복하였다가 잡아 온 자가 이를 찔러 보았더니 한 자가 넘는 깊이로 들어가는 것이었다. 그 군郡의 관리紀綱들이 이를 사당에 보내어 죽이자고 청하였다. 그러자 무당이 이렇게 말렸다.

"사당 신께서 즐거워하지 않으십니다. 이는 공정郳亭의 여산군廬山君이 보낸 사자로서, 형산荊山으로 가는 길에 잠시 우리 고을을 지나게 된 것입니다. 그를 괴롭혀서는 아니 됩니다."

이리하여 드디어 풀어 주었더니 다시는 나타나지 않았다.

郭璞過江, 宣城太守殷祐引爲參軍. 時有一物, 大如水牛, 灰色, 卑脚, 脚類象, 胸前尾上皆白, 大力而遲鈍, 來到城下. 衆咸怪焉. 祐使人伏而取之. 令璞作卦, 遇'遯'之'蠱', 名曰

『驢鼠』. 卜適了, 伏者以刺戟, 深尺餘. 郡綱紀上祠請殺之.

巫云:「廟神不悅. 此是邾亭廬山君使, 至荊山, 暫來過我. 不須觸之」

遂去, 不復見.

- 【郭璞】字는 景純(276~324). 《爾雅》·《方言》·《山海經》·《穆天子傳》 등에 注를 쓴 人物. 晉나라 때의 유명한 학자. 061 참조.
- 【過江】西晉의 멸망으로 인하여 長江 지역으로 옮겨 옴을 뜻한다.
- 【宣城】郡 이름. 治所는 宛陵. 지금의 安徽省 宣城.
- 【殷祐】吳郡太守를 지낸 人物.
- 【參軍】관직 이름. 郡府의 막료.
- 【遯】《周易》의 卦 이름. '艮下乾上'. 進退의 일을 다룬 卦이다.
- 【蠱】역시 《周易》의 卦 이름. '巽下艮上'. 논리나 관념을 다룬 卦이다.
- 【驢鼠】전설 속의 異獸. 《洞林》에는 '隱鼠'로, 《晉書》 五行志와 《宋書》 五行志에는 '偃鼠'로 되어 있다.
- 【綱紀】州郡의 佐吏. 主簿와 비슷하다.
- 【邾亭】宮亭湖.
- 【廬山君】廬山神.
- 【荊山】荊南山. 지금의 江蘇省 宜興市에 있다. 뒤에 '君山'으로 이름이 바뀌었다. 091 참조.

참고 및 관련 자료

1. 東晉 초기 宣城에 나타난 怪獸에 대한 기록이다.
2. 《晉書》 卷72 郭璞傳

璞既過江, 宣城太守殷祐引爲參軍. 時有物大如水牛, 灰色卑脚, 脚類象, 胸前尾上皆白, 大力而遲鈍, 來到城下. 衆咸怪焉. 祐使人伏而取之. 令璞作卦, 遇遯之蠱, 其卦曰:「艮體連乾, 其物壯巨. 山潛之畜, 匪兕匪武. 身與鬼幷, 精見二牛.

法當爲禽, 兩靈不許. 遂被一創, 還其本壄. 按卦名之, 是爲驢鼠.」卜適了, 伏者以戟刺之, 深尺餘, 遂去不復見. 郡綱紀上祠, 請殺之. 巫云:「廟神不悅, 曰:'此是郴亭廬山君鼠, 使詣荊山, 暫來過我. 不須觸之.'」其精妙如此. 祐遷石頭督護, 璞復隨之.

3. 기타 참고자료

《洞林》(郭璞).《水經注》卷39. 본서 080 참고 1을 볼 것.

083(4-13) 歐明求如願
구명이 여원을 요구하다

여릉廬陵의 구명歐明은, 상업에 종사하는 떠돌이 장사꾼으로 늘 팽택호彭澤湖를 지나다녔다. 그때마다 그는 배 안에 있는 물건들을 얼마간씩 호수에 던지면서 이렇게 말하였다.

"이것으로 예물을 삼습니다."

몇 년 뒤, 그가 다시 팽택호를 지날 때 갑자기 호수 가운데 물속에 큰길이 나타났다. 그 길에 바람과 먼지까지 흩날리더니 몇 명의 관리가 수레를 타고 다가와 구명을 기다리며 이렇게 말하였다.

"청홍군青洪君께서 그대를 맞이해 오라 하셨습니다."

잠깐 사이 그곳에 도달해 보니, 부사府舍 건물이 눈앞에 나타났으며 그 문 아래 이졸吏卒들이 늘어서 있었다. 구명은 심히 두려웠다. 그러자 관리가 이렇게 일러 주었다.

"두려워 마십시오. 청홍군께서 그대가 지난날 예물을 주신 데 대해 감격해 그대를 부른 것입니다. 틀림없이 후한 예물을 드릴 것입니다. 그러나 그대는 받지 마시고, 오직 여원如願만을 요구하십시오."

구명이 청홍군을 뵙자, 이에 여원을 달라고 요구하였다. 그리하여 청홍군은 여원에게 구명을 따라가도록 허락해 주었다. 여원은 청홍군의 비녀婢女였다. 구명이 그를 데리고 돌아왔더니 원하는 바는 무엇이든지 얻을 수 있었다. 몇 년 만에 그는 큰 부자가 되었다.

廬陵歐明, 從賈客, 道經彭澤湖. 每以舟中所有, 多少投湖中, 云:「以爲禮.」

積數年. 後復過, 忽見湖中有大道, 上多風塵.
有數吏, 乘車馬來候明, 云;「是靑洪君使要」
須臾達, 見有府舍, 門下吏卒, 明甚怖.
吏曰:「無可怖. 靑洪君感君前後有禮, 故要君. 必有重遺君者. 君勿取, 獨求如願耳」
明旣見靑洪君, 乃求如願. 使逐明去. 如願者, 靑洪君婢也. 明將歸, 所願輒得. 數年, 大富.

【廬陵】郡 이름. 治所는 石陽. 지금의 江西省 吉水縣.
【歐明】歐陽明의 誤記로 여겨진다.
【賈客】估客과 같다. 080 참조.
【彭澤湖】彭蠡湖. 지금의 鄱陽湖. 080의 주와 참고를 볼 것.
【靑洪君】彭澤湖의 湖神.
【如願】湖神의 시녀 이름. 원하는 대로 된다는 뜻의 이름.

참고 및 관련 자료

1. 歐明이 靑洪君으로부터 받은 보답에 대해 묘사하였다.
2. 다른 기록에《搜神記》인용이 보이지 않는다.
3. 기타 참고자료
《錄異傳》.

084(4-14) 黃石公神祠
황석공 신사

익주益州의 서쪽, 운남雲南의 동쪽에 신사神祠가 하나 있었다. 그 사당은 산의 돌을 파서 방을 만들었으며 그 아래에 어떤 신이 있어 그 사당을 봉사奉祠하고 있었다. 그는 스스로 황공黃公이라 하였다. 그의 말을 빌리면 그가 모시는 신은, 장량張良이 황석공黃石公으로부터 영험을 받은 곳으로, 청결하며 가축을 죽여 희생으로 삼지 않도록 해야 한다는 것이다. 기도하는 많은 이들은 그저 백 장의 종이와 붓 두 자루, 먹 하나를 그 석실에 진열해 놓고 나아가 빌면 된다고 하였다. 그러고 나면 먼저 석실에서 어떤 소리가 들리고, 잠시 뒤 찾아온 자의 소원을 묻는다. 말을 마치고 나면 곧바로 길흉을 가르쳐 주되, 말해주는 신의 형상은 보이지 않는다. 지금까지도 이와 같다.

益州之西, 雲南之東, 有神祠. 剋山石爲室, 下有神奉祠之, 自稱黃公. 因言此神, 張良所受黃石公之靈也. 清淨不宰殺. 諸祈禱者, 持一百紙, 一雙筆, 一丸墨, 置石室中, 前請乞. 先聞石室中有聲, 須臾, 問來人所欲. 旣言, 便具語吉凶, 不見其形. 至今如此.

【益州】지금의 四川省 일대를 관할하던 州.
【雲南】지금의 雲南 일대를 관할하던 州. 治所는 지금의 雲南省 祥雲縣.

【神祠】神靈을 모셔 놓고 위하는 祠堂.
【剋】刻과 같다.
【張良】漢初 劉邦을 도와 천하를 평정한 漢興三傑의 하나. 뒤에 留侯에 봉해졌다.《史記》 및 《漢書》 참조.
【黃石公】張良이 젊었을 때 다리 위에서 신발을 던져 그의 인내를 시험한 끝에《太公兵法》을 전수하였다는 異人. 圯上老人.《史記》留侯世家 및《漢書》留侯傳 참조.
【淸淨】淸正無垢. 여기서는 殺生을 하지 않음을 뜻한다.
【宰】'죽이다'의 動詞.
【百紙】다른 기록에는 '白紙'로 되어 있다.

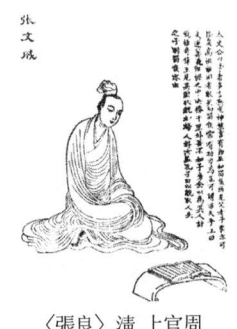

〈張良〉淸 上官周
《晚笑堂畫傳》

참고 및 관련 자료

1. 黃石公 祠堂의 神異한 사건을 기술하였다.

2.《法苑珠林》78 祭祠篇

益州之西, 雲南之東, 有神祠. 剋山石爲室, 下有神奉祠之, 自稱黃石. 國言此神, 張良所受黃石之靈也. 淸淨不宰殺. 諸有祈禱者, 持百張紙, 一雙筆, 一丸墨, 置石室中, 而前請乞. 先聞石室中有聲, 須臾, 問來人何欲, 所言, 便具語吉凶, 不見其形, 至今如此.

3.《太平廣記》294

益州之西, 雲南之東, 有神祠. 剋山石爲室, 下有神奉祠之, 自稱黃公. 因言此神, 張良所受黃石公之靈也. 淸淨不烹殺. 諸祈禱者, 持一百錢, 一雙筆, 一丸墨, 石室中前請乞. 先聞石室中有聲, 須臾, 問來人所欲, 旣言, 便具語吉凶, 不見其形, 至今如此.(《搜神記》)

4.《初學記》卷 21 墨

干寶《搜神記》曰: 益州之西有祠., 自稱黃石公. 初禱者之一百紙, 一雙筆, 一丸墨, 先聞石室中有聲. 便言吉凶, 遂不見形.

5. 《北堂書鈔》90

《搜神記》云：益州有神山, 以石爲室, 下有民奉祠之. 自稱黃石公, 請而不亨, 然謀事者, 持一白紙, 又雙筆, 一丸墨, 置石室中. 即請乞聞, 石中有聲, 須臾, 問來人何欲, 致言, 便具語吉凶, 不見其形也.

6. 기타 참고자료

《北戶錄》(2).《文房四寶》(1·4·5).《太平御覽》(44,《九州要記》).

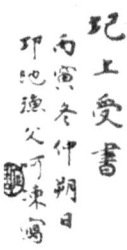

〈黃石公授書圖〉 明末清初 馬駘(畫)《馬駘畫寶》

085(4-15) 樊道基顯神
번도기가 신이 되어 나타나다

영가永嘉 연간에 어떤 신이 연주兗州에 나타나, 스스로 번도기樊道基라 하였다. 그에게는 늙은 부인이 있었으며, 성부인成夫人이라 불렀다. 그 부인은 음악을 좋아하였고, 공후箜篌 연주에 뛰어났다. 그가 어떤 음악 소리를 들으면, 즉시 일어나 춤을 춘다는 것이다.

永嘉中, 有神見兗州, 自稱樊道基, 有嫗, 號成夫人, 夫人好音樂, 能彈箜篌. 聞人弦歌, 輒便起舞.

【永嘉】西晉 懷帝 司馬熾의 年號(307~313). 兗州는 지금의 山東省 西南 지역을 관할하던 州. 治所는 昌邑. 지금의 山東省 金鄕縣.
【樊道基】人名.
【成夫人】樊道基의 아내.
【箜篌】고대 弦樂器의 일종.
【弦歌】弦樂器를 타면서 노래함.

참고 및 관련 자료

1. 樊道基와 그 부인의 일을 기록하였으나 너무 疏略하다.
2. 《晉紀》干寶
晉永嘉初, 有神見兗州甄城民家, 免奴爲主簿, 自稱樊道基. 有嫗號成夫人,

欲迎致, 便載車行. 當得此免奴主簿從行爲譯, 以宜所宜. 汝南梅賾字仲眞, 去鄴, 來經兗州. 聞其然, 因結半世茂, 阮士公諸賓往觀之. 成夫人便遣主簿出, 當與客語, 主簿死不肯, 避, 成夫人因大嗔, 索士公馬鞭, 脫主簿鞭之.

3.《藝文類聚》44 箜篌
《搜神記》曰: 晉永嘉中, 有神見兗州, 自號樊道基. 有嫗號成夫人. 夫人好音樂, 能彈箜篌, 聞人歌絃, 輒起舞.

4. 기타 참고자료
《太平御覽》(359).

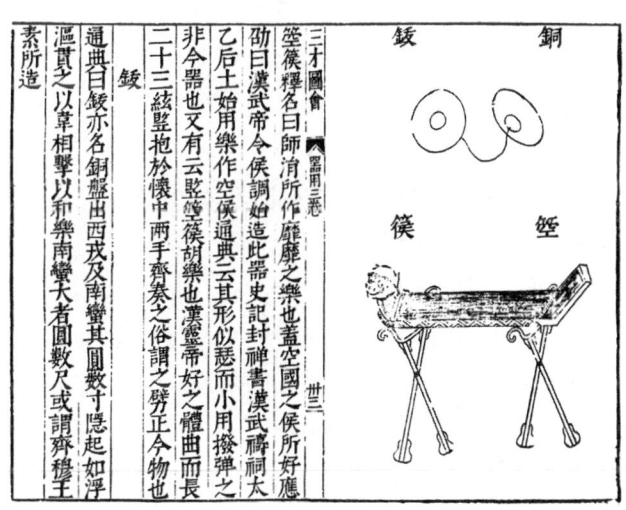

공후《三才圖會》

086(4-16) 戴文謀疑神
대문모가 신을 의심하다

　　패국沛國의 대문모戴文謀는, 양성산陽城山에 은거하고 있었다. 그가 어느 날 응접실에서 식사를 하고 있다가, 갑자기 어떤 신이 자신을 부르는 소리를 듣게 되었다.
　　"나는 하느님의 사자다. 인간세상으로 내려가 그대에게 의지하고 싶은데 괜찮겠는가?"
　　대문모가 그 소리를 듣고 심히 놀랐다. 그 신은 다시 물었다.
　　"그대는 나를 의심하는가?"
　　대문모는 무릎을 꿇고 이렇게 말하였다.
　　"집안이 가난하여 내려와 사시기에 넉넉하지 못한 듯할 따름입니다."
　　그리고 대문모는 집 안을 깨끗이 청소하고 위패를 마련하였다. 그리고 조석으로 음식을 갖다 올리고 심히 경건하게 하였다. 그러던 어느 날 방 안에서 그 아내에게 몰래 이 사실을 이야기해 주었다. 아내는 이렇게 의심하였다.
　　"이는 아마 요매妖魅 따위가 우리에게 붙은 것이 아닌가 하오."
　　그러자 대문모도 속을 털어놓았다.
　　"나 역시 그렇게 의심이 가오."
　　그리고 나서 음식을 올릴 때였다. 신이 이렇게 말하였다.
　　"내 바야흐로 그대에게 이익을 주려고 하던 참이었는데, 뜻밖에 그대가 의심을 품고 엉뚱한 의논을 하고 있구나."
　　대문모가 잘못을 빌자, 그때 갑자기 응접실에서 마치 수십 명을 불러내는 소리 같은 것이 들렸다. 쫓아나가 보았더니 큰 새 한 마리가 오색 무늬를 띠고 있었고, 흰 비둘기 수십 마리가 그를 둘러싸고 수종하더니, 동북쪽 구름 속으로 사라지는 것이었다. 그리고 다시는 더 보이지 않았다.

沛國戴文謀, 隱居陽城山中. 曾于客堂食際, 忽聞有神呼曰:「我天帝使者. 欲下憑君, 可乎?」

文聞甚驚. 又曰:「君疑我也?」

文乃跪曰:「居貧, 恐不足降下耳.」

旣而灑掃設位, 朝夕進食甚謹. 後於室內竊言之.

婦曰:「此恐是妖魅憑依耳.」

文曰:「我亦疑之.」

及祠饗之時, 神乃言曰:「吾相從, 方欲相利. 不意有疑心異議.」

文辭謝之際, 忽堂上如數十人呼聲. 出視之, 見一大鳥五色, 白鳩數十隨之, 東北入雲而去, 遂不見.

【沛國】東漢으로부터 西晉 사이의 諸侯國. 安徽省과 江蘇省 일대의 일부 지역.
【戴文謀】《藝文類聚》와 《太平廣記》에는 '戴文諶'으로 되어 있다.
【陽城山】《校注》에는 陽山의 誤記로 보았다. 《晉書》 地理志에 "廣州始安郡有陽山縣"이라 하였다.

참고 및 관련 자료

1. 戴文謀가 모시게 된 神에 대한 의심과 그 결과를 묘사하였다.

2. 《太平廣記》294

沛國戴文諶居陽城山. 有神降, 妻(棲)焉. 諶疑是妖魅, 神已知之, 便去. 遂見作一五色鳥, 白鳩數十枚從, 有雲覆之. 不遂見.(《搜神記》)

3. 《太平廣記》463

有戴文諶者, 隱居陽城山中. 曾於客堂食際, 忽聞有呼曰:「我天帝使者, 欲下憑君, 可乎?」文諶聞甚驚. 又曰:「君疑我也?」文諶乃跪曰:「居貧, 恐不足降下耳.」旣而洒掃設位, 朝夕進食甚謹. 後諶於室內竊言之. 其婦曰:「此恐是狐魅憑依耳.」文諶曰:「我亦疑之.」及祠饗之時, 神乃言曰:「吾相從, 方欲相利. 不意有疑心異議.」文辭謝之際, 忽堂上如數十人呼聲, 出視之, 見一大鳥, 五色, 白鳩數十隨之, 東北入雲而去.(《窮神秘苑》)

4. 《藝文類聚》92 鳥部 鳩

沛國戴文諶, 居陽城山, 有神降焉. 其妻疑是妖魅, 神已知之, 便去. 遂視作一五色鳥, 白鳩數十隻後. 有雲覆之, 遂不見.

5. 기타 참고자료

《太平御覽》(921).

도교의 발상지 青城山

087(4-17) 麋竺遇天使
미축이 천사를 만나다

미축麋竺은 자가 자중子仲이며, 동해군東海郡 구현朐縣 사람이다. 그는 대대로 상업에 종사하여 집에는 재물이 거만금巨萬金이나 되었다. 어느 날 그가 낙양洛陽으로부터 돌아오던 길에 집을 수십 리 남겨 둔 곳에 이르렀을 때 길가에 어떤 잘생긴 신부 하나가 그에게 수레를 함께 태워 주기를 요구하였다. 그를 태우고 20여 리 이르자, 그 신부는 고맙다고 하며 내려서는 미축에게 이렇게 말하였다.

"나는 천사天使요. 지금 동해군의 미축 집을 불태우러 가는 길이었소. 그대를 만나 이렇게 태워 주시니 고맙게 생각하오. 그래서 미리 이 사실을 알려드리는 것이오."

이 사실을 들은 미축이 화를 면하게 해 달라고 요청하였다. 그러자 부인이 이렇게 말하였다.

"불이 나지 않게 해드릴 수는 없습니다. 그러니 그대는 어서 급히 달려가시오. 대신 나는 천천히 가겠소이다. 일중日中 때면 틀림없이 불이 날 것이오."

미축이 급히 달려와 집에 닿자마자 즉시 재물을 꺼내어 옮겼다. 일중이 되자 과연 불이 크게 났다.

麋竺字子仲, 東海朐人也. 祖世貨殖, 家貲巨萬. 常從洛歸, 未至家數十里, 見路次有一好新婦, 從竺求寄載.

行可二十餘里, 新婦謝去, 謂竺曰:「我天使也. 當往燒東海麋竺家. 感君見載, 故以相語.」

竺因私請之.

婦曰:「不可得不燒. 如此, 君可快去, 我當緩行. 日中必火發.」

竺乃急行歸, 達家, 便移出財物. 日中而火大發.

【麋竺】三國時代 人物. 그 여동생을 劉備에게 주어 부인이 되게 하였으며, 뒤에 蜀漢의 南郡太守에 올랐다.《三國志》魏志에 그 傳이 실려 있다.
【東海郡】지금의 江蘇省 북부 일대.
【朐縣】지금의 連雲港市 일대.
【洛陽】지금의 河南省 洛陽市. 東漢·魏·西晉時代의 首都.
【日中】正午. 한낮. 낮 12시.

> 참고 및 관련 자료

1. 麋竺이 천사를 태워 준 공로로 火災를 피한 故事이다.

2.《藝文類聚》80 火部
《搜神記》曰: 麋竺常從洛歸, 未至家數十里, 見路次有好新婦, 從竺求寄載. 行二十餘里, 新婦謝去, 謂竺曰:「我天使, 去當往燒東海麋家. 感君見載, 故以相語.」竺因請之. 曰:「不可. 不得不燒, 君快去, 我緩來, 日中必火發.」竺乃急行達家, 便出財物, 日中而火大發.

3.《三國志》蜀書 麋竺傳 注
《搜神記》曰: 竺嘗從洛歸, 未達家數十里, 路傍見一婦人, 從竺求寄載. 行可數里, 新婦謝去, 謂竺曰:「我天使也, 當往燒東海麋竺家, 感君見載, 故以相語.」竺因私請之, 婦曰:「不可得不燒. 如此, 君可馳去, 我當緩行, 日中火當發.」竺乃還家, 遽出財物, 日中而火大發.

4. 《拾遺記》卷8

糜竺用陶朱計術, 日益億萬之利, 貲擬王家, 有寶庫千間. 竺性能賑生恤死, 家內馬廄, 屋側有古塚, 中有伏屍, 夜聞涕泣聲. 竺乃尋其泣聲之處, 忽見一婦人, 袒背而來, 訴云:「昔漢末妾爲赤眉所害, 叩棺見剝, 今袒在地, 羞晝見人. 垂二百餘年, 令就將軍, 乞深埋幷敝衣以掩形體.」竺許之. 卽命爲之棺槨, 以靑布爲衣衫, 置於塚中. 設祭旣畢, 歷一年行於路曲. 忽見前婦人, 所著衣, 皆是靑布, 語竺曰:「君財寶可支一世, 合遭火厄, 今以靑蘆杖一, 杖長九尺, 報君棺槨, 衣服之惠.」竺挾杖而歸, 所住隣中常見竺家, 有靑氣如龍蛇之形. (下略)

5. 《蒙求》卷下 糜竺收資

〈蜀志〉: 糜竺字子仲, 東海朐人. 仕先主, 累拜安漢將軍.《搜神記》曰: 竺嘗從洛歸, 未達家數十里, 路見婦人, 從竺求寄載, 行可數里. 婦謝去. 謂竺曰:「我天使也, 當往燒東海糜竺家, 感君見載, 故以相語.」竺因私請之. 婦曰:「不可得不燒, 君可馳去, 我當緩行, 日中火當發.」竺乃還家, 邊出資物, 日中而火大發.

6. 기타 참고자료

《太平御覽》(864·868).《事類賦注》(8).

《拾遺記》

088(4-18) 陰子方祀竈
음자방이 부엌 신에게 제사 지내다

한漢 선제宣帝 때, 남양南陽에 음자방陰子方이란 자가 있었다. 성품이 지극히 효성스럽고, 남에게 은혜를 쌓고 베풀기를 좋아하였으며, 부엌 신(竈神)에게 제사 지내기를 즐겨하였다. 섣달 그믐날 새벽에 일어나 밥을 지으려 할 때 부엌 신이 자신의 형체를 보여 주었다. 자방은 재배하며 축복을 빌었다. 그의 집에는 누런 개 한 마리가 있어 이를 잡아 제사까지 지내 주었다. 그로부터 그의 집은 갑작스럽게 거부巨富가 되어 농토가 칠백여 경頃이나 되었고, 수레와 말·노복이 지방 국國의 군주만큼이나 되었다.

자방은 이렇게 말한 적이 있었다.

"내 자손들이 틀림없이 장차 강대하게 되리라."

그의 예상대로 3세世 음식陰識 때에 이르러서는, 드디어 번창하게 되었다. 집안에 후侯가 넷이요, 목수牧守가 수십 명이나 나왔다. 그래서 그 후대의 자손들은 섣달 그믐날이면 부엌 신에게 제사를 지내면서 누런 개(黃羊)를 제물로 올렸다.

漢宣帝時, 南陽陰子方者, 性至孝, 積恩好施, 喜祀竈. 臘日晨炊, 而竈神形見. 子方再拜受慶. 家有黃羊, 因以祀之. 自是已後, 暴至巨富, 田七百餘頃, 輿馬僕隸, 比於邦君.

子方嘗言:「我子孫必將强大」

至識三世, 而遂繁昌. 家凡四侯, 牧守數十. 故後子孫嘗以臘日祀竈, 而薦黃羊焉.

【漢宣帝】西漢 제7대 皇帝. 劉詢. 재위 25년(B.C73~49).
【南陽】지금의 河南省 서남부를 관할하던 郡. 治所는 宛縣 지금의 南陽市.
【陰子方】西漢 때의 人物.《後漢書》卷32 陰興傳·陰識傳 참조.
【竈】아궁이. 부엌. 中國은 竈王神을 섬기는 습속이 있다. 炎帝 神農氏가 化神한 것이라 한다.《後漢書》陰識傳의 注에《雜五行書》를 인용하여 "竈神, 名禪, 字子郭, 衣黃衣"라 하였다.
【臘日】고대 섣달 그믐날, 혹은 24일을 절일로 여겼다.
【黃羊】누런 개를 말한다.《荊楚歲時記》에 "以黃太祭之, 謂之黃羊"이라 하였고 崔豹의《古今注》에 "狗一名曰黃羊"이라 하였다.
【頃】中國의 地積 단위로 1백 畝.
【陰識】東漢 초기의 人物로 原鹿侯에 봉해졌다.
【家凡四侯】陰識 외에 그 아우는 新陽侯, 조카 陰慶은 鮦陽侯, 陰博은 濦强侯에 봉해졌다.
【牧守】州牧과 郡守·太守 등. 지방장관의 높은 직급.

한 선제《三才圖會》

참고 및 관련 자료

1. 竈王神을 섬긴 陰子方과 후세의 영달에 대해 기록하였다.

2.《後漢書》卷32 陰識傳(陰興)

陰氏侯者凡四人. 初, 陰氏世奉管仲之祀, 謂爲相君. 宣帝時, 陰子方者, 至孝有仁恩, 臘日晨炊而竈神形見, 子方再拜受慶. 家有黃羊, 因以祀之. 自是已後, 暴至巨富, 田有七百餘頃, 輿馬僕隷, 比於邦君. 子方常言:「我子孫必將彊大.」至識三世而遂繁昌, 故後常以臘日祀竈, 而薦黃羊焉.

3.《藝文類聚》94 羊

《搜神記》曰: 宣帝時, 陰子方者至孝. 有二息, 嘗臘日晨炊, 而竈神形見. 子方再拜受慶, 家有黃羊, 因以祠之. 自是暴至巨富. 子方常言:「我子孫必將强大.」至識三世, 而遂繁昌. 故後常至臘日祠竈, 而薦黃羊焉.

4. 《藝文類聚》5 臘

《搜神記》曰: 宣帝時, 陰子方者. 當臘日晨炊, 而竈君神形見. 子方再拜受慶. 家有黃羊, 因以祀之. 自是以後, 暴至巨富. 故後常以臘日祠竈.

5. 《初學記》卷4 臘

干寶《搜神記》曰: 宣帝時, 陰子方者, 至孝有仁恩, 嘗臘日晨炊, 而竈神形見. 子房再拜受慶, 家有黃羊, 刲以祠之.

6. 《北堂書鈔》155

《搜神記》曰: 晉宣帝時, 陰子方者, 當臘日晨炊而禮, 竈神形見, 子方家有黃羊, 因以祠之, 後至巨富, 時時常以黃羊祠竈.

7. 기타 참고자료.

《太平御覽》(33·902).《歲時廣記》(39).《玉燭寶典》(12).

089(4-19) 蠶神
누에 신

오현吳縣의 장성張成이란 자가 밤에 일어났더니, 갑자기 어떤 부인이 그의 집 남쪽 귀퉁이에 서 있는 것이 보였다. 그 여자는 손을 들어 장성을 부르면서 이렇게 말하였다.

"여기가 그대 집 누에치는 방이지요. 내가 바로 이 잠실의 신이오. 내년 정월 15일에, 흰죽을 끓여 이곳을 골고루 발라 내게 제사 지내시오. 그러면 내 마땅히 그대의 잠상蠶桑을 백배로 늘려드리리다."

그 말을 마치자 모습은 사라지고 말았다. 그 뒤 그의 집은 해마다 많은 누에가 생산되었다. 지금 사람들이 만들어 먹는 고미膏縻는 여기에서 유래된 것이다.

吳縣張成, 夜起, 忽見一婦人立於宅南角.

擧手招成曰:「此是君家之蠶室, 我卽此地之神. 明年正月十五, 宜作白粥, 泛膏於上, 祭我也. 必當令君蠶桑百倍」

言絶失之. 以後年年大得蠶. 今之作膏縻像此.

【吳縣】지금의 蘇州市. 秦漢時代의 會稽郡에 속한다.
【張成】人名. 혹 '張誠'으로도 쓰며 자는 '誠之'가 아닌가 함.
【膏縻】흰죽.《玉燭寶典》에 "新正作膏縻, 以祠門戶"라 하였다.

참고 및 관련 자료

1. 養蠶하는 집에서 정월 보름날 膏糜를 만들어서 먹는 유래를 설명하였다.

2. 《太平廣記》 293

吳縣張誠之, 夜見一婦人, 立於宅東南角, 擧手招誠, 誠就之, 婦人曰:「此地是君家之蠶室, 我卽是地之神. 明年正月半, 宜作白粥, 泛膏於上, 以祭我. 當令君蠶桑百倍」言絶失之. 誠如言. 爲作膏粥, 自此年年大得蠶. 世人正月半作膏粥, 由此故也.(《續齊諧記》)

3. 기타 참고자료

《玉燭寶典》.

090(4-20) 戴侯祠
대후사

예장豫章에 대씨戴氏 성을 가진 어떤 여인이, 오랜 병으로 고생하면서 낫지를 않았다. 그러다가 그는 어떤 작은 돌멩이가 마치 인형 같은 형상인 것을 보고 이렇게 말을 걸었다.

"너는 인형 같은 모습을 지녔는데 혹시 신이 아닌가? 나의 이 오랜 병을 고쳐 준다면 내 장차 그대를 중히 여기리라."

그날 밤, 꿈속에 어떤 사람이 나타나 이렇게 고하였다.

"내 장차 그대를 보우保佑하리라."

그 뒤로 그 여인의 병은 점차 나아갔다. 이에 그는 산 아래에 사당을 세웠다. 대씨는 무당이 되었다. 그래서 그 사당 이름을 '대후사戴侯祠'라 하였다.

豫章有戴氏女, 久病不差. 見一小石, 形像偶人.
女謂曰:「爾有人形, 豈神? 能差我宿疾者, 吾將重汝.」
其夜, 夢有人告之:「吾將祐汝.」
自後疾漸差. 遂爲立祠山下. 戴氏爲巫, 故名戴侯祠.

【豫章】지금의 江西省 일대를 관할하던 郡. 治所는 지금의 南昌市.
【戴氏】姓氏. 이름은 구체적으로 알 수 없다.

참고 및 관련 자료

1. 戴氏 姓을 지닌 여인이 그 병이 낫자 祠堂을 세우고 무당이 된 것과 더불어 戴侯祠가 생기게 된 유래를 기술하였다.

2. 《太平廣記》294

豫章有戴氏女, 久疾不瘥. 見一小石, 形像偶人, 女謂曰:「爾有人形, 豈神? 能差我宿疾者, 吾將重汝.」其夜夢有人告之:「吾將祐汝.」自後疾漸差. 遂爲立祠山下. 戴氏爲巫, 故名戴侯祠.(《搜神記》)

3. 《北堂書鈔》160(《列仙傳》에서 인용, 지금의 《列仙傳》에는 실려 있지 않음.)

《列仙傳》曰: 豫章女子戴氏, 久病, 出見小石,「爾有神, 能瘥我疾者, 當事汝.」夜夢人告之:「吾將佑汝.」後漸瘥. 立祠名石侯祠. 後人取石投火, 咸曰:「此神石不宜犯之.」取者:「此石何神?」乃投井中, 神當出井中, 明晨視之, 出井取者, 發疾病.

4. 기타 참고자료

《事始》.《太平寰宇記》(106).《列異傳》.

091(4-21) 劉玘死爲神
유기가 죽어 신이 되다

한漢나라 때 양선현陽羨縣의 현장縣長 유기劉玘가 이렇게 말하였다.
"내 죽고 나면 마땅히 신이 되리라."
그러던 어느 날 저녁 술에 취해, 그만 아무런 병도 없이 죽고 말았다. 이어서 비바람이 몰아쳐 그의 관이 어디론가 사라져 버렸다. 그날 밤에 형산荊山에서 수천 명의 함성 소리가 들려 그곳 주민들이 달려가 보았더니 그의 관은 이미 그곳에 옮겨져 무덤까지 만들어져 있었다. 그래서 그 산을 '군산君山'이라 이름을 바꾸었다. 그곳에 사당을 세워 제사 지내게 되었다.

漢陽羨長劉玘, 嘗言:「我死當爲神」
一夕飮醉, 無病而卒. 風雨失其柩. 夜聞荊山, 有數千人喊聲. 鄕民往視之, 則棺已成冢. 遂改爲君山. 因立祠祀之.

【陽羨縣 縣長】陽羨은 지금의 江蘇省 宜興市 근처. 漢나라 때는 萬戶 이하 縣의 최고 책임자는 縣長, 그 이상의 경우는 縣令이라 하였다.
【劉玘】袁玘. 다른 기록에는 모두 '袁玘'로 되어 있다. 《太平寰宇記》(92) 참조.
【荊山】宜興縣 남쪽에 있는 山. 荊溪의 남쪽에 있다.
【君山】縣令을 府君이라 칭하는 이유로 '君山'이라 고친 것.

◆ 참고 및 관련 자료 ◆

1. 君山 命名의 유래에 대해 기술하였다.

2. 이는 다른 기록에 인용된 것이 없으며, 《太平寰宇記》92에 《風土記》에서 인용된 것이 있다. 그 내용은 다음과 같다.
漢時縣令袁玘, 常言死當爲神. 一夕, 與天神飮醉, 遂如水旱, 無病而卒. 風雨失其柩, 夜聞荊山有數千人喊聲, 人往視之, 棺已成家. 因改爲君山, 立祠其下.

3. 《三洞群仙錄》卷12
府君, 後漢人也. 按《修文嚴御覽》云:「陽羨初立縣時, 會稽袁玘生有神異, 而君始爲令於此, 遂知水旱. 自言死當爲神. 或寢息繼日, 夢與神宴會. 一旦, 無疾暴亡. 殯後風雨晦冥, 忽失柩所在. 有民夜聞荊南若數千人聲, 晨往視之, 而柩在焉.」於是改荊南山爲君山.(《袁府君祠堂記》)

卷五

총 10장(092-101)

〈擊鼓說唱陶俑〉(東漢) 明器 1957 四川 成都 天回山 출토

092(5-1) 蔣子文成神
장자문이 신이 되다

장자문蔣子文이란 자는 광릉廣陵 사람이었다. 주색을 좋아하였으며, 광달한 행동에 절도가 없었다. 늘 스스로 자신은 뼈가 맑아, 죽은 뒤에 틀림없이 신神이 될 것이라 말하곤 하였다. 한말漢末에 말릉현秣陵縣의 현위縣尉라는 직책으로, 도적을 잡으러 종산鍾山 밑에까지 쫓아갔다가 도적의 공격으로 이마에 상처를 입게 되었다.

이에 그는 자신의 인수印綬를 풀어 상처를 싸맸지만, 잠시 뒤 그만 죽고 말았다. 그 뒤 오吳나라 선주(先主, 孫權)가 막 들어섰을 때 장자문의 옛 동료 관리들이 길에서 죽은 장자문을 보았다. 그는 백마를 타고 백우선白羽扇을 들었으며 그를 따르는 시종들이 평소 살아 있을 때와 같았다.

그를 본 자들이 모두 놀라 달아났다. 장자문은 그들을 쫓아가며 이렇게 말했다.

"나는 그대들을 위해 이곳의 토지신이 되어, 복을 만들어 너희 낮은 백성에게 주고 있다. 너희들은 백성들에게 이렇게 널리 알려라. 나를 위해 사당을 세우라고. 그렇게 하지 않으면 장차 큰 재앙이 내린다고."

그해 여름, 큰 역질疫疾이 번지자 백성들은 서로 무서움에 떨면서 장자문에게 남몰래 제사 지내는 자가 자못 많아졌다. 장자문은 사당의 무당 입을 통해 이렇게 말하였다.

"내 장차 손권을 도와 크게 펼치리니, 마땅히 나를 위한 사당을 세우도록 하라. 그렇지 않으면, 장차 벌레들이 사람들의 귀로 들어가는 재앙을 내리리라."

얼마 뒤 마치 등에 같이 생긴 작은 벌레가 사람의 귀로 들어가 사람들을 죽게 하였다. 의원도 이를 고치지 못하는 것이었다. 백성들은 더욱 두려움에 떨었다. 손권은 이를 믿지 않았다. 그러자 장자문이 다시 무당의 입을 빌어 이렇게 말하였다.

"만약 나를 받들어 모시지 않으면, 장차 다시금 큰 화재로 재앙을 일으키리라."

그해 화재가 크게 일어나, 하루에도 수십 곳에 불이 났으며 나중에는 그 화재가 공실公室과 궁중에까지 번졌다. 관원들이 서로 의논하였다. 귀신은 그가 돌아가 어디엔가 붙어 있어야 해악을 끼치지 않으니, 마땅히 그 귀신을 위로해 주어야 한다고 여겼다.

이에 사자를 보내어 장자문을 중도후中都侯에 봉해 주고, 그의 아우 장자서蔣子緖를 장수교위長水校尉에 임명하여, 모두 인수印綬를 더해 주었으며, 묘당廟堂을 세워 주었다. 그리고 그가 죽은 곳인 종산鍾山도 이름을 바꾸어 '장산蔣山'이라 불렀다.

지금의 건강建康 동북쪽에 있는 장산이 바로 그곳이다. 그로부터 재앙이 그쳤으며 백성들도 그를 크게 받들어 모셨다.

蔣子文者, 廣陵人也, 嗜酒好色, 挑達無度. 常自謂己骨清, 死當爲神. 漢末爲秣陵尉, 逐賊至鍾山下, 賊擊傷額, 因解綬縛之, 有頃遂死. 及吳先主之初, 其故吏見文于道, 乘白馬, 執白羽, 侍從如平生. 見者驚走.

文追之, 謂曰:「我當爲此土地神, 以福爾下民. 爾可宣告百姓, 爲我立祠. 不爾, 將有大咎.」

是歲夏, 大疫, 百姓竊相恐動, 頗有竊祠之者矣.

文又下巫祝:「吾將大啓祐孫氏, 宜爲我立祠. 不爾, 將使蟲入人耳爲災.」

俄而小蟲如塵虻, 入耳皆死, 醫不能治. 百姓愈恐. 孫主

未之信也.

又下巫祝:「若不祀我, 將又以大火爲災.」

是歲, 火災大發, 一日數十處. 火及公宮. 議者以爲鬼有所歸, 乃不爲厲, 宜有以撫之.

於是使使者封子文爲中都侯, 次弟子緖爲長水校尉, 皆加印綬. 爲立廟堂. 轉號鍾山爲蔣山. 今建康東北蔣山是也. 自是災厲止息, 百姓遂大事之.

【蔣子文】 '蔣侯'로 불린다.
【廣陵】 郡 이름. 지금의 江蘇省 揚州市.
【秣陵尉】 秣陵은 縣 이름. 지금의 南京市 부근. 尉는 縣의 軍事將官.
【鍾山】 지금의 南京市 紫金山.
【印綬】 신분이나 벼슬의 등급을 나타내는 官印을 몸에 차기 위한 끈.
【先主】 吳나라 개국 군주인 孫權(前出)
【巫祝】 廟祝. 祝人. 祠廟에서 제사를 주관하는 사람. 鬼神의 말을 대신 전하거나 풀이해 주는 사람.
【中都侯】 여기서는 神의 職位.
【蔣子緖】 蔣子文의 아우.
【長水校尉】 長水는 물 이름. 여기서도 역시 神職을 虛位.
【蔣山】 鍾山. 원래 이름은 金陵山. 孫權의 할아버지 孫鍾을 諱하여 '鍾山'을 '蔣山'으로 고쳤다 한다.
【建康】 원래는 建鄴. 東晉의 首都로 愍帝 司馬鄴을 諱하여 '建康'으로 고쳤다. 지금의 南京市.

참고 및 관련 자료

1. 蔣子文이 죽어 神이 된 과정과 그 祠堂을 세운 이야기이다.

2.《太平廣記》293

蔣子文，廣陵人也，嗜酒好色，挑撻無度．常自謂青骨，死當爲神．漢末，爲秣陵尉，逐賊至鍾山下，賊擊傷額，因解綬縛之，有頃遂死．及吳先主之初，其故吏見文於道，乘白馬，執白羽，侍從如平生．見者驚走．文追之，謂曰：「我當爲此土地神，以福爾下民．爾可宣告百姓，爲我立祠．不爾，將有大咎．」是歲夏，大疫，百姓輒相恐動，頗有竊祠之者矣．文又下巫祝：「吾將大啓祐孫氏，宜爲吾立祠．不爾，將使蟲入人耳爲災．」俄而有小蟲如鹿虻，入耳皆死，醫不能治．百姓愈恐．孫主未之信也．又下巫祝：「若不祀我，將又以大火爲災．」是歲，火災大發，一日數十處．火及公宮．孫主患之．議者以爲鬼有所歸，乃不爲厲，宜有以撫之．於是使使者封子文爲中都侯，次弟子緒爲長水校尉，皆加印綬，爲廟堂．轉號鍾山爲蔣山，今建康東北蔣山是也．自是災厲止息，百姓遂大事之．

陳郡謝玉，爲琅邪内史．在京城，其年虎暴，殺人甚眾，有一人，以小船載年少婦，以大刀挿着船，挾暮來至．邏將出語云：「此間頃來甚多草穢，君載細小，作此輕行，太爲不易，可止邏宿也．」相問訊既畢，邏將適還去．其婦上岸，便爲虎取去．其夫拔刀大喚，欲逐之．先奉事蔣侯，乃喚求助．如此當行十里，忽覺如有一黑衣人爲之導．其人隨之，當復二十里．見大樹，既至一穴，虎子聞行聲，謂其母至，皆走出．其人卽其所殺之．便挾刀隱樹住，良久，虎方至．便下婦着地．到牽入穴，其人以刀當腰斫斷之，虎既死，其婦故活．向曉能語，問之云：「虎初取，便負着背上．臨至而後下之，四體無他，止爲草木傷耳．」扶歸還船，明夜，夢一人語之云：「蔣侯使助．汝知否？至家殺猪祠焉．

會稽鄮縣東野，有女子，姓吳，字望子，年十六，姿容可愛．其鄉里有鼓舞解神者，要之便往．緣塘行半路，忽見一貴人，端正非常，貴人乘船，手力十餘整頓，令人問望子：「欲何之？」具以事對．貴人云：「我今正往彼，便可入船共去．」望子辭不敢，忽然不見，望子既拜神坐，見向船中貴人，儼然端坐，卽蔣侯像也．問望子：「來何遲？」因擲兩橘與之，數數形見．遂隆情好，心有所欲，輒空中下之．嘗思噉鱠，一雙鮮鯉，隨心而至．望子芳香，流聞數里，頗有神驗，一邑共事奉．經三年，望子忽生外意，神便絕往來．

咸寧中，太常卿韓伯子某，會稽内史王蘊子某，光禄大夫劉耽子某，同遊蔣山廟．廟有數婦人像，甚端正，某等醉，各指像以戲相配匹．卽以其夕，三人同夢，蔣侯遣傳教相聞曰：「家子女並醜陋，而猥垂榮顧．輒刻某日，悉相奉迎．」某等以其夢指適異常，試往相問，而果各得此夢，符恊如一．於是大懼，備三牲，詣廟謝罪乞哀．又俱夢蔣侯親來降己曰：「君等既已顧之，實貪會對，尅期垂及．豈容方

更中悔?」經少時, 並亡.
劉赤父者, 夢蔣侯召爲主簿. 期日促, 乃往廟陳請:「母老子弱, 情事過切, 乞蒙放恕. 會稽魏過, 多材藝, 善事神. 請舉過自代.」因叩頭流血, 廟祝曰:「特願相屈, 魏過何人? 而有斯舉」赤斧固請, 終不許. 尋而赤斧死焉.
孫恩作逆時, 吳興分亂, 一男子忽急突入蔣廟, 廟原作侯, (據〈明鈔本〉改) 始入門, 木像彎弓射之, 卽卒. 行人及守廟者無不皆見也.
中書朗王長豫, 有美名, 父丞相導, 至所珍愛, 遇病轉篤, 導憂念特至, 正在北牀上坐. 不食已積日, 忽見一人, 行狀甚壯. 着鎧持刀, 王問:「君是何人?」答曰:「僕是蔣侯也. 公兒不佳, 欲爲請命, 故來耳. 勿復憂」王欣喜動容, 卽求食, 食遂至數斗. 內外咸未達所以, 食畢, 忽復慘然. 謂王曰:「中書命盡, 非可救者」言終不見也.(《搜神記》·《幽明錄》·《志怪》等)

3.《藝文類聚》79

《搜神記》曰: 蔣子文者, 廣陵人也, 嗜酒好色. 常自謂己骨清, 死當爲神. 漢末爲秣陵尉, 逐賊至於鍾山之下. 賊擊傷額, 因解綬以縛之, 有頃遂死. 及吳先主之初, 其吏見文於道. 乘白馬, 執白羽扇, 侍從如平生. 文曰:「我當爲此土地神也. 爲吾立祠, 不爾, 使蟲入耳爲災」吳主以爲妖言. 後果有蟲入人耳, 皆死, 醫不能治. 又云:「不祠我, 將有大火」是歲數有大火. 吳主患之. 封爲都中侯, 加印綬, 立廟堂, 改鍾山爲蔣山, 以表其靈也.

4.《法苑珠林》78 祭祠篇

漢蔣子文者, 廣陵人. 嗜酒好色, 挑撻. 常自謂骨青, 死當爲神. 漢末爲秣陵尉, 逐賊至鍾山下, 賊擊傷額, 自解綬縛之, 有頃遂死. 及吳先主之初, 其故吏見文於道頭, 乘白馬, 執白羽, 侍從如平生. 見者驚走. 文追之, 謂曰:「我當爲此土神, 以福爾下民. 爾可宣告百姓, 爲我立祠. 不爾, 將有大咎」是歲夏, 大疫, 百姓輒恐動, 頗有竊祠之者矣. 下巫言:「吾祐孫氏, 宜爲吾立祠. 不爾, 將使蟲入耳爲災」俄有小蟲如麤虱, 入耳皆死, 醫不能治. 百姓逾恐. 孫主未之信也. 又下巫祝:「若不祀我, 將又以大火爲災」是歲, 火災大發, 一日數十處. 火及公宮. 孫主患之, 議者以爲鬼有所歸, 乃不爲厲, 宜有以撫之. 於是使使者封子文爲中都侯, 次弟子緖爲長水校尉, 皆加綬, 爲立廟堂, 轉號鍾山以表其靈. 今建康東北蔣山是也. 自是災厲止息, 百姓遂大事之.

5.《太平廣記》473

蔣子文者, 廣陵人也. 嗜酒好色, 挑達無度. 每自言:「我死當爲神也」漢末, 爲秣陵尉. 逐賊至山下, 被賊擊傷額, 因解印綬縛之, 有頃而卒. 及吳先主之初, 其故

吏見子文於路間, 乘白馬, 執白羽扇, 侍從如平生. 見者驚走, 子文追之, 謂曰:「我當爲此地神, 福爾下民. 可宣告百姓, 爲我立祠. 不爾, 將有大咎」是歲夏, 大疾疫. 百姓輒恐動, 頗竊祀之者. 未幾, 乃下巫祝曰:「五將大啓, 福孫氏, 官宜爲我立祠, 不爾. 將使蟲入人耳爲災也」俄而果有如蟲蝱, 入人耳即死. 醫所不治, 百姓逾恐. 孫主尙未之信, 旣而又下巫祝曰:「若不祀我, 將以大火爲災」是歲, 火災大發百數, 火漸延及公宮, 孫主患之. 時議者以神有所歸, 乃不爲厲, 宜告饗之. 於是使使者封子文爲中都侯, 其子緒爲長水校尉. 皆加印綬, 爲立祠宇以表其靈. 今建康東北蔣山是也. 自是疾厲皆息, 百姓遂大事之.《幽明錄》亦載焉.（《搜神記》)

6.《北堂書鈔》77 郡尉

蔣子文自謂骨清, 死當爲神, 秣陵尉, 逐盜至鍾山下, 賊擊傷遂死. 吳先主之初, 故吏見子文, 乘白馬, 執白刃, 曰:「我當爲此地之神, 告百姓爲立祠焉, 當有瑞應也.」

7.《初學記》卷8

蔣廟:《丹陽記》曰: 蔣陵, 因山以爲名. 吳大帝陵也.《輿地志》曰: 臺當孫陵曲衍之傍, 故蔣陵亭亦名孫陵亭.《丹陽記》曰: 蔣子文爲秣陵尉, 自言己將死, 當爲神. 後爲賊所殺, 故吏忽見子文乘白馬, 如平生. 孫權發使封子文而爲都中侯, 立廟鍾山, 因改爲蔣山. 已上潤州.

8.《宋書》卷27 符瑞志

吳亡後, 蔣山上常有紫雲, 數術者亦云, 江東猶有帝王氣. 又謠言曰:「五馬遊度江, 一馬化爲龍.」

9. 기타 참고자료

《太平御覽》(269·882).《太平寰宇記》(90).《異苑》(4).《事始》.

093(5-2) 蔣侯召劉赤父
장후가 유적보를 부르다

유적보劉赤父란 자가, 꿈에 장후(蔣侯, 蔣子文)의 부름을 받고 그의 주부主簿가 되기로 하였다. 그런데 임명 날짜가 촉급하여 이에 장자문의 사당에 가서 이렇게 진정하며 빌었다.

"저의 어머니는 늙고, 제 아들놈은 아직 어려서 사정이 절박하니, 비옵건대 불쌍히 여기셔서 저를 벗어나게 해 주십시오. 회계會稽 사람 위과魏過가 재주가 많고 신을 잘 섬기니, 청컨대 위과를 천거하여 저를 대신하도록 하시면 어떨는지요."

그러면서 머리를 찧어 피가 나도록 애걸하였다. 그러나 사당의 무당 입을 통해 장자문은 이렇게 말하였다.

"오직 원하는 것은 그대를 굴복시키는 일이다. 위과가 어떤 인물이기에, 네가 그렇게 추천한단 말이냐?"

유적보가 끝까지 청하였지만 끝내 허락을 얻어내지 못하였다. 그리고 유적보는 아무 일 없이 얼마 뒤 죽고 말았다.

劉赤父者, 夢蔣侯召爲主簿.

期日促, 乃往廟陳請:「母老子弱, 情事過切, 乞蒙放恕. 會稽魏過, 多材藝, 善事神, 請擧過自代.」

因叩頭流血.

廟祝曰:「特願相屈. 魏過何人, 而有斯擧?」

赤父固請, 終不許. 尋而赤父死焉.

【劉赤父】'劉赤斧'로도 쓴다.
【蔣侯】蔣子文. 092 참조.
【會稽】郡 이름. 지금의 紹興.
【魏過】人名.

참고 및 관련 자료

1. 劉赤父가 蔣子文에게 불려가 귀신 세계의 主簿가 되었다는 異事이다.

2. 《法苑珠林》84
魏劉赤斧者, 夢蔣侯召爲主薄. 日促, 乃往廟陳請:「母老子弱, 情事果切, 乞蒙放恕. 會稽魏邊, 多才藝, 善事神. 請擧邊自代.」因叩頭流血, 廟曰:「特願相屈, 魏邊何人, 而擬斯擧?」赤斧固請, 終不許. 尋而赤斧死.(《志怪傳》)

3. 《太平廣記》293
劉赤父者, 夢蔣侯召爲主簿. 期日促, 乃往廟陳請:「母老子弱, 情事過切, 乞蒙放恕. 會稽魏過, 多材藝, 善事神, 請擧過自代.」因叩頭流血. 廟祝曰:「特願相屈. 魏過何人, 而有斯擧?」赤斧固請, 終不許. 尋而赤父死焉.(《搜神記》·《幽明錄》·《志怪》等)

4. 기타 참고자료
《雜鬼神志怪》.

094(5-3) 蔣山廟戲配
장산묘에서 희롱으로 정한 배필

함녕咸寧 연간에, 태상경太常卿 한백韓伯의 아들 모씨某氏, 그리고 회계내사會稽內史 왕온王蘊의 아들 모씨, 광록대부光祿大夫 유탐劉耽의 아들 모씨가 함께 장산묘蔣山廟에 놀러 갔다. 그곳 사당에 몇 개의 부인상婦人像이 모셔져 있었다. 모습이 아주 단정하였다. 이들은 모두가 술에 취한 채 각자 그 여인상을 손가락질하며 서로 하나씩 자기 배필로 하자고 희롱하며 놀았다.

그런데 그날 밤, 세 사람의 꿈에 장후蔣侯가 보낸 전교傳敎라 하면서 이런 말을 들려주었다.

"집안 딸들이 모두 못생겼는데, 그대들의 영광스런 주목을 받게 되었소. 즉시 모일某日에 모두 그대들을 맞이하러 갈 것입니다."

이들은 꿈속에 가리킨 바가 심상치 않다고 여겨, 서로 물어보았다. 과연 각자 모두가 그런 꿈을 꾸었으며, 하나같이 내용도 똑같았다. 이에 크게 두려워하였다. 삼생三牲을 갖추어 그 사당을 찾아 사죄하며 애걸하였다. 그런데 다시 꿈속에 이번에는 장후가 직접 그들에게 내려와 이렇게 말하였다.

"그대들은 이미 내 딸들을 돌보아 주고자 하였으니, 이는 실제 서로 짝이 되기를 탐구貪求한 것이다. 정해진 기한 날짜가 곧 다가왔는데, 어찌 다시금 바야흐로 도중에 후회함을 용납할 수 있겠는가?"

잠시 시간이 흐른 뒤 그들은 모두 죽어 버렸다.

咸寧中, 太常卿韓伯子某·會稽內史王蘊子某·光祿大夫劉耽子某, 同遊蔣山廟. 廟有數婦人像, 甚端正. 某等醉,

各指像以戲, 自相配匹.

卽以其夕, 三人同夢蔣侯遣傳教相聞, 曰:「家子女並醜陋, 而猥垂榮顧. 輒刻某日, 悉相奉迎.」

某等以其夢指適異常, 試往相問, 而果各得此夢, 符協如一.

於是大懼. 備三牲, 詣廟謝罪乞哀.

又俱夢蔣侯親來降己, 曰:「君等旣已顧之, 實貪會對. 剋期垂及, 豈容方更中悔?」

經少時並亡.

【咸寧】 晉 武帝 司馬炎의 年號(275~280). 그러나 그 아래 기록으로 보아 東晉 哀帝 司馬丕의 年號인 興寧(363~365)의 誤記가 아닌가 한다. 王蘊과 劉耽은 東晉時代 人物이다. 혹은 咸安·寧康(371~375)이 아닌가도 여겨진다. 咸安은 東晉 簡文帝의 年號이며 寧康은 孝武帝의 年號이다.
【太常】 관직 이름. 九卿의 하나. 宗廟 등의 제사를 맡은 벼슬.
【韓伯】 字는 康伯. 晉나라 潁川人. 재주가 있고 문학과 학술에 뛰어났던 人物. 侍中·丹陽尹·吏部尚書 등을 지냈으며, 죽은 후 太常에 추증되었다. 《晉書》(卷79)에 그 傳이 실려 있다.
【王蘊】 字는 叔仁(330~384). 王濛의 아들. 尙書吏部郞·著作郞 등을 지냈으며 뒤에 鎭軍將軍·會稽內史를 역임하였다. 《晉書》(卷93)에 傳이 실려 있다.
【光祿大夫】 상벌 포폄을 맡은 관직.
【劉耽】 字는 叔道. 桓玄의 장인. 桓玄에 의해 尙書令에 올랐다.
【蔣山廟】 蔣子文의 祠堂. 앞장 참조.
【三牲】 牛·羊·豕를 잡아 제사 지내는 일.
【剋期】 정해진 기간을 뜻한다.

참고 및 관련 자료

1. 戱言으로 입게 된 재앙에 대한 기록이다.

2. 본문의 韓伯·王蘊·劉耽은 모두 干寶가 《搜神記》를 집필한 晉 穆帝 永和 初(345)보다 뒤의 人物로 원 《搜神記》의 문장이 아닌 것으로 보이며, 후인이 덧붙여 삽입하였을 가능성이 있다.

3. 《法苑珠林》 92

宋咸寧中, 太常卿韓伯子某·會稽內史王蘊子某·光祿大夫劉耽子某, 同遊蔣山廟. 有數婦人像, 甚端正. 某等醉, 各指像以妻㢠配戱弄之. 卽以其夕, 三人同夢蔣侯遣傳敎相聞, 曰:「家子女竝醜陋, 而猥蒙榮顧. 輒剋某月某日, 悉相迎.」某等以其夢指適異常, 試往相問, 而果各得此夢, 符協如一. 於是大懼. 備三牲, 詣廟謝罪乞哀. 又俱夢蔣侯親來降己, 曰:「君等旣以顧之, 實貪今對. 期垂及, 豈容方更中悔?」經少時, 竝亡. (《志怪傳》)

4. 《太平廣記》 293

咸寧中, 太常卿韓伯子某·會稽內史王蘊子某·光祿大夫劉耽子某, 同遊蔣山廟. 廟有數婦人像, 甚端正. 某等醉, 各指像以戱相配匹. 卽以其夕, 三人同夢, 蔣侯遣傳敎相聞曰:「家子女並醜陋, 而猥垂榮顧. 輒刻某日, 悉相奉迎.」某等以其夢指適異常, 試往相問, 而果各得此夢, 符協如一. 於是大懼. 備三牲, 詣廟謝罪乞哀. 又俱夢蔣侯親來降己, 曰:「君等旣已顧之, 實貪會對. 剋期垂及, 豈容方更中悔?」經少時 並亡. (《搜神記》·《幽明錄》·《志怪》 等)

5. 기타 참고자료

《北堂書鈔》(64).

095(5-4) 吳望子與蔣山神
오망자와 장산 신

　　회계會稽 무현鄮縣 동쪽 교외에 어떤 여인이 살고 있었다. 성은 오吳씨이며 자는 망자望子라 하였다. 나이는 열여섯, 자태와 용모가 아름다웠다. 그 고을에 굿을 잘하는 사람이 있어 이 망자를 초청하자 망자는 그를 찾아 길을 나섰다. 그녀가 강 언덕을 따라 걷다가 도중에 갑자기 어떤 귀인貴人을 만나게 되었는데, 모습이 단정하여 보통 사람이 아니었다. 그 귀인은 배를 타고 가는 중이었으며 손으로 힘써 배를 젓고 있는 시종이 십여 명이나 되었다. 그 귀인의 모습은 복장이 단정하고 훌륭하였다. 그 귀인이 사람을 시켜 망자에게 물었다.
　　"어디로 가고자 하는가?"
　　망자가 사실을 들어 대답하자 귀인이 이렇게 제의하였다.
　　"지금 나도 마침 그곳으로 가는 길이니 어서 이 배에 타서 함께 가자."
　　망자는 사양하며 감히 그럴 수 없다고 하였다. 그런데 갑자기 그 귀인의 모습이 사라지고 마는 것이었다.
　　망자가 무당 집에 이르러 신좌神座에 배례하고 쳐다보았더니, 그가 바로 방금 배 안에 타고 있던 그 귀인이었다. 엄연하고 단정히 앉은 모습이었으며, 바로 장후蔣侯 상像이었다. 그 신상神像이 망자에게 물었다.
　　"어찌 이리 늦었는가?"
　　그러면서 귤 두 개를 망자에게 던져 주었다.
　　장후는 자주 그 모습을 드러내었다. 그리하여 드디어 망자와는 깊은 감정이 통하게 되었다. 망자가 마음속에 하고자 하는 바가 있으면, 즉시 공중에서 원하는 물건이 떨어졌다.
　　한 번은 망자가 잉어가 먹고 싶다고 생각하자, 한 쌍의 신선한 잉어가 그녀의 마음에 딱 맞도록 나타났다. 망자의 몸에서는 향기가 나기 시작하였고, 그 향기는 수 리里까지 퍼져 나갔다. 게다가 신비한 영험이 있어 그 읍邑 사람들이 모두 그녀를 받들어 섬겼다. 이렇게 3년이 지나자 망자에게 갑자기 다른 욕심이 생기게 되었다. 그러자 신은 즉시 그녀와 왕래를 끊고 말았다.

會稽鄮縣東野, 有女子, 姓吳, 字望子. 年十六, 姿容可愛. 其鄉里有解鼓舞神者, 要之便往. 緣塘行, 半路, 忽見一貴人, 端正非常. 貴人乘船, 手力十餘, 皆整頓.

令人問望子:「欲何之?」

具以事對.

貴人云:「今正欲往彼, 便可入船共去」

望子辭不敢. 忽然不見. 望子旣拜神座, 見向船中貴人, 儼然端坐, 卽蔣侯像也.

問望子:「來何遲?」

因擲兩橘與之. 數數形見, 遂隆情好. 心有所欲. 輒空中下之. 嘗思噉鯉, 一雙鮮鯉隨心而至. 望子芳香, 流聞數里. 頗有神驗, 一邑共奉事. 經三年, 望子忽生外意, 神便絕往來.

【鄮縣】會稽郡에 속한 縣으로 지금의 浙江省 鄞縣.
【吳望子】여인의 이름.
【蔣侯】蔣子文.《北堂書鈔》는 그 地名과 神名이 다르게 실려 있다.

참고 및 관련 자료

1. 吳望子와 蔣侯의 故事이다.

2. 《太平廣記》293

會稽鄮縣東野, 有女子, 姓吳, 字望子. 年十六, 姿容可愛. 其鄉里有鼓舞解神者, 要之便往. 緣塘行半路, 忽見一貴人, 端正非常. 貴人乘船, 手力十餘整頓, 令人問望子:「欲何之?」具以事對. 貴人云:「我今正往彼, 便可入船共去.」望子辭不敢. 忽然不見. 望子既拜神坐, 見向船中貴人, 儼然端坐, 即蔣侯像也. 問望子:「來何遲?」因擲兩橘與之. 數數形見, 遂隆情好. 心有所欲. 輒空中下之. 嘗思噉鯉, 一雙鮮鯉, 隨心而至. 望子芳香, 流聞數里. 頗有神驗, 一邑共事奉. 經三年, 望子忽生外意, 神便絕往來.(《搜神記》·《幽明錄》·《志怪》等)

3. 《法苑珠林》78

漢會稽鄮縣東野, 有一女子, 姓吳, 字望子. 年十六, 姿容可愛. 其鄉里有鼓舞解事者, 要之便往. 緣塘行半路, 忽見一貴人, 端正非常人, 乘船, 手力十餘, 皆整頓. 令人問望子:「今欲何之?」其具以事對. 貴人云:「我今正往彼, 便可入船共去.」望子辭不敢. 忽然不見. 望子既到跪拜神座, 見向船中貴人, 儼然端坐, 即蔣侯像也. 問望子:「來何遲?」因擲兩橘與之. 數數現形, 遂隆情好. 望子心有所欲. 輒空中下之. 會思啗膽, 一雙鮮鯉, 應心而至. 望子芳香, 流聞數里. 頗有神驗, 一邑共奉事. 經歷三年, 望子忽生外意, 便絕往來.(《續搜神記》)

4. 《北堂書鈔》145

《搜神記》云: 會稽鄮縣, 有一女, 姓吳, 字望子. 爲蘇侯神所愛, 望子嘗思噉膽, 雙鯉魚, 應心而至.

5. 《搜神後記》卷5

會稽鄮縣東野, 有女子, 姓吳字望子. 路忽見一貴人, 儼然端坐, 即蔣侯像也. 因擲兩橘與之, 數數形見, 遂隆情好, 望子心有所欲, 輒空中得之. 常思膽, 一雙鯉, 自空而至.

6. 기타 참고자료

《太平御覽》(936).

096(5-5) 蔣侯助殺虎
장후가 호랑이 죽이는 일을 도와주다

진군陳郡 사람 사옥謝玉이 낭야내사瑯邪內史가 되어 경성京城에 머물고 있었다. 그 해에 호환虎患이 심해 호랑이에게 물려 죽은 자가 심히 많았다. 그런데 어떤 사람이 작은 배 한 척에 젊은 아내를 싣고 큰 칼 하나를 배에다 꽂은 채 밤에 순찰 도는 초소(哨所, 邏所)에 이르렀다. 그러자 그 초소의 우두머리가 나와 이렇게 말하였다.

"이곳은 요즈음 많은 잡초가 나서 우거져 있습니다. 그대는 집사람을 태우고 이렇게 가벼운 차림으로 행동하고 있으, 그리 쉽게 여길 일이 아닙니다. 더 가지 마시고 이곳에 머물러 초소에서 밤을 보내십시오."

이렇게 서로 묻고 하는 일이 끝나자, 그 순라장巡邏將은 돌아가 버렸다. 그의 아내가 이에 막 언덕을 오르자, 그만 호랑이에게 잡혀가고 말았다. 그 남편은 칼을 빼어 들고 소리 지르며 쫓아갔다. 그런데 그는 일찍이 장후蔣侯를 신봉해 모신 적이 있었다. 그래서 장후를 부르며 도와달라고 소리치며 10리쯤 내닫자, 갑자기 검은 옷을 입은 자가 마치 앞에서 인도해 주는 듯하였다. 남편은 그를 따라 다시 20리를 갔다. 그곳에 큰 나무가 한 그루 있었다. 이윽고 굴 앞에 이르렀다. 그때 그 굴속의 호랑이 새끼들이 바깥의 소리를 듣고 어미 호랑이가 온 줄 알고, 모두 기어 나왔다. 남편은 즉시 이들을 모두 죽여 버렸다. 그리고는 다시 칼을 뽑아 들고 나무 뒤에 숨어 기다렸다. 한참을 지나 그 호랑이가 나타났다. 자신의 아내를 땅에다 내려놓고는 이를 거꾸로 하여 그 굴속으로 끌고 들어가려고 할 때였다. 그가 칼로 단숨에 그 호랑이의 허리를 쳐서 잘라 버렸다. 호랑이가 죽고 나자, 그 부인은 살아났다. 새벽이 되어서야 부인은 정신이 들어 말을 할 수 있게 되었다. 이에 남편이 묻자 부인은 이렇게 설명하였다.

"호랑이가 처음 내게 덮쳐, 즉시 나를 그 등에 태우더니 이곳에 이르러서는 나를 내려놓았소. 내 사지는 어느 한 곳도 다친 데가 없소. 다만 초목에 긁혀 생긴 상처가 있을 뿐이오."

남편은 아내를 부축하여 배로 돌아왔다. 이튿날 밤 꿈에 사람이 나타나 이렇게 일러 주었다.

"장후께서 너를 돕도록 하였다. 그대는 알고 있는가?"

이에 그는 집으로 돌아와, 돼지를 잡아 장후에게 고맙다는 제사를 지냈다.

陳郡謝玉爲瑯邪內史, 在京城. 其年虎暴, 殺人甚衆. 有一人, 以小船載年少婦, 以大刀挿著船, 挾暮來至邏所.

將出語云:「此間頃來甚多草穢, 君載細小, 作此輕行, 大爲不易. 可止邏宿也.」

相問訊旣畢, 邏將適還去. 其婦上岸, 便爲虎將去. 其夫拔刀大喚, 欲逐之. 先奉事蔣侯, 乃喚求助, 如此當行十里, 忽如有一黑衣爲之導. 其人隨之, 當復二十里, 見大樹. 旣至一穴, 虎子聞行聲, 謂其母至, 皆走出. 其人卽其所殺之. 便拔刀隱樹側住. 良久, 虎方至. 便下婦著地, 倒牽入穴. 其人以刀當腰斫斷之. 虎旣死, 其婦故活, 向曉能語.

問之, 云:「虎初取, 便負著背上, 臨至而後下之. 四體無他, 止爲草木傷耳.」

扶歸還船. 明夜, 夢一人語之曰:「蔣侯使助, 汝知否?」

至家, 殺豬祠焉.

【陳郡】 지금의 河南省 淮陽·太康·西華·鹿邑 일대를 관할하던 郡.
【謝玉】《校注》에는 謝琰이 아닌가 여겼다. 謝琰은 謝安의 아들로 瑯邪內史를 지냈다. 또는 謝安·謝玄의 同族 어떤 人物로도 본다.
【京城】 瑯邪國의 수도인 開陽. 지금의 山東省 臨沂縣. 그러나 〈三民本〉의 注에는 '洛陽'이라 하였다.
【虎患】 사람이나 가축이 호랑이에게 당하는 재앙.
【邏所】 巡邏의 哨所.

謝安《三才圖會》

참고 및 관련 자료

1. 虎患과 蔣侯의 도움을 묘사한 故事이다.
2. 이는 본《搜神記》의 原文이 아닌 것으로 여겨진다.
3.《太平廣記》293

陳郡謝玉, 爲瑯邪內史, 在京城. 其年虎暴, 殺人甚衆. 有一人, 以小船載年少婦, 以大刀揷着船, 挾暮來至, 邏將出語云:「此間頃來甚多草穢, 君載細小, 作此輕行, 太爲不易. 可止邏宿也.」相問訊旣畢, 邏將適還去. 其婦上岸, 便爲虎取去. 其夫拔刀大喚, 欲逐之. 先奉事蔣侯, 乃喚求助. 如此當行十里, 忽覺如有一黑衣人爲之導. 其人隨之, 當復二十里, 見大樹. 旣至一穴, 虎子聞行聲, 謂其母至, 皆走出. 其人卽其所殺之. 便挾刀隱樹側住. 良久, 虎方至. 便下婦着地, 到牽入穴. 其人以刀當腰斫斷之. 虎旣死, 其婦故活, 向曉能語. 問之云:「虎初取, 便負着背上. 臨至而後下之, 四體無他, 止爲草木傷耳.」扶歸還船. 明夜, 夢一人語之云:「蔣侯使助, 汝知否?」至家殺猪祠焉.(《搜神記》·《幽明錄》·《志怪》等)

097(5-6) 丁姑渡江
정고가 강을 건너다

회남淮南 전초현全椒縣에 정씨丁氏 성의 신부가 있었다. 원래 그는 단양丹陽 정씨의 딸이었으며 나이는 열여섯으로, 전초현의 사씨謝氏 집으로 시집 온 여자였다. 그런데 그 시어머니가 엄하고 가혹해서 사역을 하면서 목표량을 정해 놓고 그 목표량만큼 해 놓지 않으면 태질을 하여 견디어 낼 수가 없었다.

그리하여 9월 9일 그 여자는 그만 목을 매 자살하고 말았다. 죽은 그 혼령의 음성이 민간에게 들렸다. 이에 그 혼령은 무당 입을 통해 이렇게 지시하였다.

"내 집 며느리를 생각해 주어라. 끝없이 일만 하면서 쉬지도 못하는구나. 그들로 하여금 9월 9일은 피하도록 하라. 그날만은 일을 시키지 말라."

그러면서 그 형상을 보여 주기도 하였는데, 표의縹衣를 입고 푸른 일산日傘을 쓰고 있으며 여종을 하나 데리고 있었다.

그 여자 일행이 우저진牛渚津에 이르러 강을 건너려던 참이었다. 그때 두 남자가 함께 배를 타고 고기를 잡고 있었다. 소리를 질러 태워달라고 하자, 두 남자는 웃으면서 이런 농을 걸었다.

"내 말을 듣고 내 아내가 되어 주면 당연히 건네 드리지."

이에 정희丁姬가 이렇게 대답하였다.

"그대들 모두 훌륭한 젊은이라 여겼더니, 아는 바가 없구려. 그대들이 사람이라면 마땅히 진흙 속에 빠져 죽게 될 것이요, 귀신이라면 그대들을 물속에 집어넣어 죽게 하리라."

그리고는 물러서서 강가 풀 속으로 들어가 버렸다. 잠시 뒤, 어떤 노인이 배에 갈대를 잔뜩 싣고 가자, 정희는 그에게 건네 달라고 부탁하였다.

그러자 노인은 이렇게 말하는 것이었다.
"배에 지붕이 없습니다. 어찌 노천露天으로 태울 수 있겠습니까? 아마 태워 드리기에 적당치 않은 듯합니다."
정희가 "괜찮습니다"라 하자, 그 노인은 실었던 갈대를 반쯤 치우고 배 안에 편안한 자리를 만들어 주자, 그녀는 강을 건너 남쪽 언덕에 이르렀다. 떠나면서 노인에게 이렇게 일러 주었다.
"나는 본디 귀신이라오. 사람이 아닙니다. 나 스스로 건널 수도 있습니다. 그러나 마땅히 민간 사람들로 하여금 나에 대해 조금이라도 알게 하려고 그랬던 것입니다. 노인께서는 후의厚意를 품고 실었던 갈대까지 치우면서 나를 건네주었으니, 부끄러움과 고마움을 깊이 느낍니다. 마땅히 걸맞은 감사의 뜻을 드리겠소. 지금 만약 노인께서 급히 되돌아가 보시면 반드시 무엇인가 발견하게 될 것이며 아울러 마땅히 생기는 것도 있을 것입니다."
그러자 노인은 이렇게 사양하였다.
"뜨거운 햇볕에다가 덥고 습한 것도 제대로 해결해 드리지 못한 것만도 부끄러운데, 어찌 감히 감사의 은혜를 입겠습니까?"
노인이 되돌아서 서쪽 강가에 이르러 보니, 두 남자가 물속에 거꾸로 엎어져 있었다. 다시 몇 리를 가자 물고기 천여 마리가 물가로 튀어 나왔다. 바람이 그 물고기를 몰아 언덕으로 불어 올렸다. 노인은 이에 싣고 오던 갈대를 모두 버리고 대신 물고기를 싣고 돌아왔다. 이렇게 하여 정희는 드디어 단양으로 다시 되돌아왔다. 강남江南 사람들은 모두 그를 정고丁姑라 불렀으며, 매년 9월 9일에는 어떤 일도 하지 않고 모두가 쉬는 날로 삼았다. 지금도 그곳에서는 그에게 제사를 지내고 있다.

淮南全椒縣有丁新婦者, 本丹陽丁氏女. 年十六, 適全椒謝家. 其姑嚴酷, 使役有程, 不如限者, 仍便答捶不可堪. 九月九日, 乃自經死. 遂有靈響, 聞於民間.

發言于巫祝曰:「念人家婦女, 作息不倦, 使避九月九日,

勿用作事」

　見形, 著縹衣, 戴青蓋, 從一婢, 至牛渚津, 求渡. 有兩男子, 共乘船捕魚, 仍呼求載.

　兩男子笑, 共調弄之, 言:「聽我爲婦, 當相渡也」

　丁姬曰:「謂汝是佳人, 而無所知. 汝是人, 當使汝入泥死. 是鬼, 使汝入水」

　便卻入草中. 須臾, 有一老翁乘船載葦, 姬從索渡.

　翁曰:「船上無裝, 豈可露渡? 恐不中載耳」

　姬言:「無苦」

　翁因出葦半許, 安處著船中, 徑渡之至南岸.

　臨去, 語翁曰:「吾是鬼神, 非人也, 自能得過. 然宜使民間粗相聞知. 翁之厚意, 出葦相渡, 深有慚感, 當有以相謝者. 若翁速還去, 必有所見, 亦當有所得也」

　翁曰:「愧燥濕不至, 何敢蒙謝?」

　翁還西岸, 見兩男子覆水中. 前進數里, 有魚千數, 跳躍水邊, 風吹至岸上. 翁遂棄葦, 載魚以歸. 於是丁姬遂還丹陽. 江南人皆呼爲丁姑.

　九月九日, 不用作事, 咸以爲息日也. 今所在祠之.

　【全椒縣】魏晉時代 淮南郡에 속한 縣. 지금의 全椒縣.
　【新婦】魏晉時代에는 기혼녀를 신부라 불렀다.
　【丹陽】지금의 安徽省 當塗縣 丹陽鎭.
　【縹衣】옥색의 옷.

【牛渚津】長江의 유명한 나루. 지금의 安徽省 當塗縣 牛渚山 아래에 있다.
【九月九日】'九月七日'의 誤記. 重陽節에는 이러한 습속이 없으며, 다른 기록에는 모두 '九月七日'로 되어 있다.

참고 및 관련 자료

1. 丁姑의 化神과 勸善懲惡의 故事이다.
2. 《太平廣記》 292

淮南全椒縣, 有丁新婦者, 本丹陽丁氏女. 年十六, 適全椒謝家. 其姑嚴酷, 使役有程, 不如限者, 仍便笞捶, 不可堪. 九月七日自經死. 遂有靈響, 聞於民間. 發言於巫祝曰:「念人家婦女, 作息不倦, 使避九月七日, 勿用作.」見形, 著縹衣, 戴靑蓋, 從一婢, 至牛渚津求渡. 有兩男子共乘船捕魚, 仍呼求載. 兩男子笑, 共調弄之, 言:「聽我爲婦. 言當相渡也.」丁嫗曰:「謂汝是佳人, 而無所知. 汝是人, 當使汝入泥死. 是鬼. 使汝入水.」便却入草中. 須臾, 有一老翁, 乘船載葦, 嫗從索渡. 翁曰:「船上無裝, 豈可露渡? 恐不中載耳.」嫗言無苦, 翁因出葦半許, 安處著船中, 徑渡之, 至南岸, 臨去語翁曰:「吾是鬼神, 非人也, 自能得過, 然宜使民間粗相聞知. 翁之厚意, 出葦相渡, 深有慙感, 當有以相謝者, 翁速還去, 必有所見, 亦當有所得也.」翁曰:「愧燥濕不至, 何敢蒙謝?」翁還西岸, 見兩少男子覆水中. 進前數里, 有魚千數, 跳躍水邊, 風吹置岸上. 翁遂棄葦載魚以歸. 於是丁嫗遂還丹陽. 江南人皆呼爲丁姑. 九月七日不用作事, 咸以爲息日也. 今所在祠之.

3. 기타 참고자료

《太平寰宇記》(129). 《方輿紀勝》(42)

098(5-7) 趙公明府參佐
조공 명부의 참좌

산기시랑散騎侍郞 왕우王祐가 병들어 고통이 심해지자, 어머니와 이별하고 떠나려 하였다. 얼마 뒤 어떤 사람이 알고 이렇게 통보해 왔다.

"어느 군郡 어느 동네에 사는 모씨某氏라는 이가 있습니다."

그런데 그 사람은 일찍이 별가別駕 벼슬을 지냈던 인물로, 왕우 역시 그의 훌륭한 성姓과 자字를 들어 알고 있던 터였다. 잠시 뒤, 갑자기 바로 그 사람이 찾아와서 이렇게 말하였다.

"그대와 나는 같은 선비의 무리로서, 서로가 연분이 있소. 게다가 같은 고향으로 감정 또한 서로 통하는 사이요. 지금 국가에 큰일이 생겨 장군 셋을 파견하였으며, 가는 곳마다 사람을 징발하느라 정신없소. 우리 10여 명은, 조공趙公 명부明府의 참좌參佐라오. 이런 상황을 창졸간에 당하여 그대의 높은 위치와 덕망을 보고 이에 그대에게 의지하려 하오. 그대와 함께 하게 된다면, 그 큰 힘은 말로 할 수 없는 정도가 될 것이외다."

왕우는 그들이 귀신이라는 것을 알고 이렇게 허락하였다.

"저는 불행하게도 병이 깊어 아침저녁 언제 죽을지 모르는 운명입니다. 다행히 그대를 만났으니 내 생명을 그대들에게 의탁해서 빕니다."

그러자 그는 이렇게 말하였다.

"사람은 나서 반드시 죽게 되어 있소. 이는 어쩔 수 없는 필연의 사실입니다. 죽은 자는 살아 있을 때의 귀천에 얽매이지 아니합니다. 내 지금 군사 3천이 있으니, 이를 당신이 통솔해 주시오. 만약 그대가 허락한다면 이 명부名簿를 그대에게 넘겨주겠소. 이런 기회를 얻기가 쉽지 않은 일이니, 사양하지 말아 주시오."

왕우가 다시 말하였다.

"제게 노모가 계신데 연로하시고 형제도 없어 하루아침에 제가 죽고 없어지면 어머니를 봉양할 자가 없습니다."

이렇게 말해 놓고 왕우는 복받치는 울음을 이겨내지 못하였다. 그 사람은 창연愴然히 여기며 이렇게 달랬다.

"그대는 지위가 항상 방백邦伯에 이르렀으면서도 집에 남긴 재산도 없구려. 방금 듣기로 존부인尊夫人과 이별하겠다면서 그 말소리가 애절하였소. 그런 것을 보면 그대는 이 나라의 국사國士요, 어찌 가히 당신을 죽게 내버려 두겠소. 내 마땅히 그대를 위해 애써 보겠소."

그리고 일어나 떠나면서 일러 주었다.

"내일 다시 오겠소."

그 다음 날 역시 그가 다시 오자 왕우가 말하였다.

"그대가 나를 살려 주신다고 하였는데 정말 그런 은혜를 베풀어 주실 수 있소?"

그가 대답하였다.

"내가 이미 허락하였소. 그런데 다시 그대를 속이기야 하겠소!"

그리고 보았더니 그를 따르는 자가 수백 명인데, 모두가 키가 겨우 2척尺 정도에 검은색 군복을 입었고, 붉은색 기름으로 군장의 표지標誌를 쓴 것이었다. 왕우는 집에서 북을 치며 기도의 제사를 벌였다. 여러 귀신들이 북소리를 듣자 모두가 그 박자에 맞추어 일어나 춤을 추었다. 휘날리는 소매가 사각사각 소리가 났다. 왕우가 주식酒食을 차리려 하자, 그들은 "그럴 필요가 없다"고 하며, 다시 일어나 모두 떠나면서 왕우에게 이렇게 일러 주었다.

"그대의 몸에 있는 병은, 마치 불과 같은 것이니, 마땅히 물로 이를 꺼서 없애면 되오."

그리고 나서 물 한 잔을 떠다가 이불을 걷고 그 속에 뿌려 주었다. 그리고 나서 다시 이렇게 일러 주었다.

"그대를 위해 붉은 붓 10여 자루를 남겨 두고 갑니다. 이를 자리 밑에 두었다가, 남에게 나누어 주어 비녀로 쓰게 하시오. 그러면 어떤 출입에도 재앙을 물리칠 수 있으며, 하는 일마다 모두 탈이 없을 것입니다."

그리고 이어서 다시 또 이렇게 설명하였다.

"왕갑이을王甲李乙 모두 내가 잘 사귀어 두었소."

그리고는 왕우의 손을 잡고 이별을 고하였다. 이때 왕우는 편안한 잠 속에 취해 있을 때였다. 밤중에 갑자기 깨어 보았더니 꿈이었던 것이다. 이에 옆 사람을 깨워 자신의 이불을 펴 보라고 하였다.

"신이 나에게 물을 뿌려 주었소. 크게 젖었을 것이오."

이불을 젖혀 보니 과연 그와 같았다. 덮는 이불 아래, 요 위에 물기가 완연하였으며, 젖지는 않은 채 마치 연잎에 이슬 같았다. 이를 되어 보았더니, 석 되 7홉이나 되었다. 이리하여 왕우의 병이 삼분의 이는 나은 듯 하더니, 며칠 지나 완전히 쾌유하였다.

무릇 꿈속에 그가 함께 데리고 가겠다고 거명한 이들은 모두 죽었고, 다만 왕문영王文英란 자만은 반년이 지난 뒤 죽었다. 그가 말한 붉은 붓을 얻었던 이들은, 모두가 질병과 병란兵亂을 겪으면서도, 한결같이 무사하였다.

당초《요서妖書》에 이런 말이 있었다.

"상제上帝께서 조공명趙公明·종사계鍾士季 등 세 장군을 파견하여, 각각 수만 명의 귀신을 거느리고 사람을 잡으러 내려가리라."

당시 사람들은 이들 장군과 귀신들이 어디 있는 누구인지를 몰랐다. 왕우의 병이 낫고 나서 그 책을 보니, 왕우가 만나 일러 주었던 조공명이 바로 그 사건과 합치되는 이름이었던 것이다.

散騎侍郎王祐, 疾困, 與母辭訣. 旣而聞有通賓者, 曰:「某郡某里某人.」

嘗爲別駕, 祐亦雅聞其姓字.

有頃, 奄然來至, 曰:「與卿士類, 有自然之分, 又州里, 情便款然. 今年國家有大事, 出三將軍, 分布徵發, 吾等十餘人, 爲趙公明府參佐, 至此倉卒, 見卿有高門大屋, 故來投. 與卿

相得, 大不可言.」

祐知其鬼神, 曰:「不幸疾篤, 死在旦夕. 遭卿, 以性命相乞.」

答曰:「人生有死, 此必然之事. 死者不繫生時貴賤. 吾今見領兵三千, 須卿, 得度簿相付. 如此地難得, 不宜辭之.」

祐曰:「老母年高, 兄弟無有, 一旦死亡, 前無供養.」

遂歔欷不能自勝. 其人愴然曰:「卿位爲常伯, 而家無餘財. 向聞與尊夫人辭訣, 言辭哀苦. 然則卿國士也, 如何可令死? 吾當相爲.」

因起去:「明日更來.」

其明日又來. 祐曰:「卿許活吾, 當卒恩否?」

答曰:「大老子業已許卿, 當復相欺耶!」

見其從者數百人, 皆長二尺許, 烏衣軍服, 赤油爲誌. 祐家擊鼓禱祀. 諸鬼聞鼓聲, 皆應節起舞, 振袖, 颯颯有聲.

祐將爲設酒食, 辭曰:「不須.」

因復起去, 謂祐曰:「病在人體中, 如火, 當以水解之.」

因取一杯水, 發被灌之.

又曰:「爲卿留赤筆十餘枝, 在薦下, 可與人, 使簪之. 出入辟惡災, 擧事皆無恙.」

因道曰:「王甲李乙, 吾皆與之.」

遂執祐手, 與辭. 時祐得安眠, 夜中忽覺, 乃呼左右, 令開被:「神以水灌我, 將大沾濡.」

開被而信, 有水在上被之下, 下被之上, 不浸, 如露之在荷.

量之,得三升七合.於是疾三分愈二,數日大除.凡其所道當取者,皆死亡.唯王文英半年後乃亡.所道與赤筆人,皆經疾病及兵亂,皆亦無恙.

初有妖書云:『上帝以三將軍趙公明·鍾士季,各督數萬鬼下取人.』

莫知所在.祐病差,見此書,與所道趙公明合.

【散騎侍郎】 관직 이름. 規諫, 表詔를 관장하는 높은 직급.
【王祐】《校注》에서는 "汝南王司馬祐"로 보고 있다. 《晉書》 汝南王 司馬亮傳에 "亮子矩, 矩子祐, ……太寧中, 進號衛將軍, 加散騎常侍"라 하였다.
【別駕】 刺史가 州를 순행할 때 수행하는 벼슬. 딴 수레에 따로 가기 때문에 이름 지어진 것.
【州里】 고대 2500家는 州, 25家는 里라 하였다.
【大事】《左傳》成公 13年에 "國之大事, 在祀與戎"이라 하여 제사와 전쟁을 뜻한다.
【趙公明】 終南山 사람으로 秦나라 때의 隱士. 得道成仙하여 天下의 財物을 관장하며, 1억만 명의 귀신 軍師를 거느리고 인간세계에 나타났다고 한다. 《歷世眞仙體道通鑑》에 실려 있는 八部鬼帥의 하나. 陶弘景의 《眞誥》에는 "五方諸神趙公明"이라 하였고, 그 注에 "趙公明, 今十二百官儀, 乃以爲溫鬼之名"이라 하였다. '財神'으로도 여겨진다.
【參佐】 鬼神의 직책으로 본다.
【常伯】 皇帝의 좌우 侍中을 뜻한다.
【大老子】 魏晉時代에 자신을 오만하게 부르던 칭호. 口語.
【王甲李乙】 보통 사람. '張三李四'와 같다. 여기서는 저승세계로 데려가게 된 사람들 이름을 알려 준 것이다.
【王文英】《北堂書鈔》34에 郭璞의 《洞林》을 인용하여 "丞相從事中郎王文英"이라 하였다.
【妖書】《晉書》 卷6에 "太寧二年, 術人李脫造妖書惑衆, 斬于建康市"라 하였는데, 이를 두고 말한 것이 아닌가 한다.

【鍾士季】鍾會(225~264). 字는 士季. 鍾皓의 증손. 鍾繇의 아들. 어려서 재주가 있었으며, 蜀을 평정한 공로로 司徒에 올라 縣侯에 봉해졌다.《三國志》卷28에 그 傳이 실려 있다.《世說新語》참조. 여기서는 鬼將이 된 鍾士季를 가리키며 역시《歷世眞仙體道通鑑》에 실려 있는 八部鬼帥 하나이다.

참고 및 관련 자료

1. 王祐가 병중에 귀신을 만나 구제를 얻은 故事이다.

2.《太平廣記》294

散騎侍郞王祐, 疾困, 與母辭訣. 旣而聞有通賓者, 曰:「某郡某里某人.」嘗爲別駕, 祐亦雅聞其姓字. 有頃, 奄然來至, 曰:「與卿士類, 有自然之分, 又州里, 情便款然. 今年國家有大事, 出三將軍, 分布徵發, 吾等十餘人, 爲趙公明府參佐, 至此倉卒, 見卿有高門大屋, 故來投. 與卿相得, 大不可言.」祐知其鬼神, 曰:「不幸篤疾, 死在旦夕. 遭卿, 以性命相託.」答曰:「人生有死, 此必然之事. 死者不繫生時貴賤, 吾今見領兵千人, 須卿, 得度簿相付. 如此地難得, 不宜辭之.」祐曰:「老母年高, 兄弟無有, 一旦死亡, 前無供養.」遂獻欷不能自勝, 其人愴然曰:「卿位爲常伯, 而家無餘財. 向聞與尊夫人辭訣, 言辭哀苦. 然則卿國士也, 如何可令死? 吾當相爲.」因起去:「明日更來.」其明日又來. 祐曰:「卿許活吾, 當卒恩否?」答曰:「大老子業已許卿, 當復相欺耶!」見其從者數百人, 皆長二尺許, 烏衣軍服, 赤油爲誌. 祐家擊鼓禱祀. 諸鬼聞鼓聲, 皆應節起舞, 振袖, 颯颯有聲. 祐將爲設酒食, 辭曰:「不須.」因復起去, 謂祐曰:「病在人體中, 如火, 當以水解之.」因取一盃水, 發被灌之. 又曰:「爲卿留赤筆十餘枝, 在薦下, 可與人使著. 出入辟惡災.」因道曰:「王甲李乙, 吾皆與之.」遂執祐手, 與辭. 時祐得安眠, 夜中忽覺, 忽呼左右, 令開被:「神以水灌我, 將大沾濡.」開被而信, 有水在上被之下, 下被之上, 不浸, 如露之在荷. 量之, 得三升七合. 於是疾三分愈二, 數日大除. 凡其所道當取者, 皆死亡. 唯王文英半年後乃亡. 所道與赤筆人, 皆經疾病及兵亂, 皆亦無恙. 初有妖書云:「上帝以三將軍趙公明·鍾士季, 各督數萬鬼下取人.」莫知所在. 祐病差, 見此書, 與所道趙公明合焉.(《搜神記》)

3. 기타 참고자료

《北堂書鈔》(34).《太平御覽》(605).《事類賦注》(15).《文房四寶》(1).

099(5-8) 周式之死
주식의 죽음

　한漢 나라 때 하비下邳에 주식周式이란 사람이 있었다. 그가 동해東海로 가는 도중에 길에서 어떤 관리 하나를 만났다. 그 관리는 책 한 권을 지니고 있었다. 그가 주식에게 배를 태워 달라고 하여 함께 가게 되었다. 10여 리쯤 갔을 때, 그 관리가 주식에게 이렇게 말하였다.
　"내 잠깐 어디 다녀올 곳이 있소. 이 책을 그대 배 안에 맡겨 둘 테니 절대 펴 보지 마시오."
　그가 떠난 뒤, 주식은 몰래 그 책을 펴 보았다. 그 책에는 놀랍게도 죽을 사람의 이름들이 가득 기록되어 있었다. 그 아래에 주식 자신의 이름도 들어 있었다. 잠시 뒤 그 관리가 돌아왔을 때도, 주식은 눈치 채지 못하고 여전히 그 책을 들여다보고 있었다. 관리가 노해서 이렇게 말하였다.
　"내 이미 그대에게 일렀거늘 어찌하여 이렇게 보고 있는가?"
　주식은 머리를 조아리며 이마에 피가 나도록 애걸하였다. 한참 지나서, 그 관리는 이렇게 말하였다.
　"그대가 이렇게 먼 길에 나를 태워 준 것에 대해 고맙게 여기기는 하오만, 이 책에 있는 그대 이름을 제거해 줄 수는 없소. 오늘 그대는 떠나시오. 집에 돌아가거든, 3년 동안 문밖에 나오지 마시오. 이를 지키면 화를 면할 수 있을 것이오. 그리고 내 책을 보았다는 말을 누구에게도 해서는 안 되오."
　주식이 집으로 돌아와, 그의 말대로 문밖에 나가지 않은 지 이미 2년 남짓 흐르자, 집안사람들이 모두 괴이히 여겼다. 그때 마침 이웃집 사람이 하나 죽었다. 주식의 아버지는 그런 경우조차 문밖에 나서지 않는 주식에게 노하여 가서 조문하도록 하였다. 주식은 어쩔 수 없이 막 문을 나서려는데, 지난날의 그 관리가 나타나 이렇게 꾸짖었다.

"내 그대로 하여금 3년을 문밖에 나오지 말라 하였거늘, 지금 밖으로 나오다니. 이 일이 어떻게 되는지 알기나 하오? 내가 그대가 나오는 것을 보지 못하였다고 거짓보고를 하면, 나는 그대의 죄에 연루되어 채찍과 곤장을 맞게 되오. 내 지금 이렇게 그대를 보았으니, 이제는 어쩔 수 없소. 앞으로 사흘 뒤 일중日中 때, 그대 목숨을 거두러 올 것이오."

주식이 돌아와, 울면서 가족들에게 사실을 털어놓았다. 주식의 아버지는 이를 믿지 않았지만, 그의 어머니는 밤낮으로 주식 곁에서 그를 지켰다. 사흘이 지나 일중이 되자, 과연 어떤 이가 주식을 데리러 왔고, 주식은 죽고 말았다.

漢下邳周式, 嘗至東海, 道逢一吏, 持一卷書, 求寄載.

行十餘里, 謂式曰:「吾暫有所過, 留書寄君船中, 愼勿發之.」

去後, 式盜發視書, 皆諸死人錄. 下條有式名, 須臾, 吏還, 式猶視書.

吏怒曰:「故以相告, 而忽視之?」

式叩頭流血.

良久, 吏曰:「感卿遠相載, 此書不可除卿名. 今日已去, 還家, 三年勿出門, 可得度也. 勿道見吾書.」

式還不出, 已二年餘, 家皆怪之. 鄰人卒亡, 父怒, 使往弔之. 式不得已, 適出門, 便見此吏.

吏曰:「吾令汝三年勿出, 而今出門, 知復奈何? 吾求不見, 連累爲鞭杖. 今已見汝, 無可奈何. 後三日日中, 當相取也.」

式還, 涕泣具道如此. 父故不信, 母晝夜與相守.

至三日日中時, 果見來取, 便死.

【下邳】縣 이름. 지금의 江蘇省 睢寧縣.
【周式】人名.
【東海】郡 이름. 지금의 江蘇省 북부 해안을 관할하던 郡.
【日中】한낮. 정오.

참고 및 관련 자료

1. 周式이 鬼神과의 약속을 어겨 죽게 된 이야기이다.
2. 《法苑珠林》59
漢下邳周式, 嘗至東海, 道逢一吏, 持一卷書, 求寄載. 行十餘里, 謂式曰:「吾暫有所過, 留書寄君船中, 愼勿發之」去後, 式盜發視書, 皆諸死人錄. 下條有式名, 須臾, 吏還, 式首視書. 吏怒曰:「故以相告, 而勿視之?」式叩頭流血. 良久, 吏曰:「感卿遠相載, 此書不可除卿. 今日已去, 還家, 三年勿出門, 可得度也. 勿道見吾書」式還不出, 已二年餘, 家皆怪之. 隣人卒亡, 父怒, 使往弔之. 式不得止, 適出門, 便見此吏. 吏曰:「吾令汝三年勿出, 而今出門, 知復奈何? 吾求不見, 連累爲得鞭杖. 今已見汝, 無可奈何. 後三日日中, 當相取也」式還, 涕泣具道如此. 父故不信, 母晝夜與相守. 涕泣至三日日中時, 見來取, 便死.

3. 《太平廣記》316
漢下邳周式, 嘗至東海, 道逢一吏, 持一卷書, 求寄載. 行十餘里, 謂式曰:「吾暫有所過, 留書寄君船中, 愼勿發之」去後, 式盜發視書, 皆諸死人錄. 下條有式名, 須臾吏還, 式猶視書. 吏怒曰:「故以相告, 何物視之?」式扣頭流血. 良久曰:「感卿遠相載, 此書不可除, 卿名今日已去, 還家, 三年勿出門, 可得度也. 勿道見吾書」式還不出, 已二年餘, 家皆怪之. 隣人卒亡, 父怒, 使往弔之. 式不得止, 適出門, 便見此吏. 吏曰:「吾令汝三年勿出, 而今出門, 知復奈何? 吾求不見, 連相爲鞭杖. 今已見汝, 無可奈何. 後三日日中, 當相取也」式還涕泣, 具道如此. 父故不信, 母晝夜與相守涕泣. 至三日日中時, 果見來取, 便死.(《法苑珠林》)

4. 기타 참고자료
《太平御覽》(884).

100(5-9) 張助斫李樹
장조가 오얏나무를 베다

남돈南頓의 장조張助가, 어느 날 논에서 모내기를 하다가 오얏씨를 주웠다. 이를 가지고 갈까 하다가 돌아보니 뽕나무 고목의 구멍 속에 흙이 있음을 보고, 그 씨를 그 흙에다 심고 먹다 남은 국물을 부어 주었다. 뒤에 사람들은 뽕나무에 오얏나무가 자라는 것을 보고, 신비한 것이라 소문을 퍼뜨렸다. 눈병이 나서 고통당하던 어떤 자가, 그 나무 아래에서 쉬다가 이렇게 중얼거렸다.
"오얏나무여, 내 병을 낫게 한다면 내 돼지 한 마리를 잡아 보답하리라."
그의 눈병은 별것 아닌 질환이었고 역시 스스로 낫는 병이었다. 그런데 여러 마리의 개들이 짖어대자, 봉사가 눈을 떴다고, 잘못된 소문이 퍼져 원근 사람들이 몰려들게 되었다. 그 나무 아래에는 수레와 말들이 항상 수천을 헤아릴 정도였으며, 차려온 고기와 술도 땅에 가득하였다. 1년쯤 흘러, 그때 멀리 갔던 장조가 되돌아와서 그 모습을 보고 놀랐다.
"여기에 무슨 신이 있단 말인가? 이는 내가 심었던 것일 뿐인데."
그리고는 그 나무를 베어 없애 버렸다.

南頓張助, 於田中種禾, 見李核, 欲持去. 顧見空桑中有土, 因種殖, 以餘漿溉灌. 後, 人見桑中反復生李, 轉相告語.
有病目痛者, 息陰下. 言:「李君令我目愈, 謝以一豚」
目痛小疾, 亦行自愈. 衆犬吠聲, 盲者得視, 遠近翕赫. 其下車騎常數千百, 酒肉滂沱.

間一歲餘, 張助遠出來還, 見之驚云:「此有何神? 乃我所種耳」

因就斫之.

【南頓】縣 이름. 지금의 河南省 項城縣 서쪽.
【空桑】뽕나무 고목으로 구멍이 생긴 곳.
【衆犬吠聲】개 한 마리가 이상한 사람을 보고 짖자, 모든 개가 그 개의 짖는 소리만 듣고 따라 짖음을 말한다. 王符의 《潛夫論》에 "一犬吠形, 百犬吠聲, 一人傳虛, 萬人傳實"이라 하였다. 분명하지 않은 사실을 소문만 믿고 따름을 뜻한다.

李《三才圖會》

【滂沱】원래는 비가 크게 쏟아지는 모습을 말한다. 여기서는 酒肉을 많이 차린 모습을 뜻한다.

참고 및 관련 자료

1. 뽕나무에 오얏이 달렸다는 오해를 풀어낸 故事이다.
2. 《抱朴子》內篇 道意篇
南頓人張助者, 耕白田, 有一季栽應在耕次, 助惜之, 欲持歸, 乃掘取之, 未得卽去. 以濕土封其根, 以置空桑中, 遂忘取之. 助後作遠職不在, 後其里中人見桑中忽生李, 謂之神, 有病目痛者蔭息此桑下, 因祝之, 言:「李君能令我目愈者, 謝以一㹠.」其目偶愈, 便殺㹠祭之. 傳者過差, 便言此樹能令盲者得視. 遠近翕然, 同來請福, 常車馬塡溢, 酒肉滂沱. 如此數年, 張助罷職來還, 見之乃曰:「此是我昔所季栽耳, 何有神乎!」乃斫去, 便止也.
3. 기타 참고자료
《風俗通》(怪神篇)

101(5-10) 臨淄出新井
임치에 새로운 우물이 생겨나다

왕망王莽이 섭정의 자리에 군림하자, 유경劉京이 이렇게 상언하였다.
 "제군齊郡 임치현臨淄縣의 정장亭長 신당辛當이란 자가 있습니다. 어떤 이가 그의 꿈속에 자주 나타나 자신에게 이렇게 말하더라는 것입니다. '나는 하늘의 사신이다. 섭황제攝皇帝가 틀림없이 진짜 황제가 될 것이다. 내 말을 믿지 못하겠거든 이 정亭에 새로운 우물이 하나 생길 테니 가 보아라.' 이에 정장인 신당이 일어나 가 보았더니, 과연 그 마을에 새로운 우물이 하나 더 생겨났는데, 땅속 깊이가 백 척이나 되더라는 것입니다."

王莽居攝, 劉京上言:「齊郡臨淄縣亭長辛當, 數夢人謂曰:『吾天使也, 攝皇帝當爲眞, 卽不信我, 此亭中當有新井出.』亭長起視, 亭中果有新井, 入地百尺」

【王莽】字는 巨君(B.C.45~23). 漢 元皇后의 조카. 어려서 고아가 되어 독서 끝에 성망을 얻었다. 뒤에 太傅가 되어 安漢公에 봉해졌으며 平帝가 죽은 후 겨우 두 살인 孺子 嬰을 옹립하고 자신은 攝皇帝가 되었다가 初始 元年(A.D.8) 정권을 찬탈, '新'을 세워 '西漢'을 멸망시켰다. 地皇 4年(23)에 劉玄·赤眉軍·綠林軍에게 살해되었다.《漢書》(卷99)에 그 傳이 실려 있다.
【劉京】西漢 末의 道士. 廣饒侯에 봉해졌다.《漢書》王莽傳 참조.
【齊郡】郡 이름. 治所는 臨淄. 지금의 山東省 淄博市 臨淄鎭.
【亭長】亭은 행정의 최소 단위. 마을 단위.

【辛當】人名.
【攝皇帝】攝政皇帝. 당시 王莽을 攝皇帝·假皇帝라 불렀으며 新을 세우자 眞皇帝라 불렀다.

참고 및 관련 자료

1. 王莽의 攝政에 대한 神異함을 나타낸 故事이다.
2.《漢書》卷99(上) 王莽傳
宗室廣饒侯劉京上書言:「七月中, 齊郡臨淄縣昌興亭長辛當一暮數夢, 曰: '吾, 天公使也, 天公使我告亭長曰: 攝皇帝當爲眞, 卽不信我, 此亭中當有新井.' 亭長晨起視亭中, 誠有新井, 入地且百尺.」

卷六

총 77장(102-178)

〈七牛虎耳銅貯貝器〉(서한) 1956 雲南 晉寧縣 滇王墓 출토

102(6-1) 論妖怪
요괴에 대한 논의

요괴妖怪라고 하는 것은, 대개 정기(精氣, 精靈)가 물체에 의지해 형성된 것이다. 그 정기는 중심을 혼란시키고, 그 겉으로는 변환變幻을 일으킨다. 형체·정신·원기·본질은 표리表裏의 상호작용이다. 이들은 오행五行에 그 근본을 두고 오사五事를 통괄한다. 비록 소식消息·승강升降하여, 변화와 움직임이 수만 가지의 단서端緖가 있으니, 그 선악·길흉의 징조休咎之徵는 모두가 어느 정도 그 범주範疇를 정해 논할 수는 있다.

妖怪者, 蓋精氣之依物者也. 氣亂於中, 物變於外. 形神氣質, 表裏之用也. 本於五行, 通於五事. 雖消息升降, 化動萬端, 其於休咎之徵, 皆可得域而論矣.

【精氣】원래는 天地萬物의 元氣. 여기서는 精靈을 뜻함.
【五行】金·木·水·火·土.
【五事】五行과 대비된 人間事의 개념. 貌·言·視·聽·思.
【消息】消滅과 增殖.
【休咎】吉凶. 禍福.

> 참고 및 관련 자료

1. 妖怪는 무엇인가에 대한 논거를 밝혔다.
2. 《法苑珠林》42

妖怪者, 干寶記云: 蓋是精氣之依物者也. 氣亂於中, 物變於外. 形神氣質, 表裏之用也. 本於五行, 通於五事. 雖消息昇降, 化動萬端, 然其休咎之徵, 皆可得域而論矣.

103(6-2) 論山徙
산이 옮겨 감에 대한 논의

하夏나라 걸왕桀王 때에는, 여산厲山이 사라졌다. 진秦 시황始皇 때에는, 삼산三山이 사라져 버렸다. 그리고 주周 현왕顯王 32년에는, 송宋나라 대구大邱의 토지신 사당이 사라져 버렸다. 한漢 소제昭帝 말엽에는, 진류군陳留郡 창읍현昌邑縣의 토지신 사당이 사라졌다. 경방京房의 《역전易傳》에는 이렇게 말하였다.

"산이 아무 말도 없이 스스로 옮겨 가게 되면, 천하에 병란兵亂이 일어나고 사직社稷이 망한다."

옛날에 회계군 산음현山陰縣 낭야琅邪 지역에 괴산怪山이란 이름의 산이 하나 있었다. 전해 오기로는 이 산은 본디 낭야군琅邪郡 동무현東武縣 바다 가운데에 있던 산이었다고 한다. 당시 깊은 밤에, 풍우가 몰아쳐 캄캄하더니 이튿날 아침에 동무현에 있던 그 산이 먼 회계군에 와 있더라는 것이다. 백성들이 이를 괴이히 여겨 이름을 괴산이라 불렀다고 한다. 당시 동무현의 그 산이 하룻밤 사이에 스스로 사라져 옮겨 간 것이다. 그 산의 형상을 기억하고 있던 자들이 비로소 그 산이 옮겨져 그곳에 나타났음을 알게 되었던 것이다.

지금도 그 괴산 아래에 동무리東武里라는 이름의 동네가 있어, 그 산이 스스로 옮겨 왔음을 알게 되었으며, 그 때문에 그렇게 이름이 주어진 것이다.

또 교주交州와 취주脆州 지역의 산이 청주靑州로 옮겨 간 것도 있다. 무릇 이처럼 산이 옮겨 간 것은, 모두가 정상이 아닌 괴이한 일이다.

이상 두 산이 옮겨 간 사실은, 어느 시대 있었던 일인지는 자세하지 않다. 《상서尙書》 금등편(金縢篇, 洪範篇)의 잘못에는 이렇게 기록되어 있다.

"산이 옮겨 가는 것은 임금 된 자가 도의 있는 선비를 임용하지 않고, 현능한 자가 제자리에 오르지 못하기 때문이다. 혹은 봉록이 공실公室을 통해 나오지 않고, 상벌이 임금에 의해 결정되지 않으며, 사사로운 문벌이 무리를 이루어 더 이상 구제할 수 없을 때 일어나는 변괴이다. 이는 세대世代가 바뀌고 조대朝代 이름이 바뀐다는 뜻이다."

이렇게 말할 수 있다.

"하늘의 도리를 잘 설명할 수 있는 자는, 반드시 사람의 일에서 그 근거를 찾는다. 또 사람의 일을 잘 설명할 수 있는 자는, 그 근본을 자연의 도리에서 찾는다. 그러므로 하늘에는 사시四時의 변화가 있고, 일월이 서로 밀어 움직이게 하며, 추위 더위가 차례로 운행된다. 그 운행이 화和하면 비가 되고, 노怒하면 바람이 되며, 흩어지면 이슬이 되고, 혼란하면 안개가 되고, 얼어붙으면 서리와 눈이 되며, 펼쳐지면 무지개가 된다. 이것이 자연의 상수常數이다.

사람에게는 사지四肢와 오장五臟이 있으며, 깨어 있고 잠자며, 숨을 내쉬고 들이마셔 정기精氣가 왕래한다.

이들이 흘러 영위(榮衛, 氣血)가 되고, 드러나서는 기색氣色이 되며, 발동하면 소리가 된다. 이 역시 인간에게 있어서의 상수常數이다.

만약 사시가 운행을 잃고, 추위 더위의 순서가 어그러지게 되면, 오위五衛가 맞지 않게 될 것이며, 별들의 움직임이 길을 잃고 일식·월식이 끝없이 생기며, 혜패彗孛가 마구 날아올 것이다. 이는 천지자연이 보여주는 위험한 징조이다. 추위와 더위가 때를 지키지 못하면, 이는 천지자연의 증기蒸氣가 막혔다는 뜻이다. 돌이 일어서고 땅이 춤을 추면, 이는 천지자연에 유췌瘤贅 같은 몹쓸 병이 들었다는 뜻이다. 또 산이 무너지고 땅이 꺼지면, 이는 천지자연에 옹저癰疽 같은 몹쓸 병이 들었다는 뜻이다. 강한 바람과 폭우는, 천지자연의 기氣가 분탕질한다는 뜻이다. 비가 내리지 않아 냇물이 말라 학갈(涸渴, 涸竭)되면, 이는 천지자연이 타서 말라 가고 있다는 뜻이다."

夏桀之時, 歷山亡. 秦始皇之時, 三山亡. 周顯王三十二年, 宋大邱社亡. 漢昭帝之末, 陳留昌邑社亡.

京房《易傳》曰:『山默然自移, 天下兵亂, 社稷亡也.』

故會稽山陰琅邪中有怪山. 世傳本琅邪東武海中山也. 時天夜, 風雨晦冥, 旦而見武山在焉. 百姓怪之, 因名曰怪山. 時東武縣山, 亦一夕自亡去. 識其形者, 乃知其移來. 今怪山下見有東武里, 蓋記山所自來, 以爲名也. 又交州脆州山移至青州. 凡山徙, 皆不極之異也. 此二事, 未詳其世.《尚書》金縢曰:『山徙者, 人君不用道士, 賢者不興. 或祿去公室, 賞罰不由君, 私門成群, 不救. 當爲易世變號.』

說曰:「善言天者, 必質於人. 善言人者, 必本於天. 故天有四時, 日月相推, 寒暑迭代. 其轉運也, 和而爲雨, 怒而爲風, 散而爲露, 亂而爲霧, 凝而爲霜雪, 張而爲虹蜺. 此天之常數也. 人有四肢五臟, 一覺一寐, 呼吸吐納, 精氣往來. 流而爲榮衛, 彰而爲氣色, 發而爲聲音. 此亦人之常數也. 若四時失運, 寒暑乖違, 則五緯盈縮, 星辰錯行, 日月薄蝕, 彗孛流飛. 此天地之危診也. 寒暑不時, 此天地之蒸否也. 石立土踊, 此天地之瘤贅也. 山崩地陷, 此天地之癰疽也. 衝風暴雨, 此天地之奔氣也. 雨澤不降, 川瀆涸竭, 此天地之焦枯也.」

【山徙】 山이 움직임. 있던 山이 다른 위치로 옮김.
【桀王】 夏나라의 末王. 이때 山이 옮겨 간 기록은《尙書》中候篇에 실려 있다.
【厲山】 지금의 湖北省 隨縣 북쪽에 있는 山. 炎帝 神農氏가 그곳에서 출생하여 厲山氏라고도 한다.
【三山】 秦나라 때 三山이 옮겨 간 기록은《論衡》儒增·感類·說日篇 등에 기록되어 있다. 三山은 三神山. 즉 蓬萊山·方丈山·瀛洲山을 말한다.
【周 顯王】 戰國時代의 周나라 임금. 32년은 B.C.337년에 해당한다.
【大邱】 太丘·秦丘. 지금의 河南省 永城縣 서북쪽.《爾雅》釋丘에 "右陵秦丘"라 하였고, 注에는 "宋有秦丘社, 亡"이라 하였으며 疏에는 "宋蓋依丘作社, 因以秦丘名也"라 하였다.
【陳留】 郡 이름. 治所는 지금의 河南省 開封縣 동남쪽의 陳留城.
【昌邑】 縣 이름. 治所는 지금의 山東省 巨野縣 동남쪽.《宋書》符瑞志를 볼 것.
【京房《易傳》】《京氏易傳》. 冊 이름. 漢나라 때 京房이 쓴《易》에 관한 책.《四庫全書提要》子部 術數類를 볼 것. 京房(B.C.77~37)의 字는 君明, 西漢 때의 학자. 본성은 李氏. 音律을 좋아하였다. 元帝 때 박사에 올랐으며 관직은 魏郡太守에 이르렀다. 뒤에 石顯과의 알력으로 옥사하였다. 焦延壽에게《易》을 배워 西漢 今文易學의 창시자가 되어《京氏易學》3권을 남겼다.
【東武】 縣 이름. 지금의 山東省 諸城縣.《神異記》에 "琅邪東武山. 徙於會稽. 壓殺百姓"이라 하였다.
【交州】 交趾. 지금의 廣東·廣西. 越南 북부 일대.
【胊州】 '朐縣'의 誤記로 여겨진다.《水經注》에 "朐縣東北海中有大州, 謂之郁州.《山海經》所謂郁山在海中者也. 言是山自蒼梧徙此"라 하였다.
【靑州】 漢 武帝 때 설치한 13刺史部의 하나. 지금의 山東省 德州市·濟南市 등 일대.
【虹蜺】 다른 기록에는 '蚳霓'으로 되어 있다. '蚳蝀', 즉 무지개의 雙聲語.
【榮衛】 동양 의학에서 쓰는 명칭으로 人體의 血氣를 뜻한다.
【五緯】 金·木·水·火·土의 五星.
【彗孛】 둘 모두 彗星. 掃帚星. 꼬리가 빗자루 같아 붙인 이름이며, 고대에는 모두 불길한 징조를 보이는 妖星으로 여겼다.
【瘤贅】 종기가 맺히는 몹쓸 병.
【癰疽】 역시 암이나 종양의 몹쓸 병. 난치병

参고 및 관련 자료

1. 고대부터 기록되어 온 山이 옮겨져, 그 위치가 바뀐 문제를 거론하였다.

2. 《太平廣記》218

思邈曰:「吾聞善言天者, 必質於人; 善言人者, 必本於天. 故天有四時五形. 日月相推, 寒暑迭代, 其轉運也, 和而爲雨, 怒而爲風, 散而爲露, 亂而爲霧, 凝而爲霜雪, 張而爲虹霓, 此天之常數也; 人有四肢五臟, 一覺一寐, 呼吸吐納, 精氣往來, 流而爲榮衛, 彰而爲氣色, 發而爲音聲, 此亦人之常數也; 陽用其精, 陰用其形, 天人之所同也. 及其失也. 蒸則爲熱, 否則生寒, 結而爲瘤贅, 隔而爲癰痤, 奔而爲喘乏, 竭而爲焦枯, 診發乎面, 變動乎形, 推此以及天地, 亦如之. 故五緯盈縮, 星辰錯行, 日月薄蝕, 彗孛流飛, 此天地之危診也. 寒暑不時, 此天地之蒸否也: 石立土踊, 此天地之瘤贅, 山崩地陷, 此天地之癰痤也; 奔風暴雨, 此天地之喘乏也: 雨澤不降, 川澤涸竭, 此天地之焦枯也.」(《譚賓錄》)

3. 《法苑珠林》80

夏桀之時, 厲山亡; 秦始皇之時, 三山亡; 周顯王三十二年, 宋大丘社亡; 漢昭帝之末, 陳留昌邑社亡. 京房《易傳》曰:「山默然自移, 天下兵亂, 社稷亡也.」故會稽山陰瑯邪中有怪山. 世傳本瑯邪東武山也. 時天夜, 風雨晦冥, 旦而見武山在焉. 百姓怪之, 因名曰:「怪山」. 時東武縣山, 亦一夕自亡去. 識其形者, 乃知其移來. 今怪山下見有東武里, 蓋記山所自來, 以爲名也. 又交州脆州山, 移至青州. 凡山徙, 皆不極之異也. 此二事, 未詳其世.《尙書》金縢曰:「山徙者, 人君不用道士, 賢者不興, 或祿去公室, 賞罰不由君, 私門成羣, 不救. 當爲易世變號.」說曰:「善言天者, 必質之於人. 天有四時, 五行日月相推, 寒暑迭代. 其轉運也, 和而爲雨, 怒而爲風, 散而爲露, 亂而爲霧, 凝而爲霜雪, 立而爲蚳霓, 此天地之常數也. 若四時失運, 寒暑乖違, 則五緯盈縮, 星辰錯行, 日月薄蝕, 彗孛流飛, 此天地之色診也. 寒暑不時, 此天地之蒸否也. 石立土踊, 天地之痤贅也. 山崩地陷, 天地之癰痤也. 衝風暴雨, 天地之奔氣也. 雨澤不降, 川瀆涸竭, 天地之燋枯也.」

4. 기타 참고자료

《太平廣記》(21) 孫思邈에도 비슷한 내용이 실려 있다.《尙書》(中候).《論衡》(儒增篇·感類篇·說日篇).《漢書》(郊祀志).《宋書》(符瑞志).《吳越春秋》(句踐歸國外傳).《神異志》.《水經注》(권30).

104(6-3) 龜毛兎角
거북에 털나고 토끼에 뿔나다

상商나라 주왕紂王 때, 큰 거북에 털이 나고 토끼에 뿔이 났다. 이는 곧 전쟁이 일어날 조짐이다.

商紂之時, 大龜生毛, 兎生角. 兵甲將興之象也.

【紂王】商辛. 商나라 末王. 포악했다 하며, 周나라 武王에 의해 牧野에서 멸망. 분신자살하였다.

> 참고 및 관련 자료

1. 포악한 紂가 멸망할 때 거북과 토끼에 이상한 일이 일어났다는 故事이다.
2. 《搜神記》를 인용한 다른 기록은 없으며, 《述異記》에 같은 내용이 실려 있다.
3. 《述異記》上
龜千年生毛, 龜壽五千年, 謂之神龜, 萬年曰靈龜.

105(6-4) 馬化爲狐
말이 여우로 변하다

주周 선왕宣王 33년, 유왕幽王이 태어났다. 이 해에 어떤 말이 여우로 변하였다.

周宣王三十三年, 幽王生. 是歲有馬化爲狐.

【宣王】西周時代의 임금. 姬靖. 33년은 B.C.795년에 해당한다.
【幽王】宣王의 아들로 이름은 宮湦. 재위 11년(B.C.781~771). 황음무도하여 褒姒의 일로 申侯와 犬戎에게 멸망당하였다. 《史記》 周本紀 참조.

참고 및 관련 자료

1. 폭군 幽王이 태어날 때의 불길한 징조를 기록한 것이다.
2. 《法苑珠林》 34
周宣王三十三年, 幽王生. 是歲有馬化爲狐.
3. 기타 참고자료
《汲冢紀年》(王國維《古本紀年輯校》).

106(6-5) 玉化爲蜮
옥이 물여우로 변하다

진晉 헌공獻公 2년, 주周 혜왕惠王이 정鄭나라에 살고 있었다. 정나라 사람들이 옥을 넣어 둔 창고로 들어가 많은 옥을 훔쳐버리자, 그 옥이 역(蜮, 물여우)로 변해 사람을 독침으로 쏘았다.

晉獻公二年, 周惠王居於鄭. 鄭人入玉府. 多取玉, 玉化爲蜮, 射人.

【獻公】春秋時代 晉나라의 君主. 2년은 B.C.675년에 해당한다.
【惠王】西周의 임금. 姬閬.
【玉府】官府를 뜻함. 《周禮》天官 玉府에 "掌王之金玉·玩好·兵器"라 하였다.
【蜮】'蜜'과 같다. 동물 이름. 물여우. '短狐'라고도 한다. 陸德明의 《經傳釋文》에 "蜮, 狀如鱉, 三足, 一名射工, 俗呼之水弩, 在水中含沙射人, 一曰射人影"이라 하였다. 모래를 머금고 있다가 이를 먹이에게 쏘아 떨어뜨리는 능력을 가지고 있는 水中動物이다.

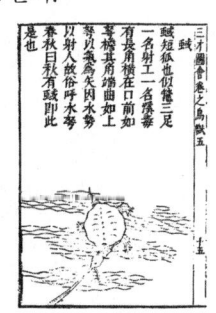

蜮(短狐) 《三才圖會》

참고 및 관련 자료

1. 周나라의 권위가 약화되었을 때, 발생한 괴이한 사건을 서술하였다.

2.《太平廣記》43

晉獻公二年, 周惠王居于鄭. 鄭人入玉府, 多脫化爲蠚, 射人.

3.《太平廣記》475

《玄中記》: 蠚以氣射人. 去人三十步, 中人, 死十六七.《紀年》云:「晉獻公二年春, 周惠王居于鄭, 鄭人入玉府取玉馬, 玉化爲蠚, 以射人也.」(《感應經》)

4. 기타 참고자료

《汲冢紀年》.《太平御覽》(950).

107(6-6) 地長地陷
땅이 자라고 꺼지다

주周 은왕隱王 2년 4월, 제齊나라에 땅이 갑자기 팽창해 올라 그 길이가 한길, 높이가 1척 5촌이나 되었다. 경방京房의 《역요易妖》에 이렇게 말하였다.

"땅은 네 계절 언제나 부풀어 오른다. 이를 점쳐 보면, 봄·여름에 그런 일이 있으면 이는 대개 길하고, 가을·겨울에 그러한 경우는 흉한 일이 많다."

역양군歷陽郡에 어떤 지역의 땅이 하룻저녁에 함몰되어 못으로 변해 버렸다. 지금의 '역호歷湖'가 바로 그것이다. 그러나 언제 그렇게 되었는지는 알 수 없다.

《운두추運斗樞》에는 이렇게 기록되어 있다.

"읍이 무너진 것은 음기가 양기를 삼켜 지하에서 서로 죽였기 때문이다."

周隱王二年四月, 齊地暴長, 長丈餘, 高一尺五寸.
京房《易妖》曰:『地四時暴長. 占: 春夏多吉, 秋冬多凶.』
歷陽之郡, 一夕淪入地中而爲水澤, 今麻湖是也. 不知何時.
《運斗樞》曰:『邑之淪, 陰吞陽, 下相屠焉.』

【隱王】暗君. 權臣에게 제어당하여 나라를 망치는 임금을 말한다. 《汲冢紀年》注에는 '赧王'이라 하였다. 周나라 赧王 2년은 B.C.313년에 해당한다.
【易妖】《易》으로 풀이한 妖怪한 일로 京房이 지은 책. 지금은 전하지 않는다.
【歷陽】郡 이름. 지금의 安徽省 和縣.

【麻湖】歷湖. 지금의 和縣과 含山縣 접경에 있는 못 이름.
【運斗樞】冊 이름. 《春秋緯》의 일종으로 지금은 전하지 않으며 《古徵書》 및 《玉函山房輯佚書》에 《運斗樞》가 輯佚되어 있다.

참고 및 관련 자료

1. 땅이 갈라지거나 꺼지는 일에 대해 풀이하였다.
2. 《法苑珠林》80
周隱王二年四月, 齊地暴長, 長丈餘, 高一尺五寸, 京房《易傳》曰:「地四時暴長, 占: 春夏多吉, 秋冬多凶. 歷陽之郡, 一夕淪入地中而爲水澤, 今麻湖是也. 不知何時.」《運斗樞》曰:「邑之淪, 陰吞陽, 下相屠焉.」
3. 기타 참고자료
《汲冢紀年》. 《太平寰宇記》(124).

108(6-7) 一婦四十子
한 부인 40명의 아이를 낳다

주周 애왕哀王 8년, 정鄭나라에 어떤 부인이 한꺼번에 40명의 아이를 낳았다. 그중 20명은 자라서 어른이 되었고, 20명은 죽었다. 그리고 이듬해, 즉 애왕 9년에는 진晉나라의 어떤 돼지가 사람을 낳았다. 또 오吳나라 적오赤烏 7년에, 어떤 부인이 한 번에 세쌍둥이를 낳았다.

周哀王八年, 鄭有一婦人, 生四十子. 其二十人爲人, 二十人死. 其九年, 晉有豕生人. 吳赤烏七年, 有婦人, 一生三子.

【哀王】周나라 제29대 임금. 貞定王의 아들로 이름은 去疾. 재위는 3월(B.C. 441). 그 아우 思王에게 피살되었다.
【赤烏】吳나라 孫權의 年號(238~250). 7년은 244년.

참고 및 관련 자료

1. 많은 쌍둥이를 낳은 요괴한 일을 적었다.
2. 《法苑珠林》 87
周哀王之八年, 鄭有人一, 生四十子. 其二十人爲人, 二十人死. 其九年, 晉有豕生人, 能言. 吳赤烏七年, 有婦人, 一生三子.(《搜神異記》)
3. 기타 참고자료
《汲冢紀年》.

109(6-8) 御人産龍
시녀가 용을 낳다

주周 열왕烈王 6년, 임벽양군林碧陽君의 시녀가 용 두 마리를 낳았다.

周烈王六年, 林碧陽君之御人, 産二龍.

【烈王】戰國時代 周나라의 임금. 姬喜. 6년은 B.C.370년.
【林碧陽君】人名으로 보이나 자세한 내용은 알 수 없다.
【御人】侍女를 뜻한다.

참고 및 관련 자료

1. 사람이 용을 낳았다는 괴이한 일을 적었다.
2. 《法苑珠林》 87
周烈王之六年, 林碧陽君之御人, 産二龍.(《搜神異記》)
3. 기타 참고자료
《汲冢紀年》.

110(6-9) 彭生爲豕禍
팽생이 돼지의 화가 되다

노魯 엄공嚴公 8년, 제齊 양공襄公이 패구貝邱에서 사냥을 하다가 돼지를 만나자 종자從者가 이렇게 말하였다.

"이는 공자公子 팽생彭生입니다."

양공이 노해서, 활을 쏘았다. 그러자 그 돼지가 사람처럼 서서 울었다. 양공이 두려워하며 수레에서 떨어져 다리를 다쳤으며 신발을 잃어버렸다. 유향劉向은 이를 돼지에 의해 생긴 재앙인 것 같다고 하였다.

魯嚴公八年, 齊襄公田於貝邱, 見豕, 從者曰:「公子彭生也.」公怒, 射之. 豕人立而啼. 公懼, 墜車傷足, 喪屨. 劉向以爲近豕禍也.

【魯嚴公】春秋時代. 魯나라의 莊公을 가리킨다. 東漢 明帝의 이름인 劉莊을 諱한 것이다. 8년은 B.C.686년에 해당한다.
【齊襄公】齊나라 僖公의 아들로 이름은 諸兒. 재위 12년.
【貝邱】지금의 山東省 博興縣. '貝丘'로도 쓴다.
【彭生】齊나라 公子. 齊나라 襄公이 그를 시켜 魯나라 桓公을 죽이게 하였다. 襄公은 뒤에 諸侯들의 비방이 두려워 彭生을 죽여 없앴다.
【劉向】西漢의 경학가. 劉歆의 아버지. 著述과 輯撰에 큰 업적을 남겼다. 저서로는 《洪範五行傳》·《列女傳》·《說苑》·《新序》 등이 있으며, 찬집한 책으로는 《戰國策》 등이 있다.

참고 및 관련 자료

1. 公子 彭生이 억울한 죽음으로, 돼지가 되어 다시 나타났다는 故事이다.

2. 《左傳》 莊公 8年 冬十一月 傳
冬十二月, 齊侯游于姑棼, 遂田于貝丘. 見大豕. 從者曰:「公子彭生也.」公怒曰: 「彭生敢見!」 射之. 豕人立而啼, 公懼, 隊于車, 傷足裏屨.

3. 《論衡》 訂鬼篇
齊襄公將爲賊所殺, 遊于姑棼, 遂田于貝丘. 見大豕. 從者曰:「公子彭生也.」 公怒曰:「彭生敢見!」 引弓射之, 豕人立而啼. 公懼. 墜于車, 傷足喪屨, 而爲 賊殺之. 夫殺襄公者, 賊也. 先見大豕於路, 則襄公且死之妖也. 人謂之彭生者, 有似彭生之狀也. 世人皆知殺襄公者非豕, 而獨謂鬼能殺人. 一惑也.

4. 《漢書》 五行志 卷27(中之下)
《左氏傳》曰: 嚴公八年, 齊襄公田于貝丘. 見豕. 從者曰:「公子彭生也.」公怒曰: 「射之!」 豕人立而噭, 公懼, 墜車, 傷足喪屨. 劉向而爲近豕禍也.

5. 《管子》 卷7 大匡篇
齊人爲殺彭生, 以謝於魯. 五月, 襄公田於見丘, 見豕彘. 從者曰:「公子彭生也.」 公怒曰:「公子彭生, 安敢見?」 射之, 豕人立而啼. 公懼, 墜於車下, 傷足亡屨.

〈猪紋陶〉(신석기) 1973 餘姚縣 河姆渡 유적지 출토. 浙江博物館 소장

111(6-10) 蛇鬪國門
뱀이 국문에서 싸우다

노魯 엄공嚴公 때에, 성 안의 뱀과 성 밖의 뱀이 정鄭나라 남문南門에서 싸움이 벌어져, 성 안에 살던 뱀이 죽었다. 유향劉向은 이를 뱀의 요얼妖孼이 일으킨 재앙이라고 하였다.

경방京房의 《역전易傳》에는 이렇게 말하였다.

"남의 아이를 데려다 사자嗣子로 삼아 놓고 의심을 해서, 그 때문에 그 요괴스런 뱀이 정나라의 대문에서 싸움을 벌인 것이다."

魯嚴公時, 有內蛇與外蛇鬪鄭南門中, 內蛇死. 劉向以爲近蛇孼也.

京房《易傳》曰:『立嗣子疑, 厥妖蛇居國門鬪.』

【魯嚴公】魯나라 莊公. 앞장 참조.
【妖孼】요사스러운 재앙의 싹. 不祥之兆.
【嗣子】代를 잇는 아들.

참고 및 관련 자료

1. 鄭나라 南門에서 일어난 뱀 싸움의 異事이다.

2.《左傳》莊公 14年 傳

鄭厲公自櫟侵鄭, 及大陵. 獲傅瑕. 傅瑕曰:「苟舍我, 吾請納君」與之盟而舍之. 六月甲子, 傅瑕殺鄭子及其二子, 而納厲公. 初, 內蛇與外蛇鬪於鄭南門中, 內蛇死. 六年, 而厲公入. 公聞之. 問於申繻曰:「猶有妖乎?」對曰:「人之所忌, 其氣炎以取之, 妖由人興也. 人無釁焉. 妖不自作, 人弃常, 則妖興, 故有妖.」厲公入, 遂殺傅瑕, 使謂原繁曰:「傅瑕貳, 周有常刑, 旣伏其罪矣! 納我而無二心者, 吾皆許之上大夫之事, 吾願與伯父圖之. 且寡人出, 伯父無衷言, 入又不念寡人. 寡人憾焉. 對曰:「先君桓公命我先人典司宗祐, 社稷有主而外其心. 其何貳如之! 苟主社稷, 國內之民其誰不爲臣? 臣無二心, 天之制也. 子儀在位十四年矣! 而謀召君者, 庸非貳乎? 莊公之子, 猶有八人, 若皆以官爵行賂勸貳而可以濟事, 君其若之何? 臣聞命矣!」乃縊而死.

3.《漢書》五行志 卷27(下之上)

《左氏傳》: 魯嚴公時, 內有蛇與外蛇鬪鄭南門中, 內蛇死. 劉向以爲近蛇孼也. 先是鄭厲公劫相祭仲而逐兄昭公代立. 後厲公出奔, 昭公復入. 死, 弟子儀代立. 厲公自外劫大夫傅瑕. 使僇子儀. 此外蛇殺內蛇之象也. 蛇死六年, 而厲公立. 嚴公聞之, 問申繻曰:「猶有妖乎?」對曰:「人之所忌, 其氣炎以取之. 妖由人興也. 人亡釁焉, 妖不自作. 仁棄常, 故有妖.」京房《易傳》曰:「立嗣子疑, 厥妖蛇居國門鬪.」

4.《後漢書》楊賜傳 注

《洪範五行傳》曰:「初, 鄭厲公劫相祭仲而簒兄昭公, 立爲鄭君, 後雍糾之難, 厲公出奔, 鄭人立昭公, 旣立. 內蛇與外蛇鬪鄭南門中, 內蛇死, 是時傅瑕仕於鄭, 欲內厲公, 故內蛇死者, 昭公將敗. 厲公將勝之象也. 是時昭公宜布恩施惠, 以撫百姓, 擧賢崇德, 以厲羣臣, 觀察左右, 以省姦謀, 則內變不得生, 外謀無由起矣. 昭公不覺, 果殺於傅瑕, 二子死而厲公入. 此其效也.《詩》云:'惟虺惟蛇, 女子之祥.' 鄭昭公殆以女子敗矣.」

112(6-11) 龍鬪邑中
용이 읍에서 싸우다

　노魯 소공昭公 19년, 정鄭나라 시문時門 밖 유연洧淵에서 용이 싸움을 벌였다. 유향劉向은 용의 요얼이 일으킨 것 같다 하였다.
　경방京房의 《역전易傳》에는 이렇게 적혀 있다.
　"주위 여러 나라가 불안하여 그 요괴스런 용이 정나라 읍 한가운데에서 싸움을 벌인 것이다."

　魯昭公十九年, 龍鬪於鄭時門之外洧淵. 劉向以爲近龍孼也.
　京房《易傳》曰:『衆心不安, 厥妖龍鬪其邑中也.』

　【魯昭公】春秋時代 魯나라의 君主. 19년은 B.C.523년.
　【時門】鄭나라의 城門 이름.
　【洧淵】洧水의 깊은 곳.

참고 및 관련 자료

1. 鄭나라에서 일어난 용 싸움의 異事를 기록하였다.
2. 《左傳》昭公 19年 傳
　鄭大水, 龍鬪于時門之外洧淵, 國人請爲禜焉, 子産弗許曰:「我鬪, 龍不我覿也. 龍鬪我獨何覿焉? 禳之則彼其室也. 吾無求於龍, 龍亦無求於我.」乃止也.

3. 《漢書》五行志 卷27(下之上)

《左氏傳》昭公十九年, 龍鬪於鄭時門之外洧淵. 劉向以爲近龍孽也. 鄭以小國攝乎晉楚之間, 重以彊吳, 鄭當其衝, 不能修德, 將鬪三國, 以自危亡. 是時子産任政, 內惠於民, 外善辭令, 以交三國, 鄭卒亡患, 能以德消變之效也. 京房《易傳》曰:「衆心不安, 厥妖龍鬪.」

4. 《法苑珠林》42

魯昭公十九年, 龍鬪於鄭時門之外洧淵, 京房《易傳》曰:「衆心不安, 厥龍鬪其邑中也.」

5. 《開元占經》120

《漢書》五行志曰:《左傳》昭公十九年, 龍鬪於鄭時門之外洧淵, 劉向以爲近龍孽也. 鄭小國攝乎晉楚之間, 重以強吳. 鄭當其衝, 不純修德, 將鬪三國, 以自危亡. 是時子産任政, 內惠於民, 外善辭令, 以交三國, 鄭卒亡患, 此純以德消變之効也.

113(6-12) 九蛇繞柱
아홉 마리 뱀이 기둥을 휘감다

노魯 정공定公 원년, 아홉 마리의 뱀이 기둥을 휘감고 있었다. 점을 쳐 보았더니 구세九世 선조의 사당에 제사를 지내지 않았기 때문이라 하였다. 이에 양궁煬宮을 세웠다.

魯定公元年, 有九蛇繞柱, 占以爲九世廟不祀, 乃立煬宮.

【魯定公】春秋時代 魯나라의 君主. 그 元年은 B.C.509년
【煬宮】궁궐 이름.《諡法解》에 "去禮遠衆日煬"이라 하였다. 제사를 잊지 말라는 경고의 뜻을 나타낸다.

참고 및 관련 자료

1. 아홉 마리의 뱀이 기둥을 휘감은 異事이다.
2.《開元占經》120
《搜神記》曰: 魯定公元年, 秋, 有九蛇繞柱, 占曰:「以爲九世廟不祀.」乃立煬宮.
3. 기타 참고자료
《太平御覽》(934).《事類賦注》(28).

114(6-13) 馬生人
말이 사람을 낳다

진秦 효공孝公 21년, 말이 사람을 낳았다. 소왕昭王 20년에는 수말이 새끼를 낳고 나서 죽어 버렸다. 유향劉向은 이를 모두 말이 보여 주는 재앙이라 하였다.

경방京房의 《역전易傳》에는 이렇게 기록되어 있다.

"제후국들이 분열하여 멸망하자, 그 요괴스런 수말이 새끼를 낳은 것이다. 위로는 천자天子가 없고, 제후들이 서로 침범하니, 그 요사스런 말이 사람을 낳은 것이다."

秦孝公二十一年, 有馬生人. 昭王二十年, 牡馬生子而死. 劉向以爲皆馬禍也.

京房《易傳》曰:『方伯分滅, 厥妖牡馬生子. 上無天子, 諸侯相伐, 厥妖馬生人.』

【秦孝公】戰國時代 秦나라의 君主. 21년은 B.C.341년으로 商鞅의 變法이 시작된 시기이다. 그러나 《史記》秦本紀 孝公 21년에는 이러한 기록이 없다.
【昭王】戰國時代 秦나라가 魏冉을 재상으로 삼아 강성해지던 시기.
【方伯】諸侯와 같다.

참고 및 관련 자료

1. 戰國時代 秦나라의 강성함을 부정적으로 본 것이다.

2. 《漢書》 五行志 卷27(下之上)

《史記》: 秦孝公二十一年有馬生人, 昭王二十年牡馬生子而死. 劉向以爲皆馬禍也. 孝公始用商君攻守之法, 東侵諸侯, 至於昭王, 用兵彌烈, 其象將以兵革抗極成功, 而還自害也. 牡馬非生類, 妄生而死, 猶秦恃力彊得天下, 而還自滅之象也. 曰: 諸畜生非其類, 子孫必有非其姓者, 至於始皇, 果呂不韋子. 京房《易傳》曰:「方伯分威, 厥妖牡馬生子, 亡天子, 諸侯相伐, 厥妖馬生人.」

3. 《法苑珠林》 87

秦孝公二十一年, 有馬生人. 昭王二十年, 牡馬生子而死, 劉向以爲馬禍也. 故京房《易傳》曰:'方伯分威, 厥妖牡馬生子, 上無天子, 諸侯相伐, 厥妖馬生人也.'(《搜神異記》)

4. 기타 참고자료

《太平御覽》(894, 《洪範五行傳》). 《史記》(秦本紀).

劉向

115(6-14) 女化男
여자가 남자로 변하다

위魏 양왕襄王 13년, 여자가 변해 남자가 되었다. 그에게 아내를 맺어 주자, 아이까지 낳았다.

경방京房의 《역전易傳》에는 이렇게 기록되어 있다.

"여자가 남자로 변하는 것을, '음陰이 창성하다'라 한다. 이는 천인이 왕이 되리라는 징조이다. 남자가 여자로 변하는 것을, '음이 양을 이긴다'라 하며 국가가 장차 멸망하리라는 징조이다."

혹은 이렇게 풀이하기도 한다.

"남자가 여자로 변하는 것은, 궁형宮刑이 남발하리라는 징조이다. 여자가 남자로 변하는 것은, 부녀자가 정치를 휘두르게 된다는 징조이다."

魏襄王十三年, 有女子化爲丈夫. 與妻, 生子.

京房《易傳》曰: 『女子化爲丈夫, 玆謂陰昌, 賤人爲王. 丈夫化爲女子, 玆謂陰勝陽, 厥咎亡.』

一曰: 「男化爲女, 宮刑濫. 女化爲男, 婦政行也.」

【魏襄王】 戰國時代 魏나라의 君主. 13년은 B.C.306년.
【咎亡】 재앙으로 인해 멸망에 이름을 뜻한다.
【宮刑】 고대의 酷刑으로 남자의 기능을 제거하는 형벌. '腐刑'이라고도 한다.

참고 및 관련 자료

1. 戰國時代 여자가 변하여 남자가 된 異事이다.

2. 《漢書》五行志 卷27(下之上)
《史記》: 魏襄王十三年, 魏有女子化爲丈夫. 京房《易傳》曰:「女子化爲丈夫, 茲謂陰昌, 賤人爲王; 丈夫化爲女子, 茲謂陰勝, 厥咎亡.」一曰: 男化爲女, 宮刑濫也; 女化爲男, 婦政行也.

3. 《法苑珠林》43
魏襄王十三年, 有女子化爲丈夫. 與妻, 生子. 故京房《易傳》曰:「女子化爲丈夫, 茲謂陰昌, 賤人爲王. 丈夫化爲女子, 茲爲陰勝陽, 厥咎亡也.」

4. 기타 참고자료
《太平御覽》(87, 《洪範五行傳》). 《史記》(魏世家) 襄王에는 이러한 기록이 없다.

116(6-15) 五足牛
발이 다섯인 소

진秦 혜문왕惠文王 5년, 왕이 구연朐衍을 순유巡游할 때, 어떤 사람이 다리 다섯 달린 소를 헌납하였다. 그러자 진나라는 백성의 힘을 대량으로 징용하게 되었고, 그 일로 천하가 진나라를 배반하고 나섰다.

경방京房은《역전易傳》에 이렇게 기록하였다.

"요역繇役이 흥하여 백성들의 농사 시간을 빼앗게 되자 요괴스런 오족우 五足牛를 통해 그 징조를 미리 보인 것이다."

秦惠文王五年, 遊朐衍, 有獻五足牛. 時秦世大用民力, 天下叛之.

京房《易傳》曰:『興繇役, 奪民時, 厥妖牛生五足.』

【惠文王】戰國時代 秦나라의 君主. 5년은 B.C.333년에 해당한다.
【朐衍】지금의 甘肅省 동남부 일대.

참고 및 관련 자료

1. 五足牛의 기형을 낳은 異事이다.
2.《漢書》五行志 卷27(下之上)
秦孝文王五年, 斿朐衍, 有獻五足牛者. 劉向以爲近牛禍也. 先是文惠王初都

咸陽, 廣大宮室, 南臨渭, 北臨涇, 思心失, 逆土氣, 足者止也, 戒秦建止奢泰, 將致危亡. 秦遂不改, 至於離宮三百, 復起阿房, 未成而亡. 一曰: 牛以力爲人用, 足所以行也. 其後秦大用民力轉輸, 起負海至北邊, 天下叛之. 京房《易傳》曰:「興繇役, 奪民時, 厥妖牛生五足.」

3.《法苑珠林》87

秦文王五年, 遊于朐衍, 有獻五足牛者. 時秦世大用民力. 京房《易傳》曰:「興繇役, 奪民時, 厥妖牛生五足.」

117(6-16) 臨洮巨人
    임조의 거인

　진秦 시황始皇 26년, 어떤 거인이 출현하였다. 키가 다섯 길에 발과 신의 크기는 6척, 모두가 이적夷狄의 복장이었다. 이런 거인 12명이 임조臨洮 땅에 나타났던 것이다.
　이에 12개의 동인銅人을 만들어 그들의 형상을 주조하였다.

秦始皇二十六年, 有大人, 長五丈, 足履六尺, 皆夷狄服. 凡十二人, 見於臨洮. 乃作金人十二, 以象之.

【秦始皇】秦나라 皇帝로 天下를 통일한 후 始皇帝가 된 人物.《史記》秦始皇本紀 참조. 26년은 B.C.221년. 齊나라를 멸하고 천하를 통일한 해이다.
【臨洮】縣 이름. 지금의 甘肅省 岷縣. 원래는 물 이름.
【金人】구리로 사람 형상을 만든 것. 銅人.

참고 및 관련 자료

1. 秦始皇이 銅人을 만들게 된 故事이다.
2.《漢書》五行志 卷27(下之上)
《史記》: 秦始皇帝二十六年, 有大人長五丈, 尺履六尺, 皆夷狄服. 凡十二人, 見于臨洮. 天戒若曰:「勿大爲夷狄之行, 將受其禍」是歲始皇初幷六國, 反喜以爲瑞, 銷天下兵器, 作金人十二以象之. 遂自賢聖, 燔詩書, 阬儒士; 奢淫暴虐,

務欲廣地; 南戍五嶺, 北築長城, 以備胡越, 塹山塡谷, 西起臨洮, 東至遼東, 徑數千里. 故大人見於臨洮, 明禍亂之起. 後十四年而秦亡, 亡自戍卒陳勝發.

3.《博物志》卷2
秦始皇二十六年, 有大人十二見于臨洮, 長五丈, 足履六尺, 東海之外, 大荒之中, 有大人國僬僥氏, 長三尺.《詩含神霧》曰:「東北極有人, 長九寸.」

4.《晉書》五行志(上)
景初元年, 發銅鑄爲巨人二, 號曰翁仲, 置之司馬門外. 案古長人見, 爲國亡. 長狄見臨洮, 爲秦亡之禍. 始皇不悟, 反以爲嘉祥, 鑄銅人以象之. 魏法亡國之器, 而於義竟無取焉, 蓋服妖也.

5.《宋書》五行志(一)
魏明帝景初元年, 發銅鑄爲巨人二, 號曰'翁仲'. 置之司馬門外. 案古長人見, 爲國亡; 長狄見臨洮, 爲秦亡之禍. 始皇不悟, 反以爲嘉祥, 鑄銅人以象之. 魏法亡國之器, 而於義竟無取焉, 蓋服妖也.

6.《太平廣記》135
秦始皇時, 長人十二見於臨洮, 皆夷服. 於是鑄銅爲十二枚. 以寫之. 蓋漢十二帝之瑞也.(《小說》)

7. 기타 참고자료
《國語》魯語 韋昭 注.

〈秦始皇像〉

118(6-17) 兩龍現井中
두 마리 용이 우물에 나타나다

한漢 혜제惠帝 2년 정월 계유癸酉날 아침에, 두 마리의 용이 난릉현蘭陵縣 정동리廷東里 온릉溫陵의 우물에 나타났다가 을해乙亥날 밤에 사라졌다.

경방京房의 《역전易傳》에는 이렇게 기록되어 있다.

"덕 있는 자가 도리어 해를 만나니 그 징조는 바로 용이 우물에 나타나는 것이다."

또 이렇게 풀이하였다.

"형벌이 포악하면 흑룡黑龍이 우물로부터 나온다."

漢惠帝二年, 正月癸酉旦, 有兩龍現於蘭陵廷東里溫陵井中. 至乙亥夜去.

京房《易傳》曰:『有德遭害, 厥妖龍見井中』

又曰:『行刑暴惡, 黑龍從井出』

【漢惠帝】 西漢의 皇帝. 2년은 B.C.193년.
【癸酉】 고대에는 10干 12支로 날짜를 계산하였다.
【蘭陵】 지금의 山東省 蒼山縣 서남쪽.
【溫陵】 〈三民本〉은 人名으로, 〈貴州本〉은 우물의 이름으로 보았다. 그러나 人名이 옳을 듯하다. 《漢書》 五行志를 볼 것. 蘭陵 廷東里 溫陵(庶人)의 집에 있는 우물.

【有德遭害】如意(趙隱王)·劉友(趙幽王)·劉恢(趙共王)이 무고하게 呂后에게 죽음 당함을 뜻한다.

참고 및 관련 자료

1. 漢 惠帝 때 용이 우물에 나타난 異兆이다.

2. 《漢書》五行志 卷27(下之上)
惠帝二年正月癸酉旦, 有兩龍見於蘭陵廷東里溫陵井中, 至乙亥夜去. 劉向以爲龍貴象而困於庶人井中. 象諸侯將有幽執之禍. 其後, 呂太后幽殺三趙王, 諸呂亦終誅滅. 京房《易傳》曰:「有德遭害, 厥妖龍見井中」又曰:「行刑暴惡, 黑龍從井出」

3. 《法苑珠林》42
漢惠二年, 正月癸酉朔旦, 兩龍現於蘭陵廷東里溫陵井中, 京房《易傳》曰:「有德遭害, 厥妖龍見井中」「行刑暴惡, 黑龍從井出」

4. 《開元占經》120
《漢書》五行志曰: 惠帝二年正月癸酉旦, 有兩龍見於蘭陵廷東里溫陵井中, 至乙亥夜去. 劉向以爲龍貴象而困於庶人井中. 象諸侯將有幽執之禍. 其後, 呂太后, 幽殺趙王, 諸呂亦終誅滅.

119(6-18) 馬生角
말에 뿔이 나다

한漢 문제文帝 12년, 오吳 땅의 어떤 말에 뿔이 났다. 그 위치는 귀 앞이며 위로 솟았다. 오른쪽 뿔은 길이가 3치, 왼쪽 뿔은 2치로 전체 크기는 2치 정도였다. 유향劉向이 말하길 말에는 뿔이 날 수 없으니, 이는 오나라가 부당하게 군사를 일으켜 한나라 조정에 대항하려는 조짐이므로 오나라가 장차 반란을 일으킬 것이라 하였다.

경방京房의 《역전易傳》에는 이렇게 말하였다.

"신하가 임금 자리를 대신하고 정치가 순하지 않아 그 요괴스런 말에 뿔이 난 것이다. 이는 현사들이 부족하다는 뜻이다."

또 이렇게 풀이하였다.

"천자가 몸소 정벌에 나서야 될 변고가 생기면, 말에 뿔이 난다."

漢文帝十二年, 吳地有馬生角, 在耳前, 上向. 右角長三寸, 左角長二寸, 皆大二寸. 劉向以爲馬不當生角, 猶吳不當擧兵向上也. 吳將反之變云.

京房《易傳》曰:『臣易上, 政不順, 厥妖馬生角. 茲謂賢士不足.』

又曰:『天子親伐, 馬生角.』

【漢文帝】西漢의 제3대 皇帝. 劉恒. 재위 B.C.179~157년. 12년은 B.C.168년.
【吳地】漢 高祖 때 劉濞를 吳王에 봉하였으며, 지금의 江蘇省 남부 및 浙江省 일대. 漢 景帝 3年(B.C.154)에 吳王은 楚·趙 등과 연합하여 소위 '七國叛亂'을 일으켰다.

> 참고 및 관련 자료

1. 漢 文帝 때 吳楚의 七國叛亂을 예견한 異事이다.

2. 《漢書》五行志 卷27(下之上)
文帝十二年, 有馬生角於吳, 角在耳前, 上鄉. 右角長三寸, 左角長二寸, 皆大二寸. 劉向以爲馬不當生角, 猶吳不當擧兵鄉上也. 是時, 吳王濞封有四郡五十餘城, 內懷驕恣, 變見於外, 天戒早矣. 王不寤, 後卒擧兵, 誅滅. 京房《易傳》曰:「臣易上, 政不順, 厥妖馬生角. 茲謂賢士不足.」又曰:「天子親伐, 馬生角.」

3. 《法苑珠林》87
漢武帝十二年, 吳地有馬生角, 在耳前, 上向. 右角長三寸, 左角長二寸, 皆大二寸.

120(6-19) 狗生角
개에 뿔이 나다

문제文帝 후원後元 5년 6월, 제齊나라 옹성문雍城門 밖에 어떤 개에 뿔이 났다.

경방京房의 《역전易傳》에는 이렇게 풀이하였다.

"집정자가 잘못하면, 아랫사람이 참다못해 해를 입힌다. 그런 경우 개에게 뿔이 난다."

文帝後元五年六月, 齊雍城門外有狗生角.
京房《易傳》曰: 『執政失, 下將害之, 厥妖狗生角.』

【後元】西漢 文帝의 年號(B.C.163~158).
【雍城門】雍門이라고도 하며 齊나라 臨淄城의 서쪽 문.
【下將害之】文帝의 형인 齊나라 悼惠王이 죽자, 文帝가 그 齊나라를 7명의 庶子에게 나누어 주고 임금으로 봉하였다. 吳楚 七國의 亂 때 이들이 참여하였다가 모두 피살되었다. 《漢書》 五行志 참조.

참고 및 관련 자료

1. 文帝 때 개에 뿔이 난 異兆를 기록하였다.
2. 《漢書》 五行志 卷27(中之上)

文帝後五年六月, 齊雍城門外有狗生角. 先是帝兄齊悼惠王亡後, 帝分齊地, 立其

庶子七人皆爲王. 兄弟並彊, 有炕陽心, 故犬禍見也. 犬守御, 角兵象, 左前而上鄉者也. 犬不當生角, 猶諸侯不當舉兵鄉京師也. 天之戒人蚤矣, 諸侯不寤. 後六年, 吳·楚畔, 濟南·膠西·膠東三國應之, 舉兵至齊. 齊王猶與城守, 三國圍之. 會漢破吳·楚, 因誅四王. 故天狗下梁而吳·楚攻梁, 狗生角於齊而三國圍齊. 漢卒破吳·楚於梁, 誅四王於齊. 京房《易傳》曰:「執政失, 下將害之, 厥妖狗生角. 君子苟免, 小人陷之, 厥妖狗生角.」

3.《法苑珠林》87

後五季六月, 齊雍城門外有狗生角, 劉向以爲馬不當生角, 猶下不當舉兵向上也. 吳將反之變云. 京房《易傳》曰:「臣易上, 政不順, 厥妖馬生角.」茲謂賢士不足.

121(6-20) 人生角
사람에게 뿔이 나다

한漢 경제景帝 원년 9월, 교동膠東 하밀下密 땅에 칠십 먹은 노인에게 뿔이 났다. 그 뿔에는 털까지 나 있었다.

경방京房의 《역전易傳》에는 이렇게 풀이하였다.

"총재家宰가 정치를 독단하면 사람에게 뿔이 나는 요괴가 생긴다."

《한서漢書》 오행지五行志에는 사람에게 뿔이 날 수 없으니, 제후가 감히 군대를 일으켜 수도를 침범해서는 안 된다고 여겼다. 그러나 결국 칠국지난七國之難이 일어났다.

그 뒤 진晉 무제武帝 태시泰始 5년, 원성元城에 역시 칠십 먹은 노인의 머리에 뿔이 났다. 이 역시 아마 조왕趙王 사마륜司馬倫이 권력 찬탈을 위해 난을 일으킬 징조였던 것이다.

漢景帝元年九月, 膠東下密人年七十餘, 生角. 角有毛.

京房《易傳》曰:『家宰專政, 厥妖人生角.』

〈五行志〉以爲人不當生角, 猶諸侯不敢擧兵以向京師也. 其後遂有七國之難.

至晉武帝泰始五年, 元城人年七十, 生角. 殆趙王倫簒亂之應也.

【景帝】西漢의 제4대 皇帝. 재위 B.C.156~141년.
【膠東】西漢 초기의 諸侯國 이름. 지금의 山東省 萊陽·平度 일대. 下密은 지금의 山東省 高密.
【冢宰】원래는 周나라 때의 관직. 六卿 우두머리로 뒤에 宰相을 역시 冢宰라 불렀다.
【五行志】《漢書》의 志. 그 기사의 평론에 다음과 같이 풀이하였다. 『時膠東·膠西·濟南·齊四王有擧兵謀, 謀由吳王濞起, 連楚·趙·凡七國. 下密, 縣居四齊之中; 角, 兵象, 上鄕者也; 老人, 吳王象也: 年七十, 七國象也. 天戒若曰: 人不當生角, 猶諸侯不當擧兵以鄕京師也.』

〈漢景帝〉《歷代帝賢像》

【七國之難】漢 景帝 三年에 吳·楚·趙·膠東·膠西·濟南·淄川 등 7개 諸侯國이 일으킨 난. 3개월 간 지속된 후 평정되었다.
【泰始】晉나라 武帝 司馬炎의 年號. 269년에 해당한다.
【元城】治所는 지금의 河北省 大名縣 동쪽.
【趙王】晉나라 때 諸侯國인 趙나라 임금 司馬倫. 晉 惠帝 永平 元年(291) 惠帝의 황후인 賈后와 楊駿의 정권다툼으로, 賈后가 楚王 司馬瑋와 결탁, 楊駿을 죽이고 汝南王 司馬亮으로 하여금 정치를 보좌하게 하였다. 그러나 뒤에 賈后가 다시 司馬瑋를 시켜 司馬亮을 죽이고 司馬瑋까지 죽이자 趙王 司馬倫이 군대를 일으켰다. 이에 齊王 司馬冏이 入宮하여

晉 武帝《三才圖會》

賈后를 죽이자, 司馬倫이 稱帝하였다. 다시 成都王 司馬穎이 군대를 일으켜 司馬倫을 죽이고 惠帝를 복위시켰다. 그 와중에 長沙王 司馬乂가 다시 司馬冏을 죽였고, 河間王 司馬顒이 司馬乂를 죽였다. 최후로 東海王 司馬越이 起兵하여 司馬穎과 司馬顒을 죽였다. 이로써 16년간 이어진 八王之亂은 끝이 나게 된다.

참고 및 관련 자료

1. 漢初와 晉初에 일어난 異兆이다.

2. 《漢書》五行志 卷27(下之上)

景帝二年九月, 膠東下密人年七十餘, 生角, 角有毛. 時膠東·膠西·濟南·齊四王有舉兵反謀, 謀由吳王濞起, 連楚·趙, 凡七國. 下密, 縣居四齊之中; 角, 兵象, 上鄉者也; 老人, 吳王象也; 年七十, 七國象也. 天戒若曰: 人不當生角, 猶諸侯不當舉兵以鄉京師也; 禍從老人生, 七國俱敗云, 諸侯不寤, 明年吳王先起, 諸侯從之, 七國俱滅. 京房《易傳》曰:「冢宰專政, 厥妖人生角.」

3. 《晉書》五行志(下)

武帝泰始五年, 元城人年七十, 生角. 殆趙王倫篡亂之象也.

4. 《宋書》五行志(五)

晉武帝泰始五年, 元城人年七十, 生角. 案《漢志》說, 殆趙王倫篡亂之象也.

5. 《法苑珠林》43

漢景帝元年九月, 膠東下密人, 年七十餘, 生角, 角有毛. 京房《易傳》曰:「冢宰專政, 厥妖人生角.」〈五行志〉以爲人不當生角, 猶諸侯不當舉兵向京師也. 其後有七國之難起.

122(6-21) 狗豕相交
개와 돼지가 교미하다

한漢 경제景帝 3년, 한단邯鄲의 어떤 개가 돼지와 교접하였다. 당시 조왕趙王 유수劉遂가 난을 일으켰고, 드디어 여섯 나라가 들고일어나 밖으로 흉노匈奴와 결탁하여 그들의 도움까지 받았다.

〈오행지五行志〉에서는 이렇게 풀이하였다.

"개는 전쟁으로 많은 백성의 지지를 잃게 된다는 징조요, 돼지는 북방 흉노를 상징하는 동물이다. 귀에 거슬리는 말이라 하여 듣지 않으면서, 이민족과 교합하여 큰 재앙을 입으리라."

경방京房의 《역전易傳》에는 이렇게 풀이하였다.

"부부 사이가 근엄하지 못하면, 개와 돼지가 교접하는 요괴한 일이 생긴다. 이를 반덕反德이라 하며, 나라에 큰 전쟁이 일어날 징조이다."

漢景帝三年, 邯鄲有狗與彘交. 是時趙王悖亂, 遂與六國反, 外結匈奴以爲援.

〈五行志〉以爲: 犬, 兵革失衆之占; 豕, 北方匈奴之象. 逆言失聽, 交於異類, 以生害也.

京房《易傳》曰:『夫婦不嚴, 厥妖狗與豕交, 茲謂反德, 國有兵革.』

【景帝 3년】 B.C.154년. 七國之亂이 일어난 해이다.
【邯鄲】 戰國時代 趙나라의 首都. 西漢 초에 劉友가 봉을 받아 趙王이 된 곳.
【趙王】 劉友를 습봉한 劉遂. 吳楚 반란 때 劉遂가 匈奴에게 구원을 요청, 함께 반란에 참여하였다. 뒤에 반란이 실패하여 匈奴가 邯鄲을 막자, 漢兵은 齊를 파한 후 邯鄲을 포위하였고 劉遂는 자살하였다.

漢 景帝《三才圖會》

참고 및 관련 자료

1. 개와 돼지의 交合으로써 兵變을 예견한 것이다.

2. 《漢書》五行志 卷27(中之上)
景帝三年二月, 邯鄲狗與彘交. 悖亂之氣, 近犬豕之禍也. 是時趙王遂悖亂, 與吳·楚謀爲逆, 遣使匈奴求助兵, 卒伏其辜. 犬, 兵革失衆之占; 豕, 北方匈奴之象, 逆言失聽, 交於異類, 以生害也. 京房《易傳》曰:「夫婦不嚴, 厥妖狗與豕交, 茲謂反德, 國有兵革.」

3. 《漢書》五行志 卷27(中之上)
鴻嘉中, 狗與彘交.

4. 《法苑珠林》42
漢景帝三年, 邯鄲有犬與家豕交. 時趙王遂與六國共反, 外結匈奴以爲援.〈五行志〉以爲: 犬, 兵革失衆之占; 豕者, 北方匈奴之象. 逆言失聽, 交於異類, 以生害也.

5. 《晉書》五行志(下)
愍帝建興元年, 狗與猪交. 案《漢書》, 景帝時有此, 以爲悖亂之氣, 亦犬豕禍也. 犬, 兵革之占也. 豕, 北方匈奴之象. 逆言失聽, 異類相交, 必生害也. 俄而帝沒于胡, 是其應也.

123(6-22) 白黑烏鬪
흑백의 까마귀가 싸우다

경제景帝 3년 11월, 목이 흰 까마귀와 검은 까마귀가 무리를 이루어, 초楚나라 여현呂縣에서 싸움을 벌였다. 목이 흰 까마귀가 이기지 못하고, 사수泗水에 떨어져 죽었다. 그 수가 수천 마리나 되었다.

유향劉向은 이를 흑백이 일으킬 징조豫示라 여겼다.

당시 초왕楚王 유무劉戊는 포악무도하여, 신공申公을 형벌로 욕보였으며, 오왕吳王 유비劉濞와 함께 반란을 일으켰다.

까마귀가 무리를 이루어 싸웠다는 것은, 전투를 상징하는 것이다. 흰색이 숫자가 적었다는 것은, 적은 자가 패한다는 뜻이다. 그리고 물에 떨어졌다는 것은, 장차 물에 떨어져 죽는다는 예고였다. 그런데 초왕 유무는 이를 깨닫지 못하고 드디어 거병하여 오吳나라에 응하였고, 한漢황실과 전쟁을 벌여 결과는 패배하여 도망, 단도현丹徒縣에 이르러 월越나라 사람에게 목이 잘리고 말았다. 이는 바로 사수에 떨어져 죽었다는 증험이다.

경방京房의 《역전易傳》에는 이렇게 쓰여 있다.

"친족을 친히 여겨야 하는 원리를 거역하였으니, 그 흑백 까마귀가 그 나라에서 싸워 이를 예시한 것이다."

한편 연왕燕王 유단劉旦이 모반하자, 까마귀와 까치 한 마리가, 연궁燕宮에 있는 못가에서 싸워, 까마귀가 떨어져 못에 빠져 죽었다. 〈오행지五行志〉에는 이를 이렇게 여겼다.

초·연은 모두 한 왕실과 골육의 번신藩臣이면서도, 교만 방자하여 불의한 일을 도모했기 때문에, 까마귀·까치의 싸움으로 그 상징을 나타내었던 것이다. 그들의 행동이 모두 점괘와 같았으니, 이는 천인天人에게 있어 그 표징이 드러났다는 것이다. 연나라는 음모를 발동시키기 전에, 왕 혼자 궁궐 안에서 자살하였다. 그러므로 까마귀 한 마리가 수색(水色, 黑色)으로 죽은 것이다. 그러나 초나라는 양기陽氣를 타고 거병까지 하였다가, 그 군대가 들에서 대패하였다. 그 때문에 까마귀 무리들이 금색(金色, 白色)으로 표현되어 죽은 것이다. 이처럼 천도天道는 정미精微한 상징성이 있는 것이다.

경방京房의 《역전易傳》에는 이렇게 풀이하였다.

"정벌과 겁살劫殺에 전념하게 되면, 까마귀·까치가 싸우는 요사妖事로운 징조가 나타나게 된다."

景帝三年十一月, 有白頸烏與黑烏, 群鬪楚國呂縣. 白頸不勝, 墮泗水中, 死者數千. 劉向以爲近白黑祥也. 時楚王戊暴逆無道, 刑辱申公, 與吳謀反. 烏群鬪者, 師戰之象也. 白頸者小, 明小者敗也. 墮於水者, 將死水地. 王戊不悟, 遂擧兵應吳, 與漢大戰, 兵敗而走, 至于丹徒, 爲越人所斬. 墮泗水之效也.

京房《易傳》曰:『逆親親, 厥妖白黑烏鬪於國中.』

燕王旦之謀反也, 又有一烏一鵲, 鬪於燕宮中池上, 烏墮池死.

〈五行志〉以爲楚·燕皆骨肉藩臣, 驕恣而謀不義, 俱有烏鵲鬪死之祥, 行同而占合, 此天人之明表也. 燕陰謀未發, 獨王自殺于宮, 故一烏而水色者死. 楚炕陽擧兵, 軍師大敗于野, 故烏衆而金色者死. 天道精微之效也.

京房《易傳》曰:『顓征劫殺, 厥妖烏鵲鬪.』

【楚】漢나라 초기의 諸侯國 이름. 劉邦이 자신의 이복동생 劉交를 楚王으로 삼았다.
【呂縣】지금의 江蘇省 銅山縣.
【泗水】물 이름.
【劉戊】劉交의 손자로 21년간 재위. 吳王 劉濞와 결탁하여 七國之亂(景帝 3년, B.C.154)을 일으켰다.
【申公】楚 元王 劉交 때의 박사. 劉戊의 반란을 저지하다가 白公과 함께 옥에 갇혔다.
【丹徒】지금의 鎭江市. 그러나 본문의 내용은 吳王 劉濞의 사건이다.
【燕王 劉旦】漢 武帝 劉徹의 넷째 아들. 武帝가 죽고 막내아들 劉弗陵(昭帝)이 제위에 오르자, 불만을 품고 반란을 꾀하다가, 발각되어 자살하였다. 《漢書》燕王旦傳 참조.
【水色】黑色. 水는 五行으로는 北方이며, 색깔로는 黑色.
【炕陽】현란함. 불 같이 일어남을 뜻한다. 疊韻連綿語.
【金色】白色. 金은 五行으로는 西方이며 白色을 상징함.

참고 및 관련 자료

1. 西漢 때의 까마귀와 까치의 싸움으로 일어난 異兆이다.

2. 《漢書》五行志 卷27(中之下)
景帝三年十一月, 有白頸烏與黑烏, 羣鬪楚國呂縣. 白頸不勝, 墮泗水中, 死者數千. 劉向以爲近白黑祥也. 時楚王戊暴逆無道, 刑辱申公, 與吳王謀反. 烏羣鬪者, 師戰之象也. 白頸者小, 明小者敗也. 墮於水者, 將死水地. 王戊不悟, 遂擧兵應吳, 與漢大戰, 兵敗而走, 至於丹徒, 爲越人所斬. 墮死於水之效也. 京房《易傳》曰:「逆親親, 厥妖白黑烏鬪於國.」

3. 《漢書》五行志 卷27(中之下)
昭帝元鳳元年, 有烏與鵲, 鬪燕王宮中池上, 烏墮池死, 近黑祥也. 時燕王旦謀爲亂, 遂不改寤, 伏辜而死. 楚·燕皆骨肉藩臣, 以驕怨而謀逆, 俱有烏鵲鬪死之祥, 行同而占合, 此天人之明表也. 燕一烏鵲鬪於宮中而黑者死, 楚以萬數鬪於野外而白者死, 象燕陰謀未發, 獨王自殺於宮, 故一烏水色者死, 楚炕陽擧兵,

軍師大敗於野, 故衆烏金色者死, 天道精微之效也. 京房《易傳》曰:「專征劫殺, 厥妖烏鵲鬪.」

4.《法苑珠林》72
漢景帝三年十一月, 有白頸烏與黑烏, 羣鬪楚國呂縣. 白頸不勝, 墮泗水中, 死者數千. 劉向以爲近白黑祥也. 楚王戊暴逆無道, 刑辱申公, 與吳謀反. 烏羣鬪者, 師戰之象也. 白頸者小, 明小者敗也. 墮於水者, 將死水地. 王戊不悟, 遂擧兵應吳, 與漢大戰, 兵敗而走, 至於丹徒, 爲越人所斬. 墮泗水之效也. 京房《易傳》曰:『逆親親, 厥妖白黑烏鬪於國.』燕王旦之謀反也, 又有一烏一鵲, 鬪於燕宮中, 烏墮地死.〈五行志〉以爲楚·燕背骨肉蕃臣, 驕恣而謀不義, 俱有烏鵲鬪死之祥, 行同而占合, 此天之明表也. 燕陰謀未發, 獨王自殺於宮, 故一烏而水色者死. 楚炕陽擧兵, 軍帥大敗於野, 故烏衆而金色者死. 天道精微之效也. 京房《易傳》曰:「顓征劫殺, 厥妖烏鵲鬪也.」

124(6-23) 牛足出背
소의 발이 등에서 나다

경제景帝 16년中元 6년의 오기에 양효왕梁孝王이 북산北山에 사냥을 나갔더니, 어떤 사람이 등에 발이 붙은 소를 바쳤다.
유향劉向은 이를 소가 예시하는 재앙이라 여겼다. 그리고 마음속으로 큰 몽란霿亂이 일어날 것이라 여기면서, 밖으로 토목공사를 분에 넘치게 하기 때문에 소가 재앙을 일러 주는 것이라 하였다. 등에 발이 난다는 것은, 아랫사람이 윗사람을 간범奸犯한다는 징조이다.

景帝十六年, 梁孝王田北山, 有獻牛足上出背上者. 劉向以爲近牛禍. 內則思慮霿亂, 外則土功過制, 故牛禍作. 足而出于背, 下奸上之象也.

【中元】원문은 '景帝十六年'으로 되어 있으나 이는 '景帝中元六年'의 誤記이다. 中元 六年은 B.C.144년.
【梁孝王】漢 文帝의 둘째아들 劉武. 梁國에 봉해졌다. 文學과 學問에 뛰어났으나 사치스러웠다. 七國之亂 때 그들과 맞서 關中을 지켜 공을 세웠다. 《漢書》梁孝王傳 및 《西京雜記》 참조.
【北山】《漢書》에는 '梁山'으로 되어 있다.
【霿亂】몽매하고 혼란함. 梁 孝王이 景帝와 가깝다는 것과 자신이 세운 공을 믿고 횡포를 부렸다. 梁 孝王은 궁궐을 규정에 어긋나게 짓고 사치와 부를 누렸다. 《西京雜記》 참조.

참고 및 관련 자료

1. 漢初 梁 孝王의 횡포에 대한 異兆이다.
2. 《漢書》五行志 卷27(下之上)

景帝中六年, 梁孝王田北山, 有獻牛, 足上出背上. 劉向以爲近牛禍. 先是孝王驕奢, 起苑方三百里, 宮館閣道相連三十餘里. 納於邪臣羊勝之計, 欲求爲漢嗣, 刺殺議臣爰盎, 事發, 負斧歸死. 旣退歸國, 猶有恨心, 內則思慮霿亂, 外則土功過制, 故牛禍作. 足而出於背, 下奸上之象也. 猶不能自解, 發疾暴死, 又凶短之極也.

3. 《法苑珠林》 87

漢景帝中六年, 梁孝王田北山, 有獻牛, 足出背上者, 劉向以爲牛禍, 思慮霿亂之咎也.

125(6-24) 蛇鬪廟下
뱀이 사당 아래에서 싸우다

한漢 무제武帝 태시太時 4년 7월, 조趙나라에 어떤 뱀이 교외 성 밖에서 성 안으로 들어와 효문왕孝文王 사당 아래에서 성 안에 사는 뱀과 싸움을 벌여 성 안에 살던 뱀이 죽었다. 그로부터 2년 뒤 가을, 위태자衛太子의 반란이 일어났다. 그 난은 조나라 사람 강충江充이 일으킨 것이다.

漢武帝太始四年七月, 趙有蛇從郭外入, 與邑中蛇鬪孝文廟下, 邑中蛇死. 後二年秋, 有衛太子事, 自趙人江充起.

【太始】漢 武帝의 年號. 4년은 B.C.93년에 해당한다.
【孝文廟】孝文帝(文帝) 劉恒의 祠堂을 말한다.
【衛太子】漢 武帝의 長子인 劉據. 그의 어머니는 衛皇后. 武帝가 만년에 병이 잦아, 좌우 신하들이 무당의 말을 믿고 나무 인형을 땅에 묻어 자신을 저주한다고 여겼다. 이에 江充 등을 시켜 이를 조사토록 하였다. 江充이 太子宮에서 나무 인형을 묻어 놓은 것을 발견하자, 太子는 두려움 끝에 江充 등을 죽이고 군대를 일으켜 반란, 결국 실패하여 자살하였다. 이것이 '巫蠱事件'이다.
【江充】漢 武帝의 臣下. 趙國人. 武帝의 총애를 받아 水衡都尉를 지냈다. 武帝 征和 3年(B.C.91)의 巫蠱事件 때 衛太子를 모함하다가 죽었다.

> 참고 및 관련 자료

1. 漢 武帝 때 뱀의 싸움을 통해 나타난 異兆이다.

2. 《漢書》 五行志 卷27(下之上)
武帝太始四年七月, 趙有蛇從郭外入, 與邑中蛇鬪孝文廟下, 邑中蛇死. 後二年秋, 有衛太子事, 事自趙人江充起.

3. 《法苑珠林》42
漢武帝太始四年七月, 趙有蛇從郭外入, 與邑中蛇鬪孝文廟下, 邑中蛇死. 後二年秋, 有衛太子事, 自趙人江充起.

126(6-25) 鼠舞端門
쥐가 단문에서 춤을 추다

한漢 소제昭帝 원봉元鳳 원년 9월, 연燕나라에 어떤 누런 쥐가 자기 꼬리를 물고 왕궁의 정문端門에 나타나 춤을 추는 일이 생겼다. 왕이 가서 볼 때까지도, 그 쥐는 계속 춤을 추고 있었다. 왕이 관리를 시켜 술과 안주를 가져다 먹여 주었다. 그 쥐는 춤을 그치지 않더니, 하루 밤낮을 지나 죽어 버렸다. 당시 연왕燕王 유단劉旦이 모반을 했다가, 장차 죽을 징조였다.

경방京房의 《역전易傳》에는 이렇게 풀이하였다.

"토벌을 하면서 근본사정에 근거하지 않으므로 해서, 그 쥐가 궁문에서 춤추는 요괴를 보인 것이다."

漢昭帝元鳳元年九月, 燕有黃鼠, 銜其尾, 舞王宮端門中. 王往視之, 鼠舞如故. 王使吏以酒脯祠. 鼠舞不休, 一日一夜死. 時燕王旦謀反, 將死之象也.

京房《易傳》曰:『誅不原情, 厥妖鼠舞門.』

【昭帝】西漢의 제6대 皇帝. 劉弗陵. 재위는 B.C.86~74년. 元鳳은 그의 年號. B.C.80~75년.
【端門】정문. 왕궁의 正門.
【劉旦】燕王. 123(6-22) 注 참조.《漢書》燕王旦傳 참조.

참고 및 관련 자료

1. 漢 昭帝 때 燕王의 궁중에서 일어난 異兆를 기록한 것이다.

2. 《漢書》 五行志 卷27(中之上)
昭帝元鳳元年九月, 燕有黃鼠銜其尾舞王宮端門中, 王往視之, 鼠舞如故. 王使吏以酒脯祠, 鼠舞不休, 一日一夜死. 近黃祥, 時燕刺王旦謀反, 將死之象也. 其月, 發覺伏辜. 京房《易傳》曰:「誅不原情, 厥妖鼠舞門」

3. 《漢書》 五行志 卷27(下之上)
昭帝元鳳元年九月, 燕有黃鼠銜其尾舞王宮端門中, 往視之, 鼠舞如故. 王使夫人以酒脯祠, 鼠舞不休, 夜死. 黃祥也. 時燕刺王旦謀反將敗, 死之象也. 其月, 發覺伏辜. 京房《易傳》曰:「誅不原情, 厥妖鼠舞門」

127(6-26) 泰山石立
태산에 돌이 일어서다

소제昭帝 원봉元鳳 3년 정월, 태산泰山의 무래산蕪萊山 남쪽에 왁자지껄하며 수천 명이 떠드는 소리가 났다. 주민들이 가서 살펴보았더니, 어떤 큰 돌이 스스로 일어서는 것이었다. 높이는 5척, 둘레는 48 아름이나 되었고, 땅속으로는 8척 길이로 묻혀 있었으며, 3개의 돌을 발로 삼고 있었다. 돌이 일어선 후, 까마귀 수천 마리가 그 곁에 모여들었다. 이는 선제宣帝가 중흥中興할 상서로운 징조였다.

昭帝元鳳三年正月, 泰山蕪萊山南, 洶洶有數千人聲. 民往視之, 有大石自立. 高丈五尺, 大四十八圍, 入地深八尺, 三石爲足. 石立後, 有白烏數千集其旁. 宣帝中興之瑞也.

【元鳳】3년은 B.C.78년.
【蕪萊山】泰山의 동남쪽 山. 지금은 萊蕪라 부른다. 《漢書》에는 '萊蕪山'으로 되어 있다.
【宣帝】西漢의 제7대 皇帝. 劉詢. 재위 25년(B.C.73~49).

참고 및 관련 자료

1. 漢 昭帝 말년에 泰山에서 일어난 異兆이다.

2.《漢書》五行志 卷27(中之上)

孝昭元鳳三年正月, 泰山萊蕪山南, 匈匈有數千人聲. 民視之, 有大石自立, 高丈五尺, 大四十八圍, 入地深八尺, 三石爲足. 石立處, 有白烏數千集其旁. 眭孟以爲石陰類, 下民象, 泰山岱宗之嶽, 王者易姓告代之處, 當有庶人爲天子者. 孟坐伏誅. 京房《易傳》曰:「復, 崩來無咎.'自上下者爲崩, 厥應泰山之石顚而下, 聖人受命人君虜」又曰:「石立如人, 庶士爲天下雄. 立於山, 同姓: 平地, 異姓, 立於水, 聖人: 於澤, 小人.」

3.《藝文類聚》10

孝昭帝時, 太山萊蕪山南, 洵洵有數千人聲. 民視之, 有大石自立. 高丈五尺, 大三十八圍, 入地深八尺, 三石爲足. 石立後, 有白烏數千集其旁. 宣帝中興之瑞也.

泰山圖《三才圖會》

128(6-27) 蟲葉成文
벌레가 잎을 갉아 글을 쓰다

소제昭帝 때 상림원上林苑에 큰 버드나무가 꺾어져 땅에 엎어졌다가 하루아침에 다시 일어나 잎과 가지가 피어나는 것이었다. 그리고 벌레들이 달려들어 그 나뭇잎을 갉아, 문자가 나타났다.

"선제 유순劉洵이 왕위를 이으리라(公孫病已立)."

昭帝時, 上林苑中大柳樹斷, 仆地. 一朝起立, 生枝葉. 有蟲食其葉, 成文字, 曰:『公孫病已立.』

【上林苑】秦나라 때의 苑으로 漢 武帝가 증수하였다. 황실 苑囿로 동식물을 기르며, 사냥지로 이용하였다. 《西京雜記》 참조.
【公孫病已立】宣帝 劉詢이 昭帝를 이어 皇帝가 된다는 뜻. 昭帝는 아들이 없어 재위 13년 만에 昭帝의 형인 衛太子의 손자 劉詢이 계승하였다. 그 때문에 '公(昭帝)의 손자인 劉詢(劉詢의 本名은 病已)이 立帝한다'는 뜻이다.

참고 및 관련 자료

1. 宣帝 때 나타난 異事이다.
2. 《漢書》 五行志 卷27(中之下)
昭帝時, 上林苑中大柳樹斷仆地, 一朝起立, 生枝葉, 有蟲食其葉, 成文字, 曰: 「公孫病已立.」

3. 《藝文類聚》10

昭帝時, 上林柳樹斷, 臥地. 一朝起立, 生枝葉. 有蟲食其葉, 成文字, 曰:「公孫病已立.」

4. 《藝文類聚》10

昌邑王問社, 有枯樹復生枝葉, 眭孟以爲木下民象, 當有廢改之象. 公孫氏從民間受命爲天子者, 後宣帝立, 帝本名病已.

5. 《開元占經》112

京房曰:「有偃木而起, 歲有大吉.」

129(6-28) 狗冠出朝門
개가 관을 쓰고 조정 문으로 뛰어들다

소제昭帝 때 창읍왕昌邑王 유하劉賀가 큰 흰 개가 방산관方山冠을 쓰고 다니는 것을 보았다. 그 개는 꼬리가 없었다. 또 희평熹平 연간에 이르러서는, 궁궐 내에서 개에게 관을 씌우고 허리띠와 인수印綬까지 매어 주어 이를 보고 웃고 즐기는 행위가 유행하였다. 그러던 어느 날 개 한 마리가 뛰어나와, 곧바로 사공부司空府 정문으로 달려들어오는 것이었다. 이를 본 자는, 누구 하나 놀라고 괴이히 여기지 아니한 자가 없었다.

경방京房의 《역전易傳》에는 이렇게 말하였다.

"임금이 옳지 못해, 신하가 그 자리를 찬탈하고자 하여, 개가 관을 쓰고 조정 대문으로 달려들어오는 요괴한 일이 생긴 것이다."

昭帝時, 昌邑王賀見大白狗冠方山冠而無尾. 至熹平中, 省內冠狗帶綬, 以爲笑樂. 有一狗突出, 走入司空府門. 或見之者, 莫不驚怪.

京房《易傳》曰:『君不正, 臣欲簒, 厥妖狗冠出朝門.』

【昌邑王】劉賀. 漢 武帝의 손자. 昭帝가 아들 없이 죽자 劉賀가 뒤를 이었으나, 무도하게 굴어 庶人으로 폐위되었다.
【方山冠】漢代 종묘에 제사 지낼 때 樂舞하는 사람들이 쓰던 冠.
【熹平】東漢 靈帝 때의 年號. 172~177년.

【印綬】 직인을 꿴 끈. 높은 벼슬을 뜻한다.
【司空】 벼슬 이름. 한나라 때의 御史大夫를 뜻한다.

참고 및 관련 자료

1. 漢代 개를 통해 나타난 두 가지 異事이다.

2. 《漢書》 五行志 卷27(中之上)
昭帝時, 昌邑王賀遣中大夫之長安, 多治仄注冠, 以賜大臣, 又以冠奴. 劉向以爲近服妖也. 時王賀狂悖, 聞天子不豫, 弋獵馳騁如故, 與騶奴宰人游居戲, 驕嫚不敬. 冠者尊服, 奴者賤人, 賀無故好作非常之冠, 暴尊象也. 以冠奴者, 當自至尊墜至賤也. 其後帝崩, 無子, 漢大臣徵賀爲嗣. 卽位, 狂亂無道, 縛戮諫者夏侯勝等. 於是大臣白皇太后, 廢賀爲庶人. 賀爲王時, 又見大白狗冠方山冠而無尾, 此服妖, 亦犬禍也. 賀以問郎中令龔遂, 遂曰: 「此天戒, 言在仄者盡冠狗也. 去之則存, 不去則亡矣.」 賀旣廢數年, 宣帝封之爲列侯, 復有罪, 死不得置後, 又犬禍無尾之效也. 京房《易傳》曰: 「行不順, 厥咎人奴冠. 天下亂, 辟無君適, 妾子拜.」 又曰: 「君不正, 臣欲篡, 厥妖狗冠出朝門.」

3. 《續漢書》 五行志(一)
熹平中, 省內冠狗帶綬, 以爲笑樂. 有一狗突出, 走入司徒府門. 或見之者, 莫不驚怪. 京房《易傳》曰: 「君不正, 臣欲篡, 厥妖狗冠出.」 後靈帝寵用便嬖子弟, 永樂賓客·鴻都羣小, 傳相汲引, 公卿牧守, 比肩是也. 又遣御史於西邸賣官, 關內侯顧五百萬者, 賜與金紫: 詣闕上書占令長, 隨縣好醜, 豐約有賈. 强者貪如豺虎, 弱者略不類物, 實狗而冠者也. 司徒古之丞相, 壹統國政. 天戒若曰: 宰相多非其人, 尸祿素餐, 莫能據正持重, 阿意曲從: 今在位者皆如狗也, 故狗走入其門.

130(6-29) 雌雞化雄
암탉이 수탉으로 변하다

한漢 선제宣帝 황룡黃龍 원년, 미앙전未央殿 노령輅鈴 안에 기르던 암탉이 수탉으로 변하였고, 그 털 색깔도 변하였다. 그러나 그 닭은 울지도 못하고 암탉을 거느리지도 못하였으며 뒷발톱도 없었다.

원제元帝 초원初元 원년에는, 승상부丞相府의 소사小史 왕금王禁의 집에서, 알을 품고 있던 암탉이, 점점 변하여 수탉이 되었다. 이 닭은 볏과 뒷발톱도 있고 울기도 하며 무리를 거느리기도 하였다. 또 영광永光 연간에는, 어떤 사람이 뿔이 난 수탉을 바치기도 하였다.

〈오행지五行志〉에는 이를 왕씨(王氏, 王莽) 집안의 득세와 찬탈의 징조라 하였다.

경방京房의 《역전易傳》에는 이렇게 말하였다.

"현자가 명이明夷의 세상에 살면서 시기 상황을 알고 슬퍼한다. 용렬한 무리가 높은 자리에 있으면 닭에 뿔이 나는 해괴한 일이 생긴다."

그리고 이렇게 풀이하기도 하였다.

"아녀자가 정치를 독단하여 나라가 안정되지 못하면, 암탉이 수탉처럼 울게 되니, 이는 군주 된 자가 영광을 잃는다는 뜻이다."

漢宣帝黃龍元年, 未央殿輅鈴中雌雞化爲雄, 毛衣變化, 而不鳴不將, 無距. 元帝初元元年, 丞相府史家, 雌雞伏子, 漸化爲雄, 冠距鳴將. 至永光中, 有獻雄雞生角者.

〈五行志〉以爲王氏之應.

京房《易傳》曰: 『賢者居明夷之世, 知時而傷, 或衆在位, 厥妖雞生角.』

又曰: 『婦人專政, 國不靜; 牝雞雄鳴, 主不榮.』

【黃龍】 宣帝의 年號. B.C.49년. 1년간.
【未央殿】 未央宮의 正殿. 未央宮의 西漢 때의 궁궐.
【輅軨】 未央殿의 작은 동물원 축사.
【距】 닭이나 날짐승의 뒷발에 난 발톱.
【元帝】 西漢의 제8대 皇帝. 劉奭. 재위 B.C.48~33년. 初元은 B.C.48년.
【王禁】 元帝 劉奭의 아내인 王皇后의 아버지.
【永光】 元帝 劉奭의 年號. B.C.43~39년.
【明夷】《周易》의 卦名. 明은 光. 夷는 傷의 뜻. 해가 땅에 너무 강하게 비치면 만물을 다치게 한다는 뜻. 뒤에는 '임금이 어리석어 현인이 세상을 피한다'는 뜻으로 쓰였다.
【婦人專政】 부녀자가 정치를 專橫함을 뜻한다. 王皇后가 成帝의 皇太后가 되었으며, 哀帝·平帝 때는 太皇太后가 되어 40여 년간이나 정치에 참여하였다.

참고 및 관련 자료

1. 西漢 때 닭의 異兆를 王皇后에 빗대어 풀이한 것이다.
2.《漢書》五行志 卷27(中之上)
宣帝黃龍元年, 未央殿輅軨中雌雞化爲雄, 毛衣變化而不鳴, 不將, 無距. 元帝初元中, 丞相府史家雌雞伏子, 漸化爲雄, 冠距鳴將. 永光中, 有獻雄雞生角者. 京房《易傳》曰:「雞知時, 知時者當死.」房以爲己知時, 恐當之. 劉向以爲房失雞占. 雞者小畜, 主司時, 起居人, 小臣執事爲政之象也. 言小臣將秉君威, 以害正事, 猶石顯也. 竟寧元年, 石顯伏辜, 此其效也. 一曰: 石顯何足以當此? 昔武王伐殷, 至于牧埜, 誓師曰:「古人有言曰: '牝雞無晨; 牝雞之晨, 惟家之索.' 今殷王紂惟婦言用.」繇是論之, 黃龍·初元·永光雞變, 乃國家之占, 妃后象也.

孝元王皇后以甘露二年生男,立爲太子.妃,王禁女也.黃龍元年,宣帝崩,太子立,是爲元帝,王妃將爲皇后,故是歲未央殿中雌雞爲雄,明其占在正宮也.不鳴不將無距,貴始萌而尊未成也.至元帝初元元年,將立王皇后,先以爲婕妤.二月癸卯制書曰:「其封婕妤父丞相少史王禁爲陽平侯,位特進.」丙午,立王婕妤爲皇后.明年正月,立皇后子爲太子.故應是,丞相府史家雌雞爲雄,其占卽丞相少史之女也.伏子者,明已有子也.冠距鳴將者,尊已成也.永光二年,陽平頃侯禁薨,子鳳嗣侯,爲侍中衛尉.元帝崩,皇太子立,是爲成帝.尊皇后爲皇太后,以后弟鳳爲大司馬大將軍,領尚書事,上委政,無所與.王氏之權自鳳起,故於鳳始受爵位時,雄雞有角,明視作威顓君害上危國者,從此人始也.其後羣弟世權,以至於莽,遂篡天下.卽位五年,王太后乃崩,此其效也.京房《易傳》曰:「賢者居明夷之世,知時而傷,或衆在位,厥妖雞生角.雞生角,時主獨.」又曰:「婦人顓政,國不靜;牝雞雄鳴,主不榮.」故房以爲已亦在占中矣.

3.《法苑珠林》43
漢宣帝黃龍元年,未央殿輅軨廄中雌雞化爲雄,雞毛衣亦變,不鳴不將,無距.元帝初元中,丞相府史家,雌雞化爲雄雞,冠距鳴將.至永光年中,有獻雄雞生角者.〈五行志〉以爲王氏之應也.

131(6-30) 范延壽斷訟
범연수가 송사를 판결하다

선제宣帝 때 연燕·대代 사이에, 어떤 세 남자가 한 여자를 공동 부인으로 집안을 이루어 네 아들까지 낳았다. 이들이 헤어지면서 아내와 아들을 나누려 하였으나 고르게 나눌 수가 없게 되자, 소송이 벌어졌다. 그때 정위廷尉 범연수范延壽가 이렇게 판결하여 품신하였다.

"이는 인간 무리가 아니라 금수禽獸들이니 그 아이들은 모두 어머니를 따르게 하고 아버지에게 맡길 수 없습니다. 청컨대 이 세 남자는 죽이고, 아이들은 어머니에게 돌려줄 수 있게 해 주십시오."

선제가 이를 보고 이렇게 차탄嗟嘆하였다.

"이런 군혼群婚이 고대에만 있었던 게 아니로구나. 그렇게만 판결한다면, 가히 천리天理에도 합당할 뿐더러 인정人情으로 보아도 만족할 만한 결정이로다."

범연수는 인사에 대해 밝게 보고 형벌의 사용에 대해서도 아는 사람이었다. 그러나 사람이 저지른 그 해괴한 일을 통해 장래 일어날 응험에 대해서는 모르는 자라 할 수 있다.

宣帝之世, 燕·代之間, 有三男共取一婦, 生四子. 及至將分妻子而不可均, 乃致爭訟.

廷尉范延壽斷之曰:「此非人類, 當以禽獸, 從母不從父也. 請戮三男, 以兒還母.」

宣帝嗟嘆曰:「事何必古? 若此, 則可謂當於理而饜人情也.」

延壽蓋見人事而知用刑矣, 未知論人妖將來之驗也.

【宣帝】西漢의 제7대 皇帝. 劉詢. 재위 25년(B.C. 73~49).
【燕·代】모두 西漢 때의 諸侯國. 燕은 河北省 북부. 代는 山西省 북부.
【廷尉】漢代 九卿의 하나. 刑獄을 담당하였다.
【范延壽】字는 子路. 安成人.《漢書》百官公卿表에 의하면 范延壽가 廷尉를 지낸 것은 成帝 河平 2年(B.C.27)으로 宣帝 때가 아니다.

참고 및 관련 자료

1. 群婚의 잘못됨을 바로잡았다는 故事이다.

2.《北堂書鈔》53 廷尉
謝承《後漢書》: 范延壽爲廷尉, 燕趙間, 有三男子共娶一妻, 生四子, 後分子. 縣丞相不能決, 獻之於廷尉. 延壽上言:「男子貴信, 婦人貴貞. 今三男一妻, 比之禽獸, 生子屬母」於是以四子附母. 尸男子, 棄於市. 奏免郡太守, 令長切讓, 三老無師道也.(謝承《後漢書》)

3.《法苑珠林》57
漢宣帝之世, 燕岱之間, 有三男共取一婦, 生其四子. 及至將分妻子而不可均, 乃致爭訟. 廷尉范延壽斷之曰:「此非人類, 當以禽獸, 從母不從父也. 請戮三男, 以兒還母.」宣帝嗟歎曰:「事何必古? 若此, 則可謂當於理而厭人情也.」延壽蓋見人事而知用刑矣, 未知論人妖將來之應也.

4. 기타 참고자료
《太平御覽》(331·647).

132(6-31) 天雨草
풀이 비가 되어 내리다

한漢 원제元帝 영광永光 2년 8월, 하늘에서 풀이 비처럼 쏟아졌다. 그 잎들이 서로 달라붙었으며, 탄환彈丸만한 크기였다. 다시 평제平帝 원시元始 3년 정월에도, 하늘에서 풀잎이 쏟아졌다. 그 상태도 앞서 영광 때 내린 것과 같았다.

경방京房의 《역전易傳》에는 이렇게 되어 있다.

"임금이 봉록에 대해 인색하면, 믿음이 사라져 어진 이들이 떠나게 된다. 그런 경우 하늘에서 풀이 쏟아지는 해괴한 일이 일어난다."

漢元帝永光二年八月, 天雨草而葉相摎結, 大如彈丸. 至平帝元始三年正月, 天雨草, 狀如永光時.

京房《易傳》曰:『君吝於祿, 信衰賢去, 厥妖天雨草.』

【元帝】西漢의 제8대 皇帝. 劉奭. 재위 B.C.48~33년. 永光 2年은 B.C.42년.
【平帝】西漢의 제11대 皇帝. 劉衎. 元始 3年은 A.C.3년.

참고 및 관련 자료

1. 西漢 말기에 일어난 草雨의 怪事이다.

2.《漢書》五行志 卷27(中之下)

元帝永光二年八月, 天雨草, 而葉相摎結, 大如彈丸. 平帝元始三年正月, 天雨草, 狀如永光時. 京房《易傳》曰:「君吝於祿, 信衰賢去, 厥妖天雨草.」

133(6-32) 斷槐復立
자른 홰나무가 다시 일어서다

원제元帝 건소建昭 5년, 연주자사兗州刺史 호상浩賞은 백성 중에 사사로이 전사田社 세우는 것을 금지시켰다. 이에 따라 산양군山陽郡 탁현橐縣 모향茅鄕의 신사神社에 있던 큰 홰槐나무를 관리가 베어 버리게 되었다. 그런데 그날 밤, 그 나무가 다시 본디 있던 자리에 서 있는 것이었다. 이를 두고 이렇게 풀이하였다.

"무릇 잘린 고목이 다시 제자리에 서는 것은, 폐한 것이 다시 부흥한다는 상징이다. 이는 세조(世祖, 光武帝)의 중흥에 대한 응험이다."

元帝建昭五年, 兗州刺史浩賞, 禁民私所自立社. 山陽橐茅鄕社, 有大槐樹, 吏伐斷之. 其夜, 樹復立故處.
說曰:「凡枯斷復起, 皆廢而復興之象也. 是世祖之應耳」

【建昭】 元帝의 年號. B.C.38~34년의 5년간.
【兗州】 漢代에 설치하였던 13刺史部의 하나. 治所는 昌邑으로 지금의 山東省 金鄕縣 서북.
【社】 25家를 1社(村社)로 하였으나 민간 스스로 10家 혹은 5家를 1田社로 조직하였다. 그리고 그 단위별로 土地神의 祠堂을 세웠다.
【山陽】 지금의 江蘇省 북부 일대와 安徽省을 관할하던 郡. 橐縣은 지금의 安徽省 巢縣.
【世祖】 東漢의 첫 황제인 光武帝 劉秀. 世祖는 廟號. 재위는 A.C.25~57년. 王莽을 주멸하고 東漢(洛陽)을 건립하였다.

> 참고 및 관련 자료

1. 西漢 말기의 회화나무에 대한 異兆이다.

2. 《漢書》五行志 卷27(中之下)

建昭五年, 兗州刺史浩賞, 禁民私所自立社. 山陽橐茅鄉社有大槐樹, 吏伐斷之, 其夜樹復立其故處.

3. 《法苑珠林》80

漢建昭五年, 兗州刺史浩賞, 禁民私所自立社. 山陽橐茅鄉社, 有大槐樹, 吏伐斷之. 其夜, 樹復立故處. 說曰:「凡斷枯復起, 皆廢而復興之象也. 是世祖之應耳.」

동한 개국군주 光武帝 劉秀《三才圖會》

134(6-33) 鼠巢樹上
쥐가 나무에 둥지를 틀다

한漢 성제成帝 건시建始 4년 9월, 장안성長安城에 어떤 쥐 한 마리가 누런 볏짚, 잣나무 잎을 물고 어떤 백성 무덤 곁의 잣나무와 느릅나무 위로 올라가 그 위에 둥지를 틀었다. 특히 동백정桐柏亭에 그런 괴이한 일이 많이 나타났다. 그 둥지 속에는 새끼는 없고 다만 바짝 마른 쥐똥이 몇 되씩 들어 있었다.

당시 조정의 대신들은 수재가 일어날 징조라 여겼다. 쥐란 작은 벌레를 몰래 잡아먹고, 밤에는 나타나고 낮에는 숨는 동물이다. 그런데 대낮에 굴을 버리고 나무에 오른다고 하는 것은 천한 사람이 높은 자리를 차지한다는 조짐이다. 또 동백정 동네는 위사후衛思后의 능원陵園이 있는 곳이다. 그 뒤 조후(趙后, 趙飛燕)가 미천한 신분으로 지존의 황후에 올라 위후衛后와 같은 등급이 되었다. 조후는 끝내 자식도 없이 비참한 최후를 마쳤다. 그 이듬해, 매가 자신의 둥지를 부수고 자기 새끼를 죽이는 일이 일어났다고 한다.

경방京房의 《역전易傳》에는 이렇게 풀이하였다.

"신하가 자신의 봉록에 얽매어 임금을 속이면, 쥐가 둥지를 트는 요괴한 일이 생긴다."

漢成帝建始四年九月, 長安城南, 有鼠銜黃藁·柏葉上民家柏及榆樹上爲巢. 桐柏爲多. 巢中無子, 皆有乾鼠矢數升. 時議臣以爲恐有水災. 鼠盜竊小蟲, 夜出晝匿. 今正晝去穴

而登木, 象賤人將居貴顯之占. 桐柏, 衛思后園所在也. 其後 趙后自微賤登至尊, 與衛后同類. 趙后終無子而爲害. 明年, 有鳶焚巢殺子之象云.

京房《易傳》曰:『臣私祿罔辟, 厥妖鼠巢.』

【成帝】西漢의 제9대 皇帝. 劉驁. 재위 B.C.37~7년. 建始 4年은 B.C.29년.
【桐柏】長安省 서남쪽의 桐柏亭. 亭은 地方行政單位 10里를 1亭으로 하며 亭長을 두었다.
【矢】屎와 통용. 똥.
【衛思后】漢 武帝의 皇后. 원래 平陽公主 집안의 歌女였으나 武帝의 눈에 띄어 太子 劉據를 낳았으며 陳皇后의 뒤를 이어 皇后가 되었다. 巫蠱事件 때 劉據가 연루되자 함께 자결하였으며 宣帝가 思后로 追贈하였다.
【趙后】趙飛燕. 漢 成帝의 皇后. 원래 陽阿公主 집안의 宮人이었으나 그 동생 趙昭儀와 함께 成帝에게 발탁되어 총애를 입었으며 궁중 내에서 음란한 행동을 하였다.《漢書》趙皇后傳 및 《西京雜記》참조.

참고 및 관련 자료

1. 漢 成帝 때 쥐가 나무에 둥지를 튼 기괴한 異兆이다.
2. 《漢書》五行志 卷27(中之下)
成帝建始四年九月, 長安城南有鼠銜黃蒿·柏葉, 上民冢柏及楡樹上爲巢, 桐柏尤多. 巢中無子, 皆有乾鼠矢數十. 時議臣以爲恐有水災. 鼠, 盜竊小蟲, 夜出晝匿: 今晝去穴而登木, 象賤人將居顯貴之位也. 桐柏, 衛思后園所在也. 其後, 趙皇后自微賤登至尊, 與衛后同類. 趙后終無子而爲害. 明年, 有鳶焚巢, 殺子之異也. 天象仍見, 甚可畏也. 曰: 皆王莽竊位之象云. 京房《易傳》曰:「臣私祿罔辟, 厥妖鼠巢.」
3. 《法苑珠林》42
漢成帝建始四年九月, 長安城南, 有鼠銜黃藁·柏葉上民塚柏及楡樹上爲巢. 桐柏

爲多. 巢中無子, 皆有乾屎數升. 時議臣以爲恐有水災起. 鼠盜竊小獸, 夜出晝匿. 今正晝去穴而登木, 象賤人將居貴顯之象也. 桐柏, 衛思后園所在也. 其後趙后自微賤登至尊, 與衛后同類. 趙后終無子而爲害. 明年, 有鳶焚巢殺子之象云. 京房《傳》曰:「臣私祿罔干, 厥妖鼠巢也.」

〈漢宮春曉〉(成帝와 趙飛燕) 明 尤求(畫)

135(6-34) 犬禍室中
개의 화가 방 안에 들어오다

성제成帝 하평河平 원년, 장안長安의 석량石良과 유음劉音, 이 두 남자가 동거하고 있었다. 어느 날 자신들의 방 안에 사람처럼 생긴 물체가 있어 이를 두드려 잡았더니 개로 변해 도망쳐 나가는 것이었다. 그 개가 나간 다음, 갑옷을 입고 활을 든 몇 사람이 석량의 집으로 들이닥쳤다. 결국 격투가 벌어져 죽기도 하고 다치기도 하였는데, 모두가 개였다. 이런 일이 2월부터 6월까지 계속되다가 그쳤다.

〈홍범洪範〉을 근거로 보면 이는 모두 개가 일으킨 재앙으로, 남의 의견을 잘 따르지 않을 때 일어나는 현상이다.

成帝河平元年, 長安男子石良·劉音相與同居. 有如人狀在其室中, 擊之, 爲狗, 走出. 去後, 有數人披甲持弓弩至良家. 良等格擊, 或死或傷, 皆狗也. 自二月至六月乃止.

其於〈洪範〉, 皆犬禍, 言不從之咎也.

【成帝】西漢의 제9대 皇帝. 劉驁. 河平 元年은 B.C.28년.
【石良·劉音】人名.
【洪範】《尙書》의 篇名. 商末 箕子가 지었다고 하며, 天地大法·天人感應의 사상을 담고 있다. 漢에 이르러서는 京房·劉向 등이 陰陽災異說로 附會하였다.

참고 및 관련 자료

1. 사람 형상을 한 개의 싸움에 대한 異事이다.

2. 《藝文類聚》 94

漢成帝河淸元年, 長安男子石良·劉晉, 相與同居. 有如人狀在其室, 擊之, 爲狗, 去復至. 數人被甲持兵弩來, 格之或傷, 盡狗也. 自二月至六月乃止. 其於洪範, 皆犬禍, 言不從之咎也.

3. 《漢書》 五行志 卷27(中之上)

成帝河平元年, 長安男子石良·劉音, 相與同居. 有如人狀在其室中, 擊之, 爲狗, 走出. 去後有數人被甲持兵弩良家, 良等格擊, 或死或傷, 皆狗也. 自二月至六月乃止.

136(6-35) 鳶焚巢殺子
매가 둥지를 태우고 새끼를 죽이다

성제成帝 하평河平 원년 2월 경자庚子에, 태산泰山의 산상곡山桑谷에서 어떤 매가 자기의 둥지를 불살랐다.

손통孫通 등 남자들이 산속에 여러 마리의 새, 즉 매, 까치 소리 나는 것을 듣고 찾아가 보았다. 그랬더니 매 둥지는 불에 타면서 모두가 그 아래, 못에 떨어져 있고 매 새끼 3마리가 타 죽어 있는 것이었다. 그 나무는 둘레가 네 아름 정도였으며, 그 죽은 매 새끼로부터 4장 5척 정도 떨어진 곳에 있었다.

《역易》에는 이렇게 풀이하였다.

"자기 둥지를 태우고 나그네가 먼저 웃는다. 그러고 나서 울부짖는다."

뒤에 마침내 세대가 변하는 재앙이 나타났다.

成帝河平元年二月庚子, 泰山山桑谷, 有鳶焚其巢. 男子孫通等, 聞山中群鳥鳶鵲聲, 往視之, 見巢燃, 盡墮池中, 有三鳶轂燒死. 樹大四圍, 巢去地五丈五尺.

《易》曰: 『鳥焚其巢, 旅人先笑, 後號咷.』

後卒成易世之禍云.

【二月庚子】 B.C.28년. 夏曆으로 2월 30일에 해당한다.
【山桑谷】 泰山의 골짜기 이름.

【鳶】새매의 일종. 鴟鳥, 鵅鷹.
【蓺】然의 古字. 然은 燃의 本字이다. '타다, 태우다'의 뜻.
【鷇】아직 어려 어미에게 먹이를 받아먹는 상태의 어린 새를 가리킨다.
【易】《周易》旅卦의 上九의 구절. '먼저 환락에 빠졌다가 뒤에 후회한다'는 뜻을 담고 있다.
【易世之禍】王莽의 찬탈을 뜻한다.

참고 및 관련 자료

1. 漢末 새가 자신의 둥지를 태웠다는 異事이다.
2. 《漢書》五行志 卷27(中之下)

成帝河平元年二月庚子, 泰山山桑谷有蓺焚其巢. 男子孫通等聞山中羣鳥蓺鵲聲, 往視, 見巢燃, 盡墮地中, 有三蓺鷇燒死. 樹大四圍, 巢去地五丈五尺. 太守平以聞. 蓺色黑, 近黑祥, 貪虐之類也.《易》曰:「鳥焚其巢, 旅人先笑後號咷.」泰山, 岱宗, 五嶽之長, 王者易姓告代之處也. 天戒若曰: 勿近貪虐之人, 聽其賊謀, 將生焚巢自害其子絶世易姓之禍. 其後趙蜚燕得幸, 立爲皇后, 弟爲昭儀, 姉妹專寵, 聞後宮許美人·曹偉能生皇子也, 昭儀大怒, 令上奪取而殺之, 皆幷殺其母. 成帝崩, 昭儀自殺, 事乃發覺, 趙后坐誅. 此焚巢殺子後號咷之應也. 一曰: 王莽貪虐而任社稷之重, 卒成易姓之禍云. 京房《易傳》曰:「人君暴虐, 鳥焚其舍.」

137(6-36) 信都雨魚
신도 땅에 물고기 비가 내리다

성제成帝 홍가鴻嘉 4년 가을, 신도현信都縣에 하늘에서 물고기가 비 내리듯이 떨어졌다. 길이는 5촌寸 이하였다. 다시 영시永始 원년 봄에 북해北海에 큰 물고기가 출현하였다. 길이는 6장, 높이는 1장, 모두 4마리였다.

그 뒤 애제哀帝 건평建平 3년, 동래군東萊郡 평도현平度縣에 다시 큰 물고기가 나타났다. 길이는 8장, 키는 1장 1척으로 일곱 마리였으며 모두 죽었다.

그리고 영제靈帝 희평熹平 2년, 동래군 바닷가에 또다시 큰 물고기 2마리가 나타났다. 길이는 8, 9장 높이는 2장 남짓이었다.

경방京房의 《역전易傳》에는 이렇게 풀이하였다.

"바다에 큰 물고기가 자주 출현한다는 것은, 사악한 자가 등용되고 어진 자는 소원함을 입는다는 뜻이다."

成帝鴻嘉四年秋, 雨魚於信都, 長五寸以下. 至永始元年春, 北海出大魚, 長六丈, 高一丈, 四枚. 哀帝建平三年, 東萊平度出大魚, 長八丈, 高一丈一尺, 七枚. 皆死. 靈帝熹平二年, 東萊海出大魚二枚, 長八九丈, 高二丈餘.

京房《易傳》曰:『海數見巨魚, 邪人進, 賢人疏.』

【鴻嘉】漢 成帝의 年號. 4년은 B.C.17년에 해당한다.
【信都】縣 이름. 지금의 河北省 冀縣.

【永始】成帝의 年號. B.C.16년.
【北海】漢나라 때의 郡. 지금의 山東省 북부 일대.
【哀帝】漢나라 제10대 皇帝. 劉欣. 재위 B.C.6~1년. 建平은 그의 年號이며, 3년은 B.C.4년이다.
【東萊】漢나라 郡. 지금의 山東省 동부 일대. 治所는 掖縣. 平度는 그의 속현.
【靈帝】東漢의 제12대 皇帝. 劉宏. 재위 A.D.168~189년. 熹平 2年은 173년에 해당한다.

> 참고 및 관련 자료

1. 前漢 말기와 東漢 말기의 異兆이다.

2. 《漢書》五行志 卷27(中之下)

成帝鴻嘉四年秋, 雨魚于信都, 長五寸以下. 成帝永始元年春, 北海出大魚, 長六丈, 高一丈, 四枚. 哀帝建平三年, 東萊平度出大魚, 長八丈, 高丈一尺, 七枚. 皆死. 京房《易傳》曰:「海數見巨魚, 邪人進, 賢人疎」

3. 《續漢書》五行志(三)

靈帝熹平二年, 東萊海出大魚二枚, 長八九丈, 高二丈餘. 明年, 中山王暢·任城王博並薨.

4. 《續漢書》五行志 注

京房《易傳》曰:「海出巨魚, 邪人進, 賢人疏」臣昭謂此占符靈帝之世, 巨魚之出, 於是爲徵. 寧獨二王之妖也!

138(6-37) 木生人狀
나무에 사람 모습이 생겨나다

성제成帝 영시永始 원년 2월, 하남군河南郡 가우역街郵驛의 저수樗樹나무에 가지가 돋았다. 그 모습이 마치 사람 머리 같았으며 눈썹, 눈, 구리 수염이 모두 갖추어져 있고 머리카락만 없었다.

또 애제哀帝 건평建平 3년 10월에는, 여남군汝南郡 서평현西平縣 수양향遂陽鄕에 나무 하나가 땅으로 엎어져 가지가 돋았다. 그 역시 사람 머리와 같았으며, 몸체는 청황색靑黃色, 얼굴은 희고 머리에는 콧수염과 머리털도 있어 점점 자라기까지 하여 길이가 6촌 1푼이나 되었다.

경방京房의 《역전易傳》에는 이렇게 말하였다.

"왕의 덕이 쇠하여 낮은 사람이 장차 일어서게 되면 나무에 사람 형상이 생겨난다."

그 뒤 왕망王莽의 찬탈이 있었다.

成帝永始元年二月, 河南街郵樗樹生枝如人頭, 眉目鬚皆具, 亡髮耳. 至哀帝建平三年十月, 汝南西平遂陽鄕有材仆地, 生枝如人頭, 身靑黃色, 面白, 頭有髭髮, 稍長大, 凡長六寸一分.

京房《易傳》曰:『王德衰, 下人將起, 則有木生爲人狀.』

其後有王莽之篡.

【永始】成帝의 年號. 원년은 B.C.16년.
【河南】郡 이름. 治所는 洛陽. 街郵驛은 驛站 이름.
【亡】無의 통가자. '없다'의 뜻.
【建平】哀帝의 年號. 3년은 B.C.4년.
【汝南】郡 이름. 지금의 河南省 동남부 일대. 治所는 蔡縣. 西平은 汝南郡의 속현으로 지금의 西平縣.
【髭髮】입술 위쪽의 코밑수염을 髭, 턱에 나는 수염을 髮이라 한다. 여기서는 머리털을 뜻한다.

참고 및 관련 자료

1. 西漢 말기의 異兆이다.

2. 《漢書》五行志 卷27(中之下)

成帝永始元年二月, 河南街郵樗樹生支如人頭, 眉目須皆具, 亡髮耳. 哀帝建平三年十月, 汝南西平遂陽鄉柱仆地, 生支如人形, 身靑黃色, 面白, 頭有髭髮, 稍長大, 凡長六寸一分. 京房《易傳》曰:「王德衰, 下人將起, 則有木生爲人狀.」

3. 《法苑珠林》 80

汝南西平遂陽鄉有樹仆地, 生枝葉如人形, 身靑黃色, 面白, 頭髮, 梢長, 六寸一分. 京房《易傳》曰:「王德欲衰, 下人將起, 則有木生爲人狀.」 其後有王莽之篡.

139(6-38) 大廏馬生角
황궁의 마구간 말에 뿔이 나다

성제成帝 수화綏和 2년 2월, 황궁의 마구간에 있던 말에 뿔이 났다. 위치는 좌우 귀 앞쪽이었으며, 둘레가 각 2촌씩이었다. 이해에 왕망王莽이 대사마大司馬가 되었다. 재앙의 싹이 이때에 시작된 것이다.

成帝綏和二年二月, 大廏馬生角, 在左耳前, 圍長各二寸. 是時王莽爲大司馬, 害上之萌, 自此始矣.

【綏和】漢 成帝의 年號. 2년은 B.C.7년.
【大廏】궁중의 마구간을 말한다.
【大司馬】三公의 하나로 군사 최고 책임자. 그 뒤 王莽은 平帝를 독살하고 孺子 嬰을 섭정하여 攝皇帝가 되었다.

참고 및 관련 자료

1. 成帝 때 異兆로써 王莽의 찬탈을 예시한 故事이다.
2. 《漢書》五行志, 卷27(下之上)
成帝綏和二年二月, 大廏馬生角, 在左耳前, 圍長各二寸. 是時王莽爲大司馬, 害上之萌, 自此始矣.

140(6-39) 燕生雀
제비가 참새를 낳다

성제成帝 수화綏和 2년 3월, 천수군天水郡 평양현平襄縣에 제비가 참새를 낳았다. 이 참새는 먹이를 받아먹고 크게 자라자, 모두가 다 날아가 버렸다.
경방京房《역전易傳》에 이렇게 말하였다.
"적신賊臣이 조정에 있으면 제비가 참새를 낳는 변괴가 생기며 제후들이 모두 소멸되고 만다."
또 이렇게 풀이하였다.
"자기 족류族類가 아닌 것을 낳는다는 것은, 그 세대가 이어가지 못한다는 뜻이다."

成帝綏和二年三月, 天水平襄, 有燕生雀, 哺食至大, 俱飛去.
京房《易傳》曰:『賊臣在國, 厥咎燕生雀, 諸侯銷.』
又曰:『生非其類, 子不嗣世.』

【天水】郡 이름. 지금의 甘肅省 동남부. 治所는 平襄.
【賊臣】여기서는 王莽을 지칭한다.

참고 및 관련 자료

1. 西漢 말 成帝·哀帝·平帝가 모두 일찍 죽어 후사가 없었다.

2. 《漢書》五行志 卷27(中之下)

成帝綏和二年三月, 天水平襄, 有燕生爵, 哺食至大, 俱飛去. 京房《易傳》曰:「賊臣在國, 厥咎燕生爵, 諸侯銷.」一曰:「生非其類, 子不嗣世.」

3. 《法苑珠林》87

漢綏和二年三月, 天水平襄, 有燕生雀, 哺食至大, 俱飛去. 京房《易傳》曰:「賊臣在國, 厥咎燕生雄雀.」又曰:「生非其類, 子不嗣也.」

141(6-40) 牡馬生駒
수말이 망아지를 낳다

　한漢 애제哀帝 건평建平 2년, 정양군定襄郡에 어떤 수말이 망아지를 낳았다. 다리가 셋이었으며 다른 무리에 섞여 먹고 마시는 것이었다.
　〈오행지五行志〉에는 이렇게 여겼다.
　"말이란 나라의 무기이다. 발이 셋이라는 것은, 인재가 임용되지 못한다는 뜻이다."

　漢哀帝建平二年, 定襄有牡馬生駒, 三足, 隨群飮食. 〈五行志〉以爲:『馬, 國之武用; 三足, 不任用之象也.』

【建平】哀帝(B.C.6~1)의 年號. 2년은 B.C.5년.
【定襄】郡 이름. 지금의 內蒙古 남부 일대.

> 참고 및 관련 자료

1. 西漢말 국운이 기울 때의 異兆이다.
2. 《漢書》 五行志 卷27(上之下)
哀帝建平二年, 定襄牡馬生駒, 三足, 隨羣飮食, 太守以聞. 馬, 國之武用, 三足, 不任用之象也.
3. 《法苑珠林》 87
漢綏和二年, 定襄有牝馬生駒, 三足, 隨羣飮食. 〈五行志〉曰:「以爲馬, 國之武用; 三足, 不任用之象也.」

142(6-41) 僵樹自立
죽은 나무가 저절로 일어서다

애제哀帝 건평建平 3년, 영릉군零陵郡에 어떤 나무 하나가 땅에 쓰러졌다. 둘레는 1장 6척, 길이는 10장 7척이었다. 주민들이 그 줄기를 잘랐더니 그 길이만도 9척 남짓하였다. 이리하여 그 나무는 말라 죽었다. 그런데 3월, 돌연히 그 나무가 원래 있던 자리에서 바르게 서 있는 것이었다.
경방京房의 《역전易傳》에는 이렇게 풀이하였다.
"정도를 버리고 음란한 짓을 하면 나무가 잘라졌다가 다시 붙는다. 비후妃后가 정치를 독단하면 나무가 쓰러졌다가 다시 일어나고, 잘려져 고목이 된 나무가 다시 살아난다."

哀帝建平三年, 零陵有樹僵地, 圍一丈六尺, 長十丈七尺. 民斷其本, 長九尺餘, 皆枯. 三月, 樹卒自立故處.
京房《易傳》曰:『棄正作淫, 厥妖木斷自屬. 妃后有顓, 木仆反立, 斷枯復生.』

【建平】哀帝의 年號. 3년은 B.C.4년.
【零陵】郡 이름. 지금의 湖南省 서남부 廣西의 동북부. 治所는 零陵. 지금의 廣西 全州市.
【顓】專과 같다. 專寵.

참고 및 관련 자료

1. 漢나라 말기 나무가 이상하게 살아나는 異兆를 적었다.
2. 《漢書》 五行志 卷27(中之下)
哀帝建平三年, 零陵有樹僵地, 圍丈六尺, 長十丈七尺. 民斷其本, 長九尺餘, 皆枯. 三月, 樹卒自立故處. 京房《易傳》曰:「棄正作淫, 厥妖木斷自屬. 妃后有顓, 木仆反立, 斷枯復生, 天辟惡之.」
3. 《法苑珠林》 80
漢哀帝建平三年, 零陵有樹僵地, 圍一丈六尺, 長一十四丈七尺. 民斷其本, 長九尺餘, 皆枯. 三月, 樹本自立故處.

143(6-42) 兒啼腹中
아이가 배 속에서 울다

애제哀帝 건평建平 4년 4월, 산양군山陽郡 방여현方與縣의 전무색田無嗇이라는 여자가 아이를 가졌다. 그런데 출산 예정일 두 달 전에, 아이가 배 속에서 울며 보채는 것이었다. 아이가 태어나자, 기르지 않으려고 길가에 묻어 버렸다. 그로부터 사흘 뒤, 어떤 사람이 그 곁을 지나다가 어린아이 우는 소리를 듣게 되었다. 그 어머니는 이를 파내어 다시 거두어 길렀다.

哀帝建平四年四月, 山陽方與女子田無嗇生子. 未生二月前, 兒啼腹中. 及生, 不擧, 葬之陌上. 後三日, 有人過, 聞兒啼聲, 母因掘收養之.

〈白地黑花孩兒垂釣紋枕〉(宋 磁州窯)

【山陽】郡 이름. 지금의 山東省 魚臺縣 일대. 方與縣은 그의 속현.
【田無嗇】人名.

> 참고 및 관련 자료

1. 西漢 末 山陽郡 妊婦의 괴이한 사건을 기록하였다.

2. 《漢書》五行志 卷27(下之上)

哀帝建平四年四月, 山陽方與女子田無嗇生子. 先未生二月, 兒嘑腹中, 及生, 不舉, 葬之陌上, 三日, 人過聞嘑聲, 母掘收養.

3. 《法苑珠林》116

漢哀帝建平四年四月, 山陽方有女子田無嗇生孕. 未生二月, 兒啼腹中. 及生, 不舉, 葬之陌上. 三日, 有人過, 聞兒啼聲, 母掘養之.

144(6-43) 西王母傳書
서왕모가 편지를 전해 오다

애제哀帝 건평建平 4년 여름, 수도와 각 군국郡國의 백성들이 각각 그들의 마을 골목 길가에 모여 각종 도박, 오락 기구를 차려 놓고 노래하고 춤추며 서왕모西王母를 기리는 축제를 벌였다.

또 서왕모가 백성에게 전하는 편지를 이렇게 썼다.

"왕모가 백성에게 고한다. 이 편지를 차고 다니는 자는 죽지 않는다. 내 말을 믿지 못하겠거든, 문의 추樞 밑을 보아라. 틀림없이 흰 머리털이 그곳에 있을 것이다."

이런 행사는 가을에 이르러서야 끝났다.

哀帝建平四年夏, 京師郡國民, 聚會里巷阡陌, 設張博具歌舞, 祠西王母.

又傳書曰:「母告百姓, 佩此書者不死. 不信我言, 視門樞下, 當有白髮.」

至秋乃止.

【京師郡國】京師는 首都, 郡國은 漢代의 제도인 諸侯國과 郡. 곧 전국을 가리킨다.

【阡陌】남북의 길, 혹은 밭둑길을 말한다. 남북을 阡, 동서를 陌이라 한다. 여기서는 鄕村의 모든 길.

【西王母】漢나라 때 神話 속의 女神. 崑崙山에 살아 西王母라 하며 '雲雨之情' 등 愛情故事를 남겼다.
【門樞】문의 지도리를 말한다. '門斗'라고도 한다.

참고 및 관련 자료

1. 西王母를 제사 지내는 民俗을 기록하였다.
2. 《漢書》 五行志 卷27(下之上)

哀帝建平四年正月, 民驚走, 持櫜或棷一枚, 傳相付與, 曰行詔籌. 道中相過逢多至千數, 或被髮徒踐, 或夜折關, 或踰牆入, 或乘車騎奔馳, 以置驛傳行, 經歷郡國二十六, 至京師. 其夏, 京師郡國民聚會里巷仟佰, 設張博具, 歌舞祠西王母. 又傳書曰:「母告百姓, 佩此書者不死. 不信我言, 視門樞下, 當有白髮.」至秋止. 是時帝祖母傅太后驕, 與政事, 故杜鄴對曰:「春秋災異, 以指象爲言語. 籌, 所以紀數. 民, 陰, 水類也. 水以東流爲順走, 而西行, 反類逆上. 象數度放溢, 妄以相予, 違忤民心之應也. 西王母, 婦人之稱. 博弈, 男子之事. 於街巷阡伯, 明離闈內, 與疆外. 臨事盤樂, 忼陽之意. 白髮, 衰年之象, 體尊性弱, 難理易亂. 門, 人之所由; 樞, 其要也. 居人之所由,

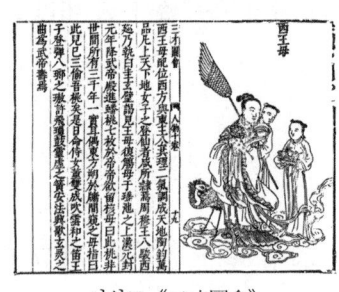

서왕모 《三才圖會》

制持其要也. 其明甚著. 今外家丁·傅並侍帷幄, 布於列位, 有罪惡者不坐辜罰, 亡功能者畢受官爵. 皇甫·三桓, 詩人所刺, 春秋所譏, 亡以甚此. 指象昭昭, 以覺聖朝, 奈何不應!」後哀帝崩, 成帝母王太后臨朝, 王莽爲大司馬, 誅滅丁·傅. 一曰丁·傅所亂者小, 此異乃王太后·莽之應云.

〈西王母像〉 1969 河北 定州 출토. 定州市 博物館 소장

145(6-44) 男化爲女
남자가 여자로 변하다

애제哀帝 건평建平 연간에, 예장豫章의 어떤 남자 하나가 여자로 바뀌었다. 시집을 가서 부인이 되어 아들 하나까지 낳았다.

장안長安 사람 진봉陳鳳이 이를 두고 이렇게 풀이하였다.

"양이 변해서 음이 되었으니, 장차 계사繼嗣가 없으리라. 이는 그 스스로 상생相生한다는 뜻이다."

혹은 이렇게도 말하였다.

"그 여자가 시집가서 부인이 되어 아들 하나를 낳았다는 것은, 장차 다시 한 세대를 지나 끊어진다는 뜻이다."

뒤에 애제가 죽고, 평제平帝도 죽고, 왕망王莽이 한나라를 찬탈하게 되었다.

哀帝建平中, 豫章有男子化爲女子, 嫁爲人婦, 生一子.
長安陳鳳曰:「陽變爲陰, 將亡繼嗣, 自相生之象」
一曰:「嫁爲人婦, 生一子者, 將復一世乃絶」
故後哀帝崩, 平帝沒, 而王莽篡焉.

【建平】哀帝의 年號. 총 4년간. B.C.6~3년.
【豫章】郡 이름. 지금의 江西省 북부. 治所는 南昌.
【陳鳳】당시의 方士, 혹은 점술가·예언가인 듯하다.

참고 및 관련 자료

1. 哀帝때 남자가 여자로 변한 怪事이다.

2. 《漢書》五行志 卷27(下之上)
哀帝建平中, 豫章有男子化爲女子, 嫁爲人婦, 生一子. 長安陳鳳言:「此陽變爲陰, 將亡繼嗣, 自相生之象. 一曰: 嫁爲人婦生一子者, 將復一世乃絶.」

3. 《法苑珠林》43
漢建平中, 豫章有男子化爲女子. 嫁爲人婦, 生一子. 長安陳鳳曰:「陽變爲陰, 將亡繼嗣, 生一子者, 將復一世乃絶也.」故後哀帝崩, 平帝沒, 而王莽篡焉.

146(6-45) 女死復生
죽은 여인이 다시 살아나다

한漢 평제平帝 원시元始 원년 2월, 삭방군朔方郡 광목현廣牧縣의 조춘趙春이라는 여자가 병으로 죽었다. 이미 염을 하고 관에 넣고 난 지 이레만에, 그 여자가 관에서 나와서는 죽은 뒤 죽은 아버지를 만났는데, 그 시아버지가 이렇게 말하더라는 것이었다.
"너는 나이가 이제 겨우 스물일곱으로, 아직 죽을 때가 아니다."
태수인 담씨潭氏가 이를 상부에 보고하였다.
어떤 이가 이렇게 풀이하였다.
"음이 지극해지면 양으로 변하여, 천한 자가 윗자리에 앉게 된다. 그러한 경우 죽은 사람이 다시 살아나는 해괴한 일이 생긴다."
그 뒤 왕망이 왕위를 빼앗았다.

漢平帝元始元年二月, 朔方廣牧女子趙春病死. 旣棺殮, 積七日, 出在棺外. 自言見夫死父, 曰:「年二十七, 汝不當死」
太守譚以聞.
說曰:「至陰爲陽, 下人爲上, 厥妖人死復生」
其後王莽簒位.

【元始】平帝의 年號. 원년은 기원 元年이다. 0년.
【朔方】郡이름. 지금의 內蒙古 서남부 지역. 廣牧縣은 그의 속현.

【趙春】人名.
【殯棺】棺은 入棺, 殯은 죽은 사람의 몸을 씻긴 다음 옷을 입히고 염포로 묶는 일을 말한다.

참고 및 관련 자료

1. 漢末에 죽은 여자가 다시 살아난 이야기이다.
2. 《漢書》五行志 卷27(下之上)
平帝元始元年二月, 朔方廣牧女子趙春病死, 殯棺積六日, 出在棺外, 自言見夫死父, 曰:「年二十七, 不當死.」太守譚以聞. 京房《易傳》曰:「幹父之蠱, 有子, 考亡咎.' 子三年不改父道, 思慕不皇, 亦重見先人之非, 不則爲私, 厥妖人死復生.」一曰: 至陰爲陽, 下人爲上.
3. 《法苑珠林》116
漢平帝元始元年二月, 朔方廣牧女子趙春病死. 棺殯, 六日, 出在棺外. 自言見夫死父, 曰:「年二十七, 汝不當死.」太守譚以聞. 說曰:「至陰爲陽, 下人爲上.」其後王莽簒位.
4. 기타 참고자료
《太平御覽》(887).《漢紀》.

147(6-46) 兒生兩頭
머리 둘 달린 아이를 낳다

한漢 평제平帝 원시元始 원년 6월, 장안長安의 어떤 여자가 아이를 낳았더니 머리와 목이 둘씩으로 얼굴이 서로 마주 보고 붙었으며, 네 팔이 같은 가슴에 붙어 모두 앞으로 나와 있었고 궁둥이에 눈이 붙어 있어 길이가 두 치쯤 되었다.

경방京房의 《역전易傳》에는 이렇게 되어 있다.

"'어그러져 홀로 있는 자는 돼지가 진흙을 뒤집어쓰고 있는 것을 보게 된다(睽孤, 見豕負塗)'하였다. 머리가 둘 달린 아이를 낳는 것이 그 조짐이다. 신하가 좋은 것을 독점해도, 역시 그러한 해괴한 일이 일어난다. 사람이 육축六畜처럼 머리와 눈이 아래에 붙어 있다면, 이는 위가 없다는 뜻으로 장차 정치가 변경된다는 뜻이다. 그러한 해괴한 일이 일어나는 것은, 군주가 정도正道를 잃은 것을 견책하기 위한 것으로 각각 그 위치를 상징한다. 목이 둘이라는 것은, 신하가 한 마음으로 뭉치지 못한다는 뜻이다. 손이 많다고 하는 것은, 사악한 사람이 벼슬길에 임용된다는 뜻이다. 또 다리가 적다는 것은, 신하로서 자기 임무를 이겨 내지 못하거나, 혹은 임금이 신하를 임용할 줄 모른다는 뜻이다. 무릇 아래에 날 부분이 위에 붙었다는 것은, 불경不敬스러운 일이다. 또 위에 있어야 할 부분이 아래에 났다는 것은, 외설스럽고 더러운 것이다. 같은 족류族類를 낳지 않았다는 것은, 음란淫亂을 뜻한다. 낳자마자 바로 커졌다는 것은, 임금이 서두른다는 뜻이다. 낳자마자 능히 말을 한다는 것은, 허망한 것을 좋아한다는 뜻이다. 여러 가지 요괴한 일은 이를 미루어 보면 알 수 있다. 이를 바로잡지 않으면 흉조凶兆가 되고 만다."

漢平帝元始元年六月, 長安有女子生兒, 兩頭兩頸, 面俱相向, 四臂共胸, 俱前向, 尻上有目, 長二寸所.

京房《易傳》曰: 『睽孤, 見豕負塗', 厥妖人生兩頭. 下相攘善, 妖亦同. 人若六畜首目在下, 茲謂亡上, 政將變更. 厥妖之作, 以譴失正, 各象其類. 兩頸, 下不一也. 手多, 所任仕邪也. 足少, 下不勝任, 或不任下也. 凡下體生于上, 不敬也. 上體生于下, 媟瀆也. 生非其類, 姪亂也. 人生而大, 上速成也. 生而能言, 好虛也. 群妖推此類. 不改, 乃成凶也.』

【尻】궁둥이.
【二寸所】所는 許와 같다. 곧 두 치쯤을 뜻한다.
【睽孤】괴리된 채 홀로 있음을 뜻한다. 《周易》睽孤를 볼 것.

참고 및 관련 자료

1. 連體怪胎에 대한 故事와 그 豫兆를 기록하였다.
2. 《漢書》 五行志 卷27(下之上)
六月, 長安女子有生兒, 兩頭異頸面相鄉, 四臂共匈俱前鄉, 尻上有目長二寸所. 京房《易傳》曰: 「睽孤, 見豕負塗.」厥妖人生兩頭. 下相攘善, 妖亦同. 人若六畜首目在下, 茲謂亡上, 正將變更. 凡妖之作, 以譴失正, 各象其類. 二首, 下不壹也; 足多, 所任邪也; 足少, 下不勝任, 或不任下也. 凡下體生於上, 不敬也; 上體生於下, 媟瀆也; 生非其類, 姪亂也; 人生而大, 上速成也; 生而能言, 好虛也. 群妖推此類, 不改乃成凶也.」
3. 《法苑珠林》87
漢元始元年六月, 有長安女子生兒, 兩頭兩頸, 面得相向, 四臂共胸, 俱前向, 尻上有目, 長二寸, 故京房《易傳》曰: '睽孤, 見豕負塗.」厥妖人生兩頭, 兩頸, 不一也. 足多, 所任邪也. 足少, 不勝任, 下體生於上, 不敬也. 下體生於下, 媟瀆也. 生非其類, 淫亂也. 生而大, 速成也. 生而能言, 好虛也.」

148(6-47) 三足烏
삼족오

한漢 장제章帝 원화元和 원년, 대군代郡 고류현高柳縣에 까마귀가 새끼를 낳았다. 다리 셋에 닭만 한 크기로 붉은색이었고 머리에는 뿔이 나 있었으며 그 뿔의 길이가 한 촌寸 남짓 되었다.

漢章帝元和元年, 代郡高柳烏生子, 三足, 大如雞, 色赤, 頭有角, 長寸餘.

【章帝】東漢의 제3대 皇帝. 劉炟. 재위 A.D.76~88년. 元和 원년은 84년
【代郡】지금의 山西·河北 북부의 郡. 治所는 高柳. 지금의 山西省 陽高縣.

참고 및 관련 자료

1. 東漢 때 나타난 세 발 달린 까마귀에 대하여 적었다.
2. 다른 기록에 《搜神記》를 인용한 것이 없다.
3. 《東觀漢記》·《古今注》에 같은 내용이 실려 있다.(《校注》)

〈三足烏〉畫像石 神木大保當墓 石柱

149(6-48) 德陽殿蛇
덕양전의 뱀

한漢 환제桓帝가 즉위하자 어떤 큰 뱀 한 마리가 덕양전德陽殿에 나타났다. 낙양시령洛陽市令 순우익淳于翼이 이를 두고 이같이 풀이하였다.

"뱀에게 비늘이 있다는 것은, 전쟁이 일어날 징조이다. 그 뱀이 궁전 안에 나타났다는 것은, 초방椒房의 대신이 장차 그 병화兵禍를 입을 징조로다."

그리고 관직을 버리고 은거해 버렸다. 연희延熹 2년이 되자 환제는 대장군 양기梁冀를 주벌하고, 그 집 가속까지 모두 잡아들이느라 수도에 병사들이 들끓었다.

漢桓帝卽位, 有大蛇見德陽殿上.

洛陽市令淳于翼曰:「蛇有鱗, 甲兵之象也. 見于省中, 將有椒房大臣受甲兵之象也」

乃棄官遁去. 到延熹二年, 誅大將軍梁冀, 捕治家屬, 揚兵京師也.

【桓帝】東漢의 제11대 皇帝. 劉志. 재위 A.D.147~167년
【德陽殿】東漢 때의 궁궐 이름. 明帝 때 수축하였다. 洛陽城 皇宮 崇賢門 안에 있다.
【市令】시장을 관리하는 직책. 당시 洛陽에는 南·北 두 곳의 시장이 있었다.
【省中】宮中을 말한다.

【椒房】원래 后妃들이 거하는 방. 주로 꽃과 산초(혹은 고추씨)를 섞은 풀을 쑤어 벽을 발랐다. 뒤에는 後宮, 新房, 혹은 外戚을 지칭하는 뜻으로도 쓰였다.
【延熹】桓帝의 年號. 2년은 A.D.159년
【梁冀】字는 伯卓. 順帝·桓帝 皇后의 오빠로 大將軍이 되었다. 횡포가 심하자, 質帝가 그를 跋扈將軍이라 하였다. 梁冀는 뒤에 質帝를 독살하고(146년) 桓帝를 세웠다. 20여 년간 정권을 농단하자, 桓帝가 참다못해 單超 등과 공모하여 梁冀를 체포, 梁冀는 자살하고 族滅당하였다.

참고 및 관련 자료

1. 東漢 말기 德陽殿에 나타난 怪事, 그리고 梁冀의 횡포와 결말에 대한 기록이다.

2. 《續漢書》五行志(五) 劉昭 注
干寶《搜神記》曰: 桓帝卽位, 有大蛇見德陽殿上, 雒陽市令淳于翼曰:「蛇有鱗, 甲兵之象也. 見於省中, 將有椒房大臣受甲兵之誅也.」乃棄官遁去. 到延熹二年, 誅大將軍梁冀, 捕治宗屬, 揚兵京師也.

3. 《法苑珠林》42
漢桓帝卽位, 有大蛇現德陽殿上. 洛陽市令淳于翼曰:「蛇有鱗, 甲兵之象也.」

4. 《開元占經》120
《會稽典錄》曰:「淳于翼字叔通, 除洛陽市長. 桓帝卽位, 有大蛇見德陽殿上.」翼占曰:「以蛇有鱗甲, 兵之應也.」

150(6-49) 北地雨肉
북지에 고기 비가 내리다

한漢 환제桓帝 건화建和 3년 가을 7월, 북지군北地郡 염현廉縣에 고깃덩어리가 비처럼 내렸다. 마치 양 갈비 같았으며, 어떤 것은 손만큼 큰 크기였다. 이 해에 양태후梁太后가 섭정을 시작하였고, 양기梁冀가 정권을 독점하여 태위 이고李固와 두교杜喬 등을 마구 죽였으며, 천하가 이를 원망하였다. 그 뒤 양씨梁氏는 주멸당하였다.

漢桓帝建和三年, 秋七月, 北地廉雨肉, 似羊肋, 或大如手. 是時梁太后攝政, 梁冀專權, 擅殺誅太尉李固·杜喬, 天下寃之. 其後梁氏誅滅.

【建和】桓帝의 年號. 3년은 149년.
【北地】지금의 甘肅省 慶陽·平凉 일대. 廉縣은 그의 속현.
【梁太后】梁冀의 여동생으로 順帝의 貴人이었다가 皇后가 되었다. 順帝가 죽고 뒤를 이어 沖帝·質帝·桓帝가 모두 어려 섭정을 하였다. 그러나 실권은 그의 오빠 梁冀에게 주었으며, 和平 元年 150에 병으로 죽었다. 8년 뒤 梁冀는 주살당하였다.
【李固】字는 子堅. 太尉를 지냈다.
【杜喬】字는 叔榮. 大鴻臚를 지냈으며, 梁冀에게 맞서다가 죽었다.

{ 참고 및 관련 자료 }

1. 桓帝 때 일어난 肉雨의 怪事이다.

2. 《續漢書》五行志(二)

桓帝建和三年秋七月, 北地廉雨肉似羊肋, 或大如手. 近赤祥也. 是時梁太后攝政, 兄梁冀專權, 枉誅漢良臣故太尉李固·杜喬, 天下寃之. 其後梁氏誅滅.

151(6-50) 梁冀妻怪妝
양기 아내의 괴이한 화장

한漢 환제桓帝 원가元嘉 연간에, 수도의 부녀자들이 수미愁眉·제장啼妝·타마계墮馬髻·절요보折腰步·우치소齲齒笑 등의 화장과 몸치장, 표정을 하고 다니는 것이 유행하였다.

'수미'란 눈썹을 가늘게 그려 곡선으로 그은 화장이다. '제장'이란 눈썹 아래를 얇게 칠하여 마치 울고 나온 모습의 화장법이다. 또 '타마계'란 머리를 묶어 한쪽 가로 늘어뜨리는 것이다. '절요보'란 다리가 하체를 감당해 내지 못하는 듯한 걸음걸이다. 그리고 '우치소'란 마치 치통이 있는 듯이 웃을 때도 너무 이를 드러내 놓고 웃지 못하는 표정법이다.

이러한 분장과 표정은 대장군 양기梁冀의 처인 손수孫壽에게서 비롯되어, 수도 안에 유행으로 퍼져 다른 주변 지역諸夏에서도 모두 이를 흉내내기에 이르렀다. 이는 하늘이 이렇게 경계한 것이다.

"병마兵馬가 장차 달려가 잡아들이게 될 것이므로 여자들이 근심 찬 표정을 꾸미며, 눈썹은 찡그려 울었던 자국을 남기게 되고, 이졸吏卒이 드디어 잡게 되니 그 허리와 척추가 꺾이게 되며, 머리타래를 비스듬히 늘어뜨리게 된다. 비록 강한 말로 웃고 싶으나 다시 그럴 기운도 맛도 없게 된다는 상징이다."

과연 연희延熹 2년, 양기 집안은 그 종족까지 모두가 주살당하였다.

漢桓帝元嘉中, 京都婦女作愁眉, 啼妝·墮馬髻·折腰步·齲齒笑. 愁眉者, 細而曲折. 啼妝者, 薄拭目下, 若啼處.

墮馬髻者, 作一邊. 折腰步者, 足不任下體. 齲齒笑者, 若齒痛, 樂不欣欣. 始自大將軍梁冀妻孫壽所爲, 京都翕然, 諸夏效之.

天戒若曰:「兵馬將往收捕, 婦女憂愁, 踧眉啼哭, 吏卒擊頓, 折其腰脊, 令髻邪傾. 雖强語笑, 無復氣味也.」

到延熹二年, 冀擧宗合誅.

【元嘉】桓帝의 年號. 151~153년.
【京都】東漢 때의 首都. 여기서는 洛陽.
【梁冀】(前出).
【孫壽】梁冀의 아내. 梁冀가 襄城君에 봉해지자, 사람들이 孫壽를 일컬어 "色美而善爲妖態"라 하였다. 梁冀가 죽은 후 孫壽도 주살당하였다.
【諸夏】中原 지역. 中國 수도 지역권의 각 지방.
【延熹】158~166년. 2년은 159년

> 참고 및 관련 자료

1. 桓帝 때 洛陽 부녀자들의 기괴한 꾸밈과 그 유행을 부정적으로 기록한 것이다.

2. 《續漢書》五行志(一)
桓帝元嘉中, 京都婦女作愁眉·啼粧·墮馬髻·折要步·齲齒笑. 所謂愁眉者, 細而曲折. 啼粧者, 薄拭目下, 若啼處. 墮馬髻者, 作一邊. 折腰步者, 足不在體下. 齲齒笑者, 若齒痛, 樂不欣欣. 始自大將軍梁冀家所爲, 京都歙然, 諸夏皆放效. 此近服妖也. 梁冀二世上將, 婚媾王室, 大作威福, 將危社稷. 天誡若曰:「兵馬將往收捕, 婦女憂愁, 踧眉啼泣, 吏卒擊頓, 折其腰脊, 令髻傾邪. 雖强語笑, 無復氣味也.」到延熹二年, 擧宗誅夷.

畫像石〈二人長袖舞〉

3. 《琱玉集》14

冀妻: 後漢大將軍梁冀妻也. 甚有美色, 又多妖態, 能作愁眉·啼粧·墮馬髻·折腰步·齲齒笑, 以爲媚惑, 冀甚寵之.(《梁冀傳》)

4. 기타 참고자료

《風俗通》.

152(6-51) 牛生雞
소가 닭을 낳다

환제桓帝 연희延熹 5년, 임원현臨沅縣의 어떤 소가 닭을 낳았다. 그 닭은 머리 둘에 다리가 넷이었다.

桓帝延熹五年, 臨沅縣有牛生雞, 兩頭四足.

【延熹】桓帝의 年號. 5년은 162년.
【臨沅】지금의 湖南省 常德市.

〈野牛圖〉(西魏) 敦煌 249굴

참고 및 관련 자료

1. 桓帝 때 소가 닭을 낳았다는 怪事이다.
2. 《法苑珠林》 87
至漢靈帝延熹五年, 臨沅縣有牛生雞, 兩頭四足.

153(6-52) 赤厄三七
적액삼칠

한漢 영제靈帝는 자주 서원西園에 나가 놀면서, 후궁의 채녀采女들로 하여금 객사客舍 주인으로 분장하고 옷도 술 파는 여자 모습을 갖추게 하였다. 그리고 황제는 그 술집 사이를 오가고, 채녀들은 술집 여자가 되어 술과 안주를 차리게 하여, 함께 먹고 마시는 것으로 즐거운 놀이를 삼았다. 이렇게 되자 천자는 그 권위가 실추되어, 자신을 검은 띠 두른 노예처럼 낮은 지위로 내려서 그들의 노래를 부르며 노는 꼴이 되었다. 그 뒤 천하에 대란이 일어났다.

옛 기록에는 이렇게 되어 있다.

"붉은색이 3, 7로 나타나 액厄이 되리라."

여기서 3, 7이란, 210년이 지나면 외척의 찬탈이 있으며 붉은 눈썹 요괴가 나타난다. 이가 왕위를 빼앗아 그 왕조의 복록이 짧아진다는 뜻이다. 그러나 그 찬탈하여 차지하는 기간은, 길어야 3, 6(18년)이며, 이어서 비룡飛龍의 뛰어난 자秀, 즉 광무제(光武帝, 劉秀)가 나타나 종실을 다시 부흥시키게 된다. 그리고 다시 3, 7이 지나, 머리를 누렇게 한 요괴가 나타나 천하가 대란에 휘말린다는 것이다.

〈光武帝劉秀〉 동한 개국 군주

고조(高祖, 劉邦)가 한漢나라를 건립하고 평제平帝 말까지 210년이며 왕망王莽이 이를 찬탈하였다. 이는 대개 왕망이 평제 모후母后의 친척이었기 때문이다. 그리고 18년이 지나 산동山東의 도적 번자도(樊子都, 樊崇)가 난을 일으켰다. 그들은 모두 눈썹을 붉게 칠하여, 그 때문에 천하에서는 그들을 '적미赤眉'라 불렀다. 이에 광무제 유수劉秀가 다시 나라를 일으켜 동한東漢이 되었다. 그 이름이 바로 '수秀'였던 것이다.

그 뒤 영제靈帝 중평中平 원년에 장각張角이 난을 일으켜, 36방으로 세력이 퍼졌으며 호응하는 무리가 수십만이었고, 모두가 누런 수건을 둘러 천하가 그들을 '황건적黃巾賊'이라 불렀다.

지금까지도 도사道士의 복장이 누런색인 것은 여기에서 유래한 것이다. 그들은 처음 업성鄴城에서 기병하여 진정眞定에 모여들어 이렇게 백성들을 속이고 미혹시켰다.

"창천蒼天은 이미 죽었고, 황천黃天이 들어선다. 갑자년甲子年에 천하가 크게 길吉해질 것이다."

업성에서 기병한 것은 천하의 업(業, 鄴)을 시작하여 진정眞定에서 마무리 된다는 뜻이라는 것이었다. 소민小民들은 서로 그들을 향해 무릎을 꿇고 절하며 휩쓸려 따르며 믿었으며, 형주荊州와 양주陽州 지역이 특히 심하였다. 이들은 재산까지 다 버리고, 도로를 유랑하다가 죽은 자가 헤아릴 수 없을 정도였다. 장각의 반란은 2월에 시작되어 겨울 12월에야 모두 진압되었다.

다시 광무제의 중흥中興으로부터 황건석의 난이 있기까지는 아직 210년이 차지도 않았는데도 천하가 대란에 휩쓸린 것은, 한나라 운명이 폐절廢絶 된다는 것을 의미한다. 바야흐로 3, 7의 운세가 응험한 것이다.

漢靈帝數遊戲於西闌中, 令後宮采女爲客舍主人, 身爲估服, 行至舍間, 采女下酒食, 因共飮食, 以爲戲樂. 是天子將欲失位, 降在皂隸之謠也. 其後天下大亂. 古志有曰: 『赤厄三七』. 三七者, 經二百一十載, 當有外戚之篡, 丹眉之妖. 篡盜短祚, 極于三六, 當有飛龍之秀, 興復祖宗. 又歷三七, 當復有黃首之妖, 天下大亂矣. 自高祖建業, 至于平帝之末, 二百一十年, 而王莽篡. 蓋因母后之親. 十八年而

山東賊樊子都等起, 實丹其眉, 故天下號曰'赤眉'. 於是
光武以興祚, 其名曰秀. 至於靈帝中平元年而張角起,
置三十六方, 徒衆數十萬, 皆是黃巾, 故天下號曰「黃巾賊」.
至今道服由此而興.

初起於鄴, 會於眞定, 誑惑百姓曰;「蒼天已死, 黃天立.
歲名甲子年, 天下大吉」

起於鄴者, 天下始業也; 會於眞定也. 小民相向跪拜趨信,
荊揚尤甚. 乃棄財産, 流沈道路, 死者無數. 角等初以二月
起兵, 其冬十二月悉破. 自光武中興, 至黃巾之起, 未盈
二百一十年, 而天下大亂, 漢祚廢絶. 方應三七之運.

【靈帝】東漢 末의 皇帝. 劉宏. 재위 22년(168~189). 그가 죽고 나자 즉시
'宦官의 난'과 '董卓의 난'이 일어났으며, 曹操의 전횡으로 비록 獻帝가
있었으나 괴뢰에 불과하였다.
【采女】東漢時代 後宮의 궁녀를 부르는 칭호. 皇后·貴人 외에 美人·宮人·
采女 등 3등급이 있었다. '媬女'로도 쓴다.
【客舍】旅館. 술집.
【估服】상인 복장을 말한다.
【皂隷】심부름꾼을 말한다. 노비들은 검은 옷을 입어 이들을 지칭하는 말.
낮고 천한 신분.
【赤厄三七】漢나라는 火德을 상징하였다. 따라서 赤厄은 漢나라의 厄運을
뜻하며 三七은 210년.
【外戚】여기서는 王莽를 가리킨다. 王莽는 太皇太后의 동생이었다.
【丹眉】赤眉와 같다. 赤眉軍이 長安을 점령한 사건.
【簒盜短祚】王莽이 찬탈하였지만 15년밖에 끌지 못한 것을 뜻한다.
【極于三六】'길어야 18년'이라는 뜻. 王莽이 攝皇帝 기간 3년을 합해 18년간을
다스렸다.

【飛龍】《周易》乾卦의 九五의 爻辭. "飛龍在天". 帝王의 지위.

【秀】東漢 光武帝 劉秀. 劉邦의 九世孫.

【黃首】漢末 黃巾賊의 난을 가리킨다.《續漢書》五行志 卷5의 劉昭 注에 《物理論》을 인용하여 "黃巾被純黃, 不將尺兵, 肩長衣, 翔行舒步, 所至郡縣, 無不從"이라 하였다.

【未盈二百一十年】劉邦의 高祖 元年부터 漢나라 平帝 元始 五年까지 모두 210년.

【母后】漢 元帝 劉奭의 皇后인 王政君. 그는 成帝 劉驁를 낳았다. 王政君의 아우 王曼의 아들이 곧 王莽이다.

【樊子都】赤眉軍의 우두머리인 樊崇. 字는 細君.

【張角】黃巾賊의 수령. 그 아우 張梁·張寶와 함께 난을 일으켰다.(前出)

【鄴】지금의 河北省 臨漳縣.

【眞定】지금의 河北省 正定縣

【荊·揚】荊州와 揚州. 각각 東漢 13刺史府의 하나이다.

【三七之運】東漢 光武帝 劉秀 建武 元年부터 東漢 멸망의 獻帝 32년까지 모두 197년밖에 되지 않았다.

참고 및 관련 자료

1. 漢 靈帝의 망국의 징조와 『赤厄三七』의 운세를 풀이하였다.

2. 《續漢書》五行志(一)
靈帝數遊戲於西園中, 令後宮采女爲客舍主人, 身爲商賈服. 行至舍, 采女下酒食, 因共飮食以爲戲樂. 此服妖也. 其後天下大亂.

3. 《法苑珠林》57
漢靈帝數遊戲於西園, 令後宮婇女爲客舍主, 身爲商賈, 行至舍間, 婇女下酒, 因共飮食. 以爲戲樂. 蓋是天子將欲失位, 降在皂隷之謠也. 其後天下大亂. 《古志》有曰:'赤厄三七', 三七者, 經二百一十載, 當有外戚之簒, 丹眉之妖. 簒盜短祚, 極於三六, 當有飛龍之秀, 興復祖宗. 又歷三七, 當復有黃首之妖, 天下大亂矣. 自高祖建業, 至于平帝之末, 二百一十年, 而王莽簒位. 蓋因母后之親. 十八年而山東賊樊子都等起, 實丹其眉, 故天下號曰赤眉. 於是光武以興祚, 其名

曰秀. 至于靈帝中平元年, 而張角起, 置三十六, 萬衆數十萬, 人皆是黃巾, 古天下號曰黃巾賊. 古今道服由此而興. 初起於鄴, 會於眞定, 誑感百姓曰:「蒼天已死, 黃天位. 歲名甲子年, 天下大吉.」起於鄴者, 天下始業也; 會於眞定也. 小民相向跪拜趨信, 荊揚尤甚. 乃棄財産, 流沉道路, 死者數百. 角等初以二月起兵, 其冬十二月悉破. 自光武中興, 至黃巾之起, 未盈二百一十年, 而天下大亂, 漢祚廢絶. 實應三七運也.

4.《宋書》符瑞志(上)

漢元·成世, 道士言:「識者云: '赤厄三七', 三七, 二百一十年, 有外戚之篡. 祚極三六, 當有龍飛之秀, 興復祖宗.」及莽篡漢, 漢二百一十年矣. 莽十八年而敗, 光武興焉.

154(6-53) 長短衣裙
옷차림의 길이

영제靈帝 건녕建寧 연간에, 남자들이 윗도리를 길게 하고 아랫도리는 아주 짧게 입는 옷차림이 유행하였다. 여자들은 도리어 긴치마에 아주 짧은 저고리를 좋아하였다. 이는 양陽으로서는 아래가 없고 음陰으로서는 위가 없다는 것으로, 천하가 평平을 얻지 못하게 하는 것이다. 뒤에 큰 난亂이 일어났다.

靈帝建寧中, 男子之衣, 好爲長服, 而下甚短. 女子好爲長裾, 而上甚短. 是陽無下而陰無上, 天下未欲平也. 後遂大亂.

【建寧】靈帝 劉宏의 年號. 168~172년.
【裾】원래는 옷깃. 《續漢書》에는 '裙'으로 되어 있다.

> 참고 및 관련 자료

1. 東漢 末 남녀의 괴이한 옷차림으로 국운을 예측한 것이다.
2. 《續漢書》五行志
獻帝建安中, 男子之衣, 好爲長躬而下甚短, 女子好爲長裙而上甚短. 時益州從事莫嗣以爲服妖. 是陽無下而陰無上也. 天下未欲平也. 後還. 遂大亂.

155(6-54) 夫婦相食
부부가 서로 잡아먹다

영제靈帝 건녕建寧 3년 봄, 하내군河內郡의 어떤 부인 하나가 남편을 잡아먹었고, 또 하남군河南郡에서는 어떤 남편이 그 아내를 잡아먹는 일이 발생하였다.

부부란 음양 이의二儀로서 서로 정이 깊은 관계이다. 그런데 지금 도리어 서로 잡아먹어 음양을 침범하고 있으니 일식·월식과 같은 재앙이 아니겠는가?

영제가 죽고 천하에 대란이 일어나서 군주가 마구 사람을 죽이는 포악한 사건이 생기고, 신하가 그 윗사람을 죽이는 반역이 일어나며, 전쟁으로 서로 죽이고 골육지간이 서로 원수가 되어 백성들의 재앙이 극에 달하게 되었다.

그래서 사람들의 요사스런 일이 먼저 발생한 것이다. 한스럽기는 신유辛有, 도서屠黍 같은 예언자들이, 그런 사정을 미리 예측하지 못하였다는 점이다.

靈帝建寧三年春, 河內有婦食夫, 河南有夫食婦. 夫婦陰陽二儀, 有情之深者也. 今反相食, 陰陽相侵, 豈特日月之眚哉? 靈帝旣沒, 天下大亂, 君有妄誅之暴, 臣有劫弒之逆, 兵革相殘, 骨肉爲讎, 生民之禍極矣. 故人妖爲之先作. 恨而不遭辛有·屠黍之論, 以測其情也.

【建寧】靈帝의 年號. 3년은 170년.
【河內】郡 이름. 지금의 河南省 黃河 이북 지역을 관할하였다.
【河南】郡 이름. 河南省 黃河 이남 지역.
【二儀】兩漢. 天地. 陰陽. 二氣.
【眚】원래는 눈에 생기는 병. 여기서는 일식·월식을 뜻한다.
【辛有】周나라 大夫.《左傳》喜公 22年에 "辛有適伊川, 見被髮而祭於野者, 曰: '不及百年, 此其戎乎, 其禮先亡矣!'"라 하였다.
【屠黍】晉나라 太史.《呂氏春秋》觀世篇에 의하면, 晉나라가 망할 것을 알고 문서를 정리하여 周나라로 도망갔던 人物.《說苑》(卷13) 權謀篇 참고.

참고 및 관련 자료

1. 東漢 靈帝 때 夫婦가 서로 잡아먹은 怪事와 天下變亂의 異兆를 기록한 것이다.

2.《續漢書》五行志(五)
靈帝建寧三年春, 河內婦食夫, 河南夫食婦.

3.《法苑珠林》57
漢靈帝建寧三年, 河內有婦食夫, 河南有夫食婦. 夫婦陰陽二儀之體也. 有情之深有也. 今反相食, 陰陽相侵, 豈特日月之眚哉? 靈帝旣沒, 天下大亂, 君有妄誅之暴, 臣有劫弒之逆, 兵革相殘, 骨肉爲讎, 生民之禍極矣. 故人妖爲之先作. 恨而不遭辛有·屠黍之論, 以測其情也.

156(6-55) 寺壁黃人
호분사 벽의 황인

영제靈帝 희평熹平 2년 6월, 낙양雒陽에 이런 유언비어가 퍼졌다. 호분사虎賁寺 동쪽 벽에 어떤 누런 사람이 나타났다. 그 형상과 얼굴, 수염과 눈썹이 모두 훌륭하고 틀림없었다. 이를 구경하려고 수만 명이 나왔고 궁궐 내의 사람도 모두 나와 도로가 꽉 차 걸어갈 수가 없었다는 것이다. 그 뒤 중평中平 원년 2월이 되자, 장각張角 형제가 기주冀州에서 난을 일으켜 스스로를 '황천黃天'이라 하였다. 36방향, 사방에서 모두 나와 그들에게 호응하여 장수가 별처럼 포진하였으며, 관리와 선비들조차도 모두 그에게 귀속하였다. 그러나 너무 많은 숫자여서 지치고 먹을 것이 없어 그 기회를 틈타 그들을 이겨낼 수 있었다.

靈帝熹平二年六月, 雒陽民訛言: 虎賁寺東壁中有黃人, 形容鬚眉良是. 觀者數萬, 省內悉出, 道路斷絶. 到中平元年二月, 張角兄弟起兵冀州, 自號'黃天'. 三十六方, 四面出和, 將帥星布, 吏士外屬. 因其疲餒, 牽而勝之.

【熹平】東漢 靈帝의 年號. 2년은 173년.
【雒陽】洛陽. 東漢 때의 首都.
【虎賁寺】貴州本에는 '古寺名'이라 하였다.
【中平】元年은 184년.

【張角】東漢 末의 叛軍 黃巾賊의 수령. 그의 아우 張梁·張寶와 함께 天公將軍·人公將軍·地公將軍이라 하여 冀州·靑州·徐州에서 난을 일으켰다.

참고 및 관련 자료

1. 漢末 民亂의 異徵을 서술한 것이다.

2. 《續漢書》五行志(五)
熹平二年六月, 雒陽民訛言虎賁寺東壁中有黃人, 形容鬢眉良是. 觀者數萬, 省內悉出, 道路斷絶. 到中平元年二月, 張角兄弟起兵冀州, 自號黃天, 三十六方, 四面出和, 將帥星布, 吏士外屬. 因其疲餒, 牽而勝之.

3. 《風俗通》
應劭時爲郞.《風俗通》曰:「劭故往視之, 何在其有人也! 走漏汗處, 膩赭流瀝, 壁有他剝數寸曲折耳. 劭又通之曰: 季夏土黃, 中行用事, 又在壁中, 壁亦土也. 以見於虎賁寺者, 虎賁國之秘兵, 扞難禦侮. 必示於東, 東者動也, 言當出師行將, 天下搖動也. 天之以類告人, 甚於影響也.」

〈西域人騎駝陶俑〉(부분) 唐 明器
1954 山西 長治 王琛 묘 출토

157(6-56) 木不曲直
나무가 곡직의 본성을 잃다

영제靈帝 희평熹平 3년, 우교령右校令의 별관에 어떤 저수樗樹 두 그루가 있었다. 모두가 4척쯤 되는 나무였다. 그중 한 그루가 하룻밤 사이에 갑자기 자라는 것이었다. 그 자란 길이가 한 길, 그 굵기도 한 아름이나 되었다. 그리고 그 모습은 이민족 호인胡人의 얼굴로 머리, 눈, 구레나룻, 수염, 머리카락이 모두 갖추어져 있었다.

희평 5년 11월 임오壬午 날에는, 정전正殿 곁의 괴수槐樹 6, 7아름이었는데 스스로 뽑히더니 거꾸로 뿌리가 위로, 가지가 아래로 하여 서는 것이었다.

다시 중평中平 연간에는, 장안성長安城 서북 6, 7리쯤에 빈 나무속에 사람 얼굴을 한 어떤 물체가 들어 있었으며 구레나룻이 자라고 있었다.

이를 〈홍범洪範〉에 근거해 보면, 모두가 나무의 곡직曲直이 바르지 못해 생기는 변괴이다.

靈帝熹平三年, 右校別作中, 有兩樗樹, 皆高四尺許. 其一株, 宿昔暴長, 長一丈餘, 麤大一圍, 作胡人狀, 頭目鬢鬚髮俱具. 其五年十月壬午, 正殿側有槐樹, 皆六七圍, 自拔倒竪, 根上枝下. 又中平中, 長安城西北六七里, 空樹中, 有人面, 生鬚. 其於〈洪範〉, 皆爲木不曲直.

【熹平】靈帝의 年號. 3년은 174년.
【右校令】大匠을 관장하던 漢나라 때의 관직.
【別作】別署를 말한다.
【宿昔】早晚間. 아주 짧은 시간. 雙聲連綿語.
【胡人】西域의 異人.
【中平】靈帝의 年號. 184~189년.

참고 및 관련 자료

1. 東漢 末 나무에 나타난 이상한 변괴를 기록하였다.

2. 《續漢書》 五行志(二)
中平中, 長安城西北六七里空樹中, 有人面生鬚.

3. 《續漢書》 五行志(二)
靈帝熹平三年, 右校別作中有兩梓樹, 皆高四尺所, 其一株宿夕暴長, 長丈餘, 大一圍, 作胡人狀, 頭目鬢鬚髮備具. 京房《易傳》曰:「王德衰, 下人將起, 則有木生人狀.」

4. 《法苑珠林》 80
漢靈帝熹平三年, 右校別作中, 有兩梓樹, 高四尺. 其一株, 宿昔暴長, 長一丈餘, 麤大一圍, 作胡人狀, 頭目鬢髮備具. 其五年十月, 正殿側有槐樹, 皆六七圍, 自拔倒竪, 根上枝下. 其於〈洪範〉, 皆爲木不曲直. 中平中, 長安城西北六七里有空樹中, 有人面生鬚.

158(6-57) 雌雞欲化雄
암탉이 수탉으로 변하려 하다

영제靈帝 광화光和 원년, 남궁南宮의 시중시侍中寺에 암탉이 수탉으로 변하면서 온몸의 털이 모두 수탉과 같이 되고 있었다. 다만 볏만은 변하지 아니한 상태였다.

靈帝光和元年, 南宮侍中寺, 雌雞欲化爲雄, 一身毛皆似雄, 但頭冠尙未變.

【光和】靈帝의 年號. 원년은 178년.
【南宮】漢나라 때의 궁궐 이름. 洛陽故城 안에 있다.
【侍中寺】侍中은 궁중의 近侍宮. 寺는 宮府.

참고 및 관련 자료

1. 東漢 末 암수가 바뀐 닭의 변괴를 기록하였다.
2. 《續漢書》五行志(一)
靈帝光和元年, 南宮侍中寺雌雞欲化爲雄. 一身毛皆似雄, 但頭冠尙未變. 詔以問議郎蔡邕. 邕對曰: 「貌之不恭, 則有雞禍. 宣帝黃龍元年, 未央宮雌雞化爲雄,

不鳴無距. 是歲元帝初卽位, 立王皇后. 至初元元年, 丞相史家雌雞化爲雄, 冠距鳴將. 是歲后父禁爲陽平侯, 女立爲皇后. 至哀帝晏駕, 后攝政, 王莽以后兄子爲大司馬, 由是爲亂. 臣竊推之, 頭, 元首, 人君之像: 今雞一身已變, 未至於頭, 而上知之, 是將有其事而不遂成之象也. 若應之不精, 政無所改, 頭冠或成, 爲患茲大.」是後張角作亂稱黃巾, 遂破壞. 四方疲於賦役, 多叛者. 上不改政, 遂至天下大亂.

159(6-58) 兒生兩頭共胸
머리 둘에 가슴이 붙은 아이가 태어나다

영제靈帝 광화光和 2년, 낙양洛陽 상서문上西門 밖에 어떤 여자가 아이를 낳았다. 머리 둘에 어깨는 서로 달랐으며 가슴은 하나로, 모두가 앞을 향하고 있었다. 이를 상서롭지 못하다 여겨, 길에 내다 버렸다. 이로부터 조정에 재앙과 혼란이 겹쳐 정치는, 사문私門에 의해 좌지우지되었으며 상하의 구별이 없어져, 머리 둘의 상징과 같았다.

뒤에 동탁董卓이 하태후何太后를 죽였으며, 천자(天子, 少帝)에게는 불효의 죄명을 씌워 폐위시켰다가 뒤에 다시 그를 독살하고 말았다. 한漢나라 건국 이래 이보다 더 큰 재앙은 없었다.

靈帝光和二年, 洛陽上西門外女子生兒, 兩頭, 異肩共胸, 俱前向. 以爲不祥, 墮地棄之. 自是之後, 朝廷霸亂, 政在私門, 上下無別, 二頭之象. 後董卓戮太后, 被以不孝之名, 放廢天子, 後復害之. 漢元以來, 禍莫踰此.

【光和】靈帝의 年號. 2년은 179년.
【上西門】洛陽城의 성문 이름.
【董卓】漢末의 軍閥. 靈帝가 죽은 후 何太后의 아들 劉辯이 즉위하여 황제가 되자 宦官의 난이 일어났다. 이때 何太后는 董卓을 불러들였다. 董卓은 少帝를 弘農王으로 강등시키고 陳留王 劉協을 등극시켰다. 이가 곧 獻帝

이다. 그리고 다시 董太后를 핍박하여 그로 하여금 何太后를 죽이게 하였다. 그 뒤 董卓은 山東에서 일어난 반군이 자신을 비난하자 弘農王(少帝)도 죽여 버렸다.

참고 및 관련 자료

1. 漢末 董卓의 전횡을 예고한 連體兒의 出生을 서술하였다.

2. 《續漢書》五行志(五)
二年, 雒陽上西門外女子生兒, 兩頭, 異肩共胸, 俱前向. 以爲不祥, 墮地棄之. 自此之後, 朝廷霧亂, 政在私門, 上下無別, 二頭之象. 後董卓戮太后, 被以不孝之名, 放廢天子, 後復害之. 漢元以來, 禍莫踰此.

3. 《法苑珠林》87
漢光和二年, 洛陽上西門外女子生兒, 兩頭, 異肩四臂共胸, 面俱相向. 自是之後, 朝廷霧亂, 政在私門. 二頭之像也. 後董卓殺太后, 被以不孝之名, 廢天子, 又害之. 漢元以來, 禍莫大焉.

160(6-59) 梁伯夏之後
양백하의 후손

광화光和 4년, 남궁南宮의 중황문시中黃門寺에 어떤 남자가 나타났다. 키가 9척에 흰옷을 입고 있었다. 중황문中黃門 해보解步가 꾸짖어 물었다.
"너는 어떤 인물이냐? 흰옷을 입고 어찌 망령되이 이 궁액宮掖에 들어왔느냐?"
그는 이렇게 말하였다.
"나는 양백하梁伯夏의 후예이다. 하늘이 나로 하여금 천자가 되게 하였다."
해보가 쫓아가 잡으려 하자, 갑자기 어디론지 사라져 버렸다.

光和四年, 南宮中黃門寺, 有一男子, 長九尺, 服白衣.
中黃門解步呵問:「汝何等人! 白衣妄入宮掖!」
曰:「我, 梁伯夏後. 天使我爲天子.」
步欲前收之, 因忽不見.

【光和】靈帝의 年號. 4년은 181년.
【中黃門寺】宦官을 관리하는 부서.《漢書》百官公卿表의 注에 "中黃門, 謂奄人居禁中, 在黃門之內給事者也"라 하였다.
【解步】人名.
【白衣】아무런 관직이 없는 일반 백성을 가리킨다.
【宮掖】宮內의 掖廷. 旁舍. 비빈이 거처하는 곳.
【梁伯夏】伯益의 후예로, 周 平王 때에 伯康이 夏陽의 梁山에 봉하여 梁伯夏라 부른 것.

> 참고 및 관련 자료

1. 東漢 末 일반인이 궁중에 마구 들어와 괴이한 일을 한 사건이다.

2. 《續漢書》五行志(二)

光和元年五月壬午, 何人白衣欲入德陽門, 辭「我梁伯夏, 敎我上殿爲天子」中黃門桓賢等呼門吏僕射, 欲收縛何人, 吏未到, 須臾還走, 求索不得, 不知姓名. 時蔡邕以成帝時男子王褒絳衣入宮, 上前殿非常室, 曰:「天帝令我居此」後王莽簒位. 今此與成帝時相似而有異, 被服不同, 又未入雲龍門而覺, 稱梁伯夏, 皆輕於言. 以往況今, 將有狂狡之人, 欲爲王氏之謀, 其事不成. 其後張角稱黃天作亂, 意破壞.

3. 《風俗通》

光和四年四月, 南宮中黃門寺有一男子, 長九尺, 服白衣. 中黃門解步呵問:「汝何等人? 白衣妄入宮掖」曰:「我梁伯夏後, 天使我爲天子」步欲前收取, 因忽不見.

161(6-60) 草作人狀
풀이 사람 모습을 하다

광화光和 7년, 진류군陳留郡의 제양현濟陽縣·장원현長垣縣·제음현濟陰縣 그리고 동군東郡의 원구현寃句縣·이호현離狐縣 경계 지역의 길가에 풀이 났는데, 모두가 사람 형상을 하고 무기와 활을 들고 있는 모습이었다. 그 밖에 소·말·용·뱀·새·짐승의 형상도 있어 각각 그 색깔도 흑백이 원래 본체와 같았고, 깃털·머리·눈·발·날개 또한 다 갖추고 있었다. 흡사할 뿐만 아니라, 그 형상이 너무나 꼭 빼닮아 있었다.

이런 경우를 두고 옛날에는 이렇게 말하였다.

"이는 아마 풀이 보여 주는 재앙의 조짐일 것이다."

그 해에 황건적黃巾賊이 들고일어나, 한漢나라는 결국 쇠락의 길로 들어서게 되었다.

光和七年, 陳留濟陽·長垣, 濟陰, 東郡寃句·離狐界中, 路邊生草, 悉作人狀, 操持兵弩. 牛馬龍蛇鳥獸之形, 白黑各如其色, 羽毛·頭目·足翅皆備, 非但彷彿, 像之尤純.

舊說曰:「近草妖也.」

是歲有黃巾賊起, 漢遂微弱.

【光和】靈帝의 年號. 7년은 184년. 中平 元年과 같은 해이다.
【陳留】漢나라 때의 郡 이름. 濟陽縣은 지금의 河南省 蘭考縣 근처.

【長垣】지금의 河南省 長垣縣.
【濟陰】郡 이름. 지금의 山東省 서부.
【東郡】郡 이름. 지금의 山東省 서부·河南省 동북부 지역. 治所는 지금의 濮陽. 宛句縣은 지금의 山東省 曹縣.
【離狐】지금의 山東省 鄄城.

참고 및 관련 자료

1. 東漢 末 풀들의 이상한 형상을 서술하였다.

2. 《續漢書》 五行志(二)
中平元年夏, 東郡, 陳留濟陽·長垣, 濟陰宛句·離狐縣界, 有草生, 其莖靡纍腫大和手指, 狀似鳩雀龍蛇鳥獸之形, 五色各如其狀, 羽毛頭目足翅皆具. 近草妖也. 是歲有黃巾賊始起. 皇后兄何進, 異父兄朱苗, 皆爲將軍, 領兵, 後苗封濟陽侯, 進·苗遂秉威權, 持國柄, 漢遂微弱, 自此始焉.

3. 《法苑珠林》 80
漢光和七年, 陳留濟陰, 東郡宛句·離狐界中, 草生, 作人狀, 操持兵弩. 牛馬龍蛇鳥獸之形, 白黑各如其色, 羽毛·頭目·足翅皆備, 非但髣髴, 像之尤純. 舊說曰:「近草妖也.」 是歲有黃巾賊起, 漢遂微弱.

162(6-61) 兩頭共身嬰兒
머리 둘에 몸이 하나인 아이

영제靈帝 중평中平 원년 6월 임신壬申날, 낙양雒陽의 유창劉倉이란 남자가 상서문上西門 밖에 살고 있었다. 그의 처가 아들을 낳았는데, 몸 하나에 머리가 둘이었다. 건안建安 연간에 이르러 어떤 여자가 아들을 낳았는데 역시 머리 둘에 몸이 하나였다.

靈帝中平元年, 六月壬申, 雒陽男子劉倉, 居上西門外. 妻生男, 兩頭共身. 至建安中, 女子生男, 亦兩頭共身.

【中平】靈帝의 年號. 184년. 光和 7년과 같은 해이다.
【劉倉】人名.
【建安】東漢의 마지막 임금 獻帝(劉協)의 年號. 25년간(196~220)이다.

참고 및 관련 자료

1. 東漢 末에 태어난 괴이한 連體兒에 대해 기록하였다.
2. 《續漢書》五行志(五)
中平元年六月壬申, 雒陽男子劉倉居上西門外. 妻生男, 兩頭共身.

163(6-62) 懷陵萬雀鬪殺
회릉의 참새 떼가 싸워 서로를 죽이다

중평中平 3년 8월, 회릉懷陵에 1만여 마리의 참새 떼가 모여 먼저 지극히 슬피 울다가 울음을 그치고는 서로 싸워 죽이는 것이었다. 참새들은 모두 머리가 끊어져, 나뭇가지와 탱자가시에 걸려 있었다. 중평 6년에 이르자, 영제靈帝가 죽었다. 무릇 '능陵'이란 높고 큰 것을 상징하고 참새雀는 작위(爵)를 상징한다.

하늘이 이렇게 경계한 것이다.

"작록을 얻어 높은 자리에 오르려 욕망을 품은 자들이, 서로 상대를 해치다가 끝내 멸망에 이르게 되리라."

中平三年八月中, 懷陵上有萬餘雀, 先極悲鳴, 已, 因亂鬪相殺, 皆斷頭, 懸著樹枝枳棘. 到六年, 靈帝崩. 夫陵者, 高大之象也. 雀者, 爵也.

天戒若曰:「諸懷爵祿而尊厚者, 還自相害, 至滅亡也.」

〈野菊飛鳥七寶琺瑯甁〉(淸)

【中平】靈帝의 年號. 3년은 186년. 6년은 189년.
【懷陵】東漢 沖帝의 능묘. 洛陽 서북쪽에 있다.

참고 및 관련 자료

1. 東漢 末에 발생한 기괴한 일을 문자풀이로 附會하였다.
2. 《續漢書》五行志(二)

中平三年八月中, 懷陵上有萬餘爵, 先極悲鳴, 已因亂鬪相殺, 皆斷頭, 懸著樹枝枳棘. 到六年, 靈帝崩, 大將軍何進以內寵外變, 積惡日久, 欲悉糾黜, 以隆更始宂政, 而太后持疑, 事久不決. 進從中出, 於省內見殺, 因是有司盪滌虔劉, 後祿而尊厚者無餘矣. 夫陵者, 高大之象也. 天戒若曰:「諸懷爵祿而尊厚者, 還自相害 至滅亡也.」

3. 《續漢書》五行志(二) 注

《古今注》曰:「建武九年, 六郡八縣鼠食稼」張璠《紀》曰:「初平元年三月, 獻帝初入未央宮, 翟雉飛入未央宮, 獲之.」《獻帝春秋》曰:「建安七年, 五色大鳥集魏郡, 衆鳥數千隨之.」《魏志》曰:「二十三年, 禿鶖集鄴宮文昌殿後池.」

4. 《法苑珠林》72

漢中平三年八月, 懷陵上有萬餘雀, 先極悲鳴, 已因亂鬪相殺, 皆斷頭, 懸著樹枝枳棘. 到六年, 靈帝崩. 夫陵者, 高大之象也. 雀者, 爵也. 天戒若曰:「懷爵祿而尊厚者, 自還相害至滅亡也.」

164(6-63) 嘉會挽歌
좋은 잔치에서의 만가

한漢나라 때 수도의 손님맞이나 혼례 등의 좋은 모임에, 모두가 꼭두각시 놀음의 노래를 불렀다. 그리고 술이 취한 후면 그 뒤를 이어 만가挽歌를 즐겨 불렀다. 괴뢰(꼭두각시)는 원래 상가喪家집의 음악이며, 만가는 상여가 나갈 때 관을 묶은 끈을 잡고 서로 짝을 이루어 주고받는 음악이다.

하늘이 이렇게 경계한 것이다.

"국가가 급해져서 피폐하고 지쳐 있는데, 여러 귀족이 이런 음악으로 즐기니 모두 죽고 망하리라."

이리하여 영제靈帝가 죽고 나서 수도가 괴멸壞滅되고, 집집마다 시신을 파먹는 구더기가 들끓어 서로 잡아먹는 일이 생겼다. 괴뢰와 만가는 바로 이의 응험이 아니겠는가?

漢時, 京師賓婚嘉會, 皆作魁櫑, 酒酣之後, 續以挽歌. 魁櫑, 喪家之樂; 挽歌, 執紼相偶和之者.

天戒若曰:「國家當急殄悴, 諸貴樂皆死亡也」

自靈帝崩後, 京師壞滅, 戶有兼屍蟲而相食者. 魁櫑·挽歌, 斯之效乎?

【魁櫑】 꼭두각시. 疊韻連綿語의 物名. '傀儡'로도 표기한다. 원래는 상여 나 갈 때 실시하는 꼭두각시놀음의 음악이었다 한다.
【執紼】 紼은 관을 묶어 여럿이 들 수 있게 묶은 끈을 가리킨다.

참고 및 관련 자료

1. 漢末 수도의 귀족 집에서 挽歌를 부른 異兆를 기록한 것이다.
2. 《北堂書鈔》 92
挽歌魁曇, 喪家之樂, 挽歌者, 執紼相偶和之聲.
3. 《續漢書》 五行志 注
《風俗通》曰:「時京師賓婚嘉會, 皆作魁櫑, 酒酣之後, 續以挽歌.」魁櫑, 喪家之樂. 挽歌, 執紼相偶和之者. 天戒若曰: 國家當急殄悴, 諸貴樂皆死亡也. 自靈帝崩後, 京師壞滅, 戶有兼屍, 蟲而相食者. 魁櫑·挽歌, 斯之效乎?(《風俗通》)

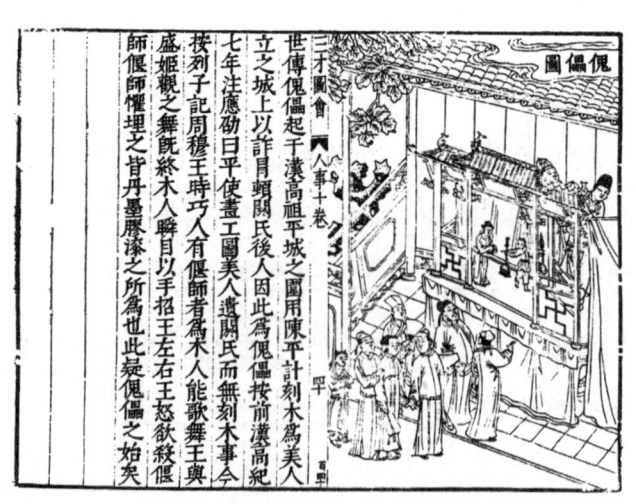

괴뢰희 《三才圖會》

165(6-64) 京師謠言
경사의 요언

영제靈帝 말엽에 수도에서 이런 노래가 퍼졌다.

"후侯가 후가 아니며　　　　　　侯非侯
왕王이 왕이 아닐세.　　　　　　王非王
천승만기가 북망산으로 가네."　千乘萬騎上北邙

중평中平 6년에 이르러 사후史侯 유변劉辯이 지존至尊, 황제에 등극하였다. 그 당시 헌제(獻帝, 劉協)는 아직 작위가 없었다. 중상시中常侍 단규段珪 등이 헌제를 위협하여 묶어, 공경 백료들로 하여금 그 뒤에 따르게 하면서 황하黃河까지 가서야 돌아가도록 풀어 주었다.

靈帝之末, 京師謠言曰:『侯非侯, 王非王, 千乘萬騎上北邙』 到中平六年, 史侯登攝至尊, 獻帝未有爵號, 爲中常侍段珪等所執, 公卿百僚, 皆隨其後, 到河上, 乃得還.

【北邙】北邙山. 東漢 때 王侯 公卿의 묘지가 있는 곳.
【史侯】靈帝의 아들 劉辯. 少帝. 何皇后 소생으로 道人 史子眇의 집에서 길러졌다.
【段珪】당시의 宦官. 宦官의 난을 일으킨 人物. 十常侍 중의 하나.

[참고 및 관련 자료]

1. 靈帝末 수도에서 불리었던 童謠의 異兆이다.
2. 《續漢書》五行志(一)

靈帝之末, 京都童謠曰:「侯非侯, 王非王, 千乘萬騎上北芒.」案: 到中平六年, 史侯登躡至尊, 獻帝未有爵號, 爲中常侍段珪等數十八所執, 公卿百官皆隨其後, 到河上, 乃得來還. 比爲非侯非王上北芒者也!

166(6-65) 桓氏復生
환씨가 다시 태어나다

한漢 헌제獻帝 초평初平 연간에, 장사長沙에 환桓씨 성을 가진 어떤 사람이 죽어 염을 하여 관에 넣은 지 한 달이 지난 상태였다. 그런데 그 어머니가 관 속에 어떤 소리가 나는 것을 듣고는 열어 주어, 다시 살아날 수 있었다. 점을 쳐 보았더니 이와 같았다.

"음陰이 극성하여 양이 되도다. 아랫사람이 윗자리에 오르리라."

그 뒤 조조曹操가 서인의 선비로서 일어서게 되었다.

漢獻帝初平中, 長沙有人姓桓氏, 死, 棺斂月餘, 其母聞棺中有聲, 發之, 遂生.

占曰:「至陰爲陽, 下人爲上.」

其後曹公由庶士起.

【獻帝】東漢의 마지막 황제. 劉協. 재위 189~220년. 실권이 없었다. 初平은 그의 年號. 190~193년.
【曹操】字는 孟德(155~220). 漢末 군웅할거 시대의 人物. 그 아들 曹丕가 魏 文帝가 되자 아버지를 武帝로 추존하였다. 《三國志》(卷1)에 그 紀가 실려 있다.

위 태조(조조)《三才圖會》

참고 및 관련 자료

1. 東漢 末 죽은 이가 다시 살아난 志怪이다.

2. 《續漢書》五行志(五)

獻帝初平中, 長沙有人姓桓氏, 死, 棺斂月餘, 其母聞棺中聲, 發之, 遂生. 占曰:「至陰爲陽, 下人爲上.」其後曹公由庶士起.

3. 《法苑珠林》116

漢建安中, 李娥死十四日, 復生. 其語具作鬼神. 獻帝初平中, 長沙桓氏, 死, 月餘, 其母聞棺中有聲, 發之, 遂生.

167(6-66) 建安人妖
건안의 요괴

　헌제獻帝 건안建安 7년, 월휴군越嶲郡의 어떤 남자 하나가 여자로 변하였다. 이때 주군周群이 이렇게 상서를 올렸다.
　"애제哀帝 때에도 이런 변고가 있었습니다. 이는 곧 조대朝代가 바뀐다는 사실을 알리는 것입니다."
　그 뒤 25년에 이르러, 헌제는 산양공山陽公으로 강등되고 말았다.

獻帝建安七年, 越嶲有男子化爲女子.
時周群上言:「哀帝時亦有此變, 將有易代之事」
至二十五年, 獻帝封山陽公.

【建安】靈帝의 年號. 7년은 202년.
【越嶲】郡 이름. 지금의 四川·雲南 일부 지역을 관할하였다.
【周群】三國時代 蜀人. 字는 仲直. 儒林校尉를 지냈다.
【二十五年】獻帝 25年(A.D.220). 東漢이 망한 해. 曹丕가 漢을 찬탈하고, 獻帝를 山陽公으로 강등시켰다.

　참고 및 관련 자료

1. 漢末 남자가 여자로 변한 사건을 亡國과 附會하였다.

2. 《續漢書》五行志(五)

七年, 越巂有男化爲女子. 時周羣上言:「哀帝時亦有此變, 將有易代之事.」至二十五年, 獻帝封于山陽.

3. 《法苑珠林》43

漢建安七年, 越巂有男子化爲女子. 周羣曰:「哀帝時亦有此變, 將有易代之事也.」至二十五年, 獻帝封山陽公.

168(6-67) 荊州童謠
형주의 동요

건안建安 초 형주荊州에 이런 동요童謠가 퍼졌다.

"8, 9년 사이 쇠락이 시작되어　　　　　　八九年間始欲
13년에는 혈유子遺조차 없으리라."　　　　至十三年無子遺

　광무제光武帝 중흥中興 이래, 오직 형주만이 온전하였다. 그 뒤 유표劉表가 형주자사가 되자 백성들은 풍요와 즐거움을 누렸으나, 건안 9년에 쇠락하기 시작하였다. '쇠락이 시작된다始衰者'는 것은 유표의 처가 죽고, 형주의 장수들도 차례로 쇠락해진다는 뜻이었다. '極년에 혈육조차 없으리라'라고 한 것은, 유표가 죽음을 당하여 모두 다 잃고 만다는 뜻이었다. 이때 화용현華容縣의 어떤 여자 하나가 갑자기 울면서 이렇게 부르짖는 것이었다.
　"장차 큰 상사喪事가 있으리라."
　그녀의 말이 지나치자, 현에서는 이를 요언妖言이라 하여 잡아 옥에 가두어 버렸다. 한 달쯤 뒤, 그 여자가 옥중에서 갑자기 울면서 다시 이렇게 말하는 것이었다.
　"형주자사 유표가 오늘 죽었다."
　화용현과 형주는 수백 리 먼 거리였다. 이에 관리를 말에 태워 사실인가 알아보도록 파견하였다. 유표는 과연 죽었던 것이다. 현에서는 그 여자를 풀어 주고 말았다. 그 여자는 다시 이렇게 노래 불렀다.
　"생각지도 않게 이립李立이 귀인이 되리라."
　그 뒤 얼마 지나지 않아, 조조曹操가 형주를 평정하고 탁군涿郡 출신으로 자字가 건현建賢인 이립이 형주자사에 임명되었다.

建安初, 荊州童謠曰:『八九年間始欲衰, 至十三年無孑遺』

言自中興以來, 荊州獨全. 及劉表爲牧, 民又豐樂, 至建安九年當始衰. 始衰者, 謂劉表妻死, 諸將並零落也. 十三年無孑遺者, 表又當死, 因以喪敗也.

是時華容有女子, 忽啼呼曰:「將有大喪」

言語過差, 縣以爲妖言, 繫獄.

月餘, 忽于獄中哭曰:「劉荊州今日死」

華容去州數百里, 卽遣馬吏驗視, 而劉表果死. 縣乃出之.

續又歌吟曰:『不意李立爲貴人』

後無幾, 曹公平荊州, 以涿郡李立字建賢爲荊州刺史.

【荊州】고대 九州의 하나. 治所는 지금의 湖北省 襄陽.
【光武帝】劉秀. 東漢의 첫 임금.
【劉表】漢末의 軍閥. 靈帝가 죽은 후 荊州刺史가 되었다.
【華容】治所는 지금의 湖北省 潛江縣.
【李立】字는 建賢.
【涿郡】郡 이름. 지금의 河北省 涿縣.

참고 및 관련 자료

1. 漢末 荊州大戰(208) 전의 童謠와 그 응험에 대한 기록이다.
2. 《後漢書》五行志(一)

建安初, 荊州童謠曰:「八九年開始欲衰, 至十三年無孑遺」言自中興以來, 荊州無破亂, 及劉表爲牧, 民又豐樂, 至此逮八九年. 當始衰者, 謂劉表妻當死, 諸將並零落也. 十三年無孑遺者, 言十三年表又當死, 民當移詣冀州也.

3.《後漢書》五行志(一) 注

干寶《搜神記》曰:是時華容有女子,忽啼呼云:「荊州將有大喪!」言語過差,縣以爲妖言,繫獄百餘日,忽於獄中哭曰:「劉荊州今日死。」華容去州數百里,卽遣馬吏驗視,而劉表果死.縣乃出之.續又歌吟曰:「不意李立爲貴人」後無幾,曹公平荊州,以涿郡李立字建賢爲荊州刺史.

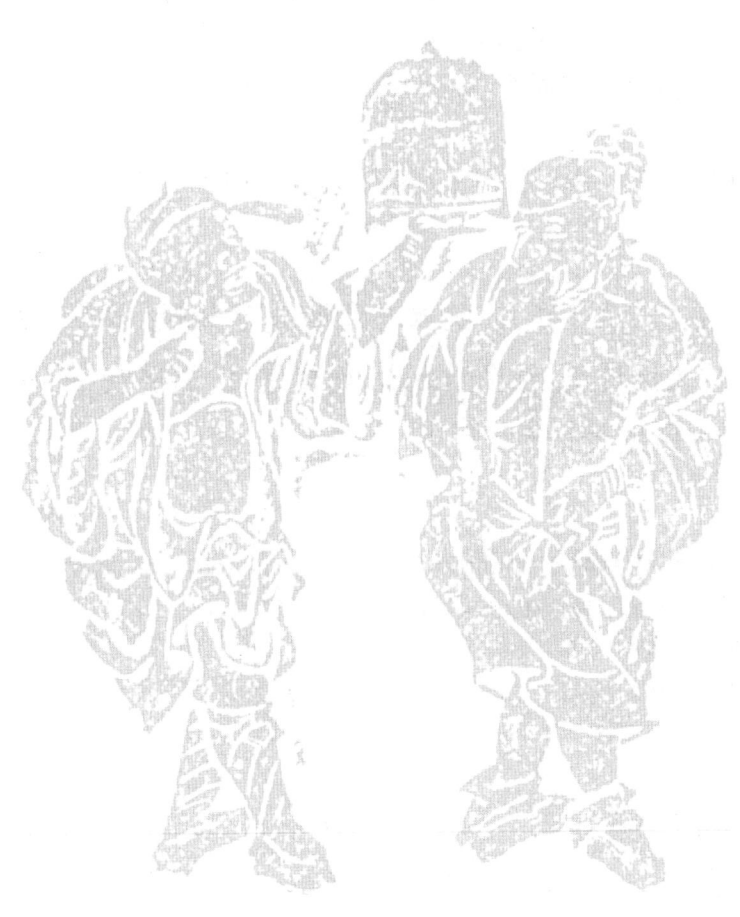

169(6-68) 伐樹出血
나무를 베자 피가 나오다

건안建安 25년 정월, 위魏 무제武帝 조조曹操가 낙양洛陽에 건시전建始殿을 짓고 있었다. 탁룡사濯龍祠의 나무를 베어 쓰려고 하자 그 나무에서 핏물이 나왔다. 다시 오얏나무를 캐어 옮겨 심으려 하자, 그 뿌리 다친 곳에서 피가 나왔다. 무제는 불길하게 여기고, 드디어 병들어 누웠다가 결국 그 달에 죽었다.
이 해가 바로 위魏 문제(文帝, 曹丕) 황초黃初 원년이다.

建安二十五年正月, 魏武在洛陽起建始殿, 伐濯龍樹而血出. 又掘徙梨, 根傷而血出. 魏武惡之, 遂寢疾, 是月崩. 是歲爲魏文帝黃初元年.

【建安 25년】 220년. 이해 1월에 曹操가 죽고, 10월에 그 아들 曹丕가 漢을 찬탈하여 帝位(魏 文帝)에 올랐다.
【建始殿】 궁궐 이름.
【濯龍祠】 사당 이름.

(참고 및 관련 자료)

1. 曹操의 죽음을 예고한 變怪이다.

2. 《三國志》武帝紀 裴松之 注
《世語》云: 太祖自漢中至洛陽, 起建始殿 代濯龍祠而樹出血.

3. 《晉書》五行志(中)
漢獻帝建安二十五年春正月, 魏武在洛陽, 起建始殿, 伐濯龍樹而血出. 又掘徙梨, 根傷亦血出. 帝惡之, 遂寢疾, 是月崩. 蓋草妖, 又赤祥, 是歲, 魏文帝黃初元年也.

4. 《宋書》五行志(三)
漢獻帝建安二十五年春正月, 魏武在洛陽, 將起建始殿, 伐濯龍樹而血出. 又掘徙梨, 根傷亦血出. 帝惡之, 遂寢疾, 是月崩. 蓋草妖, 又赤祥也, 是歲, 魏文帝黃初元年也.

5. 기타 참고자료
《世語》.

170(6-69) 鷹生燕巢
매가 제비집에 새끼를 낳다

위魏나라 황초黃初 원년, 미앙궁未央宮에 어떤 매 한 마리가 제비집에다 새끼를 낳았다. 부리와 발톱이 모두 붉은색이었다. 다시 청룡靑龍 연간에 이르러, 명제明帝가 능소각凌霄閣을 건립하였다. 처음 건축을 시작할 때, 까치가 그 위에 둥지를 트는 것이었다. 명제는 이를 고당륭高堂隆에게 물었다. 고당륭은 이렇게 풀이하였다.

"《시詩》에 '까치가 둥지 트니 비둘기가 차지하네(維鵲有巢, 維鳩居之)'라 하였습니다. 지금 궁실을 짓고 있는데 까치가 와서 둥지를 틀고 있으니, 궁실이 완성되기 전에 이런 일이 있는 것은 왕께서는 장차 이 안에 거할 수 없다는 것을 미리 가르쳐 주는 것입니다."

魏黃初元年, 未央宮中, 有鷹生燕巢中, 口爪俱赤. 至青龍中, 明帝爲凌霄閣, 始構, 有鵲巢其上.

帝以問高堂隆, 對曰:「《詩》云:『維鵲有巢, 維鳩居之.』今興起宮室, 而鵲來巢, 此宮室未成, 身不得居之象也.」

【黃初】曹丕가 漢나라를 찬탈한 첫해의 年號. 220년.
【未央宮】西漢 초기에 세워진 궁궐.
【青龍】魏 明帝 曹叡의 年號. 233~236년.
【明帝】魏나라 皇帝로 曹丕의 아들.

【高堂隆】字는 升平. 魏 明帝 때 侍中을 지낸 人物.
【詩】《詩經》召南 鵲巢의 구절.

참고 및 관련 자료

1. 魏나라 때의 異兆이다. 靑龍 四年에 凌霄閣(陵霄閣, 凌霄闕)을 지었으며 3년 후 曹叡(明帝)가 죽고 30년 뒤 司馬氏에 의해 晉나라가 되었다.

2. 《晉書》五行志(中)
黃初元年, 未央宮中又有燕生鷹, 口爪俱赤, 此與商紂·宋隱同象.

3. 《晉書》五行志(中)
景初元年 又有燕生巨鷇於衛國李蓋家, 形若鷹, 吻似燕, 此羽蟲之孽, 又赤眚也. 高堂隆曰:「此魏室之大異, 宜防鷹揚之臣於蕭牆之內.」其後宣帝起誅曹爽, 遂有魏室.

4. 《晉書》五行志(中)
景初元年, 陵霄闕始構, 有鵲巢其上, 鵲體白黑雜色, 此羽蟲之孽, 又白黑祥也. 帝以問高堂隆, 對曰:「《詩》云:'惟鵲有巢, 惟鳩居之.'今興起宮室而鵲來巢, 此宮室未成, 身不得居之象也. 天戒若曰: 宮室未成, 將有他姓制御之, 不可不深慮.」於是帝改顏動色.

5. 《宋書》五行志(三)
黃初末, 宮中有鶯生鷹, 口爪俱赤. 此與商紂·宋隱同象.

6. 《宋書》五行志(三)
魏明帝景初元年, 陵霄閣始構, 有鵲巢其上. 鵲體白黑雜色. 此羽蟲之孽, 又白黑祥也. 帝以問高堂隆, 對曰:「《詩》云:'惟鵲有巢, 惟鳩居之.'今興起宮室, 而鵲來巢, 此宮室未成, 身不得居之之象. 天意若曰: 宮室未成, 將有它姓制御之, 不可不深慮.」於是帝改容動色.

7. 《法苑珠林》87
魏黃初中, 有鷹生燕巢中, 口爪俱赤. 至靑龍中, 明帝爲凌霄闕始構, 有鵲巢其上. 帝以問高堂隆, 對曰:「《詩》云:'惟鵲有巢, 惟鳩居之.'此宮室未成, 身不得居之象也.」

171(6-70) 河出妖馬
하수에 요상한 말이 나타나다

위魏 제왕(齊王, 曹芳)의 가평嘉平 초에, 백마하白馬河에서 요상한 말이 나왔다. 그 말이 밤에 관목장官牧場 주변에 다가와 울자, 그곳의 말들도 모두 다 이에 응하는 것이었다. 이튿날 그 말의 발자국을 보니, 크기가 곡斛만 하였으며, 몇 리를 걸어 다시 물 안으로 들어간 흔적이 있었다.

魏齊王嘉平初, 白馬河出妖馬, 夜過官牧邊鳴呼, 衆馬皆應. 明日, 見其跡大如斛, 行數里, 還入河.

【齊王】曹芳. 齊王에 봉해졌다가 明帝를 이어 帝位에 올랐다. 재위 15년(240~245). 뒤에 司馬師에게 폐위되어 廟號가 없다. 嘉平은 그의 年號. 249~254년.
【白馬河】白馬津. 白馬縣을 흐르는 黃河 지역. 지금의 河南省 滑縣.
【斛】漢代에 10斗를 1斛으로 계산하였다.

참고 및 관련 자료

1. 魏나라 말기에 나타난 白馬河의 괴이한 일을 기록하였다.
2. 《晉書》 五行志(中)
魏齊王嘉平初, 東郡有訛言, 云: 白馬河出妖馬, 夜過官牧邊鳴呼, 衆馬皆應. 明日, 見其跡, 大如斛, 行數里, 還入河.

3.《宋書》五行志(二)

魏齊王嘉平初,東郡有謠言,云:白馬河出妖馬,夜過官牧邊鳴呼,衆馬皆應.明日,見其迹,大如斛,行數里,還入河.

172(6-71) 燕生巨鷇
제비가 큰 새끼를 낳다

위魏나라 경초景初 원년, 위衛나라 이개李蓋의 집에 제비가 아주 큰 새끼를 부화하였다. 모습은 마치 매처럼 생겼으나, 부리는 제비 그대로였다. 고당륭高堂隆이 이렇게 풀이하였다.

"이는 위魏나라 왕실의 큰 이변을 예고하는 것입니다. 마땅히 조정 안(蕭牆之內)에서 무력을 자랑하는 신하(鷹揚之臣)을 방비해야 합니다."

그 뒤 선제(宣帝, 司馬懿)가 일어나, 조상曹爽을 죽이고 위나라 왕실의 실권을 잡았다.

魏景初元年, 有燕生巨鷇于衛國李蓋家, 形若鷹, 吻似燕. 高堂隆曰;「此魏室之大異, 宜防鷹揚之臣於蕭牆之內.」其後宣帝起, 誅曹爽, 遂有魏室.

【景初】魏 明帝의 年號. 원년은 237년.
【高堂隆】인명. (前出)
【蕭牆之內】조정 안. 蕭牆은 궁실 내의 칸막이 문.
【鷹揚之臣】매처럼 표독하게 날뛰는 臣下.
【宣帝】晉나라 武帝 司馬炎의 아버지인 司馬懿. 司馬炎이 魏를 찬탈하고 자신의 아버지를 宣帝로 추존하였다.
【曹爽】魏나라 宗室. 明帝가 齊王 曹芳을 보필하도록 遺詔를 내려 侍中이 되었다가 司馬懿와 정권다툼에 패하여 피살당하였다.

참고 및 관련 자료

1. 魏末晉初의 異兆이다.
2. 《宋書》五行志(三)

景初元年, 又有鷰生鉅鷇于衛國洿桃里李蓋家, 形若鷹, 吻似鷰. 案劉向說, 此羽蟲之孽, 又赤眚也. 高堂隆曰:「此魏室之大異, 宜防鷹揚之臣於蕭牆之內.」 其後宣王起, 遂有魏室.

173(6-72) 譙周書柱
초주가 기둥에 글씨를 쓰다

촉蜀나라 경요景耀 5년, 궁궐 안의 큰 나무가 이유 없이 스스로 부러졌다. 촉나라 대신인 초주譙周가 심히 걱정하면서, 무어라 말은 하지 못하고 기둥에다가 이렇게 썼다.

"무리도 많고 힘도 세다. 모두가 그에게 합류하기를 바라며, 모든 것이 갖추어 그에게 주고 있으니 어찌 능히 촉나라가 회복될 수 있으랴(衆而大, 期之會, 具而授, 若何復)?"

이는 조조曹操는 군사가 많고, 그가 세운 위魏나라는 힘이 세다는 뜻이다. 무리가 많고 힘이 세어, 천하가 마땅히 그에게 모여들게 된다는 뜻이다. 또 하늘이 이것저것 모두 갖추어 그에게 주고 있으니, 다시 어떻게 촉이 일어설 수 있겠는가 라는 말이다. 촉나라가 망하자, 모두가 초주의 말이 응험이 되었다고 여겼다.

蜀景耀五年, 宮中大樹無故自折. 譙周深憂之, 無所與言.

乃書柱曰;「衆而大, 期之會, 具而授, 若何復?」

言曹者, 衆也; 魏者, 大也. 衆而大, 天下當其會也. 具而授, 如何復有立者乎? 蜀旣亡, 咸以周言爲驗.

【景耀】三國時代 蜀나라 後主 劉禪의 年號. 5년은 262년.
【譙周】蜀의 大臣. 字는 允南. 光祿大夫에 올랐다.

> 참고 및 관련 자료

1. 蜀의 國運을 예고한 異兆이다.

2. 《晉書》五行志(中)

蜀劉禪景耀五年, 宮中大樹無故自折. 譙周憂之, 無所與言, 乃書柱曰:「衆而大, 其之會. 具而授, 若何復?」言曹者衆也, 魏者大也, 衆而大, 天下其當會也; 具而授, 如何復有立者乎? 蜀果亡, 如周言. 此草妖也.

3. 《宋書》五行志(三)

蜀劉禪景耀五年, 宮中大樹無故自折. 譙周憂之, 無所與之言, 乃書柱曰:「衆而大, 其之會, 具而授, 若何復?」言曹者衆也, 魏者大也, 衆而大, 天下其當會也; 具而授, 如何復有立者乎? 蜀果亡, 如周言. 此草妖也.

174(6-73) 孫權死徵
손권의 죽음에 대한 징조

오吳나라 손권孫權 태원太元 원년 8월 초하루, 큰바람이 불었다. 강수江水와 바다가 솟고 해일이 일어, 평지에 밀려든 물이 8자 깊이나 되었다. 그리고 고릉高陵의 나무 이천 그루가 뽑혀 나갔고, 그 무덤 앞의 석비石碑가 뒤틀려 버렸다. 그런가 하면 오나라 성문 두 곳이 바람에 날아갔다. 이듬해, 손권이 죽었다.

吳孫權太元元年八月朔, 大風, 江海涌溢, 平地水深八尺. 拔高陵樹二千株, 石碑差動, 吳城兩門飛落. 明年, 權死.

【孫權】 三國時代 吳나라의 大帝. 재위 222~252년. 太元은 그의 年號. 원년은 251년.
【高陵】 孫權의 아버지인 孫堅의 능묘.
【吳城】 建業. 지금의 南京市.

참고 및 관련 자료

1. 孫權이 죽기 전에 나타난 異兆에 대해 기록하였다.
2. 《晉書》 五行志(下)
吳孫權太元元年八月朔, 大風, 江海涌溢, 平地水深八尺. 拔高陵樹二株, 石碑蹉動, 吳城兩門飛落. 案華覈對, 役繁賦重, 區霿不容之罰也. 明年, 權薨.

3. 《宋書》 五行志(五)

吳孫權太元元年八月朔, 大風, 江海涌溢, 平地水深八尺. 拔高陵樹二千株, 石碑蹉動, 吳城兩門飛落. 按華覈對, 役繁賦重, 區昚不叡之罰也. 明年, 權薨.

4. 기타 참고자료

臧榮緒《晉書》.

吳大帝 손권《三才圖會》

175(6-74) 孫亮草妖
손량과 풀의 요괴

오吳나라 손량孫亮의 오봉五鳳 원년 6월, 교지군交阯郡의 패초稗草가 변하여 벼가 되었다. 옛날 삼묘三苗가 망하기 전, 오곡의 변종變種이 있었다. 그 뒤 손량이 폐출되고 말았다.

吳孫亮五鳳元年六月, 交阯稗草化爲稻. 昔三苗將亡, 五穀變種. 此草妖也. 其後亮廢.

【孫亮】孫權의 막내아들로 三國時代 吳나라 제2대 임금. 廢帝. 재위 252~258년. 五鳳은 그의 年號. 원년은 254년.
【交阯】郡 이름. 交阯. 지금의 베트남 북부 및 廣西 남부.
【稗草】논에 나는 잡초. 피의 일종.
【三苗】고대 중국 남서쪽의 이민족.
【五穀】흔히 稻·稷·菽·麥·稻를 가리킨다.

> 참고 및 관련 자료

1. 孫亮의 폐위에 대한 異兆이다. 孫亮은 太平 3년(258)에 폐위되었으며 다시 종실 孫綝에 의해 曾稽王으로 쫓겨났다가 侯官侯로 강등되었다.
2. 《晉書》 五行志(中)
吳孫亮五鳳元年六月, 交趾稗草化爲稻. 昔三苗將亡, 五穀變種. 此草妖也. 其後亮廢.

3.《宋書》五行志(五)
吳五鳳元年六月, 交阯稗草化爲稻. 昔三苗將亡, 五穀變種. 此草妖也. 其後亮廢.

4.《法苑珠林》80
吳孫亮五鳳元年六月, 交阯稗草化爲稻.

5.《藝文類聚》85
《江表傳》曰: 孫亮五鳳元年, 交趾稗草化爲稻.

6. 기타 참고자료
《宋書》(符瑞志).

176(6-75) 大石自立
큰 돌이 저절로 서다

오吳나라 손량孫亮의 오봉五鳳 2년 5월, 양선현陽羨縣 이리산離里山의 큰 돌이 스스로 일어섰다. 이는 손호孫皓가 허물어졌던 선조의 가문을 계승하여, 다시 그 지위를 복위할 때임을 알려준 것이다.

吳孫亮五鳳二年五月, 陽羨縣離里山大石自立. 是時, 孫皓承廢故之家, 得復其位之應也.

【陽羨縣】지금의 江蘇省 宜興縣.
【孫皓】《世說新語》에는 모두 '孫晧'로 되어 있다. 吳나라의 마지막 皇帝. 孫權의 손자이며 和帝의 아들. 흔히 烏程侯로 불린다.

참고 및 관련 자료

1. 孫亮 때 大石이 스스로 일어선 異兆를 기록하였다.
2. 《宋書》 五行志(二)
吳孫亮五鳳二年五月, 陽羨縣離里山大石自立. 按京房《易傳》曰:「庶士爲天子之祥也」其說曰:「石立於山, 同姓. 平地, 異姓.」干寶以爲孫皓承廢故之家得位, 其應也. 或曰孫休見立之祥也.

177(6-76) 陳焦復生
진초가 다시 살아나다

오吳나라 손휴孫休의 영안永安 4년, 안오현安吳縣의 평민 진초陳焦가 죽은 지 이레 만에 다시 살아나 무덤을 뚫고 나왔다. 오정후烏程侯 손호孫皓가 망하였던 자신의 가문을 이어받아, 왕위에 오를 상서로운 징조였다.

吳孫休永安四年, 安吳民陳焦, 死七日復生, 穿冢出. 烏程侯孫皓承廢故之家, 得位之祥也.

【孫休】孫權의 여섯째 아들이며, 孫亮이 폐위된 후 황제가 되었다. 재위 6년 (258~264). 諡號는 景帝.
【安吳】지금의 安徽省 涇縣.
【陳蕉】人名.
【烏程侯】孫皓(孫晧)를 가리킨다. 일찍이 烏程侯에 봉해졌었다.

참고 및 관련 자료

1. 東吳時代 平民의 復活에 대한 異兆를 기록한 것이다.
2. 《晉書》五行志(下)
孫休永安四年, 安吳民陳焦死七日復生, 穿冢出. 干寶曰:「此與漢宣帝同事, 烏程侯晧承廢故之家, 得位之祥也.」

3. 《宋書》五行志(五)

吳孫休永安四年, 安吳民陳焦死七日, 復穿冢出. 干寶曰:「此與漢宣帝同事, 烏程侯孫皓承廢故之家, 得位之祥也.」

4. 기타 참고자료

《三國志》吳志(三).

178(6-77) 孫休服制
손휴의 복식제도

손휴孫休가 죽은 뒤, 오나라 사람들의 의복 모습은 위는 길고 아래는 짧았다. 게다가 윗옷은 5, 6벌을 껴입으면서 치마는 1, 2개밖에 입지 않는 것이었다. 이는 대개 윗사람은 풍요와 사치를 누리나, 아랫사람은 빈궁과 고생 속에 살며, 윗사람은 여유가 있으나, 아랫사람은 부족하게 된다는 징조였다.

孫休後, 衣服之制, 上長下短. 又積領五六, 而裳居一二. 蓋上饒奢, 下儉逼; 上有餘, 下不足之象也.

【孫休】景帝. 그가 죽은 후 末帝 孫皓(孫晧)가 그 뒤를 이었으나, 재위 17년 만에 晉에게 망하였다.(280년)
【領】원래는 목 부분을 가리킨다. 그러나 여기서는 上衣를 뜻한다.

참고 및 관련 자료

1. 吳나라 말기에 나타난 服裝의 괴이함을 國亡에 결부시킨 것이다.
2. 《晉書》 五行志(上)
孫休後, 衣服之制上長下短. 又積領五六而裳居一二. 干寶曰:「上饒奢, 下儉逼; 上有餘, 下不足之妖也.」至孫晧, 果奢暴恣情於上, 而百姓彫困於下, 卒以亡國, 是其應也.

3. 《宋書》 五行志(一)

孫休後, 衣服之制, 上長下短. 又積領五六而裳居一二. 干寶曰:「上饒奢, 下儉逼; 上有餘下不足之妖也.」至孫皓, 果奢暴恣情於上, 而百姓彫困於下, 卒以亡國, 是其應也.

4. 《開元占經》114

《搜神記》曰: 吳景帝以後, 衣服之製, 長上短下, 又積領五六, 而裳居一二. 故歸命放情於上, 百姓惻於下之象也.

임동석(茁浦 林東錫)

慶北 榮州 上茁에서 출생. 忠北 丹陽 德尙골에서 성장. 丹陽初中 졸업. 京東高 서울 敎大 國際大 建國大 대학원 졸업. 雨田 辛鎬烈 선생에게 漢學 배움. 臺灣 國立臺灣師範 大學 國文硏究所(大學院) 博士班 졸업. 中華民國 國家文學博士(1983). 建國大學校 敎授. 文科大學長 역임. 成均館大 延世大 高麗大 外國語大 서울대 등 大學院 강의. 韓國中國言語學會 中國語文學硏究會 韓國中語中文學會 會長 역임. 저서에《朝鮮 譯學考》(中文)《中國學術槪論》《中韓對比語文論》. 편역서에《수레를 밀기 위해 내린 사람들》《栗谷先生詩文選》. 역서에《漢語音韻學講義》《廣開土王碑硏究》《東北 民族源流》《龍鳳文化源流》《論語心得》〈漢語雙聲疊韻硏究〉등 학술 논문 50여 편.

임동석중국사상100

수신기 搜神記

干寶 撰 / 林東錫 譯註

1판 1쇄 발행/2011년 5월 1일
2쇄 발행/2020년 11월 1일
발행인 고정일
발행처 동서문화사
창업 1956. 12. 12. 등록 16-3799
서울 중구 마른내로 144(쌍림동) ☎546-0331~6 (FAX)545-0331
www.dongsuhbook.com
잘못 만들어진 책은 바꾸어 드립니다.

＊

이 책의 출판권은 동서문화사가 소유합니다.
의장권 제호권 편집권은 저작권 법에 의해 보호를 받는 출판물이므로 무단전재와 무단복제를 금합니다.
이 책의 일부 또는 전부 이용하려면 저자와 출판사의 서면허락을 받아야 합니다.

＊

사업자등록번호 211-87-75330
ISBN 978-89-497-0694-8 04080
ISBN 978-89-497-0542-2 (세트)